KB247397

국경을 넘는 음악외교

국경을 넘는 음악외교

1판 1쇄 발행 2023년 12월 22일 펴냄
이장직 지음

펴낸곳　　모노폴리
발행인　　강정미
편 집　　신동욱
마케팅　　김민수

출판등록　2005년 8월 9일 제2005-48호
주　　소　경기도 파주시 회동길 480 아트팩토리 B동 437호
대표전화　031-944-6692
팩시밀리　031-944-6693
홈페이지　www.mpmusic.co.kr

ⓒ 이장직

ISBN 978-89-91952-82-9 (93670)

*이 책은 서울특별시, 서울문화재단 '2019년 예술연구서적 발간지원사업'의 지원을 받아 발간되었습니다.

국경을 넘는 음악외교

이장직 지음

모노폴리

1956년 5월 3일 바이올리니스트 아이작 스턴이 미국 연주자로는 10년 만에 최초로 모스크바 차이콥스키 홀 무대에 섰다. 당시 모스크바 주재 미국 대사관에서 근무했던 언론인 마빈 칼Marvin Kalb 1930-은 이날 공연이 양국 외교 실무자 간에 회담을 50회 하는 것보다 미소간의 외교 관계에 훨씬 도움이 되었다고 말했다.

2023년 9월 27일 토니 블링컨 미 국무장관은 워싱턴 DC 국무부 연회장인 벤저민 프랭클린룸에서 열린 '글로벌 음악외교 이니셔티브' 출범식에서 직접 기타 연주를 하면서 블루스의 대거 머티 워터스의 '후치 쿠치 맨Hoochie Choochie Man'을 불렀다. 그는 이날 행사에서 세계 각국 사람들과 문화적 교류를 촉진하고 상호 이해를 증진한 음악가에게 주는 '음악을 통한 평화상'을 만들겠다고 밝혔다.

외교 무대에서 음악을 사용하는 것이 어제 오늘의 일은 아니다. 궁정악단에 몇 명의 트럼펫 주자가 있느냐에 따라 그 나라의 국력을 평가할 때도 있었다. 정치적 메시지와 전혀 상관없는 음악이라고 하더라도 얼마든지 외교 무대에서 정치적으로 활용할 수 있다. 음악 행사를 동반하는 외교교섭 활동은 음악가에게 자신의 음악을 다른 나라에 홍보하고 보급할 수 있는 좋은 기회다. 그런 면에서 음악과 외교는 공생 관계다.

2002년 9월 21일 평양 봉화예술극장에서 열린 KBS교향악단과 조선국립교향악단의 합동 공연 당시 KBS, 연합뉴스 기자와 함께 6박 7일간 평양을 다녀왔다. KBS와 조선중앙TV가 남북한 전역에 생중계한 공연 실황에서 막간에 객석으로 카메라가 향하는 바람에 내 얼굴이 정면으로 나오기도 했다. '민족의 명절 추석맞이 남북교향악단 연주회'였다. 분단 이후 남한 교향악단의 첫 평양 공연이라는 역사적 현장을 취재하면서 국경을 허물고 넘나드는 음악의 힘을 새삼 느꼈다.

'역사에서 배우는 음악외교'에서는 루이 14세, 메테르니히 등 정치가들이 외교 목적으로 음악을 어떻게 활용했는지, 외교 업무까지 수행한 음악가들은 누구인지를 소개했다. '제1, 2차 세계대전의 소용돌이 속에서'는 전쟁의 여파로 프랑스에서 왜 독일 작곡가의 음악이 금지되었는지, 제2차 세계대전 때 나치 독일이 음악으로 주변의 점령국 국민의 마음을 어떻게 제압하려고 했는지를 살펴본다. '한미동맹과 음악 원조'는 한국전쟁 직후 한국을 방문한 미국의 교향악단과 음악인들의 면면을 다룬다. 이들의 내한공연은 한반도에 대한 미국 정부의 외교 정책과 밀접한 관련을 맺고 있다. 넓게 보자면 냉전 시대 문화예술 분야에서 치열한 경쟁을 벌이던 미국과 소련의 '문화전쟁'의 결과였다. '냉전 시대의 음악 외교'는 1960년대 이후 미국과 소련이 음악을 통해 전개한 '문화전쟁'을 다룬다. 마지막으로 '해외로 뻗어가는 음악 강국 코리아'에서는 국내 음악단체의 해외 공연의 역사를 살펴본다. 부록에는 음악과 외교의 역사를 연표로 실었다.

지금 이 순간에도 세계 무대를 누비는 한국 음악인들의 눈부신 활약으로 우리나라의 국가 이미지나 국가 브랜드 파워를 높아가고 있다. 그런 의미에서 이 책이 음악외교의 정책 결정에 조금이나마 도움이 되었으면 한다.

2023년 12월

이장직

차례

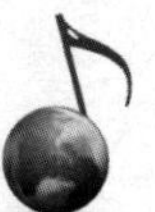

역사에서 배우는 음악 외교

음악과 외교

2021년 9월 20일 방탄소년단BTS이 미국 뉴욕 유엔총회장에서 열린 제76차 유엔총회 특별행사 '지속가능발전목표 모멘트' 개회 세션에서 연설자로 나섰다. 이에 앞서 문재인 대통령은 7월 21일 청와대에서 BTS에게 '미래세대와 문화를 위한 대통령 특별사절' 임명장과 함께 붉은색 외교관 여권을 수여했다.

1996년 12월 정부는 한국문화를 대표하는 이미지 통합작업CI 상징 후보에 백남준, 정명훈, 정경화, 윤이상, 사라 장을 선정했다. 예술을 통한 국가 이미지 제고로 한국 기업에 대한 이미지도 높아지기 때문에 수출에도 도움이 된다는 판단에서다.

2003년 5월 30일 상트페테르부르크 정도 300주년을 맞아 블라디미르 푸틴 러시아 대통령은 조지 W. 부시 미국 대통령과 토니 블레어 영국 수상 등 46명의 전 세계 정치, 경제, 문화 지도자들을 초청했다. 참석자들은 바다가 보이는 여름궁전에서 사흘에 걸쳐 축하 만찬과 키로프 발레단의 야외 공연을 즐겼다. 생상스의 '백조'에 맞춘 미하일 포킨의 안무로 프리마 발레리나 안나 파블로가 멋진 무대를 선사했다. 표트르 대제가 지은 '러시아의 베르사유'에서 EU 정상회의를 겸한 축하 행사를 열었다. 도시 전체와 궁정을 단장하는데 약 1조 4,000억원의 예산을 투입했다. 2008년 11월 1일 무아마르 알카다피 리비아 혁명지도자의 러시아 방문 때는 푸틴 총리가 크렘린 궁전에서 샹송 가수 미레유 마티유 초청공연을 열었다. 마티유는 카다피는 물론 드미트리 메드베데프 전 러시아 대통령과도 우정을 쌓아왔다.

2015년 5월 14일 터키 안탈라에서 열린 NATO 정상회의 폐막식에서 유럽 각국의 외교부 장관들이 '위 아 더 월드We Are the World'를 합창했다. 터키와 그리스의 외무부 장관은 어깨동무를 했다. 원래 이 노래는 1985년 아프리카 난민 돕기 자선기금 마련을 위해 팝가수들이 녹음한 것으로 마이클 잭슨과 라이오넬 리치가 함께 작곡했다.

2017년 7월 7-8일 독일 함부르크에서 열린 G20 정상회담에 참석한 한국, EU, 미국, 독일, 러시아, 프랑스, 중국, 일본 등 각국 정상들은 7일 저녁 함부르크 엘프필하모니에서 켄트 나가노 지휘의 함부르크 필하모닉 오케스트라가 연주하는 베토벤 '합창 교향곡' 전악장을 부부 동반으로 감상했다. 자신의 고향 함부르크에서 G20 회의를 주최한 메르켈 독일 총리는 널리 알려진 클래식 마니아다. 음악회의 프로그램도 직접 선정했다. 음악회가 끝난 뒤 밤 10시 40분부터 시금치를 곁들인 북해산 가자미구이와 홀스타인 젖소 스테이크로 만찬을 즐겼다.

노골적인 외교적 프로파간다를 위해 음악을 사용할 수도 있다. 2016년 5월 5일 러시아 대통령 푸틴의 절친인 발레리 게르기예프는 마린스키 오케스트라를 이끌고 시리아 팔미라에 있는 고대로마 원형극장 무대에서 바흐, 프로코피예프, 셰드린을 연주했다. 팔미라 전투에서 전사한 러시아 장교 알렉산드르 프로코렌코를 추모하는 뜻에서 지휘자는 물론 단원들까지 온통 검정 옷을 입었다. 객석에는 시리아 정부 관료와 러시아 주둔군, 언론인들이 자리 했다. 시리아군은 러시아 공군의 엄호를 받으면서 이 유적을 되찾았다. 러시 아군이 무인기로 촬영한 팔미라는 2015년 IS에 재점령된 뒤 폐허가 되다시 피 했다.

게르기예프는 2014년 러시아가 우크라이나령 크림반도를 침공한 뒤 병 합할 때도 푸틴을 지지했다. 이날 프로코피예프 협주곡을 연주한 첼리스트 세르게이 롤두긴도 푸틴과 막역한 사이다. 2008년 러시아가 조지아를 침공 할 때도 미승인국 남오세티야의 수도 즈한발리에서 연주했다. 게르기예프는 이날 연주에 대해 2015년 11월 고대로마 극장을 죄수 처형 장소로 사용한

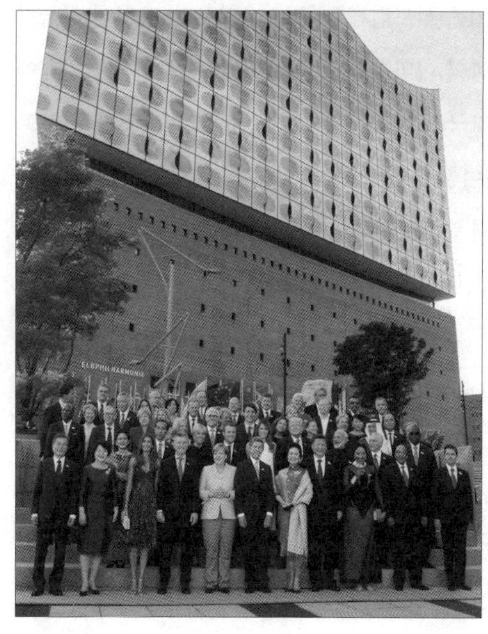

2017년 7월 7일 베토벤 '합창 교향 곡' 연주를 듣기 위해 함부르크 엘 프필하모니 홀을 방문한 G20 회원 국 정상들

IS의 야만성과 폭력에 대한 음악적 항거라고 말했다. 마린스키 오케스트라가 팔미라에 간 것은 러시아군의 시리아 내전 개입이 이곳에 평화와 안정을 되찾고 무엇보다 유네스코 문화유산을 지키기 위한 것임을 보여주기 위해서다. 하지만 영국 외무부 장관 필립 해먼드는 "수백만 시리아 국민의 계속된 고통에서 눈길을 돌리게 하려는 천박한 시도"라고 말했다.[1]

음악은 외교와 불가분의 관계를 맺고 있다. 국제행사에서 음악은 화려함과 엄숙함을 더해주는 장식물이 아니라 필수품이다. 축하 또는 기념의 뜻을 담고 있는 외교 행사의 하이라이트는 파트너 국가에서 온 연주단체가 들려주는 음악이다. 양국이 합동으로 연주하는 콘서트는 더욱 뜻깊게 다가온다. 음악은 회담이나 문서, 조약으로 풀 수 없는 현안의 해결사 역할을 한다.

정치, 군사, 경제 부문에서 외교 관계를 수립하기까지는 많은 난관을 극복해야 하지만 문화교류는 마음만 먹으면 얼마든지 가능하다. 음악교류는 공식적인 수교에 앞서 분위기를 부드럽게 해주는 윤활유다. 음악이 궁극적으로 추구하는 하모니는 평화의 이미지와 잘 어울리기 때문에 긴장 완화에 도움이 된다. 더 나아가서 자국의 문화를 홍보함으로써 국가 브랜드 제고 및 국제 우호관계 강화에 기여할 수 있다. 지휘자 주빈 메타는 1990년 이스라엘 필하모닉을 이끌고 소련 순회공연을 떠나면서 이렇게 말했다. "우리가 국경을 바꿀 수는 없다. 음악인은 정치적인 것에 대해 잘 말할 줄도 모른다. 하지만 우리는 사람들이 서로 보며 웃게 만들 수 있다. 오늘날에는 그게 중요하다." 지휘자 게오르그 솔티는 "오케스트라만큼 문화대사 역할에 어울리는 것은 없다"고 말했다. 미국의 역사학자이자 외교관인 조지 케넌도 한 나라에 대한 부정적 인상을 불식하는데 문화교류만큼 좋은 수단도 없다고 했다.

최근에는 문화외교보다 더 넓은 공공외교public diplomacy라는 개념이 대두되고 있다. 미디어와 문화 등으로 상대국 국민의 마음을 사는 외교를 의미한다. 2012년 1월 20일 외교부 산하 문화외교정책과는 공공외교정책과로 이름을 바꾸었다. 윤병세 외교부장관은 2015년 6월 5일 임진각에서 열린 주한 외교단 합창단 평화공연 환영사에서 이렇게 말했다. "음악은 만국공용어로서 시대를 초월하는 무한한 힘을 갖고 있습니다. 나이와 종교를 뛰어넘는 평화의 도구이자 문화의 장벽을 넘어서는 이해와 연대의 도구로 기능해 왔습니다."

예술 가운데 문화외교의 선봉에 있는 것은 음악과 무용이다. 문학이나 연극과는 달리 이념이나 언어, 문화의 장벽이 높지 않아 쉽게 소통할 수 있다. 특히 음악은 감정에 즉각적으로 호소할 수 있어 파급효과가 매우 크다. 가령 사물놀이나 난타 공연을 보고 느끼는 감정에 동서양이 따로 없다. 글자 그대로 넌버벌 커뮤니케이션이다. 특히 클래식 음악은 여론을 선도하는 엘리트 계층이 즐기는 예술 장르이다. 무용은 "인간의 사상과 감정을 신체를 통하여 표현하는 가장 구체적이고 직접적인 예술"[2]이다. 국립국악원에서도 해외 공연의 목적을 "해외 각국과의 수교를 기념하고 국가적 계기 행사에 참여하고, 이를 통해 해외용 공연 메뉴 개발 및 국제 축제 네트워크를 강화하기 위한"[3]것임을 분명히 밝히고 있다. 한국 정부는 1970년대 말부터 눈부신 경제 성장보다 전통 문화예술의 우수성을 널리 알리는 것으로 해외홍보 정책의 기조를 바꿔나가기 시작했다. 국립교향악단의 1979년 첫 미국 순회공연이 성사된 것도 이 때문이다.

문화는 국가 이미지 형성에 기여하는 바가 매우 크다. 문화체육관광부뿐만 아니라 외교부 업무에서도 문화는 매우 큰 비중을 차지한다. 1978년 외무부에 설치된 정보문화국이 1999년 문화외교국으로 이름을 바꾸고 1991년 외교부 산하에 한국국제교류재단을 설치한 것이 단적인 예다. 음악과 무용 공연을 통한 국제교류는 문화외교나 국가 이미지 제고의 성격이 강하기 때문에 정부나 지자체의 재정지원이 뒷받침되어야 한다. 정상회담이나 수교 기념행사는 물론 올림픽이나 월드컵 등 스포츠 행사 홍보의 성격을 띠는 경우가 많기 때문에 개런티를 받지 않고도 외국 순회공연을 다녀온다. 외교부 문화정책국의 문화예술교류사업 중 대사관이 주최하는 수교기념 행사가 2005년에는 전체 사업비의 30%를 넘었다.

음악은 공식적인 행사의 절차가 아니더라도 외교 수단으로 자주 사용된다. 정치적 수교가 있기 전에 사전 작업으로서 문화교류가 이루어지는 것이 보통인데, 이때 음악 공연단체의 상호교환은 매우 중요한 역할을 한다.

외국에서 손님이 왔을 때 화려한 음악연주를 들려주는 것은, 상대국에 대한 외교적 예우일 뿐만 아니라 자국의 정치적, 경제적 권력의 우월성을 보여주는 효과도 있다. 이때 음악은 권력과 부의 상징이다. 높은 수준의 궁정악단을 거느리는 것은 경제력이 뒷받침되어야 가능한 일이다.

1459년 부르고뉴 공국의 필립 선왕善王이 보낸 대사가 만토바 궁정에 도착했을 때 그는 곤차가로부터 융숭한 대접을 받았다. 그를 환영하는 만찬이 베풀어지는 동안, 성악가, 트럼펫, 루트, 하프 등 많은 악기로 구성된 궁정악단이 음악을 연주했다.

식사 도중에 연주되는 '식탁음악Musique de table'은 외교적 목적을 달성하기 위해 신뢰감과 우호적 분위기를 형성하기 위한 배경음악이다. 1764 년 프란츠 1세가 발레스타인 공국의 필립 카를 왕을 방문했을 때 만찬 석상에서 프렌치 혼과 클라리넷으로 이루어진 관악 앙상블 음악을 들려주었다. 보통 10명 미만으로 구성된 이 관악 앙상블은 만찬회장 바로 옆방에서 커튼을 치고 연주했다.

1512년 1월 6일 저녁에는 프랑스를 방문한 영국의 헨리 8세를 위해 이탈리아식 가면무도회가 열렸다. 1520년 6월에는 프랑수아 1세와 헨리 8세는 프랑스 북부에서 영불 정상회담을 마친 뒤 2주간에 걸쳐 매우 호화스러운 음악회를 개최했다. 음악회는 양국의 국력을 과시하는 수단이 될 만큼 사치가 극에 달했다. 국왕이 머물 임시 왕궁을 지은 것은 물론이다. 프랑스 측에서 지은 음악당 건축비만 금화 30만 두카트였다. 물론 양측에서 똑같이 나누어 부담했다. 양국 출신의 합창단이 번갈아 가면서 연주했고, 프랑스 오르가니스트 장 무통이 영국 합창단의 반주를 맡았다.

장 무통은 프랑수아 1세가 마리냐노 전투에서 승리를 거두었을 때 축하 연주를 했다. 1515년 12월 11일부터 15일까지 볼로냐에서 열린 교황 레오 10세와 프랑수아 1세의 역사적인 만남에서도 음악으로 기여했다. 이듬해 프랑스 국왕의 교회 지배권을 강화시킨 볼로냐 조약의 주요 의제를 다룬 회담이다. 행사에는 바티칸 시스티나 성당 합창대도 함께 와서 연주했다. 교황은 프랑스 왕실 예배당 성가대의 연주에 감동을 받아 무통을 교황청 공증인 apostolic notary으로 임명했다. 13일 오전 교황은 볼로냐 산 페트로니오 대성당에서 미사를 집전했는데 이때 로마 시스티나 성당 소속 앙투안 브뤼에 작곡의 '행복하게 사세요Vivete foelices', 프랑스 왕실 예배당 소속 장 무통의 '결혼을 기뻐하도다Exsultet conjubilando Deo'가 나란히 연주되었다. 무통은 1513년 레오 10세가 교황으로 선출되었을 때도 '그리스도의 승리Christus vincit'로 축하했다. 프랑수아 1세의 대관식 때도 '주여 국왕을 구하소서Domine salvum fac rege'를 연주했다. 볼로냐에서 연주된 '주를 기뻐하라'는 협상 상대인 교황 레오 10세의 음악적 취향에 맞게 장엄하게 작곡되었고 가사도 주군 프랑수아 1세의 정치적 목적에 맞게 씌여졌다. 레오 10세와 프랑수아 1세에게 음악은 협상 상대를 심리적으로 제압하는 비밀 병기였다.[4]

음악회를 뜻하는 콘서트concert도 종종 국가 간의 화합을 뜻하는 말로 사용되었다. 국제연합과 국제연맹의 전신은 나폴레옹 전쟁이 끝난 뒤 유럽의 세력 균형을 위해 프랑스의 작가 샤를 이레네 생피에르Charles-Irénée Saint-Pierre 1658-1743의 주도로 만든 '콘서트 오브 유럽Concert of Europe'이다.[5] 오스트리아, 프로이센, 러시아, 영국, 프랑스가 회원국으로 제1차 세계대전 전까지 유럽의 평화를 유지하는데 상당히 기여했다. 오케스트라는 다양한 악기와 선율이 한데 어우러져 아름다운 음악을 만들어낸다는 점에서 '화합'과 '커뮤니티'를 상징한다. 1536년 프랑스의 프랑수아 1세는 오스만 터키의 술레이만 2세와 동맹을 맺은 다음 악단을 선물로 보냈다.

1600년 10월 5일 피렌체 산타마리아 델 피오레 대성당에서 프랑스 국왕 앙리 4세와 메디치 공주 마리아의 결혼식이 열렸다. 이튿날 피티 궁정에서 열린 피로연에서 야코포 페리Jacopo Peri 1561-1633의 오페라 '에우리디케'가 초연되었다. 그리스 신화 오르페우스와 에우리디케 이야기를 음악화한 최초의 오페라다. 유럽 각국의 축하 사절이 참석하는 결혼식 행사도 충분히 외교적 의미가 있지만 오페라 자체도 전쟁 없이 평화로운 유럽을 갈망하는 메디치 공국의 염원이 담겨 있다. 마드리드 프라도 미술관이 소장 중인 프란스 스니더르스Frans Snyders 1579-1657의 '오르페우스와 동물들1638'에서 오르페우스의 리라 연주를 들으면서 사자와 사슴이 한가로이 휴식을 취하는 평화로운 모습처럼 힘의 논리가 지배하는 국제정치에 평화의 메시지를 내고 싶었던 것이다.

1649년 9월 25일 뉘른베르크 시청사에서 성대한 만찬이 열렸다. 30년 전쟁의 종지부를 찍는 베스트팔렌 조약의 체결을 축하하는 자리였다. 뉘른베르크의 카펠마이스터 지그문트 데오필 슈타덴은 발코니 네 곳에 배치한 21명의 합창단, 18인조 오케스트라, 네 명의 오르가니스트를 두루마리 지휘봉을 들고 이끌었다.

1654년 6월 10일 포르투갈 국왕 후안 4세와 올리버 크롬웰 간의 평화조약이 체결되었다. 이에 앞서 런던을 방문한 포르투갈 대사 콘데 데 페나휴 Conde de Penaguio를 위해 가면무도극 '큐피트와 죽음'을 상연했다.

　루이 14세의 즉위 동안 화려하고 사치스러운 국빈 영접행사가 비교적 자주 있었다. 당시 프랑스는 거의 언제나 외국과 전쟁 중이었으므로 전승 축하 행사도 자주 열렸다. 루이 14세는 전쟁에 승리할 때마다 전국에 있는 성당에서 '테데움'을 연주하도록 명했다. 프랑스의 모든 귀족, 왕족, 대신, 국회의원은 이 축하 예배에 참석해야 했다. 예배가 끝나면 장엄한 퍼레이드가 펼쳐졌다.

　1670년 여름 프랑스군이 라인강을 건너고 나서 루이 14세의 지휘로 네덜란드 남부를 점령했다. 루이 14세는 여느 때처럼 8월 14일 노트르담 성당에서 '테데움'을 연주하도록 했다. 이튿날 네덜란드에서 빼앗은 깃발을 앞세우고 파리 시가지를 누비는 행렬이 펼쳐졌다. 근위대가 기수단을 이루어 기마악대가 연주하는 트럼펫 팡파르에 맞추어 행진했다. 파리 대주교에게 깃발을 건네는 순간 장엄한 음악이 울려퍼졌다. 루이 14세는 왕족을 이끌고 도착하여 성당으로 가서 합창단의 노래를 들었다. 행사에 참석한 스페인, 베니스, 사보이 공국의 대사와 파리 시의원들이 이 광경을 지켜 보았다. '테데움'의 합창이 끝나자 바스티유에서 축포를 발사했다. 왕이 성당 바깥으로 모습을 드러내자 군중은 일제히 환호하고 군악대는 나팔과 북소리로 분위기를 고조시켰다. 저녁에는 궁정에서 불꽃놀이가 벌어졌다. 창문에는 루이 14세가 적을 무찌르는 모습을 스테인드글라스로 그렸다. 권력을 과시하는 스펙터클한 '총체예술'이다. 네덜란드와의 전쟁이 끝난 다음 국경선 조정 문제로 네덜란드, 스페인, 덴마크 등 주변국과 일련의 조약을 체결하는데, 이 조약의 성공을 축하하는 행사가 또 한번 벌어졌다.

　루이 14세는 합스부르크 왕국의 국경선에 지속적인 압력을 가해 오던 터키의 환심을 사기 위해 1669년 터키 방문단을 매우 기쁘게 환영했다. 이 행사를 위해 특별히 주문한 다이어몬드 장식이 박힌 옷을 차려입고 트럼펫 주자들이 음악을 연주하는 가운데, 대사 일행을 맞이했다. 중동 지역에서는 강대국이라고 제법 어깨에 힘을 주던 터키 사람들도 이 장대하고 화려한 환영행사에 매우 놀랐고 사실상 크게 주눅이 들었다.

1681년 루이 14세는 러시아 대표단을 맞이하면서 매우 특별한 볼거리를 제공했다. 대표단은 화려한 복장을 갖춘, 모두 62명으로 구성되었다. 여기에는 8명의 트럼펫 연주자, 5명의 드럼 연주자, 오보에와 파이프 연주자도 포함되어 있었다. 5월 1일 대사 일행은 트럼펫 팡파르에 맞추어 파리로 행진해 들어왔다. 궁정 대신들이 앰배서더 호텔에서 이들을 영접했다. 5월 4일 루이 14세는 베르사유에서 공식 환영행사를 베풀었다. 5월 11-12일 환영연회가 끝난 다음에는 발레와 희극을 상연했다. 궁정 발코니에서 내려다보이는 정원에서는 트럼펫, 오보에, 드럼이 연주하는 축하 음악이 울려 퍼졌다.

러시아 대표단이 떠나고 며칠 후 루이 14세는 모로코에서 온 파견단을 접견한다. 화려한 환영행사를 접한 모로코 일행은 "프랑스에는 온 세계에서 가장 놀랄만한 일들이 벌어지고 있다"고 술회했다. "세계의 나머지 부분은 프랑스의 그림자에 지나지 않는다"고 극찬을 아끼지 않았다. 프랑스는 루이 14세와 오페라, 발레가 통치하고 있다고 말했다. 루이 14세의 재위 동안 가장 화려하고 사치스러운 외교사절 환영 행사는 지금의 태국인 사이암에서 온 대사 일행이 프랑스를 방문했을 때 벌어졌다. 1684년 10월 13일 방문단은 튈르리 궁정에서 환영행사에 참석하여 루이 14세를 알현하는 과정에서 장대한 분위기에 압도된 나머지 바닥에 넘어질 뻔했다. 악대의 연주와 함께 설치된 가설무대에 도착한 그들은 계단형 무대의 맨 윗쪽에 앉아있는 루이 14세의 얼굴을 바라보았다. 파리에 머무는 동안 이들은 왕족의 저택에 초대

되어 발레와 오페라 공연을 관람했다.

1688년 발발한 아욱스부르크 동맹전쟁 또는 팔츠계승전쟁을 종식시킨 평화 조약은 1697년 9월 20일 네덜란드 로테르담 근교의 레이스베이크에서 체결되었다. 프랑스는 스트라스부르, 스페인은 카탈루냐, 신성로마제국은 프라이부르크를 영토로 회복했고 영국은 루이 14세로부터 윌리엄 3세를 국왕으로 인정받았다. 조약 체결을 축하하기 위해 1698년 6월 9일 함부르크에서 초연된 라인하르트 카이저의 오페라 '야누스의 사원'에는 로마제국의 황제 아우구스투스가 주인공으로 나온다. 협상 과정에서 큰 역할을 한 신성로마제국의 위상을 과시하기 위한 작품이다. 같은 시기 스트라스부르에서도 세바스티엥 드 브로사르의 모테트 '평화를 위한 성체성사 안티폰Canticum eucharisticum pro pace'이 초연되었다.

헨델의 합창과 관현악을 위한 '평화 앤덤Peace Anthem' HWV 267은 1749년 4월 25일 왕실 예배당에서 영국 국왕 조지 2세가 참석한 가운데 초연되었다. 3악장은 '평화'라는 부제를 달고 있다. 1748년 10월 18일 아헨에서 체결된 엑스라샤펠 평화조약 축하예배를 위한 음악으로 1740년부터 8년간 계속된 오스트리아왕위계승전쟁의 종식을 알렸다. 영국은 오스트리아와 손을 잡고 프랑스와의 식민지 전쟁에서 우위를 점했다. 조지 2세는 데팅겐 전투에서 오스트리아 연합군을 이끌고 프랑스 군을 격파했다. '평화 앤덤'은 구약성서 이사야 52장 7절을 가사로 사용했다. "좋은 소식을 전하며 평화를 공포하며 복된 좋은 소식을 가져오며 구원을 공포하며 시온을 향하여 이르기를 네 하나님이 통치하신다하는 자의 산을 넘는 발이 어찌 그리 아름다운가." 평화조약을 런던에서 공식 선포한 것은 1749년 2월 2일이다. 같은 해 4월 27일 런던 그린파크에서 초연된 헨델의 '왕궁의 불꽃놀이Music for the Royal Fireworks'도 영국의 외교적 승리를 축하하는 야외 축제의 배경음악이다.

4월 22일 파리 오페라에서도 조약 체결을 축하하기 위해 라모의 '나이스, 평화를 위한 오페라'가 상연되었다. 올림푸스산을 정복하려는 신들의 전쟁을 다룬 것으로 여기서 루이 15세는 마지막에 승리를 쟁취한 주피터로 등장해 플루토, 넵튠 등과 천하를 공평하게 나눠 다스리는 아량을 베푼다.

2017년 11월 6일 트럼프 미국 대통령의 청와대 국빈 방문행사에서도 음악은 매우 중요한 역할을 담당했다. 오후 8시 초청 만찬에서는 문재인 대통령 내외가 기다리고 있는 영빈관 입구에 트럼프 대통령이 도착하자 군악대가 '헤일 투 더 치프Hail to the Chief'를 연주했다. 미국 대통령에게 경의를 표하는 공식 음악이다. 만찬 직후 영빈관 1층으로 이동할 때는 퇴장곡으로 김형석의 '미스터 프레지던트'가 울려퍼졌다. 문재인 대통령 취임식 때 선보이긴 했지만 청와대의 공식 음악은 아니다.[6] 양국 정상의 만찬사와 건배 제의에 이은 만찬이 끝나면 공연 관람 순서가 기다리고 있다. 여자경 지휘의 KBS교향악단이 주페 '경비병 서곡', 번스타인 '웨스트사이드 스토리 모음곡' 등을 연주했다. 피아니스트 정재일이 국립창극단 소속 소리꾼 유태평양과 함께 '비나리'를 사물놀이 가락으로 재구성해 연주했고 가수 박효신이 자작곡 '야생화'을 KBS교향악단과 함께 연주했다.

2019년 3월 27일 벨기에 국왕의 청와대 방문 때는 2015년 퀸 엘리자베스 콩쿠르 1위 입상자인 바이올리니스트 임지영, 2005년 대회 2위 입상자인 벨기에 바이올리니스트 요시프 이바노프, 2007년 6위 입상자인 벨기에 피아니스트 리브레히트 반베케부르트가 출연해 이자이의 '두 대의 바이올린과 피아노를 위한 우정'을 비롯해 리스트, 차이콥스키 등을 연주했다. 2019년 4월 29일 청와대에서 열린 세바스티안 피녜라 칠레 대통령을 위한 국빈 만찬에서는 소리꾼 장서윤이 칠레 작가 파블로 네루다의 시를 대금 선율에 맞춰 한국어 가사로 공연했다.

연도	평화조약	서명국	작곡자	곡명
1433	비테르보	피렌체 밀라노 베네치아	기욤 뒤페	평화는 인간의 최고선/ 구조하는 것은 당연한 일
1438	베른	베른 프리보르		위대한 민족에게 찬양을/ 우정의 결합/ 이것이 진정한 형제
1484	바뇰로	페라라 베네치아	루아제 콩페르	전쟁의 참혹함을 누가 셀 수 있으랴
1492	에타플	프랑스 영국		주여 평화를 주소서
1507	칼레	영국 프랑스	조스캥 데프레	근심하지 말라
1515	볼로냐	프랑스 교황청	장 무통	주께 기뻐 노래하라
			앙투안 브뤼에	행복하게 사세요
1598	베르뱅	프랑스 스페인	토마스 루이스 데 빅토리아	승리를 위한 미사
1627	뮐하우젠	작센 오스트리아	하인리히 슈츠	주여 평화를 주소서
1648	베스트팔렌	오스트리아 프랑스 스웨덴	미하일 야코비	평화를 기원하는 독일 (하늘이 비통하게 울부짖네/ 독일 제국이여 눈이 멀었는가/ 이렇게 불쌍한 여인이 누워있네)
			하인리히 슈츠	주여 평화를 주소서/ 성스러운 교향악 제3번 SWV 398-419
			안드레아스 베르거	주여 평화를 주소서
			요한 힐데브란트	전쟁 공포의 한숨 (주여 인류에게 자비를 베푸소서/ 아 주여, 우리는 몰랐나이다/ 한숨 섞인 소원을 하늘로)
			에라스무스 비드만	영웅의 노래 (이스라엘의 영웅/ 스웨덴 국왕 구스타프)
			요한 쇼프	우리 주님께 찬양을
			요한 슈토베우스	범사에 주께 감사하라/ 주는 지금도 언제나 우리의 왕
			안드레아스 함머슈미트	평화를 주소서
			요한 뮐러	기회는 바로 지금
			하인리히 알버트	온 땅을 다스리는 주여/ 주여, 어찌 이리 더디십니까/ 성소에서 주를 찬양하라
			멜키오르 프랑크	적의 공격
			토마스 젤레	성소에서 주를 찬양하라
			요한 에라스무스 킨더만	음악적 평화의 한숨 (오 주여, 너무 두렵습니다/ 주여 평화를 주소서/ 평화여 그토록 오래 어디에 머물렀느냐) 음악적 평화의 환희 (모두 기쁘게 평화의 왕래를 노래하자/ 우리는 눈에 보이는 것만 꿈꾸나?/ 신도여 모두 하나되어 기뻐하라)
			요한 슈타덴	이스라엘의 영웅이 쓰러졌는가?
			요한 베를린	주께서 주신 전쟁의 짐
			지그문트 데오필 슈타덴	음악적 평화의 노래 (자, 아름다운 날/ 행복한 서신)
			요한 로젠뮐러	주가 행하신 일을 보라
1659	피레네	프랑스 스페인	아우렐리오 아우렐리	안티고네에게 실망한 알체스테
			륄리	평화의 모테트 (유빌라테 데오)
			프란체스코 카발리	미사 1660
1668	리스본	스페인 포르투갈	하인리히 슈츠	시편 150편 (알렐루야, 주를 찬양하라)

1678	네이메헌	프랑스 네덜란드	샤르팡티에	테데움
			륄리	알체스테
1684	라티스본	스페인 프랑스 오스트리아	피에르 고티에	평화의 승리
1697	레이스베이크	네덜란드 영국 오스트리아 스페인 프랑스	라인하르트 카이저	아누스
			앙드레 캄프라	즐거운 유럽
			세바스티엥 드 브로사르	평화를 위한 감사 노래
			피에르 모퇴	평화에 대한 유럽의 축하
1699	카를로비츠	터키 오스트리아	세바스티엥 드 브로사르	터키 행진곡
1713	위트레흐트	프랑스 스페인 영국 사보이 네덜란드	앙드레 레송	오르간 곡집 제2권
			루이 니콜라스 클레랑보	평화의 승리
			헨델	테데움/ 유빌라테/ 세레나타
			토머스 터드웨이	주안에서 내 마음 기뻐하도다
			존 지기스몬드 쿠서	테데움
			윌리엄 크로프트	대포 소리로/ 이날은 주께서 정하신 날/ 피의 월계관/ 위트레흐트 평화조약을 위한 찬가
1714	바덴	프랑스 오스트리아	라인하르트 카이저	황제의 평화 서신
1745	드레스덴	작센 프로이센	J S 바흐	높은 곳에서는 하나님께 영광 BWV 191
1748	엑스라사펠	영국 프랑스 네덜란드 스페인 사르데냐 오스트리아	라모	신들의 협정/ 아스트레의 귀환
			헨델	왕궁의 불꽃놀이
			장브누아 르클레어	네덜란드에 찾아온 평화
1763	함부르크	오스트리아 프로이센 작센	텔레만	1763년 평화를 위한 칸타타
			요한 프리드리히 돌스	평화 칸타타
1793	야시	러시아 터키	주제페 사르티	높은 곳에서는 주께 영광/ 평화를 위한 찬가
1797	캄포포르미오	프랑스 오스트리아	파울 브라니츠키	프랑스 공화국의 평화를 위한 성격적 대교향곡
1856	파리	영국 프랑스	다니엘 오베르	세바스토폴의 승리

2020년 독일연방 대통령 프랑크발터 슈타인마이어의 이탈리아 국빈 방문 일정은 다음과 같다.

9. 17. 항공편으로 밀라노 도착.

밀라노 왕궁에서 세르지오 마타렐라 대통령 주최 의장대 사열

정상회담 후 코로나 19 관련 의사, 간호사, 환자, 소방대원 접견

독일에 자매도시를 둔 시장들과 간담회

양국 정상 합동 기자회견

마타렐라 대통령 내외 주최 오찬

밀라노 대성당 관람 및 성모마리아 제단 촛불 점화

피렐리 항가비코카 현대미술관 관람

미래를 주제로 한 패널 토론 참가

라스칼라 극장에서 리카르도 샤이 지휘의 베토벤 '합창' 교향곡 관람

9. 18. 문화계 인사 및 시민사회 대표들과 간담회

항공편으로 베를린 도착

2021년 오스트리아를 국빈 방문한 문재인 대통령은 6월 14일 오스트리아 대통령 주최 만찬에 참석했다. 만찬 직후 한국과 오스트리아 출신으로 구성된 한오 필하모닉 오케스트라가 김한기의 '한국 모음곡 제1번'과 하이든, 모차르트의 실내악을 연주했다.

2023년 4월 26일 백악관 사우스론에서 열린 윤석열 대통령의 미국 국빈 방문 공식 환영행사에서 뉴저지 한국학교 어린이 합창단이 한국어로 '아리랑'을 불렀다. 애초에 블랙핑크와 레이디 가가의 합동 공연을 추진했으나 출연진이 브로드웨이 뮤지컬 가수로 바뀌었다. 윤 대통령은 환영 만찬이 끝난 후 바이든 대통령의 요청으로 즉석에서 애창곡 '아메리칸 파이'를 불러 화제를 모았다. 작곡자 돈 맥클린이 보낸 기타 선물도 받았다.

2011년 6월 7일 미국을 국빈 방문한 앙겔라 메르켈 독일 총리는 백악관 로즈가든에서 열린 환영 만찬에서 요한 슈트라우스 '아름답고 푸른 다뉴브 강의 왈츠'를 들었다. 만찬이 끝나고 크리스토프 에셴바흐 지휘의 내셔널 심포니 오케스트라가 연주하는 베토벤, 헨델, 멘델스존을 감상했다. 이어서 싱

백악관 국빈 방문 환영만찬 출연 주요 아티스트

아티스트		외국 정상의 출신국
피아노	밴 클라이번	오스트리아, 독일, 이스라엘, 일본, 러시아, 헝가리
	루돌프 제르킨	브라질, 멕시코, 이스라엘, 중국
	앙드레 와츠	요르단, 콩고
	아르투르 루빈스타인	베트남
	랑랑	중국
바이올린	아이작 스턴	이탈리아, 프랑스, 이스라엘, 인도, 중국
	이츠하크 펄먼	이스라엘, 영국, 이집트, 파키스탄
	유진 포더	이스라엘, 파키스탄
	정경화	독일
첼로	요요마	중국, 일본, 영국, 칠레
	로스트로포비치	일본, 인도, 요르단
	파블로 카잘스	푸에르토리코
실내악	링컨센터 체임버뮤직 소사이어티	일본, 멕시코, 코트디부아르
	내셔널 심포니 오케스트라	독일, 멕시코, 중국, 파키스탄, 인도
	뉴욕 필하모닉 오케스트라	콜롬비아, 인도
	과르네리 현악4중주	이스라엘
	줄리아드 현악4중주	독일
	안 트리오	한국
성악	제시 노먼	영국, 에콰도르, 한국
	레온타인 프라이스	영국, 호주, 이탈리아
	셰릴 밀네스	호주, 독일
	리처드 터커	에티오피아, 호주
	안나 모포	오만, 루마니아
	마리안 앤더슨	영국, 아이티
	프레데리카 본 스테이드	덴마크, 인도네시아, 러시아
	홍혜경	한국
	몽세라 카바예	사우디아라비아
	수전 그레이엄	필리핀
	웨스트민스터 합창단	파키스탄
	워싱턴 내셔널 오페라	프랑스, 아일랜드, 인도
	보스턴 오페라	영국, 터키
	뉴욕시티센터 라이트오페라	필리핀, 모로코
무용	빌리 테일러	브라질, 파키스탄, 코트디부아르
	호세 리몬 무용단	모로코, 멕시코
	엘빈 에일리 무용단	케냐, 모로코
	아메리칸 발레시어터	호주, 코트디부아르
	조프리 발레단	노르웨이, 중국, 에티오피아
	마사 그레이엄 무용단	뉴질랜드
재즈 / 가수	데이브 브루벡	요르단, 우루과이
	찰리 버드	요르단, 네팔
	베니 굿맨	요르단
	듀크 엘링턴	라이베리아
	헨리 맨시니	일본
	로버트 메릴	쿠웨이트, 이탈리아
	프랭크 시나트라	이탈리아, 스리랑카
	폴 앵카	브라질

재즈 / 가수	페리 코모	이탈리아
	펄 베일리	독일, 이집트
	빌리 테일러	파키스탄, 코트디부아르, 브라질
	조엘 그레이	영국, 독일
	피터 니로	독일, 오스트리아, 콩고
	웨인 뉴튼	라이베리아, 도미니카
	토니 베넷	독일, 일본
	휘트니 휴스턴	남아프리카공화국
	다이앤 리브스	중국
	엘라 피츠제랄드	스페인
	패티 오스틴	이집트
	존 덴버	중국

어송라이터 제임스 테일러가 '유브 갓 어 프렌드'를 불렀다.

2011년 1월 18일 워싱턴 백악관에서는 오바마 대통령이 주최하는 후진타오 중국 주석 환영 국빈만찬이 열렸다. 중국 정상으로는 13년 만에 미국을 방문하는 자리여서 만찬 직후 음악 프로그램도 푸짐했다. 트럼페터 크리스 보티, 피아니스트 허비 행콕, 보컬리스트 디디 브리지워터, 다이앤 리브스 등 유명 재즈 아티스트들과 중국 출신의 피아니스트 랑랑이 출연했다. 그런데 랑랑이 연주한 '나의 조국我的祖國'은 중국에서 한국전쟁을 소재로 만들어 중국인들의 심금을 울린 영화 '상감령上甘'에 흐르는 OST 음악이어서 적잖은 논란을 불러일으켰다. '상감령'은 1952년 10월 강원도 철원 오성산 능선에서 42일간 벌어진 전투를 중국군의 시각으로 그린 영화다. '나의 조국'의 가사는 "승냥이와 이리가 침략해오면 엽총으로 맞이하겠다"는 것인데 여기서 승냥이와 이리는 미군을 가리킨다. 랑랑은 특별한 의미 없이 선율이 아름다워서 선곡했다며 정치적으로 해석하지 말라고 당부했다.

미국과 중국이 공식 수교를 맺은 것은 1979년 1월이다. 필라델피아 오케스트라가 중국을 방문한 지 6년 만의 일이다. 중국의 부주석 덩샤오핑이 미국을 방문해 수교 문서에 서명했다. 백악관에서 송아지고기에 샤프론 리조

토를 곁들인 만찬 직후 지미 카터 대통령과 덩샤오핑 내외는 케네디센터로 자리를 옮겨 1973년에 출범한 미중경제위원회 주최의 공연을 관람했다. 브로드웨이 뮤지컬, 피아니스트 루돌프 제르킨, 조프리 발레단, 싱어송라이터 존 덴버 등이 출연해 다채로운 프로그램을 선사했다. 농구를 좋아하는 덩샤오핑을 위해 무대에는 할렘 글로브트로터스 묘기농구단까지 등장했다.

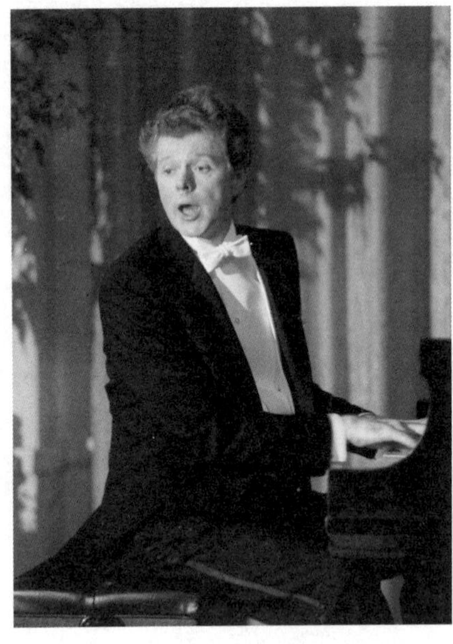

1987년 12월 8일 미소 정상회담 직후 백악관 이스트룸에서 열린 소련 공산당 서기장 미하일 고르바초프를 위한 국빈 만찬 석상에서 '모스크바의 밤'을 부르는 피아니스트 밴 클라이번

음악가와 외교관

외교란 국제 교섭을 위한 정치의 영역에서 그치지 않는다. 어떤 목적을 이루기 위해 다른 사람과 관계를 맺고 교제하는 일로서의 외교 활동은 비정치인, 특히 음악가에게도 필요하다. 슈베르트의 친구인 작곡가 안셀름 휘텐브렌너는 스승 안토니오 살리에리Antonio Salieri 1750-1825를 가리켜 '위대한 음악적 외교가'라고 말했다. 살리에리는 자신의 경력을 쌓는데 도움을 줄만한 사람들과 늘 가까이 지냈다. 자신의 재능을 일찌감치 알아본 작곡가 F. L. 가스만의 인맥을 활용해 메타스타시오, 글루크, 요제프 2세 등과 긴밀한 관계를 맺었다. 특히 요제프 2세는 각각 토스카나 대공과 롬바르디아 총독으로 있는 친동생 레오폴트와 페르디난트, 루이 15세의 왕비가 된 누이 마리 앙투아네트를 통해 살리에리의 활동 반경을 더욱 넓혀주었다.

많은 음악가들이 자신의 경력을 쌓고 인맥을 넓히는 과정에서 외교적 수완을 발휘했지만 직접 외교 무대에서 활동한 경우도 있다. 작곡가 오스발트 폰 볼켄슈타인Oswald von Wolkenstein 1376-1445은 신성로마제국의 황제이자 형가리 국왕인 지기스문트를 위해 잉글랜드, 스코틀랜드, 포르투갈, 프랑스 등 유럽 전역을 누비며 외교관으로 활동했다. 작곡가 알레산드로 스트리지오 Alessandro Striggio 1536-1592는 이탈리아 만토바 태생으로 1567년 피렌체의 메디치 궁정의 특사로 런던에 파견되었다.

1600년 로마에서 초연된 오페라 '영혼과 육체의 표현Rappresentatione di Anima e di Corpo'으로 유명한 작곡가 겸 안무가 에밀리오 데 카발리에리Emilio de Cavalieri 1550-1602는 1590년대말 피렌체 대공 페르난도 1세의 로마 특사로 활동하면서 페르난도에게 외교적으로 우호적인 우르바노 7세와 그레고리오 14세를 교황으로 선출하도록 추기경들의 표를 매수하여 막후에서 조종했다. 교황 인노센트 9세, 클레멘트 8세도 그의 '작품'이나 다름 없다. 카발리에리 는 로마를 오가는 외국 대사와 방문객의 정치적, 예술적 동향을 적은 편지를 페르난도 1세에게 수시로 보냈다. 페르디난도는 교황청과 이탈리아 남부에 대한 스페인의 영향력을 약화시키는 대신 프랑스의 앙리 4세의 입지를 강화 하기 위해 노력했다. 스페인과 프랑스의 국력이 균형을 유지해야 이탈리아 가 독립성을 확보할 수 있다고 판단했기 때문이다.[7]

작곡가 아고스티노 스테파니Agostino Steffani 1654-1728는 로마에서 음악을 공부한 뒤 뮌헨에서 궁정음악가로 봉직하던 중 바이에른 공국의 선제후 막 시밀리안 에마누엘과 하노버 공국의 조피 샤를로테 공주와의 혼인 가능성을 타진하기 위해 특사로 파견되었다. 하지만 선제후는 오스트리아 공주 마리 아 안토니아와 결혼했다. 스테파니가 하노버로 자리를 옮긴 것은 카펠마이 스터로 승진할 기미가 보이지 않았기 때문이다. 그는 하노버 궁정악장으로 있으면서도 자주 외교 업무에 종사했다. 1691년에 빈에 파견되어 하노버 공 작을 선제후로 추대하는데 성공했다. 1693년에는 브뤼셀 주재 바이에른 궁 정에도 하노버 특사로 파견되었다. 1695년도 거의 브뤼셀에서 보냈고 1696

년부터는 아예 눌러앉았다. 1692년 스페인령 네덜란드 총독으로 브뤼셀에 부임한 막시밀리안 에마누엘을 설득해 신성로마제국의 황제 대신 루이 14세와 가까워지는 것을 막으려고 했으나 이 또한 실패했다. 셀 수 없이 많은 편지를 보내고 읽고 여행, 회의, 토론을 하느라 바쁜 와중에도 음악에 대한 관심을 놓치지 않았고 평소 눈여겨보았던 헨델을 하노버 궁정에 소개했다. 스테파니는 1703년에 부임한 뒤셀도르프에서도 음악보다 정치외교에 골몰했다. 1708년 11월부터 이듬해 4월까지는 교황과 신성로마제국 황제 간의 갈등을 중재했다. 스테파니는 교황의 신임을 얻어 교황청 명예 고위성직자와 특별보좌역의 칭호를 받았다.

포르투갈 출신의 오르가니스트 토마스 페레이라Tomás Pereira 1645-1708는 예수회 선교사로 36년간 중국에 체류하면서 포르투갈과 중국 간의 문화교류에 기여했다. 천문학과 수학에도 깊은 조예를 보인 그는 청나라의 강희제康熙帝의 신임을 한 몸에 받았다. 황제에게 서양음악 이론과 하프시코드를 가르치기도 했다. 1689년 청의 전권대신을 수행해 러시아와 중국 간의 국경분쟁에 종지부를 찍는 네르친스크 조약 체결을 위한 협상에서 통역관으로 활약했다. 유럽과 아시아 간에 맺은 최초의 국제 협약이다.

외교 무대에서는 호의적인 분위기를 연출하기 위해 음악행사를 자주 연다. 음악가들은 이러한 기회에 오피니언 리더를 매우 가까운 거리에서 자주 만나기 때문에 외교 기밀을 쉽게 접할 수 있다. 이탈리아 작곡가 안젤로 노타리Angelo Notari 1566-1663는 영국 왕실음악가로 활동하면서 1621년부터 3년간 영국 주재 스페인 대사 곤도마르 백작의 첩자 노릇을 했다. 1622년 성탄절에 스페인 대사관에서 미사를 연주하기도 했다. 이탈리아 작곡가 자코모 밀라노 프랑코 다라고나Giacomo Milano Franco d'Aragona 1699-1780는 1741-1749년과 1750-1753년 프랑스 대사를 역임한 뒤 나폴리 국가고문을 지냈다.

프랑스의 루이 14세가 어렸을 때 섭정으로 막대한 권력을 휘둘렀던 추기경 마자랭은 음악가를 간첩이나 외교사절로 고용했다. 용감왕 필립에게 3년 동안 봉사한 하피스트 볼티에 랑글루아Vaulthier l'Anglois는 나바르 공국의 왕 Charles the Bad으로부터 프랑스 국왕과 다른 왕들의 부엌에 들어가서 독약을 음식에 넣으라는 명령을 받았던 암살자였다.

바로크 시대의 궁정음악가들은 국왕이 외국을 방문할 때도 수행했다. 플루티스트 겸 작곡가 요한 요하임 크반츠는 1728년 5월 자신이 궁정음악가로 봉직하던 드레스덴에서 작센 선제후 아우구스트 2세를 모시고 베를린에 있는 프로이센 궁정을 방문했다. 바이올리니스트 요한 피젠델, 플루티스트 피에르 가브리엘 뷔파르댕 등과 함께 선제후를 수행했는데 이때 프로이센의 왕세자 프리드리히 2세의 눈에 띄어 매년 두 차례 플루트를 가르치기 위해 베를린을 방문했다. 1733년 아우구스트 2세는 세상을 떠났다. 프리드리히는 1740년 즉위하자 연봉 2000 탈러라는 파격적인 대우로 크반츠를 궁정음악가로 모셔갔다. 드레스덴에서 아우구스트 2세에게 받던 연봉은 고작 800 탈러였다.

음악가를 후원하거나 직접 연주자나 음악 매니저로 활동하면서 음악적 조예를 보여준 외교관도 많다. 이들은 음악적 안목과 취미를 바탕으로 국가나 궁정 간의 음악적 교류의 구심적 역할을 해냈다. 특히 하이든이 활동하던 오스트리아 빈에서는 50개에 가까운 대사관이 음악문화의 중심이었다.[8]

오스트리아 출신으로 1770년대부터 베를린과 나폴리에서 외교관으로 활동한 노르베르트 하드라바Norbert Hadrava는 건반 소나타를 작곡했으며 허디거디 명연주자로 이름을 날렸다. 나폴리의 페르디난도 4세에게 이 악기를 가르쳐주기도 했다. 1788년부터 프로이센 대사로 뮌헨과 파리에서 활동한 아돌프 뮌크하우젠Adolph Münchhausen 1755-1811은 교향곡, 실내악, 건반음악을 작곡한 아마추어 작곡가였다.

네덜란드 태생으로 브뤼셀, 파리, 런던, 바르샤바에서 외교관 수업을 한 뒤 1770년부터 8년간 베를린 주재 오스트리아 대사를 지낸 고트프리트 반 스위텐Gottfried van Swieten 1733-1803 백작은 하이든, 모차르트, 베토벤 등을 물심양면으로 도와주었다. 아마추어 작곡가이기도 했던 그는 베를린에 있으면서 바흐와 헨델의 악보를 대거 수집해 모차르트에게 소개했으며 영국에서 초연된 하이든의 오라토리오 '천지창조'와 '사계'의 가사를 독일어로 번역했다. 모차르트에게 헨델 '메시아'의 새로운 편곡을 위촉했다.

1792-1799년과 1801-1807년 오스트리아 주재 러시아 대사로 활동한 안드레이 라주모프스키1752-1836 백작은 아마추어 바이올리니스트다. 대사관저에 이그나츠 슈판지히가 이끄는 현악4중주단을 상설 단체로 거느리고 있었다. 베토벤에게 현악4중주 세 곡을 위촉한 것으로 유명하다. 롭코비츠 공작과 함께 베토벤 교향곡 제5번과 제6번을 헌정받았다.

라주모프스키는 스트라스부르에서 외교관 수업을 받을 때 역사, 정치, 법률 등 필수과목과 함께 음악, 무용을 공부했다.[9] 40명에 이르는 그의 궁정 집사 가운데 정원사, 요리사, 마부, 미용사와 함께 음악가와 화가도 있었다. 베토벤의 교향곡 제5번과 제6번, 훔멜의 '바이올린과 피아노를 위한 협주곡 작품 17'의 비공개 초연도 라주모프스키의 저택에서 이뤄졌다.[10] 베토벤은 백작과의 친분을 발판으로 유럽 각국의 정상들에게 악보를 헌정할 수 있는 기회를 얻었고 특히 '장엄미사'를 유럽 전역에 홍보하려고 노력했다.[11]

카를로스 피게레도Carlos Figueredo 1909-1986는 다섯 곡의 교향곡을 발표할 정도로 베네수엘라를 대표하는 작곡가였는데 1948년 파리, 1953년 코펜하겐에 이어 마드리드에 외교관으로 파견되었다. 과테말라 출신의 작곡가 엔리케 솔라레스Enrique Solares 1910-1995는 브뤼셀 왕립음악원을 거쳐 프라하와

로마에서 공부했는데 브뤼셀, 파리, 마드리드 등 유럽의 주요 도시에서 외교 관으로 활동했다. 베네수엘라 작곡가 카를로스 피게레도Carlos Figueredo 1909-1986도 파리, 코펜하겐, 마드리드 등지에서 외교관으로 활동했다.

1971년부터 소련, 폴란드, 핀란드, 미국, 캐나다, 멕시코, 독일, 러시아 주재 룩셈부르크 대사로 근무한 아느리안 마이슈Adrian Meisch 1930-는 피아니스트 출신이다. 모스크바에 있을 때는 바이올리니스트 다비드 오이스트라흐, 첼리스트 므스티슬라브 로스트로포비치, 모스크바 체임버 오케스트라와 함께 대사관은 물론 공개 무대에서 연주하기도 했다. 평소에도 매일 세 시간씩 피아노를 연습했다.[12]

미국 국무장관을 지낸 콘돌리자 라이스Condolezza Rice 1954-는 음악 가정에서 태어나 덴버대학교 음대 재학 중 국제정치학으로 전공을 바꾼 피아니스트다. 스탠퍼드대 최연소 학장에 취임한 뒤 동료 교수에게 피아노 레슨을 받았다. 백악관에서 첼리스트 요요마와 브람스 소나타를 연주하기도 했다. 2006년 7월 쿠알라룸푸르에서 열린 ASEAN 장관 회의 만찬 석상에서 피아노를 연주했고 2008년 버킹엄 궁전에서 영국 여왕을 위해 런던 심포니 오케스트라 단원들과 실내악을 연주했다.

메테르니히의 음악외교와 베토벤

1814년 11월 29일 빈 궁정의 무도회장 레두텐잘에서 베토벤 주최로 아카데미 콘서트가 열렸다. 작곡가가 자기 작품을 지휘하는 것은 물론 음악회 기획에서부터 흥행의 결과에 따른 경제적 손실까지 도맡는 음악회다. 이날 공연에는 오스트리아 여제 마리아 테레지아, 러시아 황제 알렉산드르 1세, 프로이센 국왕 프리드리히 빌헬름 1세, 시칠리아 대공을 비롯해 6,000명이 참석했다. 같은 해 9월에 시작된 빈 회의Congress of Vienna 일정에 맞추느라 공연을 벌써 세 차례 연기했다. 베토벤은 음악회를 회의에 참석한 각국 정상들에게 자신을 홍보할 수 있는 절호의 기회로 생각했다. 얼마 전 초연한 교향곡 제7번과 '웰링턴의 승리'을 연주한 데 이어 회의 참석자들을 위해 빈 시장이 위촉한 칸타타 '영광의 순간Der glorreiche Augenblick' 작품 136을 초연했다. 가사는 잘츠부르크에 정착한 외과의사로 베토벤의 열성 팬인 알로이스 바이센바흐Alois Weissenbach 1766-1821가 썼다. 유럽의 중심으로 자리잡은 도시 빈을 찬양하는 내용이다. 같은 해 출판한 악보는 프로이센 국왕 프리드리히 빌헬름 1세, 러시아 황제 알렉산드르 1세, 신성로마제국 황제 프란츠 2세에게 헌정했다.

연주가 끝난 뒤 베토벤은 러시아의 황비 엘리자베트 알렉세예브나에게 200 두카트를 팁으로 받았다. 프로이센 국왕에게 받은 돈의 20배에 달하는 금액이다. 베토벤은 답례로 폴로네이즈 작품 89를 헌정했고 그녀의 남편 알렉산드르 1세에게도 교향곡 제7번 악보를 헌정했다. 베토벤의 제자 체르니가 1811년 네 손을 위한 피아노곡으로 편곡한 것이다.

회의 동안 빈은 유럽의 수도나 다름없었다. 러시아, 프로이센, 바이에른, 뷔르템부르크, 덴마크 등 각국의 황제나 국왕, 종교 지도자, 외교관, 고관대작, 문화계와 사교계의 유명 인사들이 빈으로 모여들었다. 이들은 말 1,400필이 이끄는 마차 300대를 이용해 시내 곳곳을 누볐다. 오스트리아 수상 클레멘스 폰 메테르니히Clemens von Metternich 1773-1859의 독재를 승인해준 꼴이 되고 말았던 빈 회의는 연일 음악회나 오페라 관람, 퍼레이드, 가면무도회, 마상시합, 사냥, 만찬으로 흥청거렸다.[13] 애국적 분위기에 편승하여 음악가로 출세하기 위해 권력과 타협했던 베토벤이지만 결국 그에게 돌아온 것은 평생 후회막급한 기억뿐이었다. 전기작가 안톤 쉰들러에 따르면 베토벤은 이 곡을 후세 사람들이 잊어주기를 원했다. 이 곡은 도이체그라모폰DG에서 1997년 베토벤 서거 170주기를 맞아 전집 CD를 출반하기 위해 새로 녹음해야할 정도로 거의 잊혀지다시피했다. 당시 정명훈 지휘의 산타체칠리아 오케스트라와 합창단이 처음 레코딩한 후 1998년 세인트루크 오케스트라, 2011년 로열 필하모닉 오케스트라가 녹음한 것이 전부다.

1813년에 초연된 베토벤의 '웰링턴의 승리'는 '비토리아의 전투' 또는 '전쟁 교향곡'이라고도 하는데 영국 국가 '신이여 국왕을 구하소서'와 영국에서 제2의 국가처럼 불려지는 토머스 안의 '지배하라 브리타니아여Rule Britannia'

를 트럼펫 팡파르와 요란한 타악기 합주로 버무려놓은 것이다. 웰링턴 장군
이 이끄는 영국, 스페인, 포르투갈 연합군이 스페인 바스크 지방의 비토리아
에서 나폴레옹 1세의 친형과 맞서 싸워 이긴 전투를 묘사한 관현악곡이다.
영국 국왕 조지 3세에게 헌정했다.

베토벤이 빈 회의에 참석한 군주들을 칭송하기 위해 1814년 9월 31일
작곡한 합창곡 '그대, 행복한 나라의 현명한 설립자들이여Ihr weisen Gründer
glücklicher Staaten WoO 95', 같은 해 3월 31일 파리가 항복한 것을 기념하기 위
해 작곡해 4월 11일 케른트너토어 극장에서 초연한 '게르마니아'도 나폴레
옹 전쟁에 승리한 동맹국 지도자들을 기리기 위한 것이다. 하지만 이 합창이
구체적으로 어느 행사에서 어떻게 연주되었는지는 확실치 않다.[14] 메이너드
솔로몬은 빈 국제회의를 계기로 베토벤이 작곡한 모든 음악은 예술가 베토
벤의 삶에서 가장 큰 오점으로 남았다고 말했다. "허풍스런 수식과 '애국적
인' 과장이 가득한 이런 작품들은 베토벤의 예술 경력에서 가장 낮은 수준이
다…. 의심과 반항과 도전으로 연마되었던 영웅적 스타일은 순응으로 끝나
버렸다."[15]

메테르니히는 1822년 10월 20일부터 12월 14일까지 열린 베로나 회의
도 주재했다. 베로나는 당시 오스트리아의 영토에 속했다. 오스트리아 황제
프란시스 1세, 프로이센 국왕 프리드리히 3세, 러시아 황제 알렉산드르 1세,
사르데냐 국왕을 비롯해 워털루 전투의 승장 웰링턴 공작과 프랑스 특사 몽
모랑시 등이 모인 자리인데 1818년 엑스라샤펠 회의부터는 프랑스도 참가
했다. 러시아 황제 알렉산드르 1세가 베로나에 도착했을 때 환영의 뜻으로
101발의 예포를 발사했다.

메테르니히는 아마추어 음악가이자 음악애호가로서 외교 무대에서 음악
이 얼마나 효과적인지를 잘 알고 있었다. 그는 베로나 회의를 위한 음악을

로시니에게 맡겼다. 빈 회의 때 베토벤이 그랬던 것처럼, 이탈리아 바깥에서 이제 막 음악적 명성을 쌓아가던 로시니도 베로나 회의를 출세 기회로 여겼다. 11월 21일 베로나 테아트로 필아르모니코에 오페라 '호숫가의 여인La Donna del Lago'과 '행복한 착각L'Inganno Felice'을 올렸다. 외교사절을 초대하여 성대한 만찬을 베풀고 살롱 콘서트까지 열었다. 메테르니히와 웰링턴 장군이 주최한 리셉션에서는 로시니가 직접 노래를 하고 피아노도 연주했다. 11월 24일에는 고대로마의 원형경기장 베로나 아레나에서 128인조 군악대의 반주로 칸타타 '신성동맹La Santa Alleanza'을 초연했다. 오케스트라 128명과 합창단 28명 규모였다.[16] 마임과 춤 공연도 곁들였다. 12월 3일에는 테아트로 필아르모니코에서 오스트리아 황제에게 바치는 단막 오페라 '진정한 경의Il Vero Omaggio'를 상연했다. 로시니는 작품료를 지불한 베로나 상업

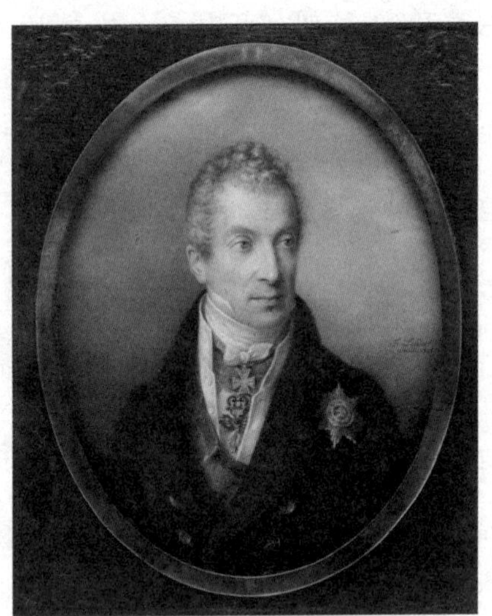

오스트리아 수상 클레멘스 폰 메테르니히

회의소의 반대에도 불구하고 작품을 수정한다는 구실로 필사본 악보를 들고 자취를 감췄다. 다른 오페라에 재활용할 목적이었던 것 같다. '진정한 경의'도 1821년 12월 27일 나폴리의 자선음악회에서 초연된 칸타타 '감사La riconoscenza'를 개작한 것이다.

스위스 태생의 피아니스트 지기스몬트 탈베르크Sigismond Thalberg 1812-1872는 1836년 파리에서 거둔 대성공은 메테르니히의 추천장 덕분이라며 런던으로 건너갈 때도 메테르니히의 지원이 필요하다는 내용의 편지를 보냈다. 1861년 3월 13일 파리 오페라 극장에서 바그너가 오페라 '탄호이저'를 상연할 수 있었던 것은 당시 파리 사교계를 주름잡던 메테르니히의 며느리 폴린 공작부인이 프랑스 황제 루이 나폴레옹의 명령을 이끌어냈기 때문이다. 폴린의 남편은 파리 주재 오스트리아 대사였고 폴린은 바그너 팬이었다. 음악가와 외교관은 공생 관계다. 음악가들은 국제적 경력을 쌓기 위해서는 추천장이나 여권, 연주 기회가 필요하다. 외교관은 음악에 대한 후원을 통해 상대방 국가에 좋은 이미지를 심어줄 수 있고 카리스마적인 명연주자를 통해 국가를 대표하는 상징성을 추구할 수 있다.[17]

만국박람회와 베르디

1862년 5월 24일 런던 허머제스티 시어터에서 로시니 '세비야의 이발사' 공연이 끝난 뒤 영국신이여 여왕을 구하소서, 프랑스라마르세예즈, 이탈리아이탈리아인의 노래 등 3개국 국가를 메들리로 엮은 '3국 국가Inno delle nazioni'가 초연되었다. 대본작가 아리고 보이토Arrigo Boito 1842-1918가 평화와 우정을 주제로 가사를 쓰고 주제페 베르디가 테너 독창과 합창, 오케스트라를 위해 작곡한 칸타타다.

높은 하늘과 산에 드리운 영광이여

맑은 지평선을 넘어 밝은 빛으로 물들이도다

이 기쁨의 날에 세계는 환희로 날아가고

인류의 세계, 사랑의 왕국이 다가오도다

영광 있으라! 후손들이 기억하고 노래할 수 있도록

하늘에 가득한 영광이여…

　5월 1일부터 11월 1일까지 열린 런던 엑스포에서 예술 분과 위원회 자문을 맡은 음악평론가 헨리 콜리Henry Chorley는 다니엘 오베르, 윌리엄 스턴데일 베네트, 자코모 마이어베어, 조아키노 로시니 등 각각 프랑스와 영국, 독일, 이탈리아를 대표하는 작곡가에게 신작을 위촉했다. 앤덤, 코랄, 관현악을 위한 개선행진곡, 군악대를 위한 행진곡 가운데 하나를 작곡하는 것이다. 그 결과 마이어베어 '행진곡풍의 축전 서곡', 오베르 '개선행진곡' 등이 개막식에서 초연되었다. 하지만 로시니가 작곡에서 손을 뗐다며 거절하는 바람에 베르디에게 바통이 넘어갔다. 베르디도 처음엔 '운명의 힘' 초연을 앞두고 막바지 준비에 바쁜 터라 거절했다. 하지만 주역을 맡은 소프라노가 갑자기 병석에 드러누워 공연이 연기되는 바람에 뜻하지 않게 시간적 여유가 생겼다.

　베르디의 '3국 국가'는 이탈리아가 제1차 세계대전에 참전한 직후인 1915년 7월 25일 밀라노에서도 아르투로 토스카니니 지휘로 야외에서 연주되었다. 토스카니니는 이탈리아 국가 '마멜리 찬가'의 가사도 "이탈리아, 나의 조국"을 "이탈리아, 적에게 팔아먹은 나라"로 바꿨다. 토스카니니는 1943년 1월 31일 NBC교향악단과 연주할 때 소련의 국제공산당가와 미국 국가 '성조기'를 편곡해 추가했는데 미국 국방부 정훈국에서 '3국 국가Hymn of the Nations'라는 제목의 선전영화를 만들어 한참 전쟁 중인 유럽으로 보내 연합군의 사기를 북돋웠다. 하지만 여기에 나오는 이탈리아 국가는 이미 옛것이 되고 말았다. 무솔리니가 정권을 잡은 뒤 주제페 블랑이 작곡한 이탈리아 국가파시스트당 당가 '청년Giovinezza 1909'을 1924년부터 비공식 국가로 사용하다가 1943년 공식 국가로 채택했다.

　토스카니니는 1944년 5월 25일 뉴욕 매디슨스퀘어가든에서 1만 8,000여 명이 운집한 가운데 열린 적십자 자선음악회에서도 NBC교향악단과 뉴

욕 필하모닉의 연합 오케스트라와 600명 규모의 합창단을 이끌고 '3국 국
가'를 연주해 12만 달러의 성금을 모았다. 전반부에는 미국 국가에 이어 바
그너 '탄호이저' '신들의 황혼' '트리스탄과 이졸데' '발퀴레' 중 발췌곡을 연
주했고 중간 휴식 때는 토스카니니가 방금 썼던 길이 76㎝짜리 대형 지휘봉
을 경매에 부쳐 1만 1,000 달러에 팔았다. 후반부에서는 '리골레토' 3막의 5
중창과 함께 앙코르곡으로 토스카니니 자신이 편곡한 수자의 행진곡 '성조
기여 영원하라'를 연주했다. 토스카니니가 편곡한 미국 국가 악보 필사본도
경매로 팔려나갔다. 마에스트로의 친필 사인이 적힌 기념 프로그램 100부도
100 달러에 팔려 1만 달러를 모았다.

만국박람회에서 인기를 끌었던 음악 중에 요한 슈트라우스 2세의 '아름
답고 푸른 다뉴브강 왈츠'도 빼놓을 수 없다. 이 곡은 1867년 2월 15일 빈에
서 합창곡으로 초연되었는데 관현악곡으로 개작해 6개월 뒤 파리 엑스포에
서 연주하면서 세계적으로 유명해졌다. 프랑스의 유명한 음악 패트런 샤를
자비에 도스몽Charles Xavier d'Osmond 백작이 1년 전 카니발 시즌 때 빈을 방
문해 요한 슈트라우스에게 파리 공연을 권유했다. 프랑스 주재 오스트리아
대사 리하르트 메테르니히도 적극 나섰다. 오스트리아 수상 클레멘스 폰 메
테르니히의 아들이다. 특히 파리 사교계를 주름잡은 리하르트의 부인 폴린
은 요한 슈트라우스의 파리 공연을 통해 프랑스와 오스트리아가 정치적으
로 한층 더 가까워진다면 프로이센을 중심으로 독일 연방을 통일해 유럽의
맹주가 되려는 비스마르크의 야심을 꺾을 수 있으리라고 보았다. 오스트리
아는 1866년 독일 연방 내의 주도권을 둘러싸고 프로이센과 벌인 전쟁에서
패배한 터였다. 폴린은 오스트리아 정부에서 16만 7,000 프랑이라는 막대한
예산을 따내어 대사관저에서 대규모의 무도회 파티를 벌였다. 녹색과 핑크
빛 새틴으로 벽면을 장식하고 아이보리색 지붕에 금빛 아라베스크를 수놓았

연도	장소	초연곡
1844	파리	베를리오즈 '프랑스 찬가'
1851	런던	윌리엄 빈센트 월러스 '세계박람회 폴카', 루이 앙투안 쥘리엥 '대박람회 카드리유', 헨리 파머 '모든 국가를 위한 카드리유', 프랑크 투소 '대박람회 폴카'
1855	파리	요한 슈트라우스 2세 '추억 폴카', 베르디 '시칠리아섬의 저녁기도', 베를리오즈 '임페리얼 칸타타' '테데움'
1862	런던	윌리엄 스턴데일 베넷 '국제박람회 개막을 위한 찬가', 마이어베어 '행진곡풍의 축전서곡', 다니엘 오베르 '개선행진곡', 베르디 '3국 국가', 구노 '온 우주에 가득한 그의 영광', 조르주 파이퍼 '피아노 협주곡 제2번'
1867	파리	로시니 '나폴레옹 3세 찬가', 조르주 라우셰네커 '군악대를 위한 그랜드 서곡', 구노 '로미오와 줄리엣', 프랑수아 로랑 드 릴레 '1867년 파리', 오펜바흐 '게롤스타인 대공 부인', 요한 슈트라우스 2세 '아름답고 푸른 다뉴브강 왈츠'
1871	런던	구노 '갈리아', 마이클 코스타 '성서 칸타타'
1873	빈	요한 슈트라우스 2세 '빈 기질 왈츠' '로툰다 카드리유' '우리 집에서 왈츠' '로마의 카니발', 에두아르트 슈트라우스 '빈 만국박람회 행진곡', 필립 파르바흐 '만국박람회 왈츠', 프란츠 로트 '로툰다 폴카', 안톤 파르바흐 '파산 폴카'
1876	필라델피아	더들리 버크 '컬럼비아 100주년의 명상'
1878	파리	오펜바흐 '지옥의 오르페우스', 프랑크 '영웅적 소품', 길망 '장송행진곡과 천사의 노래', 생상스 '프로메테우스의 결혼', 구노 '프랑스 만세', 아돌프 셀레니크 '평화의 찬가'
1889	파리	오귀스타 올메즈 '프랑스혁명 100주년 개선가', 마스네 '에클라르몽드', 토마 '템페스트', 이폴리트 라바디 '만국박람회 1889'
1893	시카고	빅터 보겔 '시카고 세계박람회 대행진곡', 미스카 호바트 '세계박람회 대행진곡', 조지 휫필드 채드윅 '헌정의 노래', 존 놀즈 페인 '콜럼버스 행진곡과 찬가', 에이미 비치 '페스티벌 유빌라테', 글라주노프 '개선행진곡'
1897	브뤼셀	폴 길송 '만국박람회 개막 칸타타'
1900	파리	샤르팡티에 '루이즈', 생상스 '하늘의 불꽃', 뤼시엥 랑베르 '라마르세예즈'
1905	리에주	장데오도어 라두 '리에주 세계박람회 개막 칸타타'
1915	샌프란시스코	생상스 '캘리포니아 만세'
1937	파리	오네게르 '천일야화', 플로랑 슈미트 '빛의 축제', 엘자 바렌 '이주민 집단의 축제', 레이몽 루쇠 '센강 예찬', 마르셀 델라노이 '춤의 축제', 클로드 델뱅쿠르 '가을의 축제', 폴 르플랑 '봄의 축제', 데지레 에밀 잉겔브레쉬트 '어린이', 장루이 오베르 '여름의 축제', 앙리 바로드 '불의 축제', 피에르 벨로네스 '환상의 축제', 쾨클랭 '생수의 축제', 메시앙 '분수의 축제', 사티 '만국박람회를 위한 세속적이고 화려한 운문', 알렉산더 체레프닌 '롤러코스터 타기', 미요 '음악의 축제', 이베르 '국민 축제'
1939	뉴욕	윌리엄 그랜트 스틸 '밀물', 거슈윈 '새날의 여명'
1958	브뤼셀	바레즈 '포엠 엘렉트로니크', 크세나키스 '콩크레 PH', 아서 프레보 '만국박람회 공식 행진곡'
1970	오사카	슈톡하우젠 '찬가', 베른트 알로이스 짐머만 '트라토 II'
1992	세비야	마이클 니만 '업사이드다운 바이올린'

다. 담당 공무원까지 구워삶아 특수 파이프로 물을 끌여들여 황제 부부가 입장할 계단 정면에 폭포수까지 만들고 장미꽃으로 주변을 꾸몄다. 유대인 은행가 로스차일드 백작의 전속 요리사까지 불러왔다.

요한 슈트라우스 2세는 나폴레옹 3세와 황후 외제니가 참석한 무도회에서도 스포트라이트를 받았다. 외제니는 폴린의 절친이었다.[18] 여러 곳에서 연주 요청이 쇄도하면서 '아름답고 푸른 다뉴브강 왈츠'는 사실상 파리 엑스포의 주제곡이 되다시피했다. 파리 시내의 모든 오케스트라가 이 곡을 앞다투어 연주했다. 메테르니히 대사의 사주를 받은 '르 피가로'의 발행인 이폴리트 드 빌르메상도 요한 슈트라우스의 나팔수를 자처했다.[19] 하지만 요한 슈트라우스의 왈츠 외교도 얼마 못가서 빛이 바래고 만다. 오스트리아 황제 프란츠 요제프 1세의 남동생 막시밀리아노 1세가 1867년 6월 19일 멕시코 혁명군에 생포되어 처형당하는 사건이 발생한 것이다. 막시밀리아노 1세를 멕시코 황제로 추대해 꼭두각시로 만든 것은 나폴레옹 3세였다. 오스트리아와 프랑스 간에 추진해오던 동맹은 산산조각이 나고 말았다. 메테르니히 대사가 요한 슈트라우스의 음악으로 막아보려 했던 일이 현실로 다가왔다. 막시밀리아노 1세의 처형 소식이 파리에 전해진 다음부터 오스트리아 대사관은 모든 파티와 행사를 취소했고 메테르니히도 급거 귀국했다. 프랑스에 기대어 프로이센을 견제하려고 했던 오스트리아의 꿈은 물거품이 되고 말았다.

프랑스 작곡가 카미유 생상스는 79세 때인 1915년 '프랑스-미국 정치, 경제, 예술 관계 발전을 위한 위원회' 수석 대표로 임명되었다. 파나마 운하 개통을 축하하기 위해 미국 샌프란시스코에서 열린 제1회 파나마태평양만국박람회에 참가했다. 생상스는 행사를 위해 특별히 위촉받은 음악 '캘리포니아 만세Hail California'를 초연한 6월 19일에는 직접 지휘봉을 잡았다. 오케스트라와 군악대, 오르간을 위한 곡으로 '문화대사'라는 타이틀에 걸맞게 미국과 프랑스 국가를 잘 버무려넣었다. 프랑스 국가를 삽입하는 것은 박람회의 음악감독 조지 스튜어트의 아이디어였다. '성조기'와 '라마르세예즈'가 번갈아 나오다가 마지막에 양국 국가 선율이 동시에 흐른다.

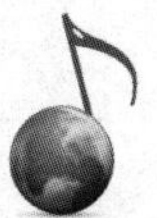

제1, 2차 세계대전의 소용돌이 속에서

프랑스와 독일의 '음악 신경전'

보불전쟁 직후인 1871년 런던 국제박람회에서 구노Charles Gounod 1818-1893의 소프라노 독창과 혼성합창, 오케스트라, 오르간을 위한 '갈리아Gallia'가 초연되었다. 구약성서 예레미아 애가의 텍스트와 작곡자 자신이 직접 쓴 시를 섞은 가사에 곡을 붙인 이 작품은 보불전쟁의 패배로 애통해하는 프랑스인의 심정을 BC 587년 예루살렘 함락에 빗댔다.

같은 해 프랑스에서는 '국민음악협회Société nationale de musique'가 출범했다. 생상스, 샤브리에, 프랑크, 포레, 뒤카, 마스네, 쇼송, 댕디, 랄로 등 프랑스를 대표하는 작곡가들이 독일 레퍼토리에 잠식된 음악계에 경종을 울렸다. 프랑스 문화와 예술의 부흥을 음악이 이끌어가야 한다고도 했다. 독일의 '비밀 병기'인 바그너 오페라를 파리 무대에서 추방해야 한다는 주장을 폈다.

1897년 5월 9-16일 아르투르 니키슈가 이끄는 베를린 필하모닉 오케스트라가 파리 겨울 서커스Cirque d'Hiver 2,090석 무대에 다섯 차례 올랐다. 보불전쟁 이후 독일 오케스트라로는 26년 만에 처음으로 프랑스를 방문했다. 전

쟁의 여파로 오랫동안 남아있는 독일에 대한 반감을 누그러뜨리기 위해서
다. 베를린 필하모닉 오케스트라도 창단 15년 만의 첫 파리 공연이다. 교향
악단의 매니저 헤르만 볼프Hermann Wolff 1845-1902에게도 파리 공연은 숙원사
업이었다. 프랑스 주재 독일 대사, 프랑스 문화부, 파리 경찰국과 오랜 협의
끝에 성사된 공연이다.

하지만 파리 시민들에게는 보불전쟁의 쓰라린 기억이 아직도 생생한 터
라 포스터에 적힌 '베를린'이라는 단어가 거부반응을 일으킬 수 있었다. 5월
4일 연례 자선 바자회에서 발생한 대화재로 126명이 목숨을 잃고 200여 명
이 중경상을 입어 분위기도 뒤숭숭했다. 파리 경찰당국은 극우 애국주의자
들의 폭력 사태를 우려해 포스터에 '베를린'이라는 글자를 빼는 조건으로 공
연을 허가했다. 하지만 매니저 헤르만 볼프의 집요한 설득 끝에 공연 당일
포스터에 '베를린'이라는 글자를 크게 새겨넣는데 성공했다.[20]

파리 시내 오페라극장들은 문을 굳게 닫았고 노트르담 대성당에서 열린
장례 미사와 겹친 첫날 연주에서 니키슈가 예정대로 베토벤의 교향곡 제5번
대신 제3번을 연주했다. 2악장 '장송행진곡'을 연주할 때는 전 단원을 일으
켜 세워 파리 시민들의 상처를 어루만졌다.[21] 바그너의 '신들의 황혼' 중 장
송행진곡도 연주했다. 사실상 희생자 추모음악회를 열어 독일에 대한 반감
도 달래주면서 문화대사의 역할을 톡톡히 해냈다. 니키슈 덕분에 독일인에
대한 이미지도 호전적인 괴물에서 호감이 가는 이웃사촌으로 바뀌었다.[22]

1905년 5월 20일부터 3일간 스트라스부르에서 알사스 로렌 음악제가 열
렸다. 독일과 프랑스 오케스트라의 합동 무대였는데 첫날에는 라무뢰 오케
스트라의 지휘자 카미유 슈비야르Camille Chevillard 1859-1923와 리하르트 슈트
라우스가 차례로 지휘봉을 잡았고 둘째 날에는 말러와 R. 슈트라우스가 각
각 교향곡 제5번과 '가정 교향곡'을 지휘했다. 셋째 날에는 말러가 피아노

협주곡 제4번, '합창 교향곡' 등 베토벤 콘서트를 지휘했고 세비야르는 프랑크의 오라토리오 '복 있는 사람Les Beatitudes'을 지휘했다. 말러는 빈 슈타츠오퍼, R. 슈트라우스는 베를린 슈타츠오퍼의 음악감독으로 있으면서 독일어권 음악계의 대표 주자로 활동했다. 이 페스티벌은 독일과 프랑스의 접경지대에서 열린 '평화 콘서트'였지만 독일어권 내에서도 말러와 R. 슈트라우스가 리허설 시간을 놓고 신경전을 벌일 정도로 자존심을 내건 대결이었다. 한 평론가는 말러를 가리켜 '지휘봉의 나폴레옹'이라고 극찬했다.[23] 나폴레옹이 군사력으로 독일과 오스트리아를 점령했지만 음악은 독일이 한 수 위라는 뜻이다. 스트라스부르에서 열린 알사스 로렌 음악제는 제1차 세계대전 직전인 19013년까지 계속되었다. 이 페스티벌을 전쟁의 전주곡으로 본다면 지나친 비약일까.

1914년 제1차 세계대전이 발발하자 프랑스에서 전쟁 중에는 독일 태생의 생존 작곡가의 작품을 연주하지 말자는 의견이 팽배했다. 심지어 이미 작고한 리하르트 바그너의 작품도 '금지곡' 목록에 넣자는 의견도 있었는데 보불전쟁에서 프랑스가 패했을 때 바그너가 조롱 섞인 말을 남긴 다음부터 미운털이 박혀 있던 터였다. 평소 가장 자주 연주하는 독일 작곡가 베토벤은 조부가 벨기에 메헬렌 태생이라는 이유로 금지곡에서 제외했다.

독일 음악을 프랑스 무대에서 추방하자고 주장한 사람들은 1916년 3월 10일 파리 살 플레옐에서 창립총회를 개최한 '프랑스 음악 수호를 위한 민족 동맹Ligue Nationale pour la Défense de la Musique Française' 회원들이다. 작곡가 카미유 생상스, 귀스타브 샤르팡티에, 뱅상 댕디, 데오도어 뒤부아, 폴 뒤카, 앙드레 므사제 등이 대표적인 인물이다. 이들은 '프랑스인에게는 프랑스 음악을La musique de France aux Français'이라는 슬로건을 내걸었다. 프랑스의 민족 예술의 유산을 보호하기 위해서는 독일어권 작곡가의 작품 연주를 금지해야 한다는 것이다. 특히 바그너는 독일이 외국인들의 영혼을 정복하는 수단으로 자기 작품을 사용하는 것을 잠자코 지켜보고만 있었다는 이유에서다. 생상스는 민족주의 성향의 우익 잡지 '에코 드 파리L'Écho de Paris'에 1914년 9월 19일부터 연재한 글 '게르마노필리Germanophilie'에서 프랑스의 예술계가 독일음악, 특히 바그너의 음악에 지배당하고 있는 현실에 대해 맹렬한 공격을 퍼부었다. 이 글은 프랑스 대통령 레이몽 프앵카레가 프랑스 한림원에서 펜과 연설로 조국을 지키는데 앞장 서달라는 내용으로 연설한 직후에 작성했다. 생상스는 바그너를 가리켜 "프랑스 예술에 대항하는 전쟁 무기"라고 말했다. 독일이 프랑스와의 전쟁에서 사용하는 이념적, 정치적 무기라는 뜻이다.[24]

1916년 6월 16일 파리 살 가보에서 개막한 '프랑스 음악제'에서는 전쟁에 참가해 사망하거나 부상당한 프랑스 작곡가의 작품을 연주했다. 외국에 프랑스 음악을 적극적으로 보급하기 위해 10월에는 이탈리아에서 댕디 음

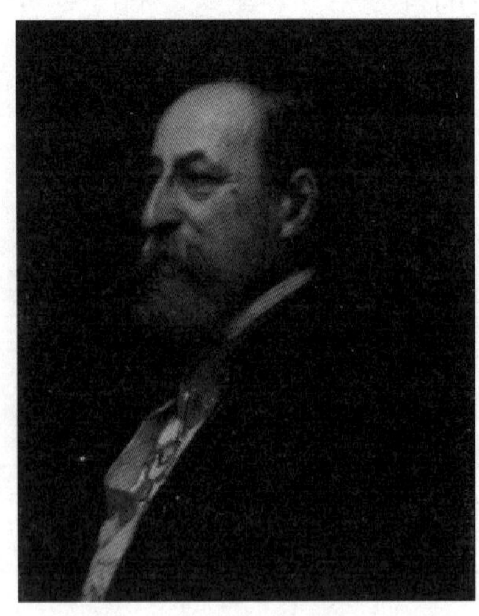

카미유 생상스

악회 시리즈를 열기도 했다. 독일 작곡가 가운데 바흐, 하이든, 모차르트, 베토벤, 멘델스존, 슈만은 연주를 허용하되 브람스, 바그너, R. 슈트라우스, 말러, 쇤베르크는 금지해야 한다는 입장이었다. 동맹의 활동상은 1년 전 창간한 프로파간다 저널 '전쟁 시기의 음악La Musique pendant la Guerre'이 상세하게 다루었다.

하지만 작곡가 모리스 라벨과 가브리엘 포레, 클로드 드뷔시, 에릭 사티는 동맹에 가입하지 않았다. 제1차 세계대전에 참전한 라벨은 같은 해 6월 7일 입회 권유를 받고 전방에서 보낸 공개서한에서 반대 의견을 냈다. 프랑스 작곡가들이 맹목적인 애국주의에 빠져 외국의 동료 작곡가들을 조직적으로 무시하고 민족 성향의 배타적 집단을 형성한다면 프랑스 음악도 언젠가는 타락하고 고립 상태를 자초할 것이라고 경고했다. 이 때문에 라벨의 작품도 프랑스에서 잠시나마 연주 기피의 대상이 되고 말았다.

영국에서도 오스트리아나 독일 출신 연주자의 공연과 독일어권 생존 작곡가의 작품의 연주를 금했다.[25] 오스트리아에서는 푸치니 오페라의 상연을 금했다.

프랑스와 독일이 한참 전쟁 중일 때 펠릭스 바인가르트너가 이끄는 다름슈타트 오케스트라와 앙드레 므사제가 지휘하는 파리 음악원 오케스트라가 베른역 플랫폼에서 갈아탈 기차를 기다리다가 서로 마주쳤다. 당시 한 기자는 악기를 무기에 비유했다. "이곳은 중립 지대여서 각자의 무기는 케이스 안에 그대로 넣어두었다."[26]

파리 오케스트라와 뉴욕 필하모닉

1918년 10월 15일 뉴욕 메트로폴리탄 오페라하우스에서 앙드레 므사제 지휘의 파리음악원 오케스트라Orchestre de la Société des Concerts du Conservatoire가 80일에 걸친 북미 순회공연의 막을 올렸다. 공연을 주최한 프랑스-미국 음악협회French-American Association for Musical Art 회장 오토 칸Otto Kahn 1867-1934은 연주가 끝난 뒤 무대에 올라 지휘자에게 금관을 씌워주며 미국과 프랑스의 결속을 의미한다고 설명했다. 칸은 미국과 프랑스의 문화외교에 기여한 공로로 프랑스 정부로부터 받은 레종도뇌르 훈장을 달고 나왔다.

파리 오케스트라Orchestre de Paris의 전신인 파리 음악원 오케스트라가 창단 90주년을 맞아 첫 미국 순회공연에 나선 것은 오토 칸의 초청 덕분이다. 은행가인 그는 뉴욕 메트로폴리탄 오페라 회장, 뉴욕 필하모닉 오케스트라의 전신인 뉴욕 심포니 오케스트라의 부회장을 맡았다. 그는 뉴욕 심포니 오케스트라 지휘자 월터 담로시와 의기투합해 프랑스 음악인들을 미국에 초청하는 데 앞장섰다. 1916년 1월에는 파리에서 활동 중인 디아길레프의 러시아

발레단의 뉴욕 공연도 메트로폴리탄 오페라극장의 대주주라는 지위를 활용
해 성사시켰다. 메트로폴리탄 오페라에서 뒤카 '아리안느와 푸른 수염', 드
뷔시 '아리안느와 푸른 수염' 등 프랑스 오페라를 상연하도록 영향력을 행사
했다.

1918년 파리를 방문한 그는 6월 6일 파리음악원 오케스트라 지휘자 므사
제와 미국 순회공연 계약서에 서명했다. 미국과 캐나다에서 70일간 60회 공
연하는 조건이다. 프랑스-미국 음악예술협회와 뉴욕주재 프랑스 공사관이
후원하기로 했다. 월터 담로시는 7월 14일 바스티유 함락 기념일에 파리 음
악원 오케스트라를 지휘했다. 미국과 프랑스 국가에 이어 생상스 '오르간 교
향곡', 프랑크 '교향적 변주곡'을 연주했다.

제1차 세계대전이 한창이던 1918년 10월 2일 파리음악원 오케스트라는
브레타뉴의 항구 브레스트에서 뉴욕행 루이빌 호를 탔다. 독일군 잠수함 공
격을 무릅쓰고 열흘 만에 대서양을 건넜다. 전시 상황이라 탑승 일정도 여러
차례 변경되었다. 첼로, 더블베이스, 하프, 타악기 등 부피가 큰 악기는 현지
에서 조달했다. 신시내티의 악기 제조회사 루돌프 부를리처에서 악기를 제
공했고 운반까지 맡아주었다. 부를리처는 동맹국인 프랑스 예술을 미국에
널리 알리는데 보탬이 되고 싶다고 말했다. 투어를 다니면서 판매할 음반을
뉴욕 도착 직후 컬럼비아 레코드사와 녹음했다. 특별열차에서 먹고 자고 연
주복을 갈아입는 강행군이었다. 지휘에 몰두하느라 피아니스트 활동을 접었
던 알프레드 코르토Alfred Cortot 1877-1962는 미국 공연을 위해 브레타뉴에 여
름 별장을 빌려 놓고 생상스 협주곡 제4번, 프랑크 '교향적 변주곡', 슈만 협
주곡 등을 다시 익혔다.[27] 파리음악원 오케스트라의 미국 순회공연 레퍼토리
는 베토벤, 슈만, 리스트, 림스키코르사코프를 제외하면 프랑스 작품 일색
이다.

1918년 파리 음악원 오케스트라의 미국 순회공연 레퍼토리

베토벤	교향곡 제3번, 제5번, 제7번, 피아노 협주곡 제4번, 제5번, 에그몬트 서곡, 레오노레 서곡 제3번
생상스	교향곡 제2번, 옹팔의 물레, 죽음의 무도, 피아노 협주곡 제2번, 제3번, 제4번, 제5번, 바이올린 협주곡 제3번, 대홍수 전주곡
베를리오즈	'로미오와 줄리엣' 중 캐퓰릿가의 축제, 벤베누토 첼리니 서곡, 로마의 카니발 서곡'
드뷔시	목신의 오후 전주곡, '녹턴' 중 구름과 축제, 교향시 '바다'
포레	'펠레아스와 멜리장드' 중 발라드, 실잣는 여인, '샤일록 모음곡' 중 녹턴
댕디	프랑스 산사람의 노래에 의한 교향곡, 발렌슈타인의 진영
뒤카	마법사의 제자, 교향곡
프랑크	교향곡 d단조, 교향시 '구원'
랄로	노르웨이 랩소디, 스페인 교향곡
뒤부아	프리티오프 서곡
샤브리에	그방돌린 전주곡
슈만	피아노 협주곡
쇼송	교향곡
리스트	전주곡
앙리 라바드	밤의 행렬
림스키코르사코프	스페인 광시곡
비제	서곡 '조국'

런던에서 은행업에 종사하다 미국으로 건너온 칸은 독일 만하임 태생이지만 영국과 프랑스를 무척 좋아했다. 하지만 동업자와 나란히 자기 이름을 걸고 뉴욕에서 차린 회사가 친독일 기업이라는 오해를 받고 있었다. 제1차 세계대전이 터지면서 독일계 이민에 대한 따가운 시선을 피하기 위해서라도 기회가 있을 때마다 독일과 맞서 싸워야 한다고 주장했다. 칸은 미국이 제1차 세계대전에 참전하기 하루 전에 미국 시민권을 얻은 게 천만다행이었다. 계속 영국 국적으로 남아있었다면 새로 개정된 영국법에 따라 시민권이 박탈되어 다시 독일 국민 신분으로 돌아갔을지도 모른다. 그의 모든 재산도 미국의 외국인 체류자 재산 관리국으로 압류되어 국가 소유가 되었을 것이다.[28]

월터 담로시가 이끄는 뉴욕 심포니 오케스트라는 1920년 4월 22일 미국 교향악단 최초로 유럽 순회공연에 나섰다. 프랑스파리, 보르도, 리옹, 마르세유, 몬테카를로, 스트라스부르, 메츠, 낭시, 이탈리아제노바, 로마, 피렌체, 볼로냐, 밀라노, 토리노,

벨기에브뤼셀, 안트베르펜, 리에주, 헨트, 네덜란드헤이그, 암스테르담, 영국런던을 돌았
다. 프랑스, 벨기에, 이탈리아는 정부 초청이었다. 제1차 세계대전이 끝나고
2년이 지났는데도 독일 땅은 밟지 않았다. 5월 4일 파리에서의 첫 연주회에
서 오케스트라는 프랑스와 미국 국가에 이어 베를리오즈 '벤베누토 첼리니
서곡', 베토벤 '교향곡 제3번', 댕디 '교향적 변주곡 이스타', 라벨 '다프니스
와 클로에 모음곡 제2번' 등 베토벤을 제외하고 모두 프랑스 작품을 골랐다.
뉴욕 심포니가 프랑스를 필두로 한 유럽투어를 떠난 것도 프랑스와 미국의
문화교류를 위해 노력한 오토 칸 덕분이라고 해도 과언이 아니다. 5월 8일
에는 파리 음악원 오케스트라 주최 뉴욕 심포니 오케스트라 환영 오찬도 열
렸다.

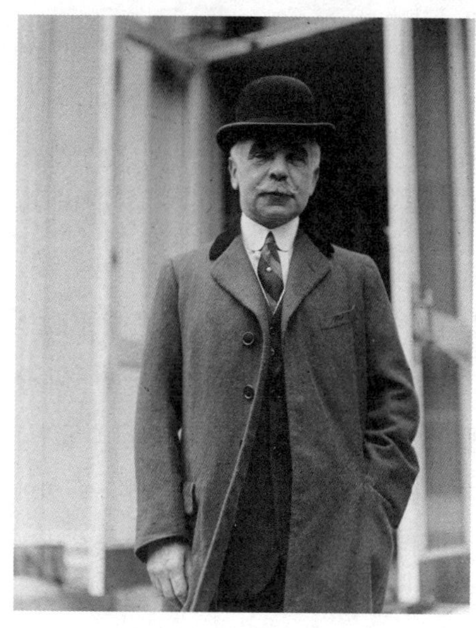

미국과 프랑스의 음악 교류에 앞장 선
음악애호가 오토 칸

미국 국가 연주를 거부한 독일 지휘자

1918년 3월 26일과 4월 2일로 예정된 보스턴 심포니 오케스트라의 바흐 '마태 수난곡' 연주는 공연을 불과 하루 남겨두고 지휘자가 갑작스럽게 변경되었다. 몇 달 전부터 함께 연습해오던 칼 무크Karl Muck 1859-1940가 리허설 도중 경찰에 체포되어 투옥되는 바람에 에른스트 슈미트가 지휘봉을 대신 잡았다. 무크가 군수품 창고를 폭파할 계획을 갖고 있었으며 병사들에게 성병을 전염시키기 위해 군부대에 창녀들을 파견했고 더 나아가서 자신의 별장에서 U보트에 암호를 보냈다는 혐의를 받았다. 보스턴 경찰과 연방 검찰은 무크의 자택을 압수 수색하는 과정에서 발견한 바흐 '마태 수난곡' 악보에 다양한 색깔로 의미를 알 수 없는 기호가 적혀있는 것을 보고 친독일 활동의 증거가 될만한 암호라고 판단한 것이다. 경찰은 무크가 메조소프라노 로자몬드 영과 비밀 연애를 했다는 혐의를 추가해 그를 파렴치범으로 몰아갔다. 연애편지에서 반미 감정을 드러낸 부분도 선동죄가 될 만한 충분한 근거를 제공했다. 무크는 같은 해 8월 21일까지 조지아 주의 오글소프 요새에 있는 독일군 포로와 민간인 억류자 수용소에 갇혀 있었다. 함께 수용소에서 만난 독일계 음악가들이 만든 오케스트라를 지휘해 베토벤 교향곡 제3번을 연주하기도 했다.

독일 다름슈타트 태생으로 1867년 스위스로 이주해 스위스 여권을 소지하고 있었던 그는 1917년 4월 6일 미국의 제1차 세계대전 참전과 함께 보스턴 심포니 오케스트라 음악감독직에서 물러나라는 무언의 압력을 받았다. 독일 태생인데다 평소 독일 작곡가의 작품을 즐겨 연주한 까닭이다. 하지만 보스턴 심포니의 설립자이자 CEO인 헨리 리 히긴슨은 들끓는 여론을 무시한 채 무크와의 계약을 5년 연장했다. 무크는 신변에 두려움을 느끼면서도 첫 미국 순회공연에서 독일 작곡가의 작품으로만 프로그램을 구성했다.

미국의 다른 교향악단에서는 1917년 가을부터 연주회 시작 전에 미국 국가 '성조기'를 연주했다. 하지만 '성조기'가 미국 국가로 공식 채택된 것은 1931년의 일이다. 보스턴 심포니 오케스트라 경영진에서는 국가 연주를 하지 않아도 큰 문제가 되지 않는다고 판단해 무크에게 당혹스런 요구를 하지 않기로 했다.

보스턴 심포니는 로드아일랜드의 프로비던스 인팬트리 홀에서도 정기적으로 연주해왔는데 1917년 10월 30일 공연 당일 아침 일간 신문 '프로비던스 저널'은 "무크 교수는 친독일 성향으로 악명이 높은 자이며 예고된 프로그램도 독일 레퍼토리 일색"이라며 "무크 교수를 시험해보기 위해 보스턴 심포니 오케스트라에게 미국 국가 연주를 요청한다"는 내용의 사설을 실었다. 그날 저녁 연주하기로 한 곡은 바그너 '탄호이저' 중 아리아, 리스트 교향시 제5번 '프로메테우스', 베토벤 '에그몬트 서곡', 차이콥스키 '교향곡 제4번' 등이다. 로드아일랜드의 9개 여성 단체의 회장들도 같은 내용의 편지를 보내왔다.

무크는 공연이 끝난 뒤에야 보스턴으로 돌아가는 기차 안에서 이 사실을 알게 되었다. 보스턴 심포니가 미국 국가를 연주하지 않자 신문은 '미국 국가가 완전히 무시당하다'라는 제목의 기사에서 무크가 연주를 거부했다고 가짜 뉴스를 퍼뜨리면서 무크를 간첩으로 지목했다. 오케스트라 경영진의 고집 때문에 지휘자만 애꿎게 간첩으로 몰리게 되었다. 우익 단체 아메리칸 디펜스 소사이어티에서도 무크를 감옥에 집어넣으라고 요구했다. 히긴슨은 국가 연주를 하지 못한 것은 자기 책임이라고 진화에 나섰지만 들불처럼 번져가는 반대 여론에는 속수무책이었다. 시어도어 루즈벨트 대통령까지도 비난에 가세해 미국 국가를 연주하지 않겠다면 보스턴 심포니 오케스트라는 해산하는 것이 마땅하고 지휘자는 추방해야 한다고 말했다. 무크의 라이벌인 뉴욕 심포니 오케스트라 지휘자 월터 담로시도 뉴욕타임스에 기고한 글에서 신성한 미국 국가에 대한 냉소적 무시는 국민 정서를 외면한 것이라고

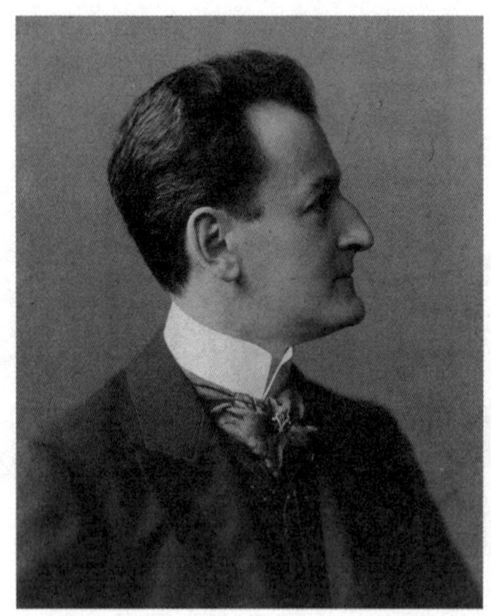

독일 지휘자 칼 무크

했다. 하지만 히긴슨은 연주 프로그램에 대해 간섭하는 것은 오케스트라의 예술적 독립성과 자유를 침해하는 일이라며 맞섰다. 그는 '보스턴 글로브'와의 인터뷰에서 이렇게 말했다.

왜 그들이 '성조기'를 연주해야 하나? 그 곡은 예술음악 콘서트에는 들어설 자리가 없다. 적절한 상황이라면 연주하는 게 마땅하다. 지난해 여름 서머 콘서트에서 우리는 '아메리카'라는 곡을 매일 밤 연주했다.…대중적인 콘서트이니까 가능했던 일이다. 하지만 예술음악 콘서트에는 '성조기'를 연주해서는 안 된다.[29]

무크는 11월 2일부터 연주 때마다 미국 국가를 마지막 곡으로 연주했지만 불리한 여론을 뒤집을 수는 없었다. 무크는 전쟁 시기 외국인 혐오의 희생양이었다. 1910년 당시 영국이나 아일랜드를 제외하고 비영어권 국가 출신의 이민으로는 독일계가 가장 많았다. 미국 인구 11명 중 1명이 독일계 이민 1세대 또는 2세대였다. 하지만 독일에 대한 반감의 확산으로 일부 학교에서 독일어 수업이 폐지되고 독일어 신문은 폐간되었다. 독일계 이민이 운영하는 양조장도 문을 닫았다. 뉴욕 메트로폴리탄 오페라의 프로그램에서도 독일이나 오스트리아 작곡가의 작품이 사라졌다.

사태가 진정되는 듯했으나 뉴욕의 한 신문과의 인터뷰가 말썽이었다. 그는 군악대도 아니고 보스턴 심포니 오케스트라 같은 훌륭한 교향악단에게 '성조기' 같은 애국적 선율을 연주하라고 요구하는 것은 예술적 취향에 대한 침해이며 모욕에 가까운 일이라며 애국심이라는 이름으로 정치가 예술에 개입하는 것에 대한 반감을 여과없이 털어놓았다.

보스턴 심포니 오케스트라는 순수한 예술단체다.… 한낱 민족적 또는 정치적 작품에 불과한 것을 연주하는 것은 우리가 해야 할 일은 아니다. 예술은 어떠한 국가적 이해관계보다 위대하다.…지휘자로서 나의 목표는 지금까지 그랬듯 앞으로도 청중에게 가능한 최선의 방법으로 최상의 예술작품을 제공하는 데 있다.[30]

간첩 혐의로 투옥된 무크는 석방과 동시에 아내와 함께 코펜하겐행 여객선에 태워져 강제로 추방되고 말았다. 그는 전쟁이 끝난 뒤 미국에서 온 객원 지휘 요청을 일체 거절했다.

무크는 형무소에서 오스트리아 태생의 신시내티 심포니 오케스트라 음악감독 에른스트 쿤발트Ernst Kunwald 1868-1939를 만났다. 자신과 비슷한 이유로 체포되어 온 것이다. 신시내티는 독일계 이민의 인구 비율이 매우 높은데도 주민들은 음악회 시작 전 미국 국가를 연주해야 한다고 주장하는 미국 전체의 여론을 무시할 수 없었다. 쿤발트는 미국 국가를 연주하기 전에 뱉은 말이 화근이었다. "여러분은 내가 어느 편을 사랑하고 동정하는지 잘 알 것입니다. 내 마음은 반대편인 나의 조국에 있지만 나는 여러분을 위해 여러분의 국가를 연주하겠습니다." 연방 판사는 이 말을 반미주의적 발언으로 해석했다. 신시내티 심포니가 연주를 앞두고 있던 피츠버그의 공안당국에서는 쿤발트가 간첩일 가능성이 높다며 독일 음악의 연주를 중단하라고 통보했다. 오케스트라 경영진에서는 쿤발트가 제출한 사표를 반려했다. 하지만 그는 미국 의회가 오스트리아-헝가리 제국에 대해 전쟁을 선포한 다음 날인 1917년 12월 8일 쿤발트는 이적 행위의 '예방 차원'에서 투옥되었다가 1919년 5월 31일 석방되어 본국으로 되돌아갔다.

이런 와중에 지휘봉을 내려놓지 않기 위해 재빠른 변신을 시도한 사람도 있었다. 1905년부터 시카고 심포니 오케스트라 음악감독을 맡은 독일 지휘자 프레드릭 스톡Fredrick Stock 1872-1942은 1917-18년 시즌 첫 콘서트를 미국, 프랑스, 영국, 이탈리아 작곡가의 작품으로 꾸몄다. 독일 레퍼토리는 단 한 곡도 연주하지 않았다. 단원들이 대부분 독일계 이민 출신인데도 리허설 때도 독일어 대신 영어를 쓰기 시작했다. 게다가 미국 작곡가의 작품도 한 곡 이상 연주하기로 했다. 단원들에게는 공공장소에서 독일어 신문을 읽지 말라고 당부했다. 연주 시작 전에 미국 국가 연주를 빼놓지 않은 것은 물론이다. 생존을 위한 처절한 몸부림 덕분인지 반독일 정서가 최고조에 달한 1918년 8월 잠시 지휘대에서 내려왔다가 이듬해 2월 음악감독으로 복귀했다.

미국 국가 연주의 문제는 제2차 세계대전 때도 다시 불거졌다. 1941년 7월 11일 미국음악가연맹American Federation of Musicians의 회장 제임스 페트릴로James J. Petrillo는 회원 13만 8,000명에게 모든 연주회의 시작과 끝에 '성조기'를 연주하라고 지시했다. 작곡가 이고르 스트라빈스키는 1944년 1월 13일 보스턴 심포니 오케스트라를 객원 지휘할 때 자신이 편곡한 '성조기'를 연주했는데 통상적으로 연주되는 편곡과는 달리 7화음을 과도하게 사용해 '국가 악보를 함부로 변조했다'는 이유로 벌금 100달러를 내야 했다. 미국 국가의 공식적인 악보는 1917년 뉴욕 필하모닉 오케스트라 음악감독 월터 담로시와 해군군악대 대장 존 필립 수자가 함께 편곡한 것이다. 스트라빈스키가 경찰에 체포되어 투옥되었다는 소문까지 나돌았다. 편곡 악보는 스트라빈스키가 미국 시민권을 얻은 것에 대한 감사의 뜻으로 만들어 1941년 10월 14일 로스앤젤레스 앰버시 오디토리움에서 WPA 심포니 오케스트라와 초연한 바 있지만 평소 담로시의 편곡에 익숙해진 미국인들에겐 스트라빈스키의 편곡이 신성모독처럼 느껴졌다.

베를린 필하모닉과 빈 필하모닉: 히틀러의 문화선전대

국가사회주의제국심포니오케스트라Nationalsozialistisches Reichs-Symphonie-Orchester는 1932년 7월 10일 뮌헨에서 열린 창단 공연에서 프란츠 아담Franz Adam 1885-1954의 지휘로 바그너의 '뉘른베르크의 마이스터징어 전주곡'과 칼 마리아 폰 베버, 안톤 브루크너를 연주했다. '총통의 오케스트라'로 불린 이 악단의 창립 목적은 "음악의 국제화와 볼셰비키화, 기계화의 위협에 맞서 싸우는 NSDAP국가사회주의 독일 노동자당의 선봉대 역할을 하면서 상설 교향악단이 없는 지역에서 연주하기 위한 것"[31]이었다. 단원들은 히틀러가 건축가 파울 루드비히 트루스트의 스케치를 바탕으로 직접 디자인한 갈색 턱시도를 입고 독일 방방곡곡을 누볐다. 학교나 공장 방문 콘서트를 도맡아했고 뉘른베르크 나치 전당대회, 베를린 올림픽 등 정치 행사에서 연주하면서 연간 200회가 넘는 연주 일정을 소화했다. 하이든, 베토벤, 베버, 슈베르트, 리스트, 바그너, 레거, 브루크너뿐만 아니라 생존 작곡가의 작품도 연주했다. 1934년에는 이탈리아와 헝가리에서 문화대사 역할도 해냈다.[32]

히틀러는 이것도 모자라서 1933년 10월 26일 재정난에 봉착한 민영 교향악단 베를린 필하모닉 오케스트라를 국영화해 나치 프로파간다의 선봉대로 만들었다. 1922년 베를린 필 음악감독에 취임한 푸르트벵글러는 단원들에 대한 경제적 처우 개선을 위해 해외 순회공연에 남다른 신경을 썼다. 어려서부터 소꿉친구로 지낸 여섯 살 손아래의 유대계 여성 베르타 가이스마Bertha Geissmar 1892-1949를 자신의 공식 비서로 임명해 베를린 필하모닉의 해외투어를 맡겼고 객원 지휘 일정도 관리하게 했다. 가이스마는 1924년 푸르트벵글러의 뉴욕 필하모닉 데뷔 때도 함께 다녀왔다. 1927년 겨울 베를린 필하모닉의 첫 영국 방문도 가이스마의 아이디어였다. 독일 주재 이탈리아 대사 비토리오 체루티Vittorio Cerruti 1881-1961는 1934년 2월 가이스마에게 전화를 걸어 베를린 필하모닉의 4월 이탈리아 순회공연을 요청했다. 베를린 필이 로마를 방문했을 때 무솔리니와 푸르트벵글러의 단독 면담을 주선한 것도 가이스마였다.[33]

베를린 필하모닉 오케스트라는 전 유럽에서 '음악적 제국주의'를 실현하기 위해 나치가 사용한 가장 강력한 무기였다. 괴벨스는 1940년 9월 베를린 필하모닉과 함께 베를린에서 서쪽에 위치한 주요 도시를 음악으로 차례로 점령한다는 계획을 발표한다. 독일 최고의 교향악단을 앞세워 네덜란드헤이그, 암스테르담, 위트레흐트, 벨기에안트베르펜, 리에주, 브뤼셀, 헨트, 브뤼헤, 오스텐데, 프랑스리유, 파리, 베르사유, 퐁텐블로, 메츠, 스트라스부르 등 점령국에서 차례로 음악적 퍼레이드를 벌일 심산이었다. 지휘는 한스 크나퍼부시, 오이겐 요훔, 로베르트 헤거 등에게 맡겼다. 현지에 주둔 중인 독일군의 사기를 높이기 위해 수준 높은 문화적 여흥을 제공할 뿐만 아니라 현지 공무원들과 독일 병사들 간의 상호 협력을 증진하는 것이 방문 목적이다.[34]

베를린 필하모닉은 일종의 정예군으로 독일의 문화선전대 역할을 떠맡았다. 뵘, 크나페르츠부슈, 클레멘스, 크라우스 같은 지휘자는 독일군의 네트워크를 적극 활용하여 오케스트라를 이끌고 서유럽과 동유럽 곳곳을 다니며 재외 동포, 점령국의 특권층, 군대와 노동자를 위한 음악회를 열었다. 푸르트벵글러도 이탈리아, 네덜란드, 스웨덴, 덴마크 등지로 연주 여행을 다니다가 더 이상은 '탱크의 호위병' 역할을 할 의지가 없음을 밝히고 그만둔다.[35]

베를린 필하모닉 오케스트라는 열성 나치당원인 헤르만 아벤트로트의 지휘로 1936년 5월 20일부터 28일까지 발칸 반도로 연주 여행을 떠났다. 부다페스트, 부쿠레슈티, 소피아, 베오그라드, 자그레브를 순회하는 일정이다. 부매니저 칼 슈테그만의 보고서에 따르면 베를린 필 단원들은 투어 내내 독일 외교관처럼 행동했다. "연주회 동안 독일에 대한 반감은 전혀 찾아볼 수 없었다. 오히려 우리의 지도자와 새로 탄생한 독일에 대해 매우 존경하는 마음으로 이야기했다.···방문국의 주민들과 대화를 나누면서 독일에 대해 자연스럽게 가르쳐주었다."[36]

베를린 필하모닉 오케스트라의 해외 연주는 나치의 전쟁 의도를 감추는 위장 평화의 도구이자 무력 사용 이후 통합을 위한 선무宣撫 정책의 일환이었다. 외국의 의심을 사지 않고 독일이 대규모로 재무장할 때도 음악을 연막 전술로 사용했다. 나치 독일은 1939년 3월 15일 베를린 필하모닉 오케스트라의 프라하 공연이 끝난 뒤 불과 나흘 만에 체코슬로바키아를 침공했다. 체코 점령에 성공한 다음에는 1940년 11월 7일 푸르트벵글러 지휘의 베를린 필하모닉을 다시 보내 스메타나의 '몰다우강'을 연주했다. 나치 독일이 같은 해 4월 9일 덴마크와 노르웨이를 침공할 때 오이겐 요훔 지휘의 베를린 필하모닉은 4월 8-10일 스웨덴 스톡홀름, 예테르보리, 말뫼 공연을 다녀왔다.

제2차 세계대전 때 중립을 선언한 스웨덴은 나치 독일에 철광석을 수출했다. 1940년 5월 네덜란드 침공에 앞서 베를린 필은 1월 23일 푸르트벵글러 지휘로 헤이그 무대에 섰다. 하지만 푸르트벵글러에 대한 현지의 반응이 썩 좋은 편은 아니었다. 그를 "음악적 기회주의자 아니면 나치 부역자"[37]라며 반감을 드러낸 사람도 많았다.

나치 시대에 베를린 필하모닉의 외국 투어는 "음악생활의 정서적 즐거움으로 정치적 즐거움을 촉발하여 나치 독일의 지배력이 점령 국가에 잘 정착될 수 있도록 도와주는 역할"[38]을 했다. 말하자면 "위대한 독일문화에 외국

베를린 필하모닉 오케스트라 유럽 순회공연 1897-1932

연도	도시 (지휘자)
1897	파리-제네바-취리히-바젤(아르투르 니키슈)
1899	상트페테르부르크-리가-모스크바-키에프-오데사-바르샤바(니키슈)
1900	카토비체-크라쿠프-프라하-린츠-그라츠-라이바-트리에스테-베네치아-볼로냐-밀라노-토리노-리옹-제네바-베른-취리히-바젤(리히터)
1901	프라하-브루노-빈-그라츠-트리에스테-베네치아-볼로냐-피렌체-로마-제노바-니스-마르세유-바르셀로나-마드리드-리스본-빌바오-산세바스티안-보르도-툴루즈-마르세유-리옹-파리-리유-브뤼셀-리에주(니키슈)
1904	상트페테르부르크-모스크바-크라쿠프-오데사-키예프-우치-바르샤바(니키슈)
1908	파리-보르도-마드리드-리스본-포르투-빌바오-산세바스티안-바르셀로나-마르세유-리옹-제네바-로잔-뇌샤텔-베른-바젤(R. 슈트라우스)
1917	말뫼-스톡홀름-예테보리(니키슈)
1918	카토비체-빈(니키슈)
1920	말뫼-코펜하겐(니키슈)
1921	말뫼(발터, 쿠르트 아테르베르크)
1923	제네바-밀라노-로잔-비엘-베른-장크트갈렌-취리히-샤프하우젠(볼크마 안드레아) 프라하(푸르트벵글러)
1924	장크트갈렌-베른-로잔-제네바-뇌샤텔-바젤-취리히-베른(푸르트벵글러)
1925	프라하-빈-부다페스트(푸르트벵글러)
1926	프라하-빈-부다페스트-취리히-로잔(푸르트벵글러)
1927	코펜하겐-프라하-빈-잘츠부르크-베른-바젤 런던-맨체스터(푸르트벵글러)
1928	코펜하겐-파리-루체른-취리히-제네바-바젤 런던-리버풀(푸르트벵글러)
1929	파리-룩셈부르크-취리히-몽트뢰-제네바-바젤 런던-브리스톨(푸르트벵글러)
1930	파리-리옹-제네바-몽트뢰-바젤-취리히(푸르트벵글러)
1931	브뤠셀-런던-버밍엄-리버풀-뉴캐슬-글래스고-던디-에든버러-런던-헤이그-암스테르담 프라하…파리-리옹-마르세유-제네바-취리히(푸르트벵글러)
1932	브뤼셀-런던-리버풀-런던-글래스고-에든버러-런던-헤이그-암스테르담 파리-스트라스부르-토리노-제노바-피렌체-로마-피렌체-베네치아-밀라노-취리히-브베-제네바-바젤(푸르트벵글러)

인들이 감동을 받도록 하는"[39] 것이 목표였다. 하이든, 모차르트, 베토벤, 브람스, 슈베르트, 슈만, 바그너, 브루크너 같은 음악가를 보유하고 있어 문화적으로 우월한 국가라는 사실을 내세우면서 나치의 폭력과 침략을 정당화하려는 것이다. 특히 베토벤은 베를린 필이 전쟁 시기에 연주한 레퍼토리의 17%를 차지했다. 비록 군사력으로는 나치 독일에 항복하긴 했지만 프랑스가 독일보다 문화적으로 우수하다고 믿는 프랑스인들의 망상을 깨부수는 무기로 베를린 필과 베토벤을 활용했다.[40]

1944년 6월 12일 파리에서 크나퍼부슈가 지휘한 베를린 필 공연은 일찌

베를린 필하모닉과 빈 필하모닉 유럽 순회공연 1933-1944

연도	베를린 필하모닉	빈 필하모닉	비고
1933	영국 프랑스 벨기에 네덜란드 스위스	헝가리 이탈리아	
1934	영국 프랑스 벨기에 네덜란드 이탈리아 스위스	헝가리 영국 프랑스 벨기에 이탈리아 스위스	히틀러-무솔리니 베네치아 회담
1935	영국 네덜란드 폴란드	헝가리 영국 프랑스 벨기에 이탈리아 스위스	영국-독일 해군합의
1936	폴란드 불가리아 유고슬라비아 루마니아 스위스	헝가리	베를린 올림픽, 라인란트 점령
1937	영국 프랑스 에스토니아 핀란드 덴마크 스웨덴 폴란드	헝가리 프랑스 스위스	파리 만국박람회
1938	영국 프랑스 벨기에 네덜란드 이탈리아 리투아니아 핀란드 에스토니아	헝가리 독일 체코슬로바키아	독이 강철조약, 뮌헨협정, 오스트리아 병합
1939	벨기에 네덜란드 스위스 이탈리아	독일 체코슬로바키아 폴란드	폴란드 침공, 체코슬로바키아 항복, 독소불가침조약
1940	프랑스 벨기에 네덜란드 오스트리아 체코슬로바키아 불가리아 루마니아 덴마크 스웨덴	독일 네덜란드 폴란드	노르웨이 덴마크 벨기에 프랑스 네덜란드 침공, 독일 이탈리아 일본 헝가리 루마니아 슬로바키아 주축동맹 가입
1941	프랑스 벨기에 덴마크 스페인 포르투갈 이탈리아 스웨덴 폴란드 체코슬로바키아 크로아티아	독일 헝가리 체코슬로바키아	불가리아 크로아티아 주축동맹 가입, 유고슬라비아 항복, 핀란드 덴마크 방공협정 서명, 에스토니아 병합
1942	프랑스 스위스 스페인 포르투갈 덴마크 폴란드 헝가리 루마니아 유고슬라비아 불가리아 러시아 크로아티아	폴란드	
1943	프랑스 벨기에 스페인 포르투갈 폴란드	독일 헝가리 덴마크 스웨덴	바르샤바 봉기
1944	프랑스 스페인 포르투갈 체코슬로바키아 덴마크 노르웨이	헝가리 루마니아	헝가리 점령, 보헤미아 모라비아 제국 귀환 5주년

감치 매진되었고 공연이 끝나고 앙코르 요청이 쇄도했다. 하지만 1942년 5월 클레멘스 크라우스가 지휘한 마르세유 공연에서는 관객들이 박수를 그치지 않자 단원들은 적잖이 당황했다. 프랑스 국가 '라마르세예즈'를 부르거나 나치에 반대하는 격문을 적은 종이비행기를 날리는 사람도 있었다. 1942년 리옹에서는 베를린 필하모닉 공연을 방해하기 위해 유대계와 레지스탕스들이 최루 가스를 뿌리다가 적발되어 강제 수용소로 끌려갔다.

나치 독일 당시 베를린 필하모닉이 기차를 타고 포르투갈, 스페인으로 연주 여행을 다녀온 것은 단원들에게는 포탄 세례의 위협에서 벗어나 잠시 남국의 태양을 만끽하면서 커피 원두까지 챙겨올 수 있는 소중한 기회였다. 하지만 나치 당국에게 베를린 필 공연은 제2차 세계대전 당시 아직 중립지역으로 남아있던 스페인의 환심을 사기 위한 문화적 프로파간다였다. 히틀러는 프랑코 총통에게 독일, 이탈리아와 공동 전선을 구축하자고 협조를 구했지만 프랑코는 반대급부로 너무 많은 것을 요구했다. 스페인은 전쟁 내내 중립국가로 남아있었지만 나치에 공공연하게 협조한 것은 사실이다. 히틀러가 당시 세계 최고의 교향악단인 베를린 필을 보내 감사 표시를 한 것은 매우 당연하다.

제2차 세계대전 직후 베를린이 동서로 갈라진 뒤 베를린 필하모닉 오케스트라가 서베를린에 남은 것은 미군정의 입장에서 천만다행한 일이었다. 나치 독일의 '국립교향악단'으로 유럽 전역에서 프로파간다의 선봉에 섰던 베를린 필은 이번에는 서독 내에서의 나치 청산을 위한 문화 재건 사업에서 매우 중요한 역할을 맡았다. 히틀러가 유대계 단원들을 축출했듯 미군정은 나치당에 가입한 단원 6명을 제명했다. 베를린 필은 커티스 음대에서 지휘와 작곡을 공부한 미군 장교 존 비터John Bitter 1909-2001의 감독과 지시를 받았다. 비터는 몇 차례 객원지휘를 맡아 바버의 '현을 위한 아다지오' 등을 연주했다.

푸르트뱅글러는 1948년 시카고 심포니 오케스트라 음악감독에 부임하기로 계약했고 카라얀도 1967년 시카고 심포니 오케스트라 음악감독 부임설이 나돌았지만 둘 다 유대인 사회의 극렬한 반대에 부닥쳤다. 바이올리니스트 아이작 스턴, 이츠하크 펄먼, 야사 하이페츠, 나단 밀스타인, 피아니스트 아르투르 루빈스타인 등 유대계 음악가들도 이들의 나치 전력 때문에 함께 연주하기를 거부했다. 바이올리니스트 예후디 메뉴인은 시카고 심포니 오케스트라와 협연을 중단했다. 푸르트뱅글러는 결국 1949년 1월 19일 사퇴 의사를 밝혔다.[41]

푸르트뱅글러는 1949년 미국 문화프로그램의 후원으로 외국을 여행할 수 있는 독일 예술가에 포함되었다.[42] 미군정이 끝난 뒤 1952년 푸르트뱅글러가 다시 지휘봉을 잡은 베를린 필하모닉 오케스트라는 1955년 2월 27일 사상 처음으로 미국 무대에 섰다. 하지만 푸르트뱅글러의 갑작스러운 사망으로 카라얀이 지휘봉을 잡았다. 워싱턴 컨스티튜션 홀을 시작으로 4월 1일 뉴욕까지 21개 도시에서 26회 공연을 치르는 일정이었다. 베를린 필하모닉을 이끌고 미국 순회공연에 나선 카라얀은 뉴욕 카네기홀 앞에서 제2차 세계대전 참전용사, 음악가 노조, 유대계 미국인들로 구성된 시위대를 만나야 했다. 나치 당원으로 가입해 협력했다는 이유에서다. 미국음악가연맹 소속의 음악인 750명이 미 국무부에 카라얀의 워싱턴 공연을 막아달라는 탄원서를 제출했다. 카라얀은 뉴욕에서 열린 기자 회견에서 나치 전력에 대한 질문을 받고 "국립단체인 아헨 극장에서 지휘자로 부임하자 나치에 자동적으로 입당 처리가 되었다"[43]며 "정치에 대해서는 아무 것도 모르고 할 말도 없다. 나는 음악가로서 왔다"고 말했다.

공연을 앞두고 2월 20일자 뉴욕타임스에 "'나치가 이끄는' 베를린 오케스트라의 공연을 반대하는 음악가들"이라는 제목의 기사가 1면에 실렸다. 미국음악가연맹 뉴욕 지부 회원 700여 명이 뉴욕 공연 반대 청원서에 서명까지 했다. 나치에 입당한 전력이 있는 카라얀과 총감독 게르하르트 폰 베스터만이 이끄는 교향악단의 미국 투어를 미국 정부에서 후원한다는 소문까지 돌아 여론은 더욱 들끓었다. 유대인 단체 베타Betar는 "음악애호가들이여, 오늘 밤 피의 공연에 발을 들여놓지 마시라!"[44]고 외쳤다. 음악가들이 카네기홀 앞에서 '나치 고홈' '히틀러가 가장 아끼던 지휘자를 반대한다' '나치 투어 중단하라' '가스실의 연기와 함께 음을 맞추는 새로운 나치' '뉴욕 시민의 자존심은 어디로?' '나치는 콘서트홀이 아닌 감옥에' '600만 유대인들을 기억하라' '나치와는 하모니 없다' '나치의 음악 독재자들이 오늘 카네기홀 무대에' 등의 구호를 적은 피켓을 들고 행진하자 60여 명의 경찰을 배치했다.[45] 베를린 필하모닉의 교내 공연을 앞둔 미시간대 대학생들도 반대 시위에 나섰다.

'자유 베를린의 문화적 상징'의 미국 투어에는 케미칼 회사로 백만장자가 된 베를린 태생의 미국 사업가 헨리 라이크홀드가 경비를 대기로 약속했다. 하지만 푸르트벵글러의 사망으로 지원 약속을 철회했다. 그래서 하는 수 없이 베를린 시와 외무부, 복권기금에서 경비를 조달했다. 카네기홀 공연을 앞두고 미 국무부는 미국음악가연맹과 유대인참전용사회에 보낸 해명 자료에서 베를린 필하모닉의 미국 투어가 1948년 6월부터 1년간 계속된 베를린 봉쇄 기간 중 공수작전 등으로 도와준 미국에 대해 감사의 뜻을 전하기 위한 것임을 분명히 했다.[46] "베를린 필은 자신들도 모르는 사이에 전후 신생 독일의 사절단 역할을 하고 있었다."[47] 반공 문화지식인 단체인 미국문화자유위원회American Committee for Cultural Freedom는 카라얀의 나치 부역 혐의는 베를린 필하모닉의 비정치적인 뉴욕 공연과는 무관하며 베를린 필은 "유럽에서 문화의 자유가 시작되었음을 알리는 신호탄 역할을 하면서, 전방에서 고립된 채로 공산주의적 전체주의에 반기를 든 베를린 시민의 용기를 상징"[48]한다고 주장했다. 공연 수익금의 일부를 나치 희생자들을 위해 기부하겠다는 제안도 내놓았다. 위원회는 유대인 단체 베타의 시위가 문화의 자유를 침해한다고 비난했고 미국음악인연맹에 시위반대 성명을 발표해달라고 로비를 벌였다. 이에 따라 관련 단체들도 '공식적인' 시위를 중단하라는 성명을 발표했지만 자발적인 피케팅이 완전히 사라지지는 않았다.[49] 미처 팔리지 않은 카네기홀 입장권은 독일인 거주 지역인 86번가 주민들에게 무료로 배부했다.[50]

나치 시대에 접어들면서 빈 필하모닉 오케스트라 해외 순회공연은 점차 줄어들다가 1938년 이후에는 급격히 감소했다. 외국 투어라고 해봐야 베를린 필하모닉 오케스트라가 외국 공연을 위해 자리를 비운 사이에 독일을 순

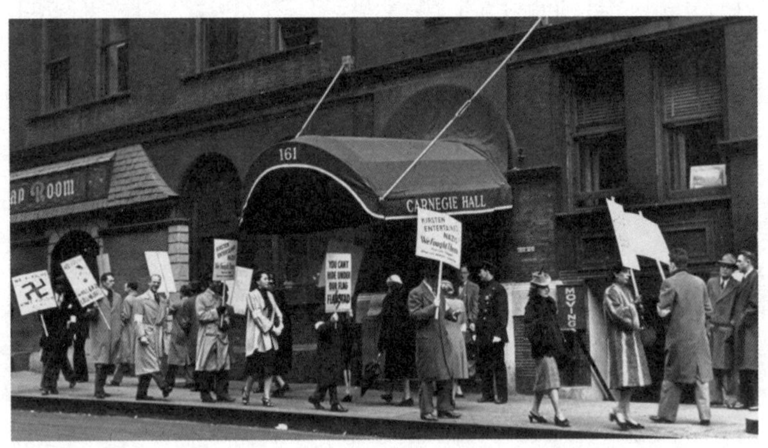

베를린 필하모닉의 1955년 3월 1일 카네기홀 공연을 앞두고 뉴욕 시내에서 벌어진 피켓 시위

회하는 정도였다. 하지만 빈 필하모닉도 1938년 병합 이후 외국 공연을 갈 때 프로그램 구성에서 나치 독일의 전령사임을 분명히 했다. 프로파간다의 성격은 베를린 필하모닉 오케스트라보다 부각되었다.

빈 필하모닉은 제국의 선전선동 사업에 베를린 필하모닉보다도 더 많이 동원 되었다. 우체국과 공장의 '휴식 시간 음악회'1944/45시즌에만 9회를 치름에서 연 주해야 했고, 전당대회와 각종 기념행사에 불려 다녔으며, 문화 선전 조직인 '기쁨을 통해 얻는 힘Kdf', 히틀러 청소년단, 군대, 부상병들을 위해 연주해야 했다.…오버잘츠부르크의 나치 친위대 앞에서 연주하고 점령 지역들도 돌아다 녔다.[51]

물론 독일 이외의 국가도 방문했다. 폴란드 크라쿠프 공연은 1939년 12 월 16일 나치 독일의 폴란드 총독 한스 프랑크가 초청한 '독일 극장' 개관 기념연주와 1940년 4월 30일의 히틀러 생일 축하무대였다. 1939년 공연에 는 나치 장교, 독일국방군, 친위대 등이 객석을 가득 메운 가운데 브루크너 교향곡 제4번과 베토벤 교향곡 제2번을 연주했다. 한스 프랑크 총독은 환영 사에서 빈 필하모닉이 "독일의 예술적 창조, 독일의 예술적 헤게모니, 독일 의 예술적 재생산이라는 영광스러운 불멸의 문화유산"이라며 극찬을 아끼 지 않았다. 이튿날 프랑크를 비롯한 나치 장교들은 크나퍼부슈가 지휘하는 빈 필하모닉 오케스트라의 마티네 콘서트에 참석해 니콜라이, 슈베르트, 모 차르트, 요한 슈트라우스 등 가벼운 소품을 즐겼다. 공연에는 독일계 폴란드 인도 참석했다.[52]

오스트리아 합병 때는 오스트리아 출신의 작곡가 모차르트와 브루크너 를 활용해 독일과 오스트리아의 국민적 일체감을 고조했다.[53] 나치의 브루크

푸르트뱅글러의 외국 순회공연 1928-1938

연도	방문국	악단	레퍼토리
1933	프랑스	B	베토벤 바그너 브람스
	벨기에		베토벤 슈베르트 바그너 R. 슈트라우스 케루비니* 뒤카* 드뷔시*
	스위스		하이든 베토벤 브람스 뒤카*
	네덜란드		모차르트 베토벤 리스트 바그너 R. 슈트라우스 힌데미트
	영국		모차르트 베토벤 베버 리스트 바그너 에팅어 R. 슈트라우스 힌데미트 케루비니* 차이콥스키*
1934	프랑스	B	헨델 모차르트 베토벤 바그너 R. 슈트라우스 드뷔시*
	영국	B	바흐 모차르트 베토벤 베버 슈베르트 슈만 바그너 브람스 R. 슈트라우스 레거
	네덜란드	B	모차르트 슈만 바그너 브람스
	브뤼셀	B	바흐 베토벤 바그너 브람스 레거 베를리오즈*
	프랑스	B	헨델 모차르트 베토벤 슈베르트 슈만 바그너 R. 슈트라우스 라벨* 드뷔시*
	이탈리아	B	모차르트 베토벤 슈만 바그너 피츠너
	룩셈부르크	B	베토벤 베버 바그너
	스위스	B	베토벤 슈베르트 브람스
1935	영국	B	헨델 하이든 베토벤 베버 슈베르트 바그너 브람스 레거 시벨리우스* 스트라빈스키* 스메타나*
	헝가리	V	베토벤
1936	헝가리	V	베토벤 슈만
	폴란드	B	헨델 베토벤 슈만 브람스
	스위스	B	헨델 하이든 모차르트 베토벤 베버 브람스
1937	프랑스	B	바흐 하이든 모차르트 베토벤 바그너 R. 슈트라우스 레거 라벨*
	영국	B	하이든 베토벤
	헝가리	V	슈베르트 R. 슈트라우스 베를리오즈* 차이콥스키*
1938	프랑스	B	베토벤 슈베르트 슈만 바그너 브람스 R. 슈트라우스 케루비니* 라벨*
	영국	B	베토벤 슈베르트 바그너 피츠너 R. 슈트라우스
	벨기에	B	바흐 글루크 슈만 바그너
	이탈리아	B	케루비니* 베토벤 슈만 바그너 브루크너 브람스 R. 슈트라우스
	스위스	B	케루비니* 베토벤 슈만 라벨*
	체코	V	모차르트 베토벤 브람스
1939	벨기에	B	하이든 베토벤 R. 슈트라우스 드뷔시*
	스위스	B	하이든 베토벤 스트라빈스키*
	이탈리아		바흐
1940	네덜란드	B	헨델 스메타나* 브람스 R. 슈트라우스 스메타나*
	체코	B	베토벤 브루크너 R. 슈트라우스
1941	이탈리아	B	바흐 베토벤 바그너 브람스 R. 슈트라우스
	스위스	B	
	헝가리	V	헨델 바그너 브람스 레거
1942	스웨덴	B	헨델 베토벤 베버 브람스 R. 슈트라우스
	덴마크	B	헨델 베토벤 R. 슈트라우스
	스위스		베토벤 브람스 바그너
1943	덴마크	V	베토벤 슈베르트 바그너 요한 슈트라우스 피츠너 테오도어 베르거 R. 슈트라우스
	스웨덴	V	
	헝가리		베버 슈베르트 코다이*
1944	체코	B	베토벤 드보르자크*
	헝가리	V	베토벤 슈베르트 바그너 피츠너 라벨*

B: 베를린 필, V: 빈 필. *표는 독일어권 이외의 작곡가

1935-1944 빈 필하모닉 오케스트라의 외국 투어

연도	방문국	지휘	프로그램
1935	헝가리	푸르트벵글러	베토벤
	프랑스	발터	하이든 모차르트 베토벤 바그너 라벨*
	벨기에		헨델 모차르트 베토벤 베버 바그너 요한 슈트라우스
	영국		글루크 하이든 베토벤 베버 슈베르트 바그너
	프랑스	바인가르트너	베토벤 베버 슈베르트 바그너
	스위스		베토벤 슈베르트 슈만 바그너 요한 슈트라우스
	이탈리아		베토벤
1936	헝가리	토스카니니	베토벤 부조니* 브람스 쇼스타코비치* 로시니* 골드마크*
	체코	발터	모차르트 베토벤 스메타나*
1937	체코	발터	모차르트 말러
	영국		하이든 모차르트 베토벤 브루크너 브람스 R. 슈트라우스
	프랑스		하이든 모차르트 슈베르트 바그너 브루크너 팔레스트리나*
	스위스	발터 카바스타	하이든 모차르트 슈베르트 브루크너 프란츠 슈미트
	헝가리	토스카니니	베토벤 비발디* 비제* 무소륵스키*
		푸르트벵글러	슈베르트 R. 슈트라우스 베를리오즈* 차이콥스키*
1938	체코	푸르트벵글러	모차르트 베토벤 브람스
	헝가리	발터	모차르트 브루크너 R. 슈트라우스
1939	체코	라이크바인	하이든 모차르트 슈베르트
	폴란드	크나퍼부시	모차르트 베토벤 슈베르트 니콜라이 브루크너 J. 슈트라우스
1940	폴란드	라이크바인	글루크 바흐 모차르트 슈베르트 요한 슈트라우스
	네덜란드	크나퍼부시	모차르트 베토벤 슈베르트 니콜라이 J. 슈트라우스
1941	헝가리	푸르트벵글러	헨델 바그너 브람스 레거
	체코	빌헬름 예르거	모차르트
1943	덴마크	푸르트벵글러	베토벤 슈베르트 바그너 J. 슈트라우스 R. 슈트라우스 피츠너
	스웨덴		
	헝가리		베버 슈베르트 코다이*
1944	헝가리	푸르트벵글러	베토벤 슈베르트 피츠너 바그너 라벨*
	루마니아	뵘	모차르트 슈베르트 요한 슈트라우스
	체코	크라우스	모차르트 베토벤 R. 슈트라우스

독일 공연은 제외. *표는 독일어권 이외의 작곡가

너 숭배는 오스트리아 출신 예술가들로부터 나치 지지를 이끌어내는 데 큰 역할을 했다. 무엇보다 히틀러는 자신이 오스트리아 태생임을 강조했다.[54] 나치가 "오스트리아의 독립 정신을 꺾고 독일과 오스트리아의 궁극적 합병의 길을 트는 데 있어서 모차르트의 독일성은 유용한 문화적 선전 도구였다." 히틀러는 "브루크너를 민족의 영웅으로 추대하는 과정을 통해 오스트리아와 독일 문화의 통합을 추진했다".[55] 브루크너는 "통일 국가로서의 독일과 오스트리아의 합법적 위상"[56]을 상징적으로 보여주기 때문이다. 1937년 6월 6일 레겐스부르크 발할라[57]에 브루크너 흉상을 제막한 지 9개월 만에 히틀러는 오스트리아를 합병했다. 정치적 합병에 앞서 음악적 합병이 이뤄졌다.[58]

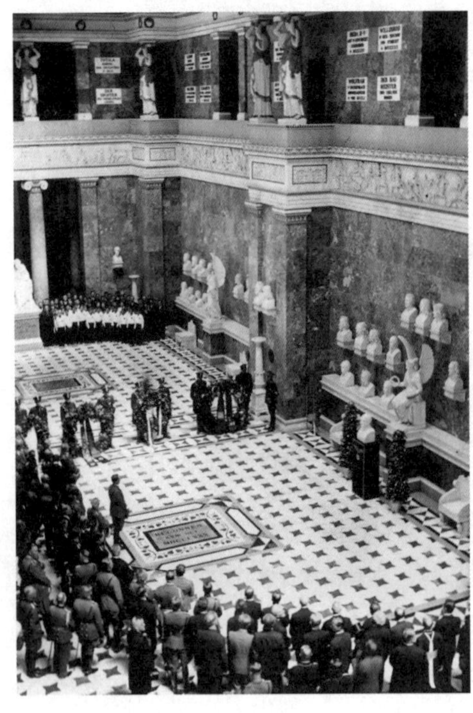

1937년 6월 6일 레겐스부르크 발할라 사원에서 열린 브루크너 흉상 제막식에서 헌화하는 히틀러

드레스덴 오페라와 런던 필하모닉의 상호방문

1936년 11월 2-14일 드레스덴 젬퍼 오퍼가 런던 무대에서 12회 공연했다. 오페라 다섯 편을 9회 상연했고 나머지는 오케스트라 단독 공연이었다. 토머스 비첨Thomas Beecham 1879-1961 경이 이끄는 런던 필하모닉 오케스트라는 11월 13일부터 10일간 베를린, 드레스덴, 라이프치히, 뮌헨, 슈투트가르트, 루드비히샤펜, 프랑크푸르트, 쾰른 무대에 올랐다.

드레스덴과 런던 악단의 상호방문을 처음부터 기획한 것은 아니었다. 런던의 공연기획자 해롤드 홀트Harold Holt 1886-1953가 드레스덴 국립오페라단을 초청하자 영국 주재 독일 대사 요아힘 폰 리벤트로프Joachim von Ribbentrop 1893-1946가 비슷한 시기에 런던 필하모닉의 독일 투어를 제안했다. 드레스덴 오페라의 런던 공연은 민간 매니지먼트사가 순수하게 상업적 동기에서 기획한 것이라면 런던 필하모닉의 독일 공연은 나치의 고위급 외교관의 머리에서 나온 전술의 결과였다. 리벤트로프는 나중에 나치 독일의 외무부 장관 자리에 올랐다.

　드레스덴 젬퍼 오퍼는 극장 건물만 빼놓고 몽땅 런던으로 건너왔다. 음악 총감독 칼 뵘, 오케스트라, 기술 및 무대 스태프가 총출동했다. R. 슈트라우스도 11월 6일 로열오페라하우스에서 '낙소스 섬의 아리아드네'를 직접 지휘한 데 이어 이튿날 퀸즈홀에서 오케스트라의 단독 공연을 지휘했다. 오페라 '장미의 기사' '트리스탄과 이졸데' '돈조반니' '피가로의 결혼' 공연과 두 차례의 콘서트는 칼 뵘이 맡았다. 민간 에이전시의 초청이긴 했지만 드레스덴 젬퍼 오퍼는 나치 독일의 문화대사답게 레퍼토리를 독일 작품 일색으로 꾸몄다. 이탈리아어 가사로 작곡된 '돈조반니'와 '피가로의 결혼'까지 독일어로 불렀다. R. 슈트라우스의 퀸즈홀 콘서트는 모차르트 '교향곡 제40번', R. 슈트라우스 '돈키호테' '틸 오일겐슈피겔의 유쾌한 장난'으로 꾸몄다. 1930년 토머스 비첨 경이 베를린 필하모닉 오케스트라를 객원 지휘할 때 모차르트 '교향곡 C장조'와 R. 슈트라우스의 '영웅의 생애'로 구성한 프로그램과 비슷한 것은 우연의 일치일까. 드레스덴 젬퍼 오퍼의 런던 공연에 대한 언론의 반응은 대체로 호의적이었다. R. 슈트라우스는 퀸즈홀에서 열린 런던 필하모닉 오케스트라 공연에 참석해 로열 필하모닉 소사이어티가 수여하는 금메달을 받고 나서 아드리언 불트가 지휘하는 자신의 교향시 '차라투스트라는 이렇게 말했다'를 들었다.[59]

　영국인들은 리벤트로프의 초청 제안을 무턱대고 수락한 비첨의 근시안적 사고를 비판했다. 음악 교류의 의미를 살리려면 양국을 대표하는 교향악단의 상호방문이 제격이지만 독일 공연단의 규모가 더 커서 처음부터 불공평한 게임이 되고 말았다는 것이다. 게다가 런던 필하모닉의 독일 공연은 나치 고위층이 주도한 것이어서[60] 다분히 정치적 색채를 띨 수밖에 없었다. 민주주의를 신봉하는 영국의 오케스트라가 독재 국가를 방문한다는 것도 자못 꺼림칙했다. 게다가 비첨은 독일 정부의 요청을 받아들여 프로그램에서 멘델스존의 '스코틀랜드 교향곡'을 지워버렸다."[61] 작곡자가 유대인이라는 이유에서다. 특히 런던 필하모닉 단원 중 유대계는 나치 독일에서 연주하다가 무슨 일을 당할지 모른다는 생각에 불안해했다. 제1차 세계대전에 직접 참전해 독일군과 총부리를 마주 겨누었던 단원들도 걱정되기는 마찬가지였다. 하지만 독일 순회공연 찬성론을 뒤집지는 못했다. 독일 순회공연을 다녀온 최초의 영국 교향악단이라는 타이틀도 놓치기 싫었다. 독일을 대표하는 베를린 필하모닉 오케스트라는 이미 1931년에 푸르트뱅글러 지휘로 런던을 방문한 바 있다. 히틀러가 정권을 잡기 2년 전의 일이다. 이번 기회에 런던 필하모닉은 라이프치히 게반트하우스 무대에 오른 첫 외국 교향악단이라는 신기록까지 수립했다. 베를린 주재 뉴욕 특파원은 런던 필하모닉의 독일 방문을 가리켜 '사상 최초의 음악의 물물교환'이라고 말했다.[62] 드레스덴 젬퍼 오퍼가 런던 공연에서 벌어들인 파운드화를 런던 필하모닉의 독일 투어에 사용했다는 것이다.

런던 필하모닉의 독일 투어는 1936년 11월 13일 베를린 필하모니에서 막이 올랐다. 히틀러와 그의 부관 루돌프 헤스, 선전부 장관 요제프 괴벨스 등 나치의 고위급 간부들이 참석했다. 이날 공연이 단순한 음악회가 아니라 정치외교적으로 매우 중요한 행사였음을 잘 말해준다. 비첨은 공연에 앞서 총통 집무실로 히틀러를 예방했다. 프로그램은 드보르자크의 '랩소디 제3번 A장조', 베를리오즈의 '로마의 카니발 서곡', 비첨이 편곡한 헨델의 모음곡, 엘가의 '수수께끼 변주곡' 등 프랑스, 체코, 영국 작곡가의 작품이다. 헨델은 영국으로 귀화했지만 독일 태생이어서 독일과 영국의 음악적 다리를 놓는 연결고리로 포함된 것으로 보인다. 프로그램에 앞서 양국 국가를 연주하는 게 관례이지만 나치당가Horst-Wessel-Lied를 연주하기를 거부하는 단원들이 있어서 아예 국가 연주는 생략했다.[63] 공연이 끝난 뒤 베를린 필하모닉 오케스트라 주최로 환영 파티가 열렸다. 런던 필하모닉 단원들은 비첨의 지휘로 미국 동요 '우리가 더 함께 할수록The More We Are Togeher'을 불렀다. 당신의 친구는 내 친구이므로 우리가 더 가까워질수록 행복하다는 내용이다.[64]

독일 투어의 매니저를 맡은 사람은 푸르트벵글러의 여비서 출신의 베르타 가이스마Bertha Geissmar 1892-1949였다. 얼마 전까지만 해도 베를린 필하모닉의 해외 투어를 담당했던 그는 유대계라는 이유로 영국으로 망명해 비첨과 손을 잡았다. 런던 필하모닉의 독일 나들이 때는 비첨의 비서로 신분이 바뀌어 나치 독일에서도 귀빈 대우를 하지 않을 수 없었다. 대관, 일정, 스태프 등 독일 투어 관련 현지 업무는 가이스마가 몸담았던 베를린 필하모닉 오케스트라 사무국에서 맡아주었다. 나치 독일의 외환관리법에 따르면 마르크화를 소지하고 국경을 넘을 수 없는데 단원들이 받은 출연료를 비첨의 개인 가방에 넣어 무사히 독일을 빠져나왔다. 국빈 대우를 받는 지휘자의 가방은 검색하지 않을 것이라는 예상은 빗나가지 않았다.[65] 1933년 독일 음악계는 많은 외국인 연주자들이 추방되거나 연주를 거부하면서 매우 어수선했다. 이런 가운데 런던 필하모닉 오케스트라의 순회공연은 나치 독일이 외국인 혐오주의라는 문화적 진공 상태로 추락하지 않았음을 보여주는 홍보 수단으로 전락하고 말았다.

일제강점기 서울에 온 하얼빈, 도쿄, 신징의 교향악단

일제강점기에 하얼빈 교향악단과 신교향악단, 신징新京교향악단이 서울을 다녀갔지만 이는 엄밀히 말해서 일본 제국주의 영토 내에서 이뤄진 '국내 투어'나 다름없다. 국내에 변변한 교향악단이 하나도 없던 시절이다. 1920년과 1926년에 각각 창단된 경성악우회와 중앙악우회 등은 체임버 오케스트라 규모여서 본격적인 교향곡 연주는 엄두도 내지 못했다.[66] 교향악을 생연주로 듣기란 거의 불가능했다. 일본 교향악단의 연주를 라디오 방송으로 접하는 것이 전부였다. 한반도에서 외국 교향악단이 처음 연주한 것은 1939년 3월 26일 서울 부민관에서 열린 하얼빈 교향악단 내한공연이다. 일제의 앞잡이로 여론을 주도했던 일본계 신문 경성일보가 주최했다. 경성일보는 사고社告에서 '반도 최초의 본격적 심포니'라며 큰 의미를 부여했다. 음악회를 개최한 배경에는 극동 지역에 대한 일본의 영향력을 은근히 과시하려는 측면도 있었다.[67]

원산 출신으로 일본고등음악학교를 졸업한 첼리스트 김인수金仁洙 1912-

1959가 1937년 8월 하얼빈으로 이주하여 하얼빈 교향악단 단원으로 활동했다.[68] 그는 신문에 하얼빈 교향악단을 소개하는 글을 기고했다.

러시아인은 종교와 음악을 생명으로 여깁니다. 고국에서 망명하여 온 그들은 신을 신뢰함과 음악으로 위안 받음에서 생을 맛보고 있는가 봅니다. 인구 40만에 불과한 그들로서 대건물의 사원을 20여처나 가지고 60여 명의 대교향악단을 가지고 있습니다.…하얼빈 교향악단은…원래 제정 러시아의 동청東淸철도시대에 철도종업원 위안음악단으로 조직되어 연 5만원의 보조금을 받아 약 150명의 악인樂人을 모았다고 합니다. 1935년 소련이 북철을 만주에 팔아버린 후에는 소련의 종업원이 대부분 귀국하여 이 악단은 해산되었었습니다. 그후 이를 아까워하는 사람들이 있어 특히 독일인 콜미츠씨의 후원으로 하얼빈 교향관현악협회로 개조되었다가 1938년 5월부터 하얼빈 시에서 직접 경영키로 된 것입니다. 현재 악원은 다른 직업들 가진 사람도 있고 캬바레에서 일을 가진 사람도 있는 관계로 정 멤버는 54명인데 백계러인, 화란인, 체코인, 독일인, 영국인 등입니다. 동양인으로는 저 1인뿐입니다.…일본 신교향악단 지휘자 고 니콜라이 슈펠브라트씨가 역시 이곳 제1 제금주자였습니다. 오사카 교향악단 지휘자 메텔씨도 이 악단원이었습니다.…현絃만이 2회 , 전 멤버로 3회 연습을 하는데 모두 실력이 상당하여서 저는 여간 공부가 되지 않습니다.[69]

하얼빈 교향악단은 1908년 제정 러시아가 극동 지방에 이르는 시베리아 횡단 철도를 건설하기 위해 파견한 종업원들을 음악으로 즐겁게 하기 위해 창단한 오케스트라다. 자체 정기 연주회를 열 뿐만 아니라 오페라 반주를 맡기도 했다. 러시아 혁명 이후 백러시아인을 포함한 많은 망명 음악가들이 이곳으로 몰려들어 1931년 만주국 건국 직전 단원 수가 150명에 달했다. 1935

년 소련이 철도를 만주에 팔아넘기면서 악단도 해산 위기를 맞았으나 독일인 콜미츠의 적극적인 후원과 만주철도회사를 접수한 일본의 회유책으로 하얼빈 교향악단이 재탄생했다. 1936년 일본인을 중심으로 '하얼빈 교향관현악협회'를 결성한 것은 하얼빈교향악단을 "백계 러시아인의 민심을 장악하는 선전수단"[70]으로 활용하기 위해서다. 1938년 5월부터 하얼빈 시에서 교향악단을 직접 운영했다. 서울 공연을 온 1939년은 하얼빈 교향악단이 일본 당국의 비호를 받으면서 재건에 박차를 가하던 때였다. 하얼빈 교향악단은 세르게이 슈바이콥스키Sergei Schweikovsky 지휘로 50여 명의 단원이 일본 국가와 만주 국가부터 연주했다. 1부 프로그램은 일본인들이 좋아하는 베토벤이었고 2부는 창단 이후 줄곧 연주해온 러시아 음악이었다.[71]

베토벤	에그몬트 서곡
베토벤	교향곡 제5번
글린카	루슬란과 루드밀라 서곡
무소륵스키	민둥산의 하룻밤
림스키코르사코프	스페인 랩소디

독일어권 국가와 러시아 작품으로 꾸민 이날 프로그램은 오늘날 국내 교향악단이 즐겨 연주하는 레퍼토리와 크게 다르지 않다. 하얼빈 교향악단의 서울 연주는 일본음악협회, 만주신문, 도쿄 주재 만주국 대사관이 주최하고 일본 컬럼비아 레코드가 후원하여 3월 11일부터 도쿄, 나고야, 오사카, 히로시마, 하카타, 나가사키, 시즈오카, 후쿠오카 등으로 이어진 일본 순회공연의 일환이었다.[72] 후쿠오카 공연을 마치고 하얼빈으로 곧장 돌아갈 예정이었으나 갑자기 나가사키, 경성, 신징 공연을 추가했다. 하얼빈에서 기차를 탄

일행은 3월 4일 서울을 거쳐 부산에 내린 다음 연락선을 타고 세모노세키에 도착했다. 여기서 기차편으로 도쿄로 향했다. 일본에서는 이들을 '일만방공 친선예술사절日滿防共親善藝術使節'로 환영했다. 다시 배를 타고 부산에 도착하여 기차로 하얼빈으로 돌아가는 길에 서울에 들러 마지막 연주회를 열었다. 서울 공연은 경성일보가 주최하고 조선방공협회朝鮮防共協會가 후원했으며 '회비'는 2~4원이었다. 연주회의 제목은 '반공선만일체대연주회反共鮮滿一體大演奏會'[73]다. 1938년 8월 15일 설립된 조선방공협회는 "사상 전선 강화 확충과 적마赤魔의 침입 방지와 일본 정신의 앙양"을 목표로 영화 상영, 강연회, 팸플릿 발행 등의 사업을 수행했다.

주최사인 경성일보는 공연에 앞서 3월 14일부터 사고社告에서 "반도 최초의 본격적 심포니"라고 홍보한 것을 시작으로 거의 매일 관련 기사와 좌담회, 프리뷰, 광고를 게재했다. 작곡가 홍난파는 "교향악 연주를 처음으로 목격하게 된 것은 경성 시민의 한없는 기쁨이지마는 이것을 계기로 하여 경성에서도 하루바삐 교향악단 창설 운동이 일어나고 또 위정 당국자의 심후한 이해와 원조 아래에서 이것이 속히 실현되어서 문화도시인 경성 시민의 치욕을 일소一掃할 때가 오기를 심축心祝"[74]한다고 적었다.

하얼빈 교향악단의 서울 연주는 소설가 이효석에게도 적잖은 영감을 준 것 같다. 그가 1940년 1월부터 매일신보에 연재한 단편소설 『벽공무한碧空無限』에는 주인공 천일마千一馬가 현대일보사의 의뢰를 받아 하얼빈 교향악단의 서울 초청공연을 성사시키기 위해 기차를 타고 하얼빈으로 향하는 대목이 나온다.

하얼빈 교향악단은 26일 오전 8시 서울역에 내려 조선호텔에 여장을 푼 뒤 아침식사를 하고나서 버스 3대에 나눠 타고 조선신사, 히로부미 신사를 참배했다. 연주가 끝난 뒤에는 궁중 아악을 감상했고 같은 날 밤차로 신징으

로 향했다. 서울에서 신징까지 기차로 꼬박 하루가 걸렸다.[75]

하얼빈 교향악단이 다녀간 지 3개월 만에 일본 NHK교향악단의 전신인 신교향악단新交響樂團이 한반도에 상륙했다. '대륙연주여행'의 첫 무대로 경성기독교청년회가 주최하고 아사히 신문이 후원했다. 신교향악단이 1926년 10월 5일 창단 연주를 한 이래 첫 해외 나들이였다. 1939년 6월 9일 서울에 도착한 일행은 서울역 인근의 남대문 대동여관에 여장을 풀고 일본청년회관에서 연습을 한 뒤 10-11일 오후 7시 30분 부민관 무대에 섰다.[76] 둘쨋날에는 오후 1시30분 공연을 추가했다. 사이토 히데오齊藤秀雄 1902-1974가 지휘봉을 잡았는데 프로그램은 비제를 제외하면 독일과 러시아 일색이었다.[77] 브루흐의 바이올린 협주곡은 교향악단의 악장인 와니부치 겐슈鰐淵賢舟가 독주를 맡았다.

10일 저녁

베토벤 '교향곡 제6번'

슈베르트 '로자문데' 중 발레음악

비제 '카르멘 모음곡' 제1번 중 발췌곡

요한 슈트라우스 '아름답고 푸른 다뉴브강' 왈츠

11일 오후

슈베르트 '교향곡 제7번'

비제 '카르멘 모음곡' 제1번 중 발췌곡

요한 슈트라우스 '아름답고 푸른 다뉴브강' 왈츠

11일 저녁

슈베르트 '교향곡 제7번'

로시니 '세비야의 이발사 서곡'

브루흐 '바이올린 협주곡 제1번'

바그너 '뉘른베르크의 마이스터징어 전주곡'

　　홍난파는 1939년 12월 16일자 동아일보에 기고한 '조선악단 1년의 회고'에서 하얼빈 교향악단과 신교향악단의 연주에 예상 밖으로 국내 음악애호가들이 열광했고 이를 계기로 국내에서도 교향악 운동이 일어날 조짐이 보인다고 적었다.[78] 신교향악단은 1940년 6월 15-16일 '일본교향악단'이라는 이름으로 또 한 차례 서울을 다녀갔다. 둘째날 오후 1시 30분 공연에는 '백의용사白衣勇士'로 불리던 한반도 주재 일본군 부상병들을 초청했다. 지휘는 폴란드 태생으로 1936년부터 일본에서 활동한 요제프 로젠슈톡Joseph Rosenstock 1895-1985이 맡았다.[79] 단원 명단에는 1939년 9월 준단원으로 입단한 조선 출신의 문학준도 포함되었다.

베토벤 '교향곡 제5번'

스메타나 '나의 조국' 중 몰다우 강

스메타나 '팔려간 신부' 중 세 개의 춤곡

멘델스존 '한여름밤의 꿈' 중 녹턴과 결혼행진곡

차이콥스키 '교향곡 제5번'

스메타나 '팔려간 신부'중 세 개의 춤곡

요한 슈트라우스 '무궁동'

브람스 '헝가리 춤곡' 제5번, 제6번

요한 슈트라우스 '박쥐 서곡'

1940년 신교향악단의 경성 연주 일정은 다음 표와 같다.

신교향악단의 1940년 경성 연주[80]

날짜	시간	일정
6. 13.	22:30	시모노세키 출발
6. 14.	06:00	부산항 도착
	07:05	부산역에서 경성행 특급열차 아카츠키 탑승
	13:45	경성역 도착. 조선신사 참배 후 숙소 도착
	17:30	조선호텔에서 경성YMCA 주최 환영만찬
6. 15.	09:45	부민관에서 리허설 후 YMCA에서 건강진단
	19:30	부민관에서 1차 연주
6. 16.	09:45	부민관에서 리허설 후 점심식사
	13:30	백의용사 초청 마티네 공연
	19:30	부민관에서 2차 연주
6. 17.	16:00	경성역에서 부산행 아카츠키 탑승
	22:40	부산역 도착
	23:45	부산항 출발
6. 18.	07:15	시모노세키 도착

1940년 10월 7일에는 만주국 신징교향악단의 연주회가 서울 부민관에서
열렸다. 언론은 '만선일여滿鮮一如의 정신'을 문화적으로 실현하고 국내 음
악계에 교훈과 자극을 주었다는 점에 주목했다.[81] 신징은 장춘長春이 1932년
만주국의 수도가 되면서 얻은 새 이름이다. 신징교향악단은 1939년 만주국
에 거주하는 일본인 주도로 설립한 오케스트라다. 바이올리니스트 안병소安
炳昭 1908-1979가 제1 바이올린 단원으로 활동 중이었다. 해방 이후 국내 교향
악단이 해외 공연에서 거의 빼놓지 않고 연주해온 김성태金聖泰 1910-2012의
'카프리치오'는 1944년 신징교향악단의 위촉으로 작곡한 것으로 한국 민요
'몽금포 타령'을 주제로 쓴 3부 형식의 관현악곡이다. 김동진金東振 1913-2009

은 1939년 제1 바이올린 단원으로 입단하여 작곡도 담당했다. 그의 관현악

곡 '양산가陽山歌'도 신징교향악단 단원 시절에 작곡했다.

뒤늦은 이스라엘과 독일의 음악적 화해

1990년 4월 18일 텔아비브 프레드릭 만 오디토리움. 서독-이스라엘 수교 25주년을 맞아 4월 8일부터 19일까지 10박 11일 일정으로 이스라엘을 처음 방문한 베를린 필하모닉 오케스트라의 7회에 걸친 순회공연의 피날레는 이스라엘 필하모닉과의 합동 무대였다. 나치 독일 당시 국립교향악단으로 활동했고 지금까지도 명실공히 독일을 대표해온 오케스트라가 이스라엘의 간판 교향악단과 한 무대에 오른 것이다. 객석에는 바이제카 서독 대통령과 챔 헤르조그 이스라엘 대통령, 발터 몸퍼 베를린 시장이 함께 자리했다.

프로그램은 파울 벤 하임의 '시편', 베버의 '클라리넷 협주곡', 베토벤의 '교향곡 제5번', 생상스 '서주와 론도 카프리치오', 라벨 '라 발스' 등으로 꾸몄다. 협연자는 독일 바이올리니스트 비비안 하그너, 이스라엘 태생의 클라리네티스트 샤론 캄이었다.

베를린 필하모닉이 독일과 이스라엘의 공식 수교 이후 25년이 지나서야 이스라엘 땅을 밟을 수 있었던 것은 나치 당원으로 가입했던 지휘자 헤르베르트 폰 카라얀의 전력 때문이다. 카라얀은 공연 9개월 전에 세상을 떠났다. 베를린 필하모닉 오케스트라는 수교 2주년을 맞은 1967년부터 이스라엘 순회공연을 추진해왔으나 카라얀이 걸림돌로 작용했다. 베를린 필하모닉의 이스라엘 투어를 맡은 유대계 지휘자 다니엘 바렌보임은 단원들과 같은 비행기를 타고 텔아비브에 도착했고 홀로코스트 희생자를 추모하는 야드바 국립기념관을 방문하는 일정에도 함께 했다.

이스라엘 필하모닉 오케스트라의 첫 독일 방문은 수교 6년 만인 1971년에 이뤄졌다. 9월 12일 베를린 음악제Musikfest Berlin의 개막공연 무대였다. 바리톤 디트리히 피셔 디스카우가 말러 '죽은 아이를 그리는 노래'를 연주했고 말러 '교향곡 제1번'을 끝낸 지휘자 주빈 메타는 앙코르 곡으로 이스라엘 국가를 연주했다. 피셔 디스카우는 제2차 세계대전이 끝난 뒤 독일 음악가로서는 처음으로 이스라엘을 방문했다. 1971년 다니엘 바렌보임의 피아노 반주로 독창회를 열었다. 1999년 8월 29일에는 주빈 메타가 지휘하는 바이에른 슈타츠카펠레와 이스라엘 필하모닉 오케스트라가 바이마르 근교 부켄발트에 있는 유대인 강제수용소를 방문해 말러의 교향곡 제2번 '부활'을 함께 연주했다.

이스라엘 필하모닉은 수교 50주년을 맞은 2015년에도 베를린 음악제에 참가했다. 9월 6일 필하모니 홀에서 메타의 지휘로 아놀드 쇤베르크의 '실내 교향곡 제1번', 말러 '교향곡 제9번'을 연주했다. 쇤베르크와 말러는 유대계 작곡가로 나치 독일 당시 망명을 떠나거나 연주 금지를 당했다.

이스라엘과 독일 사이에 놓였던 커다란 음악적 장애물은 작곡가 리하르트 바그너다. 히틀러가 좋아했고 유대인 포로 수용소에서 노동과 고문 현장에서 스피커로 울려나왔던 음악이다. 홀로코스트 생존자들은 지금도 바그너를 들으면 그때 겪었던 나치 독일의 끔찍한 만행이 떠오른다고 한다. 2001

년 베를린 슈타츠카펠레를 이끌고 이스라엘 예술제에 참가한 바렌보임은 7월 7일 연주하기로 한 바그너의 '발퀴레'에 대한 반발로 슈만 '교향곡 제4번'과 스트라빈스키 '봄의 제전'으로 프로그램을 바꾸기로 했다.

연주회를 마치고 바렌보임은 객석을 향해 두 번째 앙코르곡으로 바그너의 '트리스탄과 이졸데' 중 전주곡과 '사랑의 죽음'을 연주해도 되냐고 물었다. 듣기 거북한 사람들은 나가도 좋다고 했다. 환영의 박수가 터져 나왔지만 '파시스트' '유대인 수용소의 음악' '고 홈'이라고 소리치는 사람도 있었다. 30분 동안 객석에서 열띤 찬반 토론이 벌어졌다. 바렌보임은 끼어들지 않고 잠자코 지켜보기만 했다. 음악이 시작되자 20여 명의 관객이 출입문을 박차고 나갔다. 하지만 대부분은 자리를 지키고 있었다. 바렌보임이 연주를 끝내고 객석 쪽으로 돌아서자 기립박수가 터져나왔다. 지휘자는 거의 울음을 터뜨릴 뻔했다. 바그너를 연주하자고 주장한 사람은 자기 자신이므로 오케스트라나 축제 사무국에 분노의 화살을 돌리지 말라고 부탁까지 했다.

바렌보임이 바그너를 연주하겠다고 결심한 것은 며칠 전 기자회견 도중 휴대폰이 울리면서 통화음으로 바그너의 '발퀴레의 기행'을 듣고나서부터다. 전화 벨소리로 듣는다면 콘서트홀에서도 얼마든지 연주할 수 있겠다는 생각이 들었다. 하지만 '바그너 금지'에 반대했던 사람들도 바렌보임이 축제의 주최측과의 약속을 어긴 것은 잘못이라고 말했다. 아리엘 샤론 수상도 "바그너 연주는 이스라엘 국민 대다수에게는 매우 어려운 문제다. 차라리 연주하지 않았더라면 좋았을 것"이라고 말했다.

예루살렘 시장 에후드 오머트는 이스라엘에서 바그너 연주를 허용할지 말지를 결정하는 것은 지휘자의 권한이 아니라고 말했다. 나치 전범 색출을 위한 시몬 비젠탈 센터의 이스라엘 사무소 소장 에브라임 주로프는 "이스라엘의 모든 오케스트라가 바렌보임에게 보이코트를 행사해야 한다"고 주장했다. 이에 대해 바렌보임은 "이스라엘 예술제 사무국의 생각이 어떻든 간에 객석에 바그너를 들으면서 나치를 떠올리지 않는 많은 사람들이 앉아 있었던 것은 엄연한 사실"이라고 말했다.

1981년에도 이스라엘에서 바그너 연주를 시도한 적이 있다. 주빈 메타 지휘의 이스라엘 필하모닉 오케스트라가 '트리스탄과 이졸데' 중 발췌곡을 연주하려고 할 때 이에 반대하는 몇몇 단원이 퇴장한 데다 유대인 수용소 생존자 중 한 명이 무대 위로 뛰어 올라가 윗도리를 벗고 수용소에서 고문당한 흉터를 보여주면서 거칠게 항의했다. 관객들도 찬성과 반대 편으로 갈라져 서로 주먹다짐을 벌이는 바람에 연주는 결국 취소되고 말았다.

1989년에는 바렌보임이 이스라엘 필하모닉 오케스트라를 지휘할 때 연습 시간에 바그너의 '신들의 황혼' 중 장송행진곡과 '트리스탄과 이졸데' 전주곡을 훑어본 일이 있다. 단원들에게 연주하기 싫으면 나가도 좋다고 말했다. 그러자 소년 시절을 나치의 유대인 수용소에서 보낸 바이올린 파트의 고참 단원 아브라함 멜라메드만 자리에서 일어났다. 이스라엘 필하모닉 오케스트라는 창단 직후인 1938년 토스카니니의 지휘로 바그너를 연주한 적이 있다. 하지만 그때는 유대인 대학살이 있기 전이다.

1998년에는 이스라엘 심포니 오케스트라가 감독 에후드 그로스의 결정으로 바그너의 '지그프리트의 목가'를 연주했다가 격렬한 항의를 받았다. 2011년에는 로베르토 파테르노스트로 지휘의 이스라엘 체임버 오케스트라가 바이로이트 페스티벌에서 바그너를 연주했다. 연습도 바이로이트에서 했으니 본국 이스라엘에서는 아무도 몰랐다. 주빈 메타는 파테르노스트로에게 바그너를 연주하고 싶다면 떳떳하게 이스라엘에서 할 일이지 외국에서 몰래 하는 것은 간교한 처사일 뿐이라고 말했다.

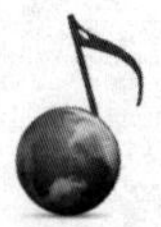

한미동맹과 음악 원조

미군정의 음악 원조: 포크너, 헤이모위츠, 자코비

일제강점기 국내 음악가들은 주로 일본으로 유학을 다녀왔다. 하지만 해방 직후 일본과 국교가 단절되었고 남북 분단 상황에서 미군정이 실시되면서 미국의 도움이 절실히 필요했다. 이때 한국에 부임한 모리스 포크너Maurice Faulkner 1912-1994, 일라이 헤이모위츠Ely Haimowitz 1920-2010, 롤프 자코비Rolf Jacoby 1907-1989 등 음악가 출신의 미군 장교들이 국내 악단에 큰 도움을 주었다.

미군정청 학무국에서 음악 분야를 맡은 포크너는 미국 캔자스 출신으로 포트헤이스 주립대에서 트럼펫을 전공한 다음 컬럼비아대 사범대에서 석사과정을 이수했다. 1937년부터 캘리포니아 주립대 조교수로 있다가 제2차 세계대전 당시 해군으로 징집되어 일본을 거쳐 1945년 10월 한국에 도착했다.

포크너는 1946년 3월 16일 미군 중위 군복을 입고 고려교향악단 제3회 정기연주회를 지휘했다. 1945년 11월 26일 미군정청 2대 장관 아커 러치Archer Lerch 1894-1947 장군을 명예회장으로 추대하고 계정식의 지휘로 창단

공연을 한 오케스트라다. 포크너가 지휘봉을 잡은 프로그램은 다음과 같다.

베토벤 '교향곡 제1번'

주페 '시인과 농부 서곡'

브엘디외 '바그다드의 추장'

첼리스트 김인수는 다음과 같은 연주평을 썼다.

금회는 포크너 중위가 지휘한다는 말을 듣고 나는 처음은 P씨에게 그리 큰 기대는 갖지 않았다. 왜 그러냐 하면 미국에서 전통적으로 명지휘자가 없었던 까닭이다. 그러나 연주를 듣고 나서 예상 이상으로 그 성과가 컸음을 나는 기뻐한다. P씨는 관현악을 많이 해본 분이며 잘 아는 분이다. 지휘자로서는 상당한 실력이 있는 분이다. 이런 급의 지휘자를 조선에 맞이하기는 수년 전 하얼빈 교향악단 지휘자 슈바르고프스키 씨와 일향日響의 로젠슈토크 씨와 금번 포크너 씨가 세 번째일 것이다. […] P씨가 미국인인 만큼 요한 슈트라우스 비엔나 왈츠에 있어서는 다소 불만이 있었으나 대체로 보아 금번 공연에서 있어서는 연주를 듣든지 프로(그램) 편성을 보든지 성공이라고 볼 수 있다. P씨의 열정에 많은 경의를 표한다. 관현악이라는 것은 지휘자에 따라서 연주가 전연 틀리게 되는 것이며 연주 효과에 있어서도 지휘자가 3분의 2 이상 효과를 갖게 되는 것이다. 금번 공연에서 이 악단이 실력을 발휘하였다고 볼 수 있으며 지휘자만 좋은 분이 있으면 장래 큰 발전이 있겠다는 것을 이번 공연을 들으신 분은 나와 동감일 거다.[82]

포크너는 "단원들을 교수진으로 하는 음악학교 설립을 구상하는 등 고려교향악단과 밀접한 관계"[83]를 유지했다. 고려교향악단은 군정청 학무국이 주최하는 학교 방문 음악회에 출연하면서 재정 지원과 공연 기회를 얻었다. 1945년 10월 20일 미군 환영음악회, 11월 4일 미군 장병 위문 연주회에 출연하는 등 미군정의 전폭적인 지원을 받았다.[84]

포크너의 후임은 피아니스트 일라이 헤이모위츠다. 플로리다 잭슨빌 태생인 그는 줄리아드 음대에서 명교수 조셉 레빈과 로지나 레빈 부부를 사사했다. 재학 중에 제2차 세계대전이 터지자 1942년 5월 16일 입대한 뒤 미 공군 보급장교로 활동하다가 1946년 3월 한국에 왔다. 1947년 8월 대한민국 정부 수립 후에는 하지 장군의 미 제24사단 본부의 문화 자문으로 일했다.

헤이모위츠도 포크너의 바통을 이어받아 고려교향악단을 물심양면으로 도왔다. 악기 구입비 마련을 위해 미국인들을 음악회에 초청했다. 굵직한 정치 행사에도 고려교향악단을 출연시켰다. 1947년 6월 6일 미소공동위원회 재개 축하 음악회 협연자로 직접 출연해 라흐마니노프 '피아노 협주곡 제2번'을 국내 초연했다. 음악회에 참석한 소련 장교들을 의식한 레퍼토리였다. 고려교향악단은 1947년 6월 25일 남조선정당 및 사회단체 대표와 미소공동위원회 양국 대표 간의 합동회의에 미소 양측 대표가 입장할 때 음악을 연주했고 개회 선언 직후 한국, 미국, 소련 국가를 차례로 연주했다. 1948년 4월 25일 시공관에서는 한미친선음악회를 열었다. 이날 연주회에서는 미국인 청중의 이목을 끌기 위해 미국 작곡가 더글러스 무어Douglas Moore의 '마을의 음악Village Music'을 국내 초연했다. 미국 민요에 바탕을 둔 관현악곡이다. 헤이모위츠는 고려교향악단에 한국 작곡가의 창작곡을 자주 연주하라고 권했다. 그래서 고려교향악단은 1947년 8월 19-20일 광복 2주년 기념 음악회에서 이흥렬의 '해방 기념가', 현제명의 오페라 '춘향전' 중 아리아 '꿈 속의 처녀'를 연주했다. 1947년 5월 10-11일 경복궁 근정전에서 미군정청이 주최한

제1회 전국중등학교음악회에서도 김성태의 '독립 행진곡'을 연주했다.[85]

헤이모위츠는 테너 이인선이 주도한 조선오페라협회도 지원했다. 해방 후 최초의 오페라 공연인 1948년 1월 16일 시공관의 '라트라비아타'가 그 첫 결실이다. 국악에도 관심을 보인 그는 함화진咸和鎭 1884-1948에게 거문고를 배웠으며 1946년부터 창경원에서 국립국악원과 공동 주최로 전국농악경연대회를 두 차례 열었다. 하지만 함화진이 좌익 색출 과정에서 국악원장을 사임한데다 헤이모위츠가 귀국하면서 농악경연대회는 시들해졌다. 농악을 좌익의 문화적 전유물로 인식한 여파도 컸다.[86]

국내 음악가들과 돈독한 친분 관계를 유지한 헤이모위츠는 지휘자 임원식, 피아니스트 윤기선의 줄리아드 음대 유학을 도왔다. 작곡가 김순남이 자신에게 헌정한 미완성 피아노 협주곡 악보를 월터 피스톤에게 보내 줄리아드 음대 입학 추천까지 받아냈다. 아론 코플랜드에게도 악보를 보내 김순남이 탱글우드 음악학교 장학생으로 선정되었지만 1948년 7월 그의 월북으로 무산되고 말았다. 임원식은 1995년 음악가로서 80년 인생을 회고하면서 가장 고마운 사람은 엘리 헤이모위츠라고 했다.[87] 음악평론가 박용구도 헤이모위츠에 대해 "개인적 이익이나 미국의 이념 선전을 위한 것이 아닌 음악에 관련한 좋고 의미 있는 일에 나서는 인물"[88]로 평가했다. 헤이모위츠는 1947년 봄 덕수궁에서는 좌우익 음악가들을 초청해 가든파티를 열기도 했다. 작곡가 김순남, 정윤주, 지휘자 남궁요열, 바이올리니스트 박민종, 피아니스트 윤기선, 성악가 이인범, 평론가 박용구, 바이올리니스트 정희석 등이 모였다.

1947년 11월 29일 오후 6시 30분 서울 정동 배재학당 대강당에서는 내로라하는 국내 음악가들이 한 무대에 섰다. 12월 2일 귀국을 앞둔 헤이모위츠를 위한 고별음악회였다. 성악가 이인선, 김상학, 김자경, 김혜란, 피아니스트 김원복, 바이올리니스트 문학준, 첼리스트 전봉초 등이 독창과 독주를 했고 피아니스트 윤기선, 바이올리니스트 정희석, 첼리스트 이강열이 피아노 3중주를 연주했다. 이유선 지휘의 이화여대 합창단, 임원식 지휘의 고려교향악단도 출연했다. 헤이모위츠도 특별 출연해 서울에서의 마지막 연주를 들려주었다.

헤이모위츠는 미국으로 돌아가서도 LA에서 악기를 구입해 고려교향악단에 보냈다. 그동안 고려교향악단이 미군방송국 WVTP에서 연주한 사례금에 재한 미국인들의 후원금, 고려교향악단의 미국인 청중의 입장료를 보탠 2,500 달러로 구입했다. 1948년 4월 24일 고려교향악단이 악기 수령 기념 연주회를 열었다. 헤이모위츠는 미국에서 임원식과 윤기선을 미국 작곡가 조지 앤타일George Antheil 1900-1959에게 소개해주기도 했다.[89] 임원식은 탱글우드 현대음악 하계학교에서도 수학했다.

헤이모위츠는 1948년 8월 29일자 뉴욕타임스에 '미군정 덕분에 서양음악에 눈을 뜬 한국'[90]이라는 글을 기고했다. 덕수궁 야외무대에서 임원식의 지휘로 연주하는 고려교향악단 사진이 큼지막하게 실렸다. 1946년 8월 17일 덕수궁에서 열린 시민위안 음악회의 모습이다. 헤이모위츠는 고려교향악단의 활약상과 더불어 임원식이 지휘한 최초의 오페라 공연 '라트라비아타' 등을 언급했다. 고려교향악단 악기 구입비 2,500 달러를 모금해 준 재한 미국인들에게도 고마움을 전했다.[91] 그는 1960년 6월 15일 런던 로열 페스티벌홀에서 안익태 지휘의 런던 필하모닉 오케스트라와 베토벤 '황제 협주곡'을 협연했다.[92]

1948년 미군정 문교부 음악 담당 문화장교 겸 중앙방송국 고문으로 한국에 온 롤프 자코비는 독일 도르트문트 태생이다. 쾰른과 뮌헨에서 음악대학을 다녔고 1930년대 오스트리아 빈에서 영화음악 지휘자로 활동하다가 1938년 미국으로 이주해 1941년 군에 입대했다. 자코비는 1948년부터 한국전쟁 직전까지 서울교향악단에서 사실상 상임지휘자 역할을 해냈다.[93] 베토벤 '합창교향곡'의 국내 초연을 지휘했고 라벨 '볼레로', 바그너 '뉘른베르크의 마이스터징어 전주곡' 등 당시로는 파격적인 레퍼토리를 선보였다.

롤프 자코비가 지휘한 서울교향악단

연도	월	프로그램
1948	5	베버 '자유의 사수 서곡', 슈베르트 '교향곡 제8번', 비제 '카르멘 모음곡 제1번', 시벨리우스 '핀란디아'
	6	스메타나 '몰다우', 마이어베어 '아프리카 여인' 중 아리아, 하이든 '교향곡 제101번', 라벨 '볼레로'
	7	무소륵스키 '민둥산의 하룻밤', 모차르트 '교향곡 제40번', 드보르자크 '슬라브 춤곡'
	9	차이콥스키 '슬라브 행진곡' '호두까기 인형 모음곡' '교향곡 제6번'
	10	베토벤 '교향곡 제3번', 차이콥스키 '피아노 협주곡 제1번', 로시니 '세비야의 이발사 서곡'
	11	베토벤 '교향곡 제9번'(국내 초연)
1949	1	비제 '카르멘 모음곡 제1번', 베토벤 '교향곡 제5번', 폴크만 '세레나데 제3번'
	1	베버 '자유의 사수 서곡', 림스키코르사코프 '셰헤라자데', 해리슨 커 '교향곡 제1번' 1악장
	2	베토벤 '교향곡 제7번' '에그몬트 서곡', 브루흐 '바이올린 협주곡'
	3	모차르트 '마술피리 서곡' '플루트 협주곡 제2번', 프로코피예프 '고전 교향곡', 바그너 '뉘른베르크의 마이스터징어 전주곡'
	4	드보르자크 '교향곡 제9번', 랄로 '스페인 교향곡', 요한 슈트라우스 '박쥐 서곡'
	6	멘델스존 '교향곡 제4번', 그리그 '피아노 협주곡', 모차르트 '피가로의 결혼 서곡'

1960년 6월 13일 창덕궁 비원에서 열린 야외음악회 '고궁의 향연'에서 KBS교향악단을 지휘한 조지 바라티George Barati 1913-1996는 미 국무부의 '미국인 전문가 프로그램American Specialist Program'으로 내한했다. 미국 출신의 지휘자, 작곡가, 음악 교수를 파견하여 지휘나 강연을 통해 전문 지식을 습득하게 하는 일종의 문화원조다.[94] 바라티는 헝가리 태생으로 부다페스트 리스트 음악원에서 졸탄 코다이를 사사하고 미국으로 건너가 프린스턴대학교에서 로저 세션을 사사했다. 1950년부터 1967년까지 호놀룰루 심포니 오케스트라[95] 음악감독으로 있으면서 미 국무부 파견으로 일본과 한국, 대만을 방문했다. 첼리스트 겸 작곡가이기도 한 바라티는 1971년 11월 9일 서울시향 제173회 정기연주회에서 바라티 '오케스트라를 위한 보드빌'과 모차르트 '피아노 협주곡 K. 467', 브루흐 '바이올린 협주곡 제1번', 드보르자크 '교향

곡 제4번'을 지휘했다.

1959년 뉴욕 리틀오케스트라 부지휘자로 내한한 지휘자 겸 피아니스트 모세 데이비드 샤피로Moses David Shapiro 1919-2009는 1961년 9월 초 펄브라이트 재단 문화교류 프로그램으로 서울대학교 음악대학에 교환교수로 왔다. 오케스트라 합주와 지휘법을 가르치면서 KBS교향악단과 서울시향, 부산시향을 객원 지휘했다. 1970년 재미 소설가 김은국의 영어 소설을 바탕으로 제임스 웨이드James Wade 1930-1983가 작곡한 오페라 '순교자'를 국립오페라단이 초연할 때 지휘봉을 잡았다. 1962년과 1971년에는 서울대학교 음악대학에서 상연한 오페라 '라트라비아타' '전화'를 지휘했다. 1968년에는 '한국의 소리'라는 제목의 LP음반을 냈다. 옹헤야, 반달 등 민요와 동요는 물론 신문팔이 소년, 노점상의 호객소리, 상여소리 등을 녹음했다.

제임스 웨이드는 미국 일리노이 그래니트 태생으로 시카고 아메리칸 음악원과 워싱턴대에서 작곡과 문학을 전공했다. 1954년 미군 신분으로 한국을 처음 방문했다. 1960년 결혼 직후 서울에서 한미재단의 문화담당관, 한국해외정보처 고문으로 일하면서 연세대에서 음악을 강의했다. 코리아타임즈에 음악 기사를 기고했고 미국의 음악전문지 '뮤지컬 아메리카'의 한국 특파원으로 활동했다. 아내는 주한미군 도서관 사서로 근무했다. 그는 1962년 서울시향에서 자작곡 '청중The Listeners'을 초연했으며 KBS교향악단의 연주로 1963년 10월 '1954년 한국의 통도사', 1966년 4월 '언론축전서곡'을 각각 발표했다. 1972년 1월 22일 '교향곡 제1번'도 국립교향악단이 초연했다. 웨이드는 제3회 서울국제음악제 실행위원으로 활동했다. 그는 아내와 함께 양화진외국인선교사묘원에 묻혀있다.

1958년 3월 28일 서울 시공관에서 열린 서울시향의 한미친선연주회에서 지휘봉을 잡은 윌리엄 스트릭랜드William R. Strickland 1914-1991는 미국 오하이오 태생의 오르가니스트 겸 합창 지휘자로 1946년 내시빌 심포니 오케스트라를 창단해 1951년까지 초대 음악감독을 역임했다. 1953-1955년 펄브라이트 재단 후원으로 빈에 유학을 다녀온 그는 유럽 굴지의 오케스트라를 객원 지휘하면서 미국 작곡가의 작품을 연주했다. 유럽 현지에서 받은 호의적인 평론과 미국 출신 지휘자라는 공신력을 십분 활용해 아시아로 무대를 넓혀 갔다.[96] 미국 국무부가 후원하는 '전문가 프로그램'으로 오스트리아, 필리핀, 베트남, 한국, 일본, 아이슬랜드, 노르웨이, 폴란드, 핀란드 등지에서 일정 기간 체류하면서 음악 활동을 펼쳤다. 스트릭랜드의 서울 공연 프로그램은 김성태의 '코리안 카프리치오', 베토벤 '교향곡 제7번', 스메타나 '몰다우'와 더불어 미국 작곡가 로버트 워드Robert Ward 1917-2013의 서곡 '환희Jubilation'였다. 스트릭랜드의 서울 공연은 명목상으로는 서울신문사 초청이지만 사실상 미 국무부의 '예술원조'에 따른 것이었다. 스트릭랜드는 미 국무부에서 675 달러의 월급과는 별도로 12-16 달러의 일당과 교통비 일체를 지원받았다.

제주 관악의 아버지 찰스 길버트

찰스 길버트Charles E. Gilbert 1912-1998 소령은 제주 관악의 아버지다.[97] 그는 미국 미주리 모벌리 태생으로 인터라켄 국립 음악캠프에서 오보에와 잉글리시호른을 배웠다. 미국 밴드음악의 아버지 존 필립 수자의 지휘로 연주하는 값진 경험도 했다. 미시간대에서 음악으로 학부와 대학원을 졸업한 그는 커티스 음대로 진학해 잉글리시호른을 전공했다. 프리츠 라이너가 지휘하는 커티스 심포니에서도 연주했다. 대학원 졸업 연주 때는 라벨 '하바네라 풍의 소품'을 잉글리시호른과 오케스트라를 위해 직접 편곡해 연주했다. 그는 석사과정 중에 장교예비 프로그램에 지원한다. 고교 밴드를 지도하며 지방 오케스트라의 오보에 수석으로 활동하다가 1940년대 독일 하이델베르크에 있는 미군 군악대 훈련학교 사령관으로 근무하며 유럽 전역에 있는 미군 군악대를 지도했다. 1948년 예편 후에는 오하이오대에서 밴드 지휘자 겸 음악교육과 교수로 있었다. 당시도 군인 신분이었던 그는 1951년 6월 현역 복귀 명령을 받고 한국으로 파견된다. 유엔민간원조사령부UNCACK 소속 정훈 및 교육담당 장교로 제주에 왔다.

　주한유엔민간원조사령부는 한국전쟁 중 발생한 전재민을 구호하기 위해 1950년 9월 창설된 조직이다. "질병, 소요 및 기아 방지를 통해 군작전에 심각한 지장을 초래할 수 있는 전선 후방의 상황들을 개선함으로써 군이 마비 상태에 빠지지 않도록"[98] 하는 것이 기본 임무였다. 사령부가 출범한 것은 한국전쟁 초기에 발생한 400만명이 넘는 대규모 피난민 때문이다. 피난민에게는 정부 차원의 대대적인 응급 의료지원이 절실했으나 남한 정부는 이 문제를 해결할 능력이 없었다. 길버트 소령은 제주에 있는 야전팀의 민사장교였다. UNCACK가 지원한 시설은 주로 고아원 등이었다. 전쟁으로 파괴된 교육 시설을 복구하거나 새로운 교사를 신축에도 건축자재, 중장비, 인력을 동원해 지원했다.[99] UNCACK가 수행한 임무 중 하나는 "전쟁공포와 불안으로부터 시민들을 보호"[100]하는 것이다. 길버트 소령이 각 학교에 악기나 악보를 지원한 것도 넓은 의미에서 보면 민사원조 활동의 일환이라고 볼 수 있다. 교악대를 활성화하여 지역의 각종 행사에서 음악을 연주하도록 하는 것은 전쟁 시기에 전재민은 물론 현지 주민들의 심리적 안정을 추구하는 후방 심리전의 연장이다. 전쟁고아나 피란민에게는 음악이 불안과 공포를 잠시나마 잊게 하는 도구가 아니었을까. 내일에 대한 희망을 잃지 않고 모진 풍파와 싸워 이길 수 있는 힘과 용기를 줄 수 있기 때문이다. "무너진 다리의 보수와 건물의 신축만큼이나 음악이 인간에게 얼마나 소중한 가치가 있는가를 길버트는 관악대 프로그램을 통하여 증명하였다."[101]

　길버트 소령은 한국보육원에서 39명 규모의 밴드와 30명 단원의 합창단을 지도했다. 부산에 피란 중인 KBS교향악단과 육군 군악대를 객원지휘하기도 했다. 제주에서 보육원 4개, 오현고와 제주농고 관악대를 창단했고 경찰악대, 제주중, 구세군고적대까지 순회 지도했으며 3명의 음악교사에게 지휘법을 가르쳤다.

길버트 소령은 1952년 9월 미국 잡지 '스쿨 뮤지션'에 '한국의 재건을 돕는 학교 음악'이라는 글을 기고했다.

전쟁으로 인해 한국 학교의 교실 수천개가 파괴되었다. 대부분 유엔민간협력단체와 유엔한국재건위원회의 도움으로 수리하거나 다시 지었지만 많은 청소년들이 천막 교실에서 수업하고 있다. 제주도의 피난민 중고교의 상황이다. 이곳에는 630여 명의 남녀 학생들이 배움에 대한 갈망으로 비바람을 헤쳐나가고 있다. […] 음악교육은 밴드나 합창을 막론하고 무너진 윤리를 재건하는 데 매우 중요하다. 음악이 한국의 젊은이들이 앞으로 닥쳐올 난관을 헤쳐나가는데 필요한 자신감과 용기를 준다는 사실은 아무리 강조해도 지나치지 않다. […] 제주도의 각급 학교에서 관악대를 만들어달라는 부탁을 많이 받고 있다. 가장 큰 장애물은 악기가 없다는 사실이다. 나는 학교음악 프로그램이 한국의 청소년들이 겪은 전쟁의 상처를 어루만져줄 수 있으리라고 믿는다. 그러므로 이들의 마음속에 품은 꿈이 이뤄질 때까지 힘닿는 데까지 모든 노력을 기울일 것이다.[102]

길버트 소령은 각급 학교에 악기와 악보를 제공할뿐만 아니라 합주 연습을 할 수 있는 건물까지 지었다. 오현고에 제주산 화산석을 이용해 음악관을 지을 때 시멘트 200포대를 지원했다. 학교에서는 감사의 뜻으로 1953년 7월 22일 학교 교정에 개관한 이 석조건물을 '길버트 음악관'으로 명명했다. 길버트 기념음악관은 오현고가 1973년 화북동으로 이전하기 전까지 20년간 제주 관악의 산실이었다.

1953년 8월 20일 오현고, 한국보육원, 제주농고, 제주농고, 제주중고, 구세군악대, 경찰악대 등 길버트 소령의 지도를 받은 제주도내 모든 악대가 관덕정 광장에 모였다. 당시 제주의 행정, 문화, 경제의 중심지였고 제주의 근현대사와 함께 호흡해온 상징적 공간이다. '환송 음악회'지만 지휘봉은 여전히 길버트 소령의 몫이었다. 마지막 곡은 수자의 행진곡 '성조기여 영원하라'였다. 1953년 9월 1일 길버트는 부산으로 떠나는 여객선 알마크호 갑판에서 제주 동부두에 나와 '맨 오브 오하이오' 행진곡을 연주하는 오현고 교악대를 지휘하면서 제주를 떠났다.

길버트 소령은 미국에 도착한 뒤에도 격월간 '코리안 서베이Korean Survey'[103] 1953년 8-9월호에 '음악으로 재건하는 한국의 젊은이들'이라는 글을 기고했다. 유니폼을 차려입은 다섯 명의 한국보육원 관악대의 드럼 메이저와 함께 찍은 사진도 실었다. 그는 1954년에도 '음악의 섬, 제주도'라는 글을 게재한다.

제주시에서 지난 15개월 사이에 4개의 밴드부가 창설되어 많은 도민들에게 긍정적인 영향을 끼치고 있다. 가장 규모가 크고 맨 처음 창단된 것은 한국보육원 관악대인데 여자 6명을 포함해 36명으로 구성되어 있다. 이들은 서울, 부산, 대구, 모슬포, 제주의 유엔 장병들을 위해 30여회 위문공연을 해왔으며 어린 고아들로 구성되어 있지만 미국의 어느 학교 밴드 못지않은 실력을 갖추었다. 매주 6일간 오전 7시에 정기적으로 연습을 하고 저녁 시간이나 일요일에도 연습을 한다. 652명의 고아 중에서 선발하는 과정에서 경쟁이 매우 치열했다. 지휘자 한경화는 밴드부 연습을 마치면 아이들에게 간식과 과자를 주기 때문이다. 이들은 완전히 자력으로 악보, 보면대, 유니폼을 만들었고 합창도 할 수 있는 음악실도 지었다. 다음으로 큰 규모가 오현고 밴드부다. 1952년 장난감 북과 신호나팔로 시작해 이제는 가두 행진도 이끄는 관악대로 발전했다. 교장과 학부모는 밴드부를 매우 자랑스럽게 생각하고 있으며 제주산 용암석으로 밴드부 건물까지 지었다. 건물에 본인의 이름을 붙인 것에 대해 무한한 영광으로 생각하고 있다.[104]

길버트 소령이 뿌리고 물을 준 제주 관악의 씨앗은 어느덧 무럭무럭 자라나 마침내 커다란 결실을 맺었다. 그가 제주를 떠난 지 석 달 만에 오현고 교악대는 그에게 지휘법을 배운 고봉식 교사의 바통 아래 경남 진주에서 열린 제4회 개천예술제에 참가해 최고상을 수상했다. 교악대를 거쳐간 많은 동문이 지금까지 제주 음악계의 중추적인 역할을 해오고 있다. 제주국제관악제 창설의 주역인 이상철 조직위원장이 대표적이다. 국내 관악단의 수는 400여 개로 이 가운데 10%인 40여 개가 제주도에 있다. 국내 인구의 1%에 불과한 제주에서 다른 지역의 10배에 달하는 관악단을 보유하고 있다.

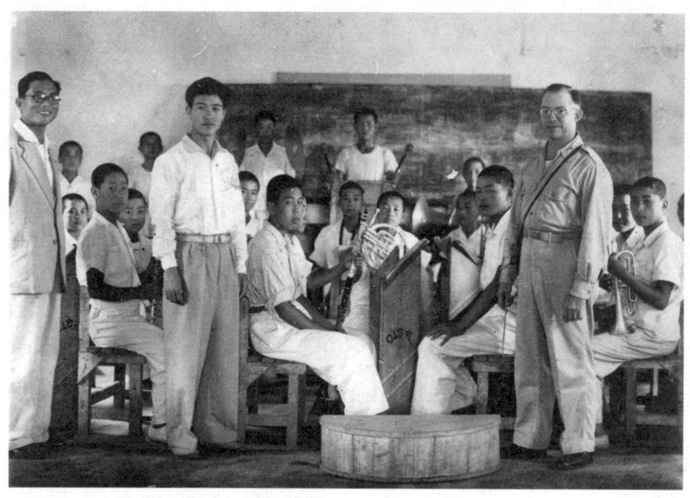

제주 오현고 교악대를 지도하는 길버트 소령

피란 수도 부산을 찾은 미국의 '비밀병기'

미국의 흑인 알토 마리안 앤더슨Marian Anderson 1897-1993은 6·25 직후 한국에 두 차례 다녀갔다. 미군 부대 방문이 주목적이었지만 시민을 위한 음악회도 열었다. 1953년 첫 내한공연 때는 4월 27일부터 NHK 초청으로 일본에 한 달간 체류하면서 연주하다가 주일 미국대사의 제안으로 한국을 전격 방문했다. 앤더슨은 일본에서 왕후의 요청으로 궁중에서도 연주했다.

5월 27일 도쿄 공군기지에서 군복으로 갈아입은 앤더슨 일행은 군용수송기 C-119편에 올랐다. 같은 공군기에는 100여 명의 미군이 함께 타고 있었다. 대구에 도착한 뒤 군용열차 편으로 저녁 7시 15분 부산역에 도착했다. 미국대사 부인을 비롯해 한국음악협회 간부, 여학생 100여 명이 앤더슨을 맞았다. 앤더슨은 기자회견에서 "명예의 부상을 입고 후방에서 가료 중인 상이군인들을 위문하고 또 세계평화의 관건이 된 한국을 한번 보고 싶어 왔다"[105]며 방문 목적을 분명히 했다. 판문점에서 정전협정이 체결된 것이 1953년 7월 27일이므로 엄밀히 말해서 아직은 전시 상황이었다. 미국 공보원에서는 공연에 앞서 '미국이 낳은 위대한 콘트랄토 가수 마리안 앤더슨'이라는 제목에 사진과 프로필을 곁들인 10쪽짜리 홍보용 소책자를 발행했다.

앤더슨은 장병 위문공연에 앞서 29일 오후 7시 부산 대청동 제3 육군병원 운동장에서 무료 독창회를 열었다. 국회의사당현 동아대 석당박물관에서 할 예정이었으나 장소를 변경했다.[106] 부산의 대표적인 공연장으로 미군이 사용했던 부산문화관극장은 같은 해 4월 20일 화재로 소실되고 말았다. 앤더슨의 노래를 듣기 위해 5,000여 명이 모여들었고 장내 정리를 위해 경찰이 출동할 정도였다.[107] 동아일보에 따르면 1만여 명이 운집했다. 앤더슨은 나무판자로 만든 무대에 올라 헨델, 도니제티의 오페라 아리아에 이어 흑인영가 '깊은 강'을 불렀다. 가장 인기를 모은 곡은 '즐거운 나의 집Home, Sweet Home'이었다. 연주 도중 마이크가 자주 꺼졌고 피아노 페달도 말썽이었지만[108] 4개월 전인 1월 30일 국제시장 대화재로 삶의 터전을 잃은 시민들과 실향민의 가슴에 더욱 와닿는 노래였다.

제3 육군병원은 부산광역시 중구 중구로 74 광일초등학교 건물을 임시로 사용하고 있었다. 부산고 음악교사로 있으면서 이날 공연에 참석한 작곡가 윤이상은 이렇게 썼다.

우리 모든 것을 잃고 싸움에 지친 한국의 백성들은 당신의 노래를 듣고자 합니다. 전날에 어느 위대한 정치인이 왔을 때보다도 더 반갑게 당신을 맞는 것을 우리는 만족히 생각합니다. 왜 우리는 남달리 당신을 환영하는가. 당신은 날 적부터 서러움이 무엇인가를 알았습니다. 그러기에 당신의 노래는 사람의 폐부를 찌릅니다. 또 당신이 화려한 현재의 당신에게 마련된 무대에 오르기까지의 고초의 발자취를 우리는 상상합니다. 그러므로 당신을 시대의 위대한 승리자라 부를 수 있습니다. […] 당신을 길러준 흑인영가는 그대로 당신의 어

머니요 당신들의 '피'입니다. 당신이 졸연히 찾아온 이름 없던 땅덩이에 아직
도 비극을 걸머진 채 싸우지 않을 수 없는 백성들의 모습을 당신은 봅니까. 여
기 전쟁고아가 얼마나 있는가. 정든 고장과 전래의 양습良習을 빼앗긴 늙은 부
모와 먹기에 풀조차 군색한 농민들이 얼마나 굶주리고 있는가. 또 얼마나 많은
이 땅의 순박하고 어진 젊은이들이 어느 나라의 짐승보다도 못한 식료로써 견
디며 전선에서 원수와 마주서고 있는가. 이 가난하고 숙명적인 백성들에게 주
는 당신의 선물은 오직 당신이 아름답고 정다운 노래일 것입니다. 흡족히 동
정으로 부르는! 오늘 당신을 들으려고 밀고 닥치고 아우성치는 노래에 굶주린
이 군중들은 실로 진정한 당신의 벗이요 당신의 동지입니다.[109]

앤더슨은 29일 낮에는 스웨덴 적십자 병원, 제5 육군병원, 미 제21 후방
육군병원 등 세 곳을 돌며 부상 장병을 위문했다. 링거와 혈액 주사기를 꽂

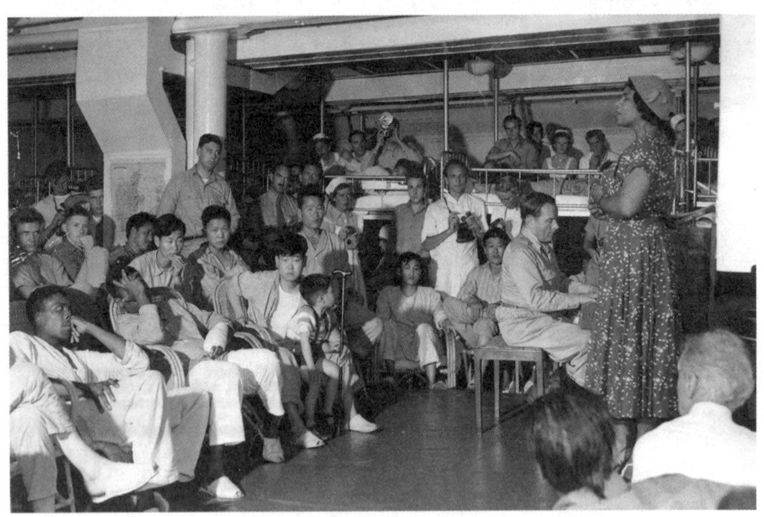

1953년 5월 30일 부산의 군인병원에서 위문 공연을 하는 알토 마리안 앤더슨

은 채 휠체어에 몸을 의지한 병사들 앞에서 노래했다. 제21 후방육군병원에서는 한 병사가 앤더슨에게 이렇게 말했다. "여기 온 지 10개월이 되었는데 오늘 연주를 듣고 앞으로 10개월은 더 버틸 수 있는 힘을 얻었습니다."[110] 앤더슨은 헬기를 타고 부산 상공을 날면서 폭격을 당하거나 화재로 불타버린 잔해 위에 지은 작은 오두막집을 보면서 전쟁의 참혹함을 실감했다.

30일 헬기편으로 서울에 도착한 앤더슨은 서울 국군병원 운동장에 모인 5,000명의 장병 앞에서 노래를 부르기도 했다. 이번에도 '즐거운 나의 집 Home, Sweet Home'을 부를 때 환호성이 터져나왔다. 31일 저녁에는 서울 미8군 극장에서 서울시장, 테일러 사령관을 비롯한 1,300명이 모인 가운데 독창회를 열었다. 프로그램은 헨델과 도니제티의 오페라 아리아, 슈베르트와 차이콥스키의 가곡, 흑인영가 등이었다.

앤더슨은 한국 국민에게 매우 깊은 인상을 남겼다. 경향신문은 6월 3일부터 '세기적 흑인가희 마리안 앤더슨' 특집을 2회에 걸쳐 연재했다. 미 국무부에서는 앤더슨에게 감사의 편지를 보냈다.

귀하께서 유엔군과 한국군 병원의 병사들을 방문해 노래하고 한국 청중 앞에 모습을 드러냄으로써 병사들의 사기를 진작시킨 것은 물론이고 현지 국민들이 미국의 유명 아티스트의 공연을 접하고 즐길 수 있도록 해주셨습니다. 애국심을 발휘해 국제관계의 증진에 크게 이바지한 데 대해 미 국무부를 대표해 감사의 말씀을 드립니다.[111]

앤더슨이 4년 뒤에 한국을 다시 방문했을 때는 평범한 성악가 신분이 아니었다. 1955년 1월 베르디 '가면무도회'의 울리카 역을 맡아 흑인 최초로 뉴욕 메트로폴리탄 오페라 무대에 우뚝 섰다. 같은 해 미 국무부의 친선대사로 임명받았으며 1957년 1월에는 아이젠하워 대통령 취임식 때도 흑인 최초로 미국 국가를 불렀다.

이번 공연의 목적은 미군 장병 위문이 아니라 외교 활동이었다. 앤더슨은 1957년 아이젠하워 대통령의 특별 국제문화교류계획으로 9월 14일 뉴욕을 출발하여 45일간 한국을 비롯하여 대만, 홍콩, 필리핀, 베트남, 싱가포르, 인도네시아, 말레이시아, 인도, 스리랑카, 파키스탄 등 동아시아 14개국을 방문해 24회의 콘서트를 열었다. 미 국무부가 앤더슨의 아시아 투어에 투입한 예산은 5만 5,000 달러다.[112] 미국공보원USIA은 1956년 뉴욕에서 출간된 앤더슨의 자서전[113] 번역본을 아시아에 무료로 배포해 앤더슨이 어떤 인물인지 대대적으로 홍보했다. 한국에서도 앤더슨 내한공연의 주최사인 세계일보사에서 번역해 공연에 앞서 출간했다. 책의 제목은 앤더슨이 즐겨 불렀던 흑인영가My Lord, What a Morning에서 따온 것이다. '주님 오실 그날 아침'이라는 뜻인데 자서전에서는 '찬란한 아침'으로 번역했다. 학생들을 대상으로 독후감 경연대회를 열었고 라디오에서는 이전 공연 실황을 방송했다.

9월 23일 남편 오피어스 피셔, 피아니스트 프란츠 루프, 매니저 아이작 조프 등과 함께 노스웨스턴 항공편으로 서울에 도착한 앤더슨은 서울시장과 주한 미국대사의 환영인사를 받은 뒤 반도호텔에 여장을 풀고 경무대로 이승만 대통령 내외를 예방했다. 9월 24일 이화여대 대강당에서 열린 앤더슨 내한 독창회의 입장권은 1주일 전부터 매진되었고 공연 시작 전부터 밀어닥친 관객들로 인해 신촌 일대가 혼잡을 빚을 정도였다. 연주곡목은 헨델과 생상의 오페라 아리아, 슈베르트와 바버의 가곡, 흑인 영가 등이었다.

음악회가 끝난 뒤 신문에는 '피아니시모의 극치'라는 제목의 음악평이 실렸다. 음악평론가 이성삼, 영문학자 김동성, 시인 조병화 등 3명이 쓴 합평合評이다. 한편 음악평론가 오화섭은 동아일보에 이렇게 썼다.

앤더슨 여사의 '소리'는 우주의 신비를 상징하는 먼 옛날의 전설이다. 태초에 말씀과 더불어 생긴 어두움의 후예 마리안 앤더슨의 소리는 현대의 어두움 속에 빛을 던져주는 생명이다. 이 검은 피부의 예술가는 지축을 진동시키는 콘트라알토의 위력으로 우리의 가슴속 깊이 파고든다. 그에게는 세련이니 발성이니 표현이니 하는 용어는 어울리지 않는다. 그 자신이 곧 음악의 화신이며 남성男聲을 압도하는 그의 저음은 곧 하나의 철학인 것이다. 그는 가사를 악보에 맞추어 '노래'하는 것이 아니라 신앙도 초월한 숭엄한 세계를 향하여 '말'하고 있는 것이다. 그의 영과 육이 저 태초의 말씀에 호소하기 위하여 하나로 되어 무릎 꿇는 자태, 빛을 갈구하는 어두움의 겨레들의 예배이기도 하다.[114]

앤더슨은 공연 당일 오전 이화여대에서 김활란 총장에게 명예 음악박사 학위를 받았다. 인류문화에 공헌한 바가 크다는 이유에서다. 앤더슨은 답례로 박사모를 쓴채 흑인영가 '그가 온 세상을 다스리시도다He Got the Whole World in His Hands'를 불렀다.[115] 행사가 끝난 뒤 주한 미국대사관에서 대사 주최 오찬이 열렸다. 국회의장 이기붕 내외와 이화여대 총장 김활란, 문교부장관 최규남, 공보부장관 오재경, 세계일보 전무 설국환, 한국음악협회장 현제명, 이화여대 예술대 학장 신성모, 숙명여대 음대 학장 이애내, KBS교향악단 상임지휘자 임원식, 서울시향 상임지휘자 김성태, 서울대 성악과 교수 정훈모 등이 참석했다. 이화여대 강당에서 독창회가 끝난 뒤 이화여대 총장 공관에서는 이화여대와 세계일보가 주최한 리셉션 겸 만찬이 열렸다.

서울 일정을 끝내고 25일 항공편으로 부산에 도착한 앤더슨은 26일 유엔 묘지 참배에 이어 부산 제일극장에서 민주신보사 주최의 독창회에 출연했다. 부산 중구 남포동에 위치한 제일극장현 메가박스 부산극장은 같은 해 4월 3일 개관했다. 프로그램은 서울 공연과 같았다. 공연이 끝난 뒤 민주신보는 9

월 27일자 '여적' 란에 이렇게 썼다.

50세의 가수라고 생각할 수 없는 눈부시고 풍부한 발성을 앤더슨은 가졌다. 그것은 깊이 넓이를 측정할 수 없는 성역과 성량의 구사로서 이따금 사뿐히 밀려오는 물결처럼 감미롭고 때로는 칠야처럼 끝간데를 모르고 내려가는 심오한 맛. 수정과 같이 맑은 소리, 지성에 찬 표현, 유창한 음계, 경건한 정서, 그것은 인간이 부른 창의 극치였다[…] 극장의 팬이 들릴 만큼 정일靜逸이 유지되었다. 물론 담배를 피우는 사람, 모자를 쓰고 있는 사람도 없었으며 박수도 앙코르의 태도도 좋았다. 앤더슨과 청중은 호흡이 맞았다. 부산 생기고는 처음의 일이다. 부산의 청중을 고쳐보아야 하겠다. 이것도 앤더슨의 위대성에서 나온 것인지 모른다. 연주자, 반주자, 청중의 삼위일체라할까. 어떻든 앤더슨의 밤은 어느 모로 보나 역사적인 것을 부산에 인각印刻하였다.

마리안 앤더슨 1953년 내한 공연

날짜	장소	일정
	도쿄	공군기지에서 군복 착용 후 미군수송기 C-119편 탑승
5. 27.	대구	대구비행장 도착. 대구발 부산행 열차 승차
		19:15 부산역 도착
5. 28.		11:00 미공보원에서 기자 간담회
		17:00 부산대에서 한국음악가협회 주최 다과회 및 국악 감상
	부산	19:00 주부산 미국영사관 주최 만찬
		10:00 스웨덴 적십자병원 방문
5. 29.		14:00 제5육군병원 방문
		15:15 제21후방육군병원 위문
		19:00 제3육군병원(남일초등학교) 운동장에서 야외 콘서트
	부산	09:00 덴마크 병원선 유틀란디아 위문 공연
		10:00 헬기로 수영 비행장 출발
5. 30.		12:00 김포공군기지 도착. 김태선 서울시장이 영접
		16:00 국군병원 운동장에서 야외 콘서트
	서울	19:00 미8군 사령관 주최 만찬
5. 31.		10:00 시내 관광
		19:00 미8군극장(전 국도극장)에서 유엔군을 위한 독창회
6. 1.	도쿄	군수송기편으로 도쿄 공군기지 도착
6. 3.		뉴욕행 노스웨스턴 여객기 탑승

앤더슨은 27일 미군 제24사단에서 장병 위문공연을 했다. 1953년 전시 상황에서 한국 땅에서 처음 노래를 들려주었던 부산에서는 도착하기 전부터 앤더슨 붐이 일었다. 9월 18일 오후 3시 부산 아포로 음악실에서 '앤더슨 음악 감상회'가 열렸는데 앤더슨이 녹음한 브람스의 '알토 랩소디', 말러의 '죽은 아이를 그리는 노래' 등을 지휘자 오태균의 해설로 감상했다. 1958년 7월 10일에도 같은 장소에서 앤더슨의 흑인영가를 감상했다.

앤더슨의 1957년 아시아 순회공연의 실황은 CBS가 680kg에 달하는 방송 장비를 동원해 다큐멘터리T76:0137로 제작하여 같은 해 12월 30일 밤 10시부터 1시간 동안 CBS TV의 '시잇나우See It Now' 코너에 '필라델피아에서 온 레이디: 앤더슨의 아시아 투어The Lady from Philadelphia: Through Asia with Marian Anderson'라는 제목으로 방영되었다.[116] 프로그램은 앤더슨이 주한 미군 24사단 장병을 찾아 위문 공연을 하는 장면에서 시작된다. 앤더슨은 군악대

마리안 앤더슨 1957년 내한 공연

날짜	지역	일정
9. 23.	서울	12:20 노스웨스턴 항공 871편으로 여의도공항 도착
		14:00 반도호텔 체크인
		15:30 경무대로 이승만 대통령 내외 예방
		17:00 반도호텔에서 기자 간담회
9. 24.		11:00 이대강당에서 명예박사 학위 수여 후 답가
		12:30 주한 미국대사 주최 오찬 참석
		19:00 이대강당에서 세계일보사 주최 독창회
		21:00 이화여대 총장 관사에서 이화여대, 세계일보 주최 만찬
9. 25.	부산	09:00 서울대교수회관에서 한국음악가협회 주최 환영다과회
		14:30 KNA항공 16편으로 수영비행장 도착
		15:30 미 공보원에서 기자 간담회
		17:00 언론인, 음악인과 다과회 및 어린이합창 감상
		19:00 주부산 미국영사관 주최 만찬 참석
9. 26.		10:00 시내 관광 후 무대 리허설
		19:00 제일극장에서 민주신보사 주최 독창회
9. 27.		10:00 유엔묘지 참배
		11:50 수영비행장 출발
	서울	12:50 여의도비행장 도착 후 육군기로 환승
		15:00 미군 제24사단 위문공연에서 장병들과 'Home Sweet Home' 합창
9. 28		출국

합창단의 백코러스 연주에 맞춰 '어디에도 내 집 같은 곳 없네No Place Like Home'를 불렀다. 장병들도 함께 따라 불렀다. 에드워드 머로Edward R. Murrow 가 프로듀서 겸 내레이터를 맡은 다큐는 100여 점이 복사되어 전세계의 미군 부대에 배포되었고 함께 수록된 실황녹음은 음반으로도 출시되었다.[117] 당시 60세의 앤더슨은 연간 60회 정도의 연주 일정을 소화하고 있었다. 하지만 아시아 투어에서는 거의 이틀에 한 번꼴로 무대에 섰다. ANTA는 현지 음악단체와 연주회를 공동 주최했고 USIS는 학교, 교회, 자선 단체 등을 방문하는 일정을 마련했다. 앤더슨과 현지 정부 고위관리, 사회 저명인사, 언론과의 만남을 확대하려고 했다. 연주회와 직접 관련이 없는 사람들과도 많은 일정을 많이 소화했다는 사실은 그가 단순히 미국 출신의 성악가가 아니라 미국을 대표하는 문화대사였음을 잘 보여준다.

앤더슨은 아시아 투어의 성공으로 외교관으로서의 능력을 인정받았다. 하원의원 레스터 홀츠만은 앤더슨을 국무부 아프리카 담당 차관보에 임명해달라는 내용의 청원서를 백악관에 제출했다.[118] 앤더슨은 1958년 7월 미 국무부 아프리카 담당 차관보에 임명되었으며 9월 열린 제13차 유엔총회에 미국 대표단으로 참가했다. 1961년 5월 31일 모스크바에서 열린 미국과 소련의 외교 관계 개선, 군비 축소, 핵실험 금지 등 현안을 논의하기 위한 민간인 연석회의에도 17명의 미국 대표 중 한 명으로 참석했다.[119]

44세의 테너 리처드 터커는 뉴욕 메트로폴리탄 오페라 주역가수로 활동 중이었다. '살아있는 카루소'로 불리었던 그는 미 국무부 문화사절 자격으로 사이공, 홍콩, 쿠알라룸푸르, 싱가포르, 타이베이, 도쿄, 방콕 등에서 8주간 15개 도시에서 펼친 동남아 순회공연 중 한국을 방문했다. 1957년 5월 28일 서울에 이어 30일 부산 제일극장에서 독창회를 열었다. 프로그램은 푸치니 '라보엠' 중 '그대의 찬손', 비제 '카르멘' 중 '꽃노래', 도니제티 '사랑의 묘

약’ 중 ‘남몰래 흐르는 눈물’, 푸치니 ‘토스카’ 중 ‘별은 빛나건만’ 등 오페라 아리아와 나폴리 칸초네, 미국 가곡이다. 31일 오후 3시에는 경무대로 이승만 대통령을 예방했다.

앤더슨과 터커가 한국 대통령을 만났다는 사실은 이들의 내한공연이 단순한 음악행사가 아니라 한미 외교에서 매우 중요한 이벤트였음을 보여주는 대목이다. 특히 앤더슨은 당시 미국이 겪고 있던 흑백 갈등과 유색인종 차별에 대한 이미지를 불식하고 명실상부한 민주주의 국가임을 보여줄 수 있는 인물이었다. 현지 음악단체와 함께 연주 일정을 잡았고 현지 정부 고위관리, 사회 저명인사, 언론인과 많이 접촉하면서 친선대사로서의 역할을 충실히 수행했다. 미 국무부가 앤더슨을 친선대사로 임명한 것은 그의 피부색 때문만은 아니다. 백인의 아성이었던 미국 메트로폴리탄 오페라의 오디션을 당당하게 통과한 세계적인 성악가이기 때문이다. 앤더슨의 존재 자체만으로도 미국에서 민주주의가 제대로 작동되고 있음을 보여주는 긍정적인 신호였다.[120] 알프레드 그루엔더Alfred Gruenther 1899-1983 장군은 ‘뉴스위크’와의 인터

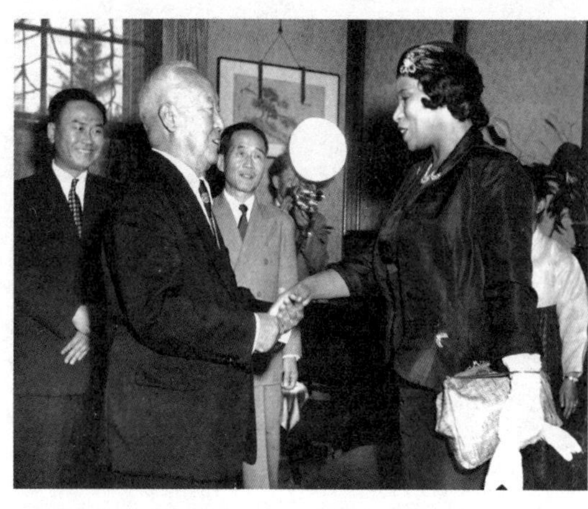

1957년 9월 23일 경무대로 이승만 대통령을 예방한 마리안 앤더슨

뷰에서 "우리는 더 많은 마리안 앤더슨이 필요하다. 앤더슨은 우리의 비밀
병기"[121]라고 말했다. 미국의 한 언론은 앤더슨이 소련이 쏘아올린 스푸트니
크 우주선 200대보다 더 가치가 있다고 말했다.[122]

미국서 전후 복구 원조금 모금한 어린이 합창단

한국전쟁 직후 미국인들에게 한국의 새로운 이미지를 심어주는데 크게 기여한 것은 어린이 합창단이다. '꼬마 합창단'이라는 애칭이나 '도미渡美 어린이 합창단' '어린이 음악사절단' '한국어린이음악사절단'으로 불리기도 한 '어린이 음악단'의 1954년 미국 방문을 시작으로 선명회어린이합창단과 리틀엔젤스가 태평양을 건넜다.

동요 '우리의 소원'의 작곡자 안병원1926-2015이 지휘하는 '어린이 음악단'[123] 단원 25명과 지휘자, 반주자, 보모 등 30명으로 구성된 한국아동음악사절단은 1954년 4월 8일 여의도 공항에서 미 제5공군 수송기에 올라탔다. 이승만 대통령의 미국 방문을 4개월 남짓 남겨둔 시점이다. 이들은 출발 전날 경무대로 이승만 대통령에게 인사를 다녀왔다. 한복을 곱게 차려입은 단원들과 격려의 악수를 나눈 이 대통령은 이렇게 말했다.

먼 길 가는데 양식만 먹을 테니 김치 생각이 나서 힘들 거야. 음식과 건강에

조심하고 새로운 환경에서 선생님 말씀 잘 들거라. 미국 사람들 앞에서 떨지

말고 노래를 잘 불러 우리나라 인식을 새롭게 해주어라.[124]

안병원의 큰아버지 안택주는 이승만과 미국에서 동지회 회원으로 함께

활동했다.[125] 한국전쟁 때 군함으로 합창단을 부산에 무사히 피란시킨 해군

정훈감 출신의 정달빈 목사가 단장 겸 통역관을 맡았다. 단원은 8~12세의

어린이로 주로 한국전쟁 당시 피란지 부산에서 활동했던 해군정훈어린이음

악대KBS어린이합창단의 전신 멤버들이다. 이들은 1945년부터 한국전쟁 직전까

지 봉선화동요회라는 이름으로 활동했다. 부산에서 열린 국군 위문공연에서

'멸공통일의 날' 등을 불렀다. 초창기에는 YMCA의 도움을 받으면서 '서울

YMCA 어린이 합창단'으로도 알려졌으며 1947년부터는 KBS 어린이 프로

그램에도 출연했다.[126]

국내에서는 합창단 단원들이 대부분 전쟁고아로 구성된 것으로 알고 있

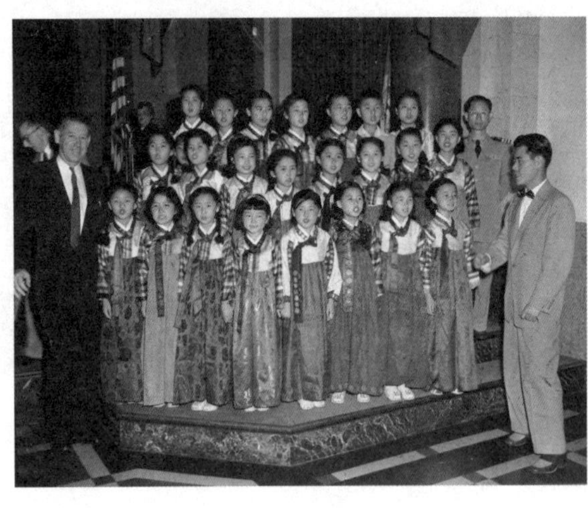

미국 순회공연에서 안병원의 지휘에 맞춰 노래하고 있는 한국 어린이 합창단

었고[127] 미국에서도 전쟁 통에 부모를 모두 잃은 고아가 대부분이라고 보도했다.[128] 하지만 이는 사실과 거리가 멀다. 이 가운데 상당수가 고위층 또는 중산층 집안 출신이었다. 음악학자 이여진전 이화여대 음대 교수, 소프라노 이규도이화여대 명예교수, 소프라노 안희복한세대 명예교수, 발레리나 최승자, 전영자재미공연예술사업가 등 예술계의 중추적 인물로 성장했다. 이밖에도 계원경, 김기정, 김미라, 김성애, 김성희, 김혜진, 박선경, 서옥자, 서윤자, 손정웅, 송광자, 신유미, 윤숙경, 윤현실, 이광자, 이성호, 이숙영, 조성자, 조연자, 최애자 등이 단원으로 참가했다. 25명의 단원 가운데 남자는 손정웅, 이성호, 이여진 등 3명이다. 이여진은 1948년 국내 최초의 오페라 '라트바리아타'에서 주역으로 출연한 의사 출신 테너 이인선의 아들이다. 이성호는 전 농림부 장관의 아들이다. 손정웅은 초대 해군참모총장과 초대 서독대사를 지낸 손원일의 아들인데 나중에 손명원으로 개명했다. 안희복은 지휘자 안병원의 막내동생이다. 서울시향 플루트 주자로 활동하다가 테너 박인수와 결혼했다. 안희복의 큰 언니이자 안병원의 누나인 안희옥도 보모로 따라갔다.[129] 김기정은 서울대 음대 학장을 지낸 작곡가 김성태의 셋째 딸이다. 이화여대 학생 이화영이 뉴욕에서 갑자기 입원하는 바람에 당시 워싱턴에 와있던 서울대 음대 교수 윤기선1922-2013이 대신 피아노 반주를 맡아주었다. 독립운동가 윤치호의 넷째 아들로 베토벤 피아노 협주곡 제5번을 국내 초연한 피아니스트다.

합창단 일행은 여의도를 출발해 도쿄에 도착한 다음 미국 국적 민항기 팬암으로 갈아타고 하와이를 경유해 샌프란시스코로 향했다. 호놀룰루로 가는 비행기 안에서 단원들은 연습을 겸해 삼삼오오 앞쪽으로 나가서 기내 마이크를 잡고 노래를 불렀다. 이후 일정도 미국의 각 항공사에서 무료로 제공한 항공편으로 이동했다. 뉴욕 공항 환영 행사에는 5세의 한국전쟁 고아 출신 입양아 제임스 리 팔라디노James Lee Paladino 본명 이경수가 태극기를 흔들면서 마중을 나왔다.

'꼬마 합창단'은 한국 원조기금 1,000만 달러를 모금 중인 한미재단의 활동에 노래로나마 보답하기 위해 먼길을 떠났다.[130] 한미재단은 한국전쟁을 전후로 대민구호를 위해 활동한 비공식 원조기관이다. 아이젠하워 대통령의 친동생 밀튼 아이젠하워 펜실베이니아 주립대 총장이 이사장, 한국전쟁 때 미8군 사령관으로 근무한 제임스 밴플리트 장군이 부이사장, 주미 한국대사 양유찬이 명예이사장을 맡았다. 이승만의 오랜 정치 자문인 펜실베이니아 주립대 교수 로버트 올리버는 이사로 이름을 올렸다. 이승만 정부는 이미 한국전쟁 도중에도 미국 정부에 어린이합창단의 미국 공연을 두 차례나 제안한 바 있으나 무산되었다.[131] 아이들이 체력적으로 무사히 미국 순회공연을 해낼 수 있을지 확실치 않았기 때문이다.[132] 합창단은 4월 11일 백악관 공연을 시작으로 3개월간 미국 50여개 도시를 순회했다. 자유의 여신상, 백악관, 나이아가라 폭포, 미국 상원, 디트로이트 시청, 필라델피아 자유의 종 등 미국을 대표할 만한 상징적인 장소는 빼놓지 않고 방문했다. 4월 20일 뉴욕에서 '한국행 원조 열차Help Korea Train' 시발식에도 참석했다. 한미재단에서 수집한 구호물자를 화물열차 90대에 싣고 한국으로 운송하는 행사다. 합창단은 이튿날 유엔본부에서 열린 유니세프 1주년 기념식에서도 노래했다. 6월 6일에는 캔자스시티에 있는 트루만 전 미국 대통령의 사무실을 방문하여 한국 인형을 선물하고 노래를 들려주었다. 트루만 전 대통령의 애창곡인 '미주리 왈츠'는 사무실에 피아노가 없어 부르지 못했다.[133] 뉴욕타임스에는 다음과 같은 기사가 실렸다.

어제 오전 한국어린이합창단이 자유의 여신상 앞에서 미국 국가에 이어 한국 국가 '애국가'를 불렀다. 이 자리에는 합창단의 오랜 친구인 전 주한유엔군사령관 제임스 밴플리트 장군도 함께 했다. 이날 행사는 25명의 어린이들이 한미재단의 1,000만 달러 모금을 위한 미국 투어의 시작이었다. 어린이들은 한국의 민요, 부활절 찬송가, 봄노래 등을 불렀다. 노래하고 사진찍는 사이 잔디밭에서는 네잎 클로버를 찾기도 했다. 맨해튼으로 돌아오는 배에서는 '내 사랑 클레멘타인' '오 수재너' '징글벨' 등 이들이 주한유엔군을 위해 불러주었던 노래로 승객들을 즐겁게 했다. 물론 '징글벨'은 한글 가사로 불렀다. 오후에는 뉴욕타임스를 방문해 발행인 사무실에서 노래했다. 지휘는 서울 YMCA 사무국장 출신으로 이 합창단을 1945년에 만든 안병원이 맡았다. 공산주의자들의 침략 이후 합창단은 한국 해군의 보호를 받고 있다. 7세에서 13세에 이르는 이들 소년소녀는 장수, 축복, 기쁨을 상징하는 색동옷을 입는다.[134]

꼬마 어린이 합창단은 미국 투어에서 '한국어린이합창단The Korean Children's Choir'라는 공식 명칭을 사용했다. 이들의 미국 방문은 이승만 대통령과 한미재단의 합작품이다. 이승만은 미국인에게 한국의 존재와 이미지를 깊이 심어주기 위해서는 한국 고유의 문화를 소개할 필요가 있고 미국 대중의 감수성을 자극하는데 어린이 합창단의 춤과 노래가 가장 효과적이라고 생각했다.[135] 미국에 도착할 때부터 서울행 비행기를 탈 때까지 어린이 합창단의 일거수일투족은 현지 언론의 뜨거운 관심을 받았다. 색동 한복을 곱게 차려 입은 어린이들의 노래에 미국 언론은 열광적인 반응을 보였다. '라이프' 매거진은 합창단이 아이젠하워 대통령 내외와 행정부 고위 간부들 앞에서 노래하는 모습, 링컨 기념상을 방문해 공연하는 사진을 실었다. 이스트먼 코닥사에서 기부한 7만 5,000달러로 제작한 다큐 영화를 미국 전역에서 상영했다.[136] 1954년 4월 뉴욕타임스는 밴플리트 장군과 어린이합창단이 자유의 여신상 앞에서 양국 국가를 부르는 모습을 실었다.[137] 밴플리트 장군은 한국전쟁 때 아들을 잃었기 때문에 어린이합창단을 더욱 아낀 것 같다.

합창단은 NBC TV와 에드 설리반 쇼 등 방송 출연도 87회나 했다. 인기 게임쇼 '노래 알아맞히기Name That Tune'에도 출연했다.[138] 뉴욕타임스는 웨스트체스터에서 잔디밭에 앉아 구운 소시지와 햄, 버터 바른 롤빵, 과자, 사탕, 콜라를 먹고 마시며 미국 어린이들과 노는 모습을 소개하면서 "25명의 한국 어린이들이 오늘 하루만큼은 미국인이 되었다"[139]고 썼다. 합창단은 4월 21일 유니세프 초청으로 유엔본부를 방문했고 5월 1일에는 뉴욕 메이데이 시가행진에 참가했다. 이화여전 음악과 교수로 있다가 뉴욕 줄리아드 음대에 유학 중인 소프라노 김자경金慈璟 1917-1999이 한 달간 뒷바라지를 맡았다. 자택에서 김치를 곁들여 불고기를 대접했다.[140]

4월 20일 오후 1시 뉴욕 웨스트 62가 철도역에서 샌프란시스코행 한국 원조열차 시발식이 열렸다. 기차에는 '지금 기부하십시오' '한국인을 돕자' 같은 홍보 문구가 내걸렸다. 미국 순회공연 때 아일랜드 민요 '오 대니 보이' 를 독창해 인기를 모았던 이여진은 행사가 끝난 후 고국의 어머니에게 편지

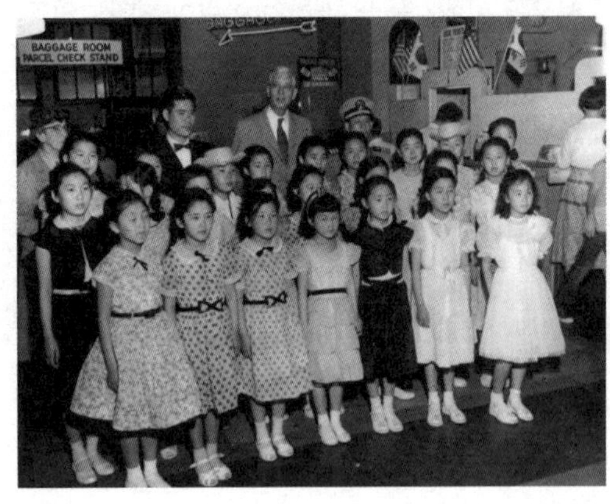

1954년 뉴욕 공항에 도착한 한국 어린이합창단

를 보냈다.

> 우리는 뉴욕에 5월 5일까지 있어요. 내가 사진을 보내려고 해도 찍어가는 사람은 많은데 나한테 주지를 않아요. 그래서 할 수 없이 신문을 찢었어요. 가운데 있는 어른이 뉴욕 시장이에요. 요새는 너무 사진을 많이 찍어 아주 죽겠어요. 그래도 사진 하나 안 줘요[…] 어저께 한국으로 보내는 원조 물자 600 차량이 성공되어 그 식을 했어요. 육해공군 군악대가 다 왔었어요. 기차가 떠나려고 기적을 울리며 조금씩 앞으로 갈 때 저 물자가 우리 고향으로 가면 좋겠다 이런 생각이 났어요. 그리고 우리의 일이 이렇게 중하구나 하는 것을 느꼈어요.[141]

4월 22일 합창단이 필라델피아 자유의 종 앞에서 양국 국기를 흔들면서 포즈를 취한 사진 오른쪽에는 한복 차림의 김자경이 등장한다.[142] 이때 현지 자원봉사자와 단원으로 만난 김자경과 이규도는 나중에 사제관계로 발전했다. 김자경은 직접 담근 김치를 가지고 와서 일행에게 제공했다. 미국인들이 어린이 합창단을 '고아'로 잘못 알고 입양하겠다고 해서 관계자들이 당황했다는 일화가 있다.[143] 최승자는 합창단원으로 함께 미국에 간 동생 애자를 현지에서 고아로 입양하려는 것을 보고 무척 놀랐다고 털어놓았다.[144]

4. 8. 서울 출발 도쿄 도착

4. 9. 하와이 경유 샌프란시스코 도착

4. 10. 샌프란시스코 육군병원 위문공연

4. 11. 워싱턴 백악관 공연

4. 20. 뉴욕서 한국구호열차 시발식 공연

4. 21. 유엔본부에서 유니세프 창설 1주년 기념 연주

4. 22. 필라델피아 자유의 종 방문

4. 26. 뉴욕 애스터호텔에서 한미재단 2,000만 달러 원조기금운동 개회식 공연

5. 1. 뉴욕에서 메이데이 시가행진 참석

5. 10. 워싱턴 국회의사당 공연

6. 6. 트루먼 전 대통령 고향 캔자스시티 방문

6. 25. 샌프란시스코에서 한국 구호물자 실은 고려호 출항식 참석

6. 30. 하와이 공연

7. 5. 도쿄에서 유엔군 위문공연

7. 7. 서울 도착 후 경무대 예방

7. 9. 국회의사당에서 귀국보고 연주

7. 10. 서울시청 광장에서 도미어린이합창단 귀국 환영대회

7. 26. 이승만 대통령 미국 백악관 방문

이승만 대통령은 1953년 4월 22일 주미 대사 양유찬에게 보낸 편지에서 어린이합창단을 미국에 파견한 이유를 설명했다.

원래 우리의 생각은 노래도 하고 춤도 추는 20명 내지 25명의 어린이 예술단을 보내는 것이었소.…그들이 한국 악기를 원한다면 12-18명 규모의 전통 국악단이 있지만 예술적으로 보이지만 별로 흥미롭지 않을 거요. 하지만 원한다면 보낼 수도 있소. 노래하고 춤도 출 수 있는 50-60명 규모의 성인 예술단도 있소… 원래 내 생각은 미국인들의 감성에 호소할 수 있는 순진무구한 아이들을 보내야 잘못이나 실수도 눈감아 줄 게 아니요. 이런 식으로 사람들의 흥미를 끌고 나서 성인 예술단을 보내는 게 좋겠소. 하지만 성인 예술단은 여비나

숙식비가 많이 드는 데다 일단 미국에 도착하고 나면 여러 가지 핑계를 대서 그곳에 남으려고 할 것이오. 모든 단원을 귀국시킬 수도 있겠지만 어려운 일이오. 하지만 어린이 예술단은 데리고 다니기도 쉽고 경비도 덜 든다오.[145]

한미재단 타스크 하워드 박사는 4월 30일 이승만 대통령에게 다음과 같은 전문을 보냈다.

이승만 대통령 각하. 당지에서는 한국을 위한 원조금품 모집운동이 자못 고조되어가고 있습니다. 한국어린이합창단은 당지에서 성대한 환영을 받고 있습니다. 구제금품 모집열차를 위하여 300대 이상의 차량이 동원되고 있습니다. 모

어린이 합창단의 미국 공연 레퍼토리

작곡자	곡명	
외국 곡	How-De-Do	인사 노래
안병원	Raindrop	구슬비
김대현	Bicycle	자전거
박태준	Longing for Brother	오빠 생각
로베르트 슈만	Merry Peasant	즐거운 농부
독일 민요	Cuckoo	뻐꾹새
외국 민요	Let's Go to the Field	들로 산으로
모차르트	Twinkle, Twinkle Little Star	반짝반짝 작은 별
아일랜드 민요	Danny Boy	아 목동아
스티븐 포스터	Jeanie with the Light Brown Hair	금발의 자니
한국 민요	Arirang	아리랑
한국 민요	Chunan Samkuri	천안 삼거리
한국 민요	Yangsando	양산도
스티븐 포스터	Oh! Susanna	오! 수재너
미국 동요	Old MacDonald Had a Farm	김서방네 농장
제임스 피어폰트	Jingle Bells	종소리
이탈리아 민요	Go to the Sea	바다로 가자
안병원	Our Hope - Unification	우리의 소원은 통일
안병원	Let's Build a New Nation	세우자 새나라
박재훈	Snow Blossoms	눈꽃송이
한국 동요	Morning Dew	아침 이슬
외국 곡	Goodbye Song	굿바이

든 미국 시민은 영웅적인 각하에 대하여 정성과 감사와 우의를 표하고자 합니
다.[146]

합창단은 미국 현지에서 LP 음반을 녹음하여 판매 수익금으로 불우 어린
이를 돕기도 했다.[147] '아리랑' '양산도' '우리의 소원은 통일' '천안 삼거리'
'자전거' '참새' '김서방네 농장' '세우자 새나라' '눈꽃송이' '오빠 생각' '즐
거운 농부' '뻐꾹 왈츠' '대니 보이' '징글벨' '오 수재너' '굿바이' '바다로 가
자' '작은 별' '아 목동아' 등 한국민요와 동요, 미국 민요, 아일랜드 민요를
수록한 음반이다. 같은 곡을 영어 가사와 한글 가사 버전으로 따로 부른 것
도 있다.

어린이합창단이 모금한 2,294만 달러는 1954년 유엔한국재건단UNKRA
이 원조한 한국부흥자금에 근접한 액수다.[148] 같은 해 한국의 국민총생산GDP
는 6,900만 달러였다.

합창단 일행은 7월 7일 오후 4시 40분 도쿄발 미 군용기를 타고 여의도
비행장에 도착했다. 기증받은 600여 상자의 의류도 가져왔다.[149] 육군군악대
의 환영 연주를 들으면서 변영태 국무총리가 주는 환영 꽃다발을 받았다. 지
프차에 나눠 타고 군악대를 앞세워 시가행진을 벌였고 경무대에 도착해 이
승만 대통령에게 귀국 보고를 했다. 9일에는 국회의사당을 방문하여 귀국
인사를 겸한 특별 공연을 했다. 이승만 대통령은 한미재단 하워드 러스크 이
사장에게 감사의 전문을 보냈다.

합창단 어린이들이 오늘 전부 무사히 도착했습니다. 대한민국 국민과 정부를
대표하여 나는 귀하와 재단 직원 일동을 비롯하여 철도 및 버스 회사, 그리고
그밖에도 이 합창단에 호의를 베풀어 준 모든 단체와 개인들에게 깊은 감사

의 뜻을 표하는 바입니다. 한국 어린이들과 한국의 복리를 위하여 보여주신 관심에 대하여 한국에 있는 우리들은 모두 영원히 감사히 생각하는 바이며 이는 우리 두 나라 사이의 진정한 우호관계를 증진시켜줄 것이라고 확신합니다.[150]

10일 오후 3시 시청 광장에서 서울시 주최로 '도미渡美어린이합창단 귀국 환영회'가 열렸다. 시청 건물에는 태극기와 성조기가 나란히 내걸렸다. 김태선 서울시장은 환영사에서 "어린이음악단이 미국 순회공연에서 얻은 성과는 비단 한미재단의 원조금 모집운동에 도움을 준데 국한된 것이 아니라 한국의 어린이와 미국의 어린이 간에 맺어진 두터운 우의와 또는 미국 시민들에게 큰 국민 외교를 한 것"[151]이라고 말했다. 어린이합창단이 노래하는 외교 사절 역할을 톡톡히 해냈음을 보여주는 대목이다. 조선일보는 사설에서 이렇게 썼다.

겨우 열 살 혹은 열한두 살짜리의 초등학교 어린이들의 일단이 비행기로 태평양을 날아가 미국의 43개 도시를 방문하고 250여 회의 연주회를 했다는 일은 우리나라에서 처음 있는 일일뿐더러 미국으로서도 이런 손님을 맞아보기는 처음일 것이요, 또 일찍이 어느 나라에서도 있어본 일이 없었다 할 것이다 […] 전쟁으로 참혹한 정경에 빠져 있는 형편에서도 남부럽지 않게 살아보겠다는 강렬한 '생'의 의욕이 이 어린이 합창단을 만들고 키워왔던 것이라 하겠다. "자 보시오. 우리 민족은 옛날 옛적에도 역사와 문화의 자별自別한 것을 가져왔지만 오늘도 우리 민족의 바탕은 우수한 것을 가졌습니다. 나면서부터 타고난 이 전통을 보아주시오. 땅은 남북으로 갈라지고 전쟁에 부서지고 깨어지고 사람들의 마음씨마저 비꼬이고 거칠어진 것 같소. 그러나 보시오. 새로 자라나는 민족의 어린싹은 이같이 알뜰합니다. 장래를 두고 보시오. 인류사회에

남 못지않은 공적을 남길 수 있는 능력을 발휘할 수 있을 것을 크게 약속할 수 있는 것이요[…]" 하는 그 증거를 세계에 보여줄 좋은 기회를 가진 것이 우리 어린이합창단의 미국 방문이었다.[152]

어린이합창단은 귀국 후 보름 만인 7월 25일 아이젠하워 미국 대통령의 초청을 받아 김포공항에서 출발하는 이승만 대통령 환송식에서도 '우리의 소원은 통일'을 불렀다. 어린이합창단의 일화는 2016년 개봉한 이한 감독의 영화 '오빠 생각'의 소재가 되었다. 단원 출신으로 1970, 80년대 국내 최고의 프리마돈나로 활약하고 이화여대 성악과 교수를 지낸 소프라노 이규도1940-는 "한국의 어린이들이 노래를 잘했기 때문에 한국에 대한 이미지가 달라졌고 그분들에게 감동을 준 것 같다"[153]고 말했다. 어린이합창단의 미국 방문은 강대국이 약소국에 대해 행사하는 '소프트파워'가 아니라 약소국의 '생존 전략'이라는 점에서 이례적인 문화외교라고 할 수 있다.[154] 한미 양국 정상의 관심 사항이었지만 어디까지나 한미재단이라는 민간 단체가 주도한 문화외교였다. "한국 지원금 모금 캠페인을 위해 합창단을 활용하려는 한미재단의 의도와 미국 대중을 대상으로 한국을 선전하고자 하는 이승만의 계획이 맞아떨어진 결과였다."[155]

노래로 한국을 세계에 알린 작은 천사들

한국 선명회宣明會는 한국전쟁 때 종군기자로 활약한 밥 피어스Bob Pierce 1914-1978 목사가 전쟁고아와 여성들을 돕기 위해 만든 구호단체 월드비전의 한국지부다. 이름 때문에 통일교의 교주 문선명文宣明과 관련이 있다는 오해를 받아 1998년 월드비전으로 이름을 바꿨다. 한국을 여러차례 방문한 부흥사 빌리 그레이엄 목사도 자문위원으로 활동했다. 1960년 선명회가 후원하는 전국 151개 보육원의 원아 13만 3,000명 중에서 노래 잘하는 8~12세의 어린이 32명을 선발해 합창단을 만들었다. 이중 남자아이는 6명이다. 1961년 10월 17일에는 후원자들에게 감사의 노래를 전하기 위해서 '한국고아합창단Korean Orphan Children's Choir'이라는 이름으로 113일에 걸쳐 미국과 캐나다 56개 도시 순회공연에 나섰다. 박정희 국가재건최고의회 의장의 미국 방문을 한 달 남짓 남겨둔 시점이다. 미국 항공사 팬암에서 무료나 다름없는 금액으로 왕복 항공권을 판매했고 힐튼 호텔에서 숙식을 제공했다. 어린이들은 침대에서 떨어져 다칠까봐 침대를 치우고 슬리핑백에서 잠을 잤다. 백악관은 물론 호텔 로비에서도 한국민요와 크리스마스 캐럴을 노래했다. 12월 24일 오후 2시 30분 뉴욕 카네기홀 크리스마스 특별 공연에 이어 저녁에는 에드설리번 쇼에 출연했다. 여행 경비를 제외한 모든 후원금은 서울 근교에서 세워질 소아과병원 건축비로 사용했다.

출국에 앞서 합창단은 박정희 의장을 예방했다. 이 자리에서 이주일 부의장은 "우리나라의 아름다운 민속음악을 널리 소개하고 한미 친선에 힘써 달라"[156]고 당부했다. 합창단은 1962년 2월 6일 김포공항을 통해 귀국했다. 공항에는 이원우 공보부 차관이 마중을 나왔으며 숭실고 밴드부가 경쾌한 음악으로 이들을 환영했다.

월드비전 총재 피어스 박사는 1962년 5월 17일 박정희 의장을 예방한 자리에서 합창단의 제2차 세계 순회공연을 제안했다. 박 의장은 "고아 어린이들이 여러나라로 돌아다니면서 어떤 정치적 오해를 받거나 천대를 받는 일"[157]이 있어서는 안 된다고 당부했다. 제2차 순회공연은 같은 해 10월 1일

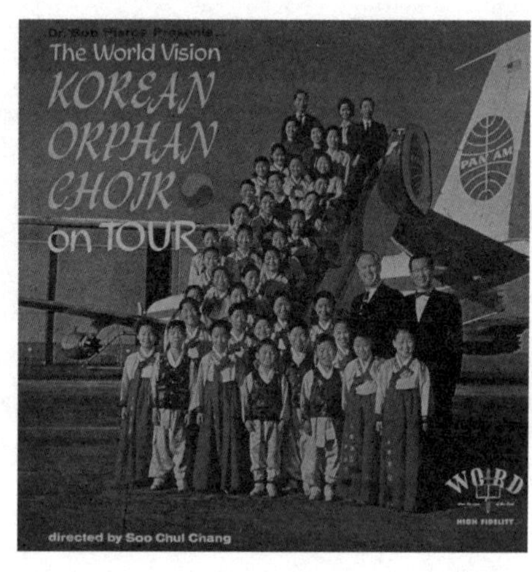

1963년 선명회 어린이합창단이 미국 현지에서 출시한 음반

에 출발했다. 여자 24명, 남자 9명 등으로 구성된 어린이합창단은 1963년 3월 31일까지 도쿄, 홍콩, 타이베이, 마닐라, 파키스탄, 뉴델리, 테헤란, 텔아비브, 빈, 파리, 베를린, 암스테르담, 오슬로, 코펜하겐, 런던에서 공연한 다음 미국, 일본을 거쳐 5월 1일에 귀국했다. 지구를 한 바퀴 돌면서 '아리랑' '노들강변' '농부가' 등 한국과 외국의 민요와 동요를 불렀고 방문국의 국가國歌를 배워 즉석에서 연주하기도 했다. 투어 도중 곧바로 미국인 가정에 입양된 단원도 있다. 1965년 제3차 해외공연 도중 미국에 남아 성악을 전공한 김금자는 2010년 10월 9일 장충체육관에서 열린 월드비전 창립 60주년 축하공연 때 까마득한 후배들과 함께 무대에 섰다.

미국 공연을 이끈 지휘자 장수철張壽哲 1917-1966은 1965년 3월 8일 정부에서 문화공로포장을 받았다. 선명회 어린이합창단은 1965년 박재훈, 1970년 윤학원이 차례로 지휘를 맡아 한국을 세계만방에 알리는 문화사절의 역할을 톡톡히 해냈다. 합창단은 2000년 8월 30일 서울시 홍보영화에도 출연했다. 1961년 첫 미국 투어를 다녀온 장수철은 신문에 연주 여행기를 실었다.

서북항공기가 동경에 착륙하기 전 벌써 어린이들은 여러 곡의 노래를 불렀으며 승객들의 귀를 즐겁게 해주었다[…] PAA 항공기로 동경을 떠난 어린이들은 또 다시 하늘의 음악회를 열었다. 우리가 어떤 단체란 것을 안 승객들은 우리들의 노래를 간청했으며 모두 모여들어 박수로 재청했다[…] 록펠러센터에서도 노래했고 마천루 꼭대기에서도 노래했다. 백화점에서도 노래했으며 식당에서도 노래했다. 숙박하는 호텔 로비에서는 드나드는 손님들을 위하여 거의 매일같이 노래를 불렀고 때로는 길거리와 시장에서도 노래했다[…] 박정희 장군을 우연히도 시애틀에서 영접할 수 있게 되어 우리 일행은 뛸듯이 기뻤다[…] 합창단원 일동은 비행장에서 애국가를 합창하며 박 의장을 맞았고 붉은

장미꽃도 드렸다.[158]

　'노래하고 춤추는 꼬마 사절' 리틀엔젤스는 1962년 5월 5일 '대한 어린이 예술단'이라는 이름으로 출범했다. 창단 3년 4개월 만인 1965년 9월 27일부터 약 3개월 일정으로 첫 해외공연을 떠났다. 박정희 대통령의 미국 방문 후 4개월 만이다. 한국의 문화예술을 세계에 알림으로써 전쟁, 고아, 원조라는 한국의 이미지를 탈피하기 위해서다.[159] 이들은 미국 게티스버그에서 아이젠하워 대통령을 위한 특별 연주로 미국 순회공연을 시작했다. 모든 국민이 먹고살기에 급급했던 1960년대부터 매년 세계 순회공연을 다니면서 문화사절 역할을 해냈다. 수교 행사나 유엔, 유네스코, 올림픽, 엑스포 등 굵직한 국내외 행사에도 출연했다. 1973년 서울시 공식 문화사절로 터키 공화국 선포 50주년 기념공연을 했고 1975년에는 북한의 비동맹연합 가입과 관련해 남미의 반공연대 국가에 파견되었다. 해외무대에서 국위 선양은 물론 반공연대에도 적잖이 기여했다.[160] 다음의 표는 1965년부터 2019년까지 리틀엔젤스의 주요 국내외 공연을 정리한 것이다.[161] 세계 순회공연은 짧게는 2개월, 길게는 6개월 이상 걸렸다.

　리틀엔젤스는 매년 한 차례 초등학교 1, 2학년을 대상으로 신입단원을 선발하는데 보통 3대 1의 경쟁을 거친다. 지원자는 면접, 신체검사, 무용, 합창에서 모두 평균점 이상을 받아야 합격할 수 있다. 리틀엔젤스의 해외공연의 레퍼토리는 신무용과 국악, 합창이었다.[162] 합창이 공연 프로그램에 포함된 것은 1970년부터인데 1973년 국내 발매된 음반 '더 리틀엔젤스'의 수록곡을 보면 이들의 초기 레퍼토리를 알 수 있다. 아리랑, 농부가, 도라지, 짹짹삐약 삐약, 즐거운 방랑자, 외로운 목동, 사운드오브뮤직, 푸른 옷소매, 어메이징 그레이스, 울산아가씨, 보리밭, 마더 오브 마인, 교회로 가는 시간, 도미니크 등 한국 민요와 동요와 외국곡이다.[163] 합창곡에 포함된 '아름다운 미국 America, the Beautiful'에서 "자유의 수호자이자 원조국 미국에 대한 감사와 동경"[164]의 메시지를 발견하는 것은 그리 어려운 일이 아니다.

월드비전 합창단의 역대 단원으로는 소프라노 홍혜경, 소프라노 강혜정,

리틀엔젤스 예술단의 주요 외교행사 공연

연도	장소	행사
1965	게티스버그	드와이트 아이젠하워 전 미국 대통령
1967	워싱턴	린든 존슨 대통령
1968	멕시코시티	멕시코 올림픽 민속예술제
	서울	에티오피아 셀라시에 황제 방한
1970	워싱턴	에드워드 히드 영국수상을 위한 백악관 송별오찬
		백악관 성탄축제
	도쿄	일본 왕세자, 사토 에이사쿠 일본 수상
1971	런던	엘리자베스 2세
	워싱턴	케네디센터 개관 축제
1973	앙카라	터키 공화국 수립 50주년
	뉴욕	유엔본부 유니세프 기금 모금
1974	테헤란	아시안게임 예술축전
	서울	제랄드 포드 미국 대통령 국빈 방문
	미국 워싱턴주 스포캔	만국박람회
	도쿄	후쿠다 부수상
	튀니스	부르기바 튀니지 대통령
1975	서울	오마르 봉고 가봉 대통령 국빈 방문
	산티아고	아우구스토 피노체트 칠레 대통령
1976	미국	미국 독립 200주년
	서울	에릭 게이리 그라나다 수상 공식 방문
		레아부아 조나탄 레소토 수상 공식 방문
		로버트 멀든 뉴질랜드 수상 공식 방문
1985	츠쿠바	세계박람회
1998	평양	첫 남북 민간예술교류
2001	베이징	한중수교 10주년
2007	파리	2012 여수세계박람회 유치
2010	한국전쟁 참전 16개국	한국전쟁 60주년
2013	워싱턴	유엔군 참전 및 정전협정 60주년
2015	히로시마 도쿄 고베 후쿠오카	한일국교정상화 50주년
	유럽	광복 70주년
2017	베이징	문재인 대통령 국빈방문, 한중수교 25주년
2018	다카르	아프리카 서밋
2019	칭다오	중국 건국 70주년

카운터테너 이동규 등이 있다. 또 리틀엔젤스의 역대 단원 중에는 소프라노 신영옥, 강수진 국립발레단 예술감독, 문훈숙 유니버설발레단장, 김덕수 사물놀이 한울림 예술감독, 김운미 한양대 교수, 곽은아 이화여대 국악과 교수, 김선미 창무회 단장, 김운미 한양대 무용과 교수, 남기문 국립국악원 사물놀이 리더, 최종실 중앙대 국악과 교수, 신명숙 대진대 무용과 교수, 성재형 성신여대 무용과 교수, 심숙경 전 국립국악원 무용단 지도위원, 이흥이 전 서울시립무용단장, 전은자 성균관대 무용과 교수, 홍경희 전 인천시립무용단장, 전유오 서원대 무용과 교수, 노은아 서울대 국악과 교수, 이미희 삼육대 교수, 홍주희 제주대 음악교육과 교수, 김성희 계원예대 교수, 탤런트 황정음·박한별, 아나운서 박은영 등이 있다.

한국전쟁의 폐허 속에 꽃피운 교향악의 꿈

한국전쟁의 폐허 속에서 변변한 공연장은 고사하고 공연 관람의 기회
도 거의 없던 시절 외국 단체의 내한 공연은 '문화원조'나 다름없었다. 해
방 이후 한국을 처음 방문한 외국 교향악단은 미국의 '심포니 오브 디 에어
Symphony of the Air'다. 1937년 창단된 방송교향악단 NBC 심포니 오케스트
라가 전신이다. NBC 심포니는 아르투로 토스카니니가 음악감독을 맡아 미
국 최고의 교향악단으로 평가받았다. 1954년 봄 악단이 해체되자 세계 최고
의 지휘자와 함께 세계 최고의 대우를 받으면서 마음껏 연주활동을 하던 단
원들이 하루 아침에 실업자 신세가 되고 말았다. 토스카니니와 NBC의 후광
없이 스스로 앞날을 개척해나가야 했다. 이에 단원들 스스로 결성한 교향악
단이 심포니 오브 디 에어다. 1954년 9월 21일 경비 마련을 위해 베를리오
즈 '로마의 카니발 서곡', 바그너 '뉘른베르크의 마이스터징어 전주곡', 드뷔
시 '목신의 오후 전주곡' 등으로 첫 음반을 녹음했다. '마이스터징어 전주곡'
은 토스카니니와 마지막으로 연주했던 곡이다. 길리스 단장은 9월 27일 재

창단 연주회에 토스카니니를 지휘자로 초청했지만 정중히 사양한다는 응답을 받았다. 그러자 아예 지휘자 없이 베를리오즈의 '로마의 카니발 서곡', 드보르자크의 '신세계 교향곡', 프로코피예프의 '고전 교향곡', 차이콥스키의 '호두까기 인형 모음곡', 바그너의 '뉘른베르크의 마이스터징어 전주곡'을 연주했다. '마이스터징어'는 1954년 4월 4일 바그너 작품만으로 꾸민 토스카니니와 마지막 공연에서 연주했던 곡이다. '토스카니니의 오케스트라'라는 자부심이 그만큼 컸다.[165]

NBC 심포니 단원의 85%가 그대로 남아있었지만 하나씩 빠져나가는 것은 시간문제였다. 1955년 1월 19일 공연에서 지휘자와 협연자로 호흡을 맞춘 레너드 번스타인과 베니 굿맨은 교향악단의 어려운 사정을 감안해 출연료를 한푼도 받지 않았다. 변변한 교향악단이 없던 마이애미와 뉴아크에서 이들을 시립교향악단으로 받아들이려는 움직임도 있었다. 안정적인 재원 확보가 급선무였던 교향악단은 미국 국무부가 후원하는 '국제교류 프로그램'으로 1955년 봄 첫 아시아 투어를 떠났다. 아직 공연 일정에 여유가 있어 당장 일거리가 필요했던 교향악단에게는 좋은 기회였다. 이 악단은 NBC 시절 역시 정부 지원으로 1940년 남미 순회공연을 다녀온 적이 있다. 그때는 아르헨티나에 암약하던 나치와 대적하면서 라틴아메리카에 대한 미국의 영향력을 강화하기 위해서였고[166] 이번에는 동남아시아에서 공산주의를 소탕하기 위한 음악적 프로파간다였다.[167]

미국의 입장에서 볼 때 한국은 "공산진영과 대치하고 있는 지역이자 자유진영의 단결을 흔드는 요소와 싸우는 지역"[168]이었다. 심포니 오브 디 에어의 내한공연은 자유 우방에 미국 문화의 우월성을 재확인하는 프로파간다의 일환인 동시에, 전쟁의 폐허를 복구하느라 여념이 없는 한국 국민을 음악으로 위로하는 '문화원조'였다. 단순히 음악행사로 그치지 않고 자유수호의 힘을 보여줌으로써 한미동맹의 굳건한 의지를 다지는 계기로 작용했다.

일본, 한국, 대만, 필리핀, 태국, 싱가포르, 말레이시아, 사이프러스에서 열린 '심포니 오브 디 에어'의 동아시아 순회공연은 가는 곳마다 매진을 기록했다. 미국의 메이저 교향악단이 극동을 방문하는 일은 사상 처음이었다. 4월 28일 샌프란시스코에서 TWV 항공편에 탑승한 단원들은 일본까지 군용 항공 운송 서비스를 제공받았으며 일본 내의 교통과 숙박은 주최사인 마이니치 신문과 NHK가 지원했다. 일본에서는 21일간 도쿄에서 5회, 오사카에서 3회, 교토, 다카라츠카, 고베, 나고야, 히로시마, 후쿠오카, 센다이, 요코하마, 시즈오카에서는 1회씩 연주했다. 어린이를 위한 특별 연주회 1회, 미군 가족을 위한 음악회 2회도 따로 마련했다. 6만 4,500명이 생연주를 감상한 셈이다. 공연은 NHK TV로 3회, 라디오로 5회 생중계되었다. 실황 하이라이트는 미공보원이 30분짜리 다큐 영화로 만들어 80부를 일본 전역에 배포했다.[169] 연주 레퍼토리는 일본인들이 좋아하는 베토벤, 브람스, 차이콥스키 외에도 베를리오즈, R. 슈트라우스 등으로 꾸몄다. 미국 작품으로는 거슈윈이 인기를 모았다. 일본 작곡가 아쿠타가와 야스시芥川也寸志 1925-1989의 '관현악을 위한 음악1950'도 연주했다. 신시내티 심포니 오케스트라가 다음 시즌에 미국 초연하기로 되어 있던 곡이다.

티켓은 일찌감치 전석매진을 기록했다. 다섯 배나 웃돈을 줘야 암표를 구할 수 있었다. 도쿄에서는 티켓을 미처 구하지 못한 학생 3,000여 명이 청원서에 서명한 끝에 앙코르 공연을 마련했다. 8,000여 명의 학생이 2,700장에 불과한 입장권을 구하기 위해 주최사인 마이니치 신문사 앞으로 몰려들었다. 대기 줄 맨 앞에 앉아 있던 학생은 이틀 전부터 슬리핑백에서 밤을 새웠다고 한다.[170] 단원들은 티켓을 구하기 위해 밤새 장사진을 치고 있는 청소년들을 만나 사인도 해주고 음악에 관해 대화를 나누었다. 5월 23일에는 고

라쿠엔後樂園 야구경기장에서 2만여 명의 청중 앞에서 야외 콘서트를 마련했다. 피날레 곡인 베토벤 '교향곡 제5번'에서는 NHK 교향악단까지 가세해 모두 180명이 연주했다.

마이니치 신문에서는 단원 92명에게 일련번호가 달린 배지를 나눠주었는데 단원들은 배지를 달고 다니면서 가는 곳마다 유명 프로야구 선수에 못지않게 영웅 대접을 받았다. 음악애호가들은 단원의 배지 번호만 봐도 무슨 악기를 연주하는지 금방 알아맞힐 정도였다. 밥값을 받지 않겠다는 식당 주인도 있었고 호텔 방문 앞에는 선물과 꽃다발이 쌓였다. 시시주간지 '타임'은 "마릴린 몬로가 일본에 와도 이같은 인기를 못 누릴 것"[171]이라고 썼다. 원로 작곡가 야마다 고사쿠山田耕筰 1886-1965는 마이니치 신문과 인터뷰에서 "5월 3일은 일본 음악계에 잊을 수 없는 날로 기록될 것이다. 행복한 소리의 향연에 흠뻑 젖었고 나도 모르게 뺨에 눈물이 흘러내렸다. 오늘밤 우리는 비로소 진정한 오케스트라 사운드가 무엇인지 깨달았다. 마치 번개를 맞은 것처럼 큰 충격을 받았지만 행복감이 주는 마비 증상이었다"[172]고 말했다.

'심포니 오브 디 에어'의 극동 순회공연은 음악회 프로그램이나 연주 기량도 뛰어났지만 미국의 문화외교에서 매우 성공적인 사례로 손꼽힌다. 음악평론가 도널드 마이어는 "음악적으로나 문화외교 측면에서 모두 성공을 거두었다"[173]고 평했다. 일본에서는 앞서 다녀간 러시아 발레단 공연보다 반응이 뜨거웠다. 원폭 피해로 다른 곳보다 반미 감정이 높은 히로시마에서 공연이 끝난 뒤 대사관 직원은 단원들에게 "미국 외교관들이 3년간 한 것보다 교향악단이 3주 만에 더 많은 일을 했다"[174]고 말했다.

일본에 이어 열린 서울 공연의 입장권 1만 장은 5월 14일 발매를 시작해 공연을 사흘 앞둔 23일 현재 3분의 2가 팔려나갔다. 입장료는 일반 1000환, 지정석 200환, 학생 500환이었다. 요즘 가치로 환산하면 일반 4만 5000원,

지정석 9만원, 학생 2만 3000원 정도 된다. 공연 수익금은 국내 교향악단을 위한 악기 구입비, 한국 음악도의 미국 유학비로 쓰기로 했다.[175] 학생석은 5,000장, 일반석은 4,000여 장, 지정석 900장 등 9,900장이 팔려나가 전석매진이나 다름없었다.

미 국무부는 예술단체를 외국에 파견할 경우 미국 정부의 지원에 상응하는 방문국 정부의 협조와 재정 지원을 요구했다. 하지만 아직 전후 복구에 여념이 없는 한국 정부는 별 도움이 되지 못했다. 따라서 티켓 판매에 많은 부분을 의존할 수 없었다. 공연을 앞두고 국내 언론은 연일 특집 기사를 쏟아냈다. 평화신문사가 현제명이 위원장으로 있는 한국음악가협회와 공동 주최했지만 다른 신문에서도 공연의 역사적 중요성을 감안해 아낌없이 지면을 할애했다.[176]

> 서울 장안이 떠들고 지방 도시에서까지 구경 오는 분도 많다는 이 연주회가 우리나라의 청중으로 하여금 음악을 감상케 하려는 것인지 호화로운 회중에 한몫 끼이지 않으면 안 될 것 같은 사람들에게 허영을 채워줄 것인지 이해하기 어려운 바도 없지 않지만 평상시에 음악과는 거리가 먼 소위 지명인사나 훌륭한 사람들이 이러한 기회에 음악연주에 접하고 느끼고 그리고 국내 음악 발전의 도움이 되는 어떤 힘을 보탤 수 있게 된다면 이 또한 얼마나 반가운 일이라 하는 느낌도 없지 않다. […] 정치가나 사회지도층의 여러분은 우리가 사는 고장인 우리나라 교향악단의 발전에도 힘이 되어주기를 바라마지 않는다.[177].

공연은 1955년 5월 26일 오후 5시 서울 중앙청광장 특설무대에서 열렸다. 티켓은 일찌감치 전석 매진되었다. 지정석이 2,000석이고 나머지 입석 또는 자유석이 1만 1,000석이었다. 초빙고문위원회 명예회장은 영부인 프란체스카 여사, 회장은 이기붕 국회의장이 맡았고, 외무부장관, 서울시장, 주한미국대사, 미8군 사령관이 위원으로 참가한 것으로 미루어 보아 정부의 공식 행사나 다름없었다. 심포니 오브 디 에어는 창단 때부터 토스카니니가 생존해있는 한 상임지휘자를 따로 두지 않기로 결정했기 때문에[178] 서울 공연에서 댈러스 심포니 음악감독 월터 헨들Walter Hendl[179]이 지휘봉을 잡았다. 교향악 연주회가 귀한 시절이어서 양국 국가에 이어 연주된 프로그램도 2시간 30분으로 요즘 기준으로 보면 꽤나 긴 편이다.

로시니	세미라미데 서곡
브람스	교향곡 제1번
피에르네	하프와 관현악을 위한 협주적 소품
거슈윈	파리의 아메리카인
차이콥스키	로미오와 줄리엣 서곡

서울에는 세계적 교향악단이 연주할 만한 실내 공연장이 없었다. 명동 시공관이 있었지만 1,180석이라는 객석 규모로는 제작비를 충당하기에는 턱없이 부족해 중앙청광장에 특설무대를 마련해야 했다. 중앙청 동편의 건춘문 사이의 광장으로 총독부광장, 군정청광장 등으로 불려지던 곳이다. 200명의 연주자가 동시에 연주할 수 있는 크기다. 7월 10일 미8군 제76공병대 C중대는 공연을 위해 임시로 가설한 폭 20m, 깊이 8.5m, 높이 10m 크기의 반구형 야외무대의 기초를 콘크리트로 보강한 반영구 건물로 나중에 개조하여 한국 정부에 기증했다. 중앙청 야외음악당은 이후에도 LA 필하모닉 오케스트라를 비롯한 외국 교향악단의 내한 무대로 사용했다.[180] 하지만 야외

음악당의 음향적 한계는 처음부터 예견된 일이었다. 공연이 끝난 뒤 이승만 대통령이 지휘자에게 다음에 올 때는 큰 홀을 준비해두겠다고 말할 정도였다.[181]

중앙청 동쪽 광장에 야외음악당을 건립한 것은 이번이 처음은 아니다. 조선총독부가 일제강점 5년을 기념하기 위해 1915년 9월 11일부터 10월 31일까지 경복궁에서 개최한 시정 5년 기념 조선물산공진회始政五年記念朝鮮物産共進會를 위해 야외음악당을 건립했다. 이왕직양악대가 행사 기간 중 매일 3시간 내지 10시간 동안 무료 음악회를 개최했던 곳이다. 객석은 따로 없고 산책을 하면서 음악을 듣는 일종의 프롬나드 콘서트였다. 무대는 탑골공원에 있는 팔각정처럼 지붕이 있어서 햇볕과 비를 막아주지만 사방으로 기둥 사이로 시야가 트여 있다.[182]

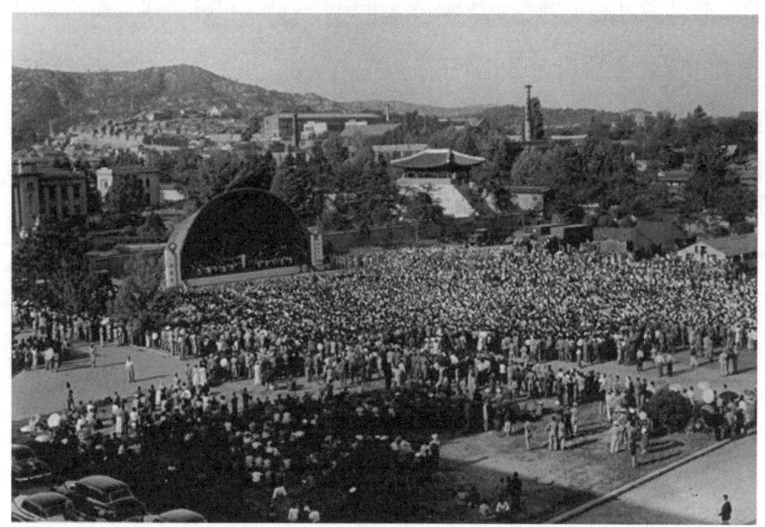

1955년 5월 26일 중앙청 야외음악당에서 열린 심포니 오브 디 에어 서울 공연

92명 규모의 심포니 오브 디 에어는 5월 25일 오후 5시 여의도 공항에 도착했다. 전날 도쿄에서 공군수송기를 타고 왔다. 서울시장이 직접 마중을 나갔고 공군군악대가 환영연주를 들려 주었다. 서울 시내 중심가에는 단원들을 환영하는 대형 현수막이 내걸렸다. 덕수궁 석조전 앞에서 열린 환영 칵테일 파티에서 국립국악원이 연주하는 아악과 이화여대 학생들이 전통춤을 공연했다. 오후 7시에는 미국대사관에서 환영만찬이 열렸다. 숙소는 반도호텔과 유엔군 막사였다. 26일 오전 서울 시내를 돌아본 뒤 오후 5시에 중앙청 광장 연주, 27일 미군 제7사단 위문 연주를 마치고 28일 군용기 편으로 오키나와로 떠나는 일정이었다.[183]

연주에 앞서 작곡가 현제명의 사회로 길리스 단장의 인사말, 국회의장의 축사가 있었다. 이날 공연의 총수입은 약 1억 5,000만환, 경비를 뺀 나머지 수익금은 1억여 환으로 추산됐다.[184] 야외 공연인데다 교향악 연주회에 대한 관객 예절도 아직 성숙하지 못해 "상식을 벗어난 청중들의 소음과 장내 정리원들의 호각소리"[185]가 연주를 방해했지만 이날 공연이 국내 음악계에 신선한 충격을 준 것은 사실이다.

뉴욕타임스는 이승만 대통령 내외를 비롯한 1만 3,000여 명의 "음악에 굶주린 한국인들"이 음악회에 참석했으며 서울 중심가에는 미국 음악인들을 환영하는 깃발이 나부꼈다고 적었다. 지휘자 헨들은 이날 공연을 가키려 "음악언어의 보편성을 가장 긍정적으로 보여주는 증거"[186]라고 말했다.

'심포니 오브 디 에어'의 내한공연은 대한뉴스 제58호에도 2분 46초 분량의 영상 'NBC 교향악단 내방'으로 실렸다.

세계 일류의 교향악단인 전 NBC 일행 120명이 5월 25일 한국 요인들의 환영을 받으면서 여의도 공항에 도착, 입경했습니다. 26일 NBC 단장 길리스씨 부

처는 경무대로 대통령 각하를 예방하고 내한의 인사와 아울러 대통령 각하 내
외분과 환담했습니다. 마침내 26일 오후 5시 중앙청 광장에 특설된 연주회장
에서 역사적인 NBC의 대연주회의 막이 오르게 되었습니다[…] 대통령 각하
내외분도 이 연주회에 참석하셨습니다. 마침내 우레와 같은 박수를 받으면서
지휘자 헨들씨가 등장했습니다. 먼저 한미 양국 국가가 연주되고 이어서 브람
스의 교향곡, 미국 천재 작곡가 거슈윈의 '파리의 아메리카인' 등 제대로 세련
된 연주에 수많은 청중들은 도취했습니다.

공연이 끝난 후 동아일보는 지상 좌담회를 열었다.[187] 바이올리니스트 정
희석, 한국음악협회 위원장 현제명, 한국작곡가협회장 김세형, 피아니스트
김영의, 작곡가 김성태 등 음악계 중진이 참석했다.

순회연주를 하는데 오키나와나 대만 등지는 스케줄에 들어있어도 우리 한국
은 빠져 있다는 얘기가 들리더군요. 그래서 그때 일본으로 주선차 와있던 마
더린이라는 매니저를 서울로 불렀습니다. 그리고 교섭을 했는데 첫째 연주할
장소가 없다는 것이 문제였고, 다음으로는 사례 1만불과 왕복 경비 2만불 도
합 3만불이 필요한 것이 큰 문제였습니다. 그래 그냥 돌아갔는데, 아무리 생각
을 해도 체면 문제여서 연주는 야외에서라도 하기로 하고 미대사관 문화담당
자와 8군을 찾아다니며 끈덕지게 교섭을 진행했지요[…] 왕복 비행기는 8군에
서 내기로 하고 숙소는 반도호텔에서 50명, 나머지 인원은 8군 숙소에서 책임
지기로 하고 결국 5천불(300만환)만 현찰로 지불하기로 되었습니다. 3일간 체
류에 2회 연주 중 1회는 8군의 동두천 제7사단 위문연주하기로 낙착되어 교섭
이 완료한 셈입니다. 고문위원회와 실행위원회의 조직을 요청한 것도 악단 측
이구요. 5천불 문제는 평화신문사에서 책임져주기로 해서 회원권 75만환 예산

에 남는 것은 음악학생 장학금으로 충당하기로 하여 일을 진행했지요. 입장료는 되도록 적게 하려고 고심했으나 결국 일반 1천환, 지정석 2천환, 학생 500환으로 결정지었지요. 그런데 4000여 매 팔린 일반권이 연주 전전일까지도 겨우 800매밖에 안 팔렸더랍니다. [현제명]

현재 소련이 문화공세를 취하고 있으니까 미국도 그런 목적으로 필라델피아 [오케스트라]는 지금 구라파를 순회 중이고 동양으로는 NBC를 출동시킨 게 아닐까요. 그런데 도대체 미 대사관에서 우리보다도 늦게 알았다는 것은 의심스럽고 동양에서 대공투쟁한 한국을 빼놓았다는 거라든지 끝까지 지나친 간섭을 했다는 것, 그리고 방송을 못하게 된 것 등 말입니다. [김세형]

음악에서 가장 큰 것은 그 감화력의 문제인데 너무나 커서 좋고 나쁜 것을 말할 수가 없습니다. 우리에게 준 감명은 정말 감격 그대로입니다. 그저 음악을 즐기면서 연주하는 그 여유와, 악보에 매달려 초조하게 연주하는 그것과 비교할 때 정말 부러웠습니다. 지휘봉이 위에 있을 때 소리가 나는 게 아니라 그야말로 척 내려오자말자 소리가 나는데엔 그 지휘 능력 또한 놀라운 것이었습니다. [오화섭]

심포니 오브 디 에어의 극동 순회공연은 다분히 소련의 문화 프로파간다를 의식한 미국 정부의 결정이었다. 어쨌든 미국의 정상급 교향악단의 실연을 들을 수 있었다는 점에서 국내 교향악계에 미친 영향은 매우 컸다. 막대한 제작비를 충당하기 위해 아쉽게도 야외음악회로 대신할 수밖에 없었다. 이 공연을 위해 미군 공병대가 지은 중앙청 야외음악당은 이후에도 몇 년 동안은 서울을 대표하는 공연장 역할을 했다. 단원들은 '음악 선교사'나 다름

없었다. 더블베이스 수석주자 겸 악단 운영위원장을 맡고 있던 데이비드 월터David Walter 1913-2003는 이렇게 말했다.

[한국의] 음악가들은 악기도 없고 악기줄도 없었다. 우리는 여분의 줄과 로진을 선물로 주고 왔다. 활을 준 연주자도 있었다. 오보에, 바순 연주자는 리드를 주었다. 여기서는 돈을 주고도 구하기 힘든 물건이었다. 한국 대통령이 미 국무부가 우리를 보내준 데 대해 깊은 감사를 표한 것도 우리가 그들을 도와주었기 때문이다.[188]

지휘자 임원식은 공연을 앞두고 26일자 조선일보에 기고한 글에서 이렇게 썼다.

서울 장안이 떠들고 지방 도시에서까지 구경오는 분도 많다는 이 연주회가 우리나라의 청중으로 하여금 음악을 감상케 하려는 것인지 호화로운 회중에 한 몫 끼이지 않으면 체면유지가 안 될 것 같은 사람들에게 허영을 채워줄 것인지 이해하기 어려운 바도 없지 않지만 평상시에 음악과는 거리가 먼 소위 지명인사나 훌륭한 사람들이 이러한 기회에 음악연주에 접하고 느끼고 그리고 국내 음악 발전의 도움이 되는 어떤 힘을 보탤 수 있게 된다면 이 또한 얼마나 반가운 일이랴하는 느낌도 없지 않다.

한편 지휘자 계정식은 1955년 음악계 연말 결산에서도 심포니 오브 디 에어의 내한공연을 중요하게 다루었다.

신문 지상으로 이 세기적인 심포니가 내한한다는 보도가 알려지자 전 한국민은 그야말로 호기심의 절정의 경지를 이루어 선풍적 인기로 고가의 입장권은 매진되었다. 우리나라에는 이들 단원 90여 명을 수용할 야외극장 하나 없어 그들을 맞이하는 우리 악인樂人들은 미안하고 부끄럽기 한이 없었으나 야외 가설무대 연주라는 악조건에도 불구하고 그들은 토스카니니의 체취를 그대로 간직하여 우리들에게 앙상블의 오묘한 극치를 보여주어 음악의 미에 만여 청 중을 도취시켰다[…] 악단의 내한으로 우리 악단에서 많은 자극과 배움이 있 었으며 세계무대의 활동을 직접 볼 수 있는 호기회였다. 무엇보다도 우리의 급 선무는 앞으로 또 그들을 맞이할 때는 그들을 수용할 수 있는 좋은 음악당이 있어야겠다.

첼리스트 전봉초는 1958년 8월 12일 동아일보 칼럼 '우리 음악이 걸어온 길, 건국 10년의 변천'에서 10년 동안 가장 인상 깊었던 내한 연주회로 심포 니 오브 디 에어, LA필하모닉 오케스트라의 중앙청 야외공연, 웨스트민스 터 합창단, 알토 마리안 앤더슨 독창회를 꼽았다.

심포니 오브 디 에어는 1956년에도 파키스탄에서 인도, 이란, 이라크, 시 리아, 이집트, 그리스를 거쳐 유고슬라비아에 이르는 순회공연을 할 계획이 었으나 뉴욕 출신의 민주당 하원의원 존 루니가 교향악단 단원 중 10명이 공산주의자이거나 공산주의에 동조하는 사람이라는 소문을 접한 뒤 3월 23 일 공연을 취소하고 말았다. 근거가 빈약한 추측에 불과했지만 사태의 여파 는 매우 컸다. 심포니 오브 디 에어는 그 후 한 번도 미국 국경을 넘지 못했 고 1963년 재정난으로 끝내 해산하고 말았다.[189]

태평양을 건너온 음악전도사들

1955년 5월 3일 국내 신문에 26세의 피아니스트 시모어 번스타인Seymour Bernstein 1927- 을 비롯한 미국 음악가 5명이 한국을 방문한다는 기사가 실렸다. '빌보드'지에 따르면 이들의 내한은 미군 위문공연이 아니라 일반 시민을 대상으로 한 서양 연주자들의 첫 순회공연이었다.[190] 특히 번스타인은 7월 16-17일 서울 시공관에서 피아노 독주회를 열었다. 바흐, 슈만, 슈베르트, 라벨, 쇼팽, 리스트 등으로 프로그램을 꾸민 이날 음악회는 한국교향악협회, 해군정훈음악대가 주최하고 경향신문이 후원했다. 번스타인은 쇼팽 전곡을 최초로 공개 연주한 러시아 피아니스트 알렉산더 브라일로프스키의 제자다.

함께 내한한 음악가들은 뉴욕 필하모닉 오케스트라 부악장 케니스 고든, 메트로폴리탄 오페라 오케스트라의 첼로 수석 리처드 케이, 뉴욕 필하모닉 오케스트라 오보에 부수석 미셸 나지, 피츠버그 심포니 오케스트라 호른 수석 피터 알토벨리 등이다. 알토벨리는 줄리아드 음대 출신으로 1961년 뉴욕 메트폴리탄 오페라 오케스트라에 입단했다. 고든과 번스타인은 '포트 딕스 듀오Fort Dix Duo’라는 이름으로 활동했는데 한국전쟁 때 1950년 12월 7일 23세의 나이로 입대해 14주 훈련을 받은 뒤 일본에서 한국 배치를 명령받고 1951년 4월 24일 인천항에 도착했다. 1952년 11월까지 미8군에 이등병으로 근무하면서 전방에서 100여 회의 공연을 펼쳤다.[191] 번스타인은 난생처음 피아노를 직접 조율해가면서까지 하루에 세 번 무대에 선 적도 있다. 이들은 군인 신분으로 1952년 7월 4일 부산 문화극장에서 김성태 지휘의 해군정훈악대와 각각 협연하기도 했다. 리처드 케이, 번스타인, 고든 등은 1955년 ‘아메리칸 트리오’라는 이름으로 일본 순회공연을 했다. 이들의 임무는 ‘종군從軍 연주자’로 전쟁의 공포와 향수병에 시달리는 장병들을 위해 바이올린과 피아노 연주로 용기를 북돋워주는 일이다.

이들이 1955년 6월 13일부터 약 두 달간 서울에 와서 벌인 활동은 한국

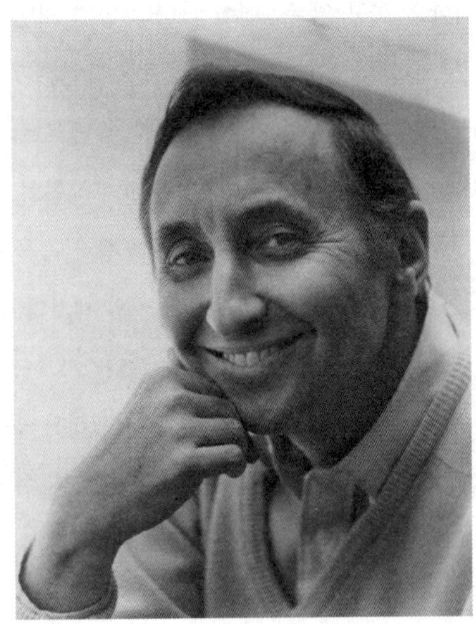

피아니스트 시모어 번스타인

교향악협회의 초청이었지만 사실상 미국 국무부가 교향악단, 실내악단 등 연주단체의 내한공연과는 별개로 추진한 문화교류 프로젝트이다. 단발성 공연을 마치고 훌쩍 떠나는 것이 아니라 방문국에 상당 기간 머물면서 독주회나 오케스트라 협연뿐만 아니라 음악대학 학생들을 대상으로 한 마스터클래스, 공개강좌 등으로 인적 교류를 하는 것이다. 번스타인을 제외한 네 명은 서울시향에서 바이올린, 첼로, 호른, 오보에 등의 객원 수석주자 겸 코치로 활동했다.[192] 숙소인 반도호텔에서 10일간 미니 음악제 겸 마스터클래스를 열었다. 이화여대를 방문했을 때 김활란 총장은 한국전쟁 때 번스타인의 연주를 들었다며 반갑게 맞이했다. 이들은 두 달간 국내에 머물면서 서울뿐만 아니라 부산, 대구, 대전, 광주, 목포, 마산, 진주, 전주, 익산, 군산, 경주 등 지방에서 25회의 공연을 치렀다. 서울 시공관에서는 '미국 일류 음악가 방한 대연주회'라는 타이틀로 6월 15일과 16일 오후 3시, 8시에 걸쳐 4회의 마라톤 콘서트를 펼쳤다. 특히 번스타인은 브람스 피아노 협주곡 제1번, 거슈윈의 '랩소디 인 블루'를 국내 초연했다.[193] 평론가 오화섭은 해군정훈악대 32회 정기공연을 겸한 이들의 고별음악회를 보고 이렇게 썼다.[194]

그들을 보내는 석별의 정을 금치 못하는 것은 그들이 한국악단에 끼친 공로만을 감사하는데 그치는 것이 아니라 2개월간에 걸친 음악을 통한 한미간의 아름다운 우정을 찬양하는 기쁨 또한 큰 것이다. 한국교향악협회의 초청을 받아 내한한 5인 음악가들은 독주와 합주와 개인지도와 강습을 통하여 가위 악단 해방 10년사의 가장 찬란한 페이지를 만들어주었다... 그들의 눈부신 '음악계몽'의 총결산인 이번 합동 공연에서 그들을 보내는 열렬한 연주를 들은 것은 감격적이었다.

이들 5인의 음악가는 한국 국민에게 보내는 친선 메시지를 발표했다.

우리는 한국에 와서 여러분들과 함께 우리의 임무를 수행할 수 있게 된 것을 대단히 기쁘게 생각하며 또한 여러분들을 알게 된 것을 지극한 기쁨으로 생각합니다. 우리 미국인들은 한국 사람들이 얼마나 음악을 사랑하고 있는가를 잘 알고 있으며 우리는 음악을 통해서 무언無言으로 서로 이해할 수 있는 여러분들과 함께 훌륭한 음악을 발견하기 위하여 여기에 온 것입니다.[195]

8월에는 고별사까지 신문에 게재했다.

무엇보다 우리가 기쁘게 여기는 것은 음악을 통해서 한미 양국민이 한층 더 이해와 우의를 돋우게 되었다는 것입니다. 정든 한국을 떠남에 있어 우리가 원하고 싶은 것은 이번 우리 방한을 계기로 해서 예술가들의 더욱 긴밀한 상호교류가 맺어지기를 바라며 많은 미국 사람들에게 한국의 문화를 더욱더 소개하고 이해시켜주기를 바랍니다.[196]

이들은 1960년 봄에도 내한했으나 4·19 혁명으로 연주 일정이 취소되고 말았다. 하지만 주한 미 대사의 요청을 받고 혁명에 참가해 다친 학생들을 위해 서울대병원에서 연주했다.[197]

1956년 11월 미국 프린스턴에 있는 웨스트민스터 합창단이 서울을 방문했다. 웨스트민스터 합창대학에 입학한 유학생 45명으로 구성된 혼성합창단이다. 1930년대 중반 작곡가 겸 합창지휘자 박태준이 이 학교에 유학을 갔다. 지휘자 존 핀리 윌리엄슨John Finley Williamson 1887-1964 박사는 이 대학의 학장이자 합창단의 창설자다. 미 국무부가 후원하는 문화교류 프로그램에 대학생들이 참가하기는 처음이다. 기독교 교회음악을 전문으로 연주하는 단체라는 점도 이례적이다. 하지만 미 국무부 문화 프로그램의 음악자문위원회가 이들을 추천할 때는 특정 종교를 언급하지 않고 단순히 '최고 수준의 연주단체'라고만 밝혔다.[198] 이들은 5개월간 세계 순회공연을 했는데 아시아에서는 일본, 필리핀, 홍콩을 방문했다. 합창단은 유럽 순회공연을 두 차례 다녀왔지만 아시아 무대는 처음이었다. 홍콩, 대만, 필리핀, 말레이시아, 태국, 미얀마, 파키스탄, 인도, 스리랑카, 이란, 레바논, 이집트, 터키, 유고슬라비아를 도는 일정이다. 단원 대부분이 피아노와 현악기 등 악기도 연주할 수 있어 다채로운 프로그램 구성이 가능했다.

단원 가운데는 흑인 두 명이 포함되어 있어서 미국의 문화적 포용력을 대외적으로 홍보하는 데 적격이었다.[199] 흑인과 백인이 조화를 이뤄 아름다운 하모니를 빚어내는 것은 미국이 지향하는 이상적인 모습이다. 흑인영가까지 아우르는 폭넓은 레퍼토리도 빼놓을 수 없는 매력이었다. 이화여대 강당에서 11월 3일 오후 2시, 6시 30분 2회 공연을 마친 합창단은 5일에는 경무대로 이승만 대통령을 예방했다. 일요일에는 합창단을 몇 팀으로 쪼개어 새문안교회와 영락교회에서 특별 찬양을 했다.[200] 공연 당일 천둥과 번개를 동반한 폭우가 쏟아져 이화여대 강당으로 가는 길은 진흙탕이 되었고 번개로 인한 정전 사태를 우려한 공보원에서는 발전기를 동원할 정도였다.

오화섭은 웨스트민스터 합창단 연주를 듣고 다음과 같이 썼다.

웨스트민스터 합창단의 내연來演을 듣고 르네상스 아메리카의 새 모습을 엿보았다. 이 합창단이 질적으로 우수한 것은 말할 나위도 없으려니와 종래에 우리가 가지고 있던 합창이라는 개념이 얼마나 낡은 것이었는가를 깨닫게 해주었으며 더욱이 합창이라면 찬송가 합창 정도로 알고 있는 사람들에게도 좋은 자극과 계몽이 되었을 것이다…. 무엇보다도 이 합창단은 현대 감각 속에서 호흡하고 있다는 사실을 지적해야겠다. 이들은 합창을 훌륭한 무대예술로 끌어올리고 있는 것이다.[201]

존 윌리엄슨 박사는 은퇴 후 1960년 9월 14일부터 연세대 교회음악과 초청으로 한국을 방문해 서울 사직동 종교교회에서 교회음악 특별 강습회를 열었고 마지막 날인 9월 23일에는 연세대 강당에서 헨델의 '메시아'를 지휘했다. 1959년 연세대 교회음악과 교수로 부임한 곽상수는 웨스트민스터 합창대학에서 합창지휘와 오르간을 전공했다. 그의 제자 윤학원도 같은 대학에서 공부했다.

사실 한국을 처음 방문한 미국 합창단은 프린스턴 신학교 합창단이다. 1953년 7월 14일 대구에 도착한 이들의 방문 목적은 주한미군과 한국군 위문공연이다. 미국 국방부의 지원으로 8주에 걸쳐 극동 지역을 순회했다. 남성 24명, 여성 1명으로 구성된 합창단은 이 학교를 졸업한 세계 각국 출신의 예비 목회자들이다.[202] 이들은 16일 대구 국립극장에서 일반 장병을 위한 음악회를 연 다음 제1 육군병원을 방문해 위문공연을 펼쳤다.

1960년대부터 세계적인 실내악단의 내한공연이 점차 늘어났다. 실내악을 즐기는 음악애호가들이 늘어난 만큼 국내 청중의 수준도 높아졌다는 얘기다. 문화외교의 측면에서 보면 실내악단은 교향악단이나 오페라단에 비해 기동력이 뛰어나다는 장점이 있다. 제1 바이올린의 로버트 만 등 뉴욕 줄리아드 음대 교수진으로 구성된 줄리아드 4중주단은 1961년과 1966년, 1973년 미 국무부 문화교류 프로그램으로 한국을 방문했다. 1961년에는 두 달 동안 대만, 홍콩, 필리핀, 한국, 일본, 베트남, 라오스, 말레이시아, 싱가포르 등 아시아 9개국을 돌았다. 이들은 같은 해 10월 미국의 현악4중주단으로는 처음으로 소련을 방문한 미국의 문화대사이기도 했다. 이들 4중주단은 1961 년 4월 13일부터 17일까지 5박 6일간 대구와 서울에서 각 1회 공연했고 경 주 불국사와 석굴암도 돌아보았다. 서울에서는 운니동 운당여관에 머물며 한옥과 한식을 체험했다.[203] 16일 이화여대 강당 공연에는 각국 외교사절과 외국인들이 대거 참석했다. 줄리아드 4중주단의 서울 프로그램은 다음과 같다.

모차르트	현악 4중주 제19번 C장조 K. 465
월터 피스턴	현악 4중주 제1번
슈베르트	죽음과 소녀

줄리아드 4중주단은 1966년 내한공연에서는 드뷔시의 '현악 4중주 g단 조' 등을 연주했다. 8월 9일 공연과 별도로 8월 1일부터 11일까지 워커힐에 서 무료로 실내악 마스터클래스를 열었다. 1961년 공연 후 멤버들이 내린 결정이다. 1973년에도 공연 이틀 전 서울대학교 음악대학을 방문하여 학생 들을 지도했다. 국내에 실내악이 뿌리내릴 수 있는 자양분을 충분히 제공하 기 위해서다. 이들의 내한공연이 국내 음악계에 미친 파장은 자못 컸다. 독 주나 교향악에 대한 편식을 탈피하여 실내악에 대한 인식을 새롭게 했다는 점에서다. 줄리아드 4중주단 내한공연이 끝난 뒤 주최사인 동아일보는 이 공연을 계기로 실내악에 대한 관심이 커졌으면 하는 희망을 내비쳤다. 1962 년 KBS교향악단 악장 출신의 바이올리니스트 안용구가 이끄는 현악합주단, 작곡가 나운영을 중심으로 한국 체임버 심포니가 창단 공연을 하는 등 실내 악 활동이 기지개를 켠 것은 결코 우연한 일이 아니다. 1965년에는 첼리스 트 전봉초가 이끄는 서울바로크합주단[204]이 창단 공연을 했다.

오케스트라나 오페라와 같이 화려한 연주에 비하여 실내악은 차분하고 호화롭지 못하나 가장 고급 팬들을 거느린다. 따라서 다른 음악장르보다 팬의 수는 적을지라도 고정적인 청중의 밀도는 높은 셈이다. 흔히 실내악은 음악의 에센스라고 말한다. […] 아직도 실내악에 대한 일반적인 관심은 그리 높지 못한 편이다. 그것은 국내 여러 부문의 연주회가 성황인데 비하여 유독 실내악단은 성장치 못하고 있는 실정과 관객 동원의 성과 면으로 보아도 그 일단을 짐작할 수 있다.[205]

1960, 70년대 내한한 외국 실내악단

연도	출신 도시	단체
1961	뉴욕	줄리아드 현악4중주단
1962	뉴욕	뉴욕 목관5중주단
	베를린	베를린 카메라타 무지칼레
1966	베를린	베를린 5중주단
	뉴욕	줄리아드 현악4중주단
1967	쾰른	쾰른 목관5중주단
	시카고	파인아츠 4중주단
1968	뉴욕	아메리칸 브라스 퀸텟
1969	뉴욕	뉴욕 체임버 솔로이스츠
1970	베를린	아마티 앙상블
1971	파리	미셸 마르강 4중주단
	빈	빈필 실내 합주단
1972	파리	장프랑수아 파야르 체임버 오케스트라
	뮌헨	엔드레스 현악4중주단
	런던	아마데우스 현악4중주단
1973	호주	애들레이드 목관5중주단
	베를린	베를린필 8중주단
	호주	칼 피니 현악4중주단
	쾰른	노이에 무지크 앙상블
	뉴욕	줄리아드 현악4중주단
1975	로마	이 무지치
	시드니	시드니 현악4중주단
	런던	터크웰 목관 5중주단
1976	런던	아카데미 오브 에인션트 뮤직
	파리	아르카디 현악4중주단
	슈투트가르트	슈투트가르트 체임버 오케스트라
1977	뮌헨	프로아르테 체임버
1978	필라델피아	필아르테 현악4중주단

　　첼리스트 클로스 애덤은 뉴욕타임스에 기고한 아시아 순회공연 후기에서 실내악에 대한 뜨거운 관심 때문에 다시 극동 지역을 방문하고 싶다고 적었다.[206] 실제로 줄리아드 4중주단은 1966년 7월 30일 서울을 다시 방문해 숙소인 워커힐 호텔과 서울대학교에서 무료 실내악 워크숍을 열었다. 이 행사는 실내악뿐만 아니라 줄리아드 음대에 대한 관심도 증폭시켰다.[207] 습기에 쉽게 망가지는 악기 때문에 에어컨이 설치된 호텔 로비에서 공개 리허설을 진행했고 오후에는 각 단원의 스튜디오에서 실내악 그룹을 지도했다. 무료인 만큼 오디션을 통해 음대 학생, 젊은 음악가, 고등학생 등을 대상으로 참석자를 선발했다. 이들은 미국 대사관이 제공한 전세 버스를 타고 매일 광장동 워커힐로 왔다.[208]

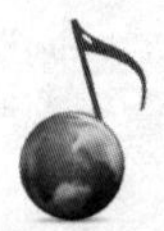

냉전 시대의 음악 외교

냉전 시대 미국과 소련의 문화전쟁

미국 국무부는 외교 차원에서 유럽, 중동, 아시아에 공연예술 단체를 파견하기 위해 ANTAAmerican National Theatre and Academy에 매니저 역할을 부여했다. 1935년 미국의 국립극단으로 출범한 단체다. 1953년부터 1963년까지 ANTA에서 주최한 해외공연 중 음악이 65%를 차지했고 음악 중에서도 클래식이 대부분을 차지했다.[209] 아이젠하워 대통령은 1954년 국제 문제를 위한 비상 예산에서 2,250만 달러를 투자하여 음악, 연극, 무용, 스포츠 분야의 해외투어를 지원했고 USIA에는 이에 대한 홍보 예산을 15만 7,000 달러를 지급했다.[210]

소련은 1953년 스탈린 사망 직후 서방 국가에 대해 대대적인 문화선전을 펴기 시작했다. 미 국무부가 1953년 8월 3일 해외공보원United States Information Agency을 창설한 것은 소련의 문화선전 공세에 대응하기 위하기 위해서다. USIA의 주요 기능은 정보활동, 교육과 문화교류, 국제 방송 등이다. USIA는 유럽과 아시아, 남미 등지에 공연단체를 파견하기 위해 ANTA에게 실무를 맡겼다. 국무부 후원으로 외국 공연을 희망하는 단체가 신청해오면 ANTA가 각계 전문가로 구성된 자문위원단의 심사를 거쳐 공연단체를 선정해 국무부에 추천하는 방식이다.[211] 음악평론가 겸 작곡가 버질 톰슨, 작곡가 겸 이스트만 음대 학장 하워드 핸슨, 작곡가 겸 뉴잉글랜드 음악원 원장 군터 슐러, 작곡가 겸 줄리아드 음대 학장 윌리엄 슈맨, 비올리스트 겸 지휘자 밀튼 캐팀스, 음악평론가 알프레드 프랑켄스타인, 음악평론가 니콜라스 슬로님스키 등이 자문위원을 맡았다.[212] 대부분 작곡가로 구성된 선정위원회는 해외 공연 때 미국 작곡가의 작품을 반드시 연주해야 한다는 조항을 만들었다. 이들이 선호한 연주자는 로버트 쇼 코랄, 줄리아드 4중주단, 소프라노 레온타인 프라이스 등이다. 이들 작곡가는 USIA의 해외 음악공연에 대한 자문을 제공하는 것은 물론 국무부 또는 펄브라이트 재단의 지원을 받아 '문화대사'로 외국을 직접 방문하기도 했다.

미국 정부가 이처럼 작곡가들을 문화외교의 선봉에 내세운 것은 미국인이 작곡한 '미국 음악'의 존재를 널리 알림으로써 미국이 더 이상 유럽의 예술문화를 일방적으로 수입하는 나라가 아니라는 사실을 보여주기 위해서다. 소련이 볼쇼이 발레단 등을 내세워 엘리트 청중을 겨냥한 고급문화로 선전공세를 펼친 만큼 미국에서도 교향악단이나 실내악단이 연주하는 클래식 음악의 비중을 높일 수밖에 없었다.

특히 애런 코플랜드는 중남미 국가에 대한 선전 활동을 담당하는 미주사무국Office of Inter-American Affairs의 음악위원회에서도 활동했다. 1940년 11월 6일 첫 모임에 참석한 코플랜드는 당시 미국작곡가동맹American Composers Alliance 회장을 맡고 있었다. 음악위원회는 미 국무부의 지원으로 남미 순회 공연에 보낼 단체를 선정했다. 예일대 글리클럽 합창단과 아메리칸 발레 카라반 등이 대표적인 사례다.[213] 코플랜드는 여러차례 중남미를 직접 방문해

미 국무부 음악 프로그램 역대 자문위원

하워드 핸슨	작곡가, 지휘자, 이스트만 음대 학장, 국제음악협회 회장
제이 해리슨	뉴욕헤럴드트리뷴 음악담당, 뉴욕대 교수
에드윈 휴스	미국음악협회 사무총장, 펄브라이트상 음악부문 심사위원
폴 헨리 랭	음악학자, 지휘자, 컬럼비아대 음악과 교수
알 마누티	음악가노조 회장
윌리엄 슈맨	작곡가, 줄리아드 음대 학장, 퓰리처상 수상
칼튼 스미드	뉴욕공공도서관 음악부장, 뉴욕필하모닉, 메트로폴리탄 오페라 이사
해롤드 스피바크	국회도서관 음악부장
마샬 스턴스	재즈연구소 소장, 헌터 칼리지 교수
버질 톰슨	작곡가, 지휘자, 평론가
군터 슐러	작곡가. 뉴잉글랜드 음악원 원장
세이모어 립킨	피아니스트
새러 콜드웰	지휘자
레온 플라이셔	피아니스트. 피바디 음대 교수
알프레드 월렌스타인	지휘자 겸 첼리스트
아더 뢰서	피아니스트 겸 저널리스트
니콜라이 슬로님스키	작곡가 겸 작가
올린 다운즈	저널리스트

문화대사로 외국을 방문한 미국 작곡가

애런 코플랜드	멕시코(1941/62) 콜롬비아(1941/63) 에콰도르 페루 쿠바(1941) 아르헨티나(1941/47/63) 우루과이(1941/47/62) 브라질(1941/47/62) 칠레(1963) 이탈리아(1951) 소련(1960) 중국(1960) 일본(1960/62) 호주(1960/78) 뉴질랜드(1960/78) 포르투갈 유고슬라비아(1961) 독일 오스트리아(1963) 터키(1973) 노르웨이(1975)
러셀 울렌	아르헨티나 볼리비아 칠레 콜롬비아 에콰도르 엘살바도르 과테말라 니카라과 파나마 파라과이 페루 우루과이 베네수엘라(1957)
버질 톰슨	아르헨티나 브라질 칠레 파나마 페루 우루과이 베네수엘라(1955) 영국(1963) 이스라엘(1974)
루카스 포스	폴란드(1960/68) 소련(1960) 유고슬라비아(1965) 브라질(1967/68)
헨리 카웰	이란(1957/61) 일본(1961) 독일 프랑스 덴마크 스웨덴(1963)
군터 슐러	유고슬라비아 독일(1963) 아이슬란드(1964) 그리스(1966)
데임 데프리스트	태국 홍콩 이스라엘 이집트 대만 필리핀(1963)
로저 세션스	소련(1958) 아르헨티나 칠레 멕시코 페루(1966)
존 빈센트	아르헨티나 브라질 칠레 페루 우루과이(1964)
노먼 델로조이오	불가리아 루마니아 소련(1964)
벤저민 리스	폴란드 독일 소련(1967)
윌리엄 사이드맨	불가리아 체코슬로바키아 루마니아(1966)
콜린 맥피	아이슬란드(1954) 일본(1961)
가든 리드	멕시코(1957/64)
율리시즈 케이	소련 이탈리아(1958)
엘리엇 카터	일본(1961) 독일(1963)
피터 메닌	소련(1958)
엘리 지그마이스터	영국(1973)
게일 쿠빅	영국(1963)
로이 해리스	소련(1958)
폴 크레스턴	터키(1960)
레만 엥겔	터키(1968)

문화대사로서의 역할을 톡톡히 해냈다. 루즈벨트 대통령이 제시한 '선린 정책'의 일환이다. 중남미에 대한 나치 독일의 영향력을 차단하기 위해 경제적, 문화적 유대관계를 강화하려는 외교 전략이다. 코플랜드는 미국을 대표하는 작곡가일 뿐만 아니라 특히 멕시코를 좋아했고 스페인어도 제법 구사할 줄 알아서 중남미에 파견하기에 적격이었다. 당시 미국 작곡계에서 유행하던 난해한 12음 기법을 구사하지 않고 유럽 음악의 영향에서 벗어나 아메리카인들이 만드는 아메리카 음악을 추구했기 때문이다.

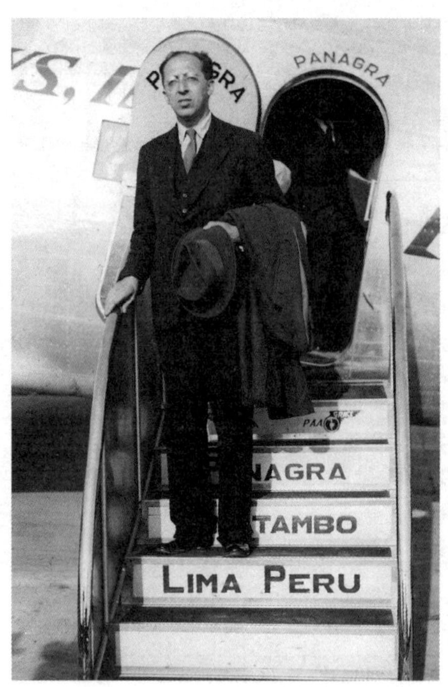

페루 리마에 도착한 미국 작곡가
애런 코플랜드

유엔총회장에 울려퍼진 '환희의 찬가'

　　유엔 총회장에서 음악회가 열릴 때는 대의원석 앞쪽 1-2열의 탁자와 의자를 떼어내고 1954년 IBM이 기증한 덧마루를 붙여 오케스트라 100명에 합창단 120명까지 수용하는 무대를 만든다. 공연 당일 유엔사무총장 집무실을 지휘자와 협연자의 대기실로 사용한다. IBM은 수년간 공연의 PBS 생방송도 후원해왔다. 공연에 앞서 사무총장의 연설이 있다. 2003년 코피 아난 사무총장은 "유엔의 날을 축하하는데 음악만큼 좋은 게 없다. 음악의 하모니로 갈등과 문제를 풀어나가자"고 말했다.

　　유엔의 날United Nations Day은 1945년 10월 24일 샌프란시스코에서 유엔헌장을 제정한 날을 기념하기 위해 제정됐다. 유엔 데이 콘서트는 매년 '유엔의 날'에 뉴욕 유엔본부 유엔 총회장에서 매년 열리는 음악회로 1953년 유엔본부 총회장 건물이 개관하면서 이듬해 출범했다. 유엔공보과UNDPI에서 주관하는 전석 초대의 비공개 행사다. 레너드 번스타인, 게오르그 솔티, 로린 마젤 등 세계적인 거장들이 지휘봉을 잡았다. 미국 악단이 16회로 가

장 자주 연주했고 일본, 오스트리아, 영국, 캐나다가 각 3회, 한국, 러시아,
독일, 스페인이 2회씩 출연했다. 최다 출연단체는 뉴욕 필하모닉 오케스트
라, 최다 연주곡목은 베토벤 '합창 교향곡'이다. W H 오든의 시詩에 첼리스
트 파블로 카잘스가 곡을 붙인 '유엔 찬가1971'가 유엔 공식 국가로 채택되기
전까지는 유엔을 대표하는 음악으로 연주되었다. '합창 교향곡'은 2001년
유네스코 기록 문화유산에 등재됐다.

　최근에 와서는 클래식 음악뿐만 아니라 팝, 재즈와 각국의 민속음악과 민
속무용도 유엔 데이 콘서트 무대에 오르고 있다. 2002년 유엔 데이 콘서트
에 출연한 KBS국악관현악단이 대표적인 경우다. 각국 출신의 유엔 대사들
이 직접 참석하고 뉴욕에 거주하는 VIP들이 대거 참석하는 것은 역시 교향
악단의 연주다. 프로그램이 좀 시원찮다 싶으면 대사들은 2등 서기관에게
티켓을 주고 대신 참석하라고 한다.

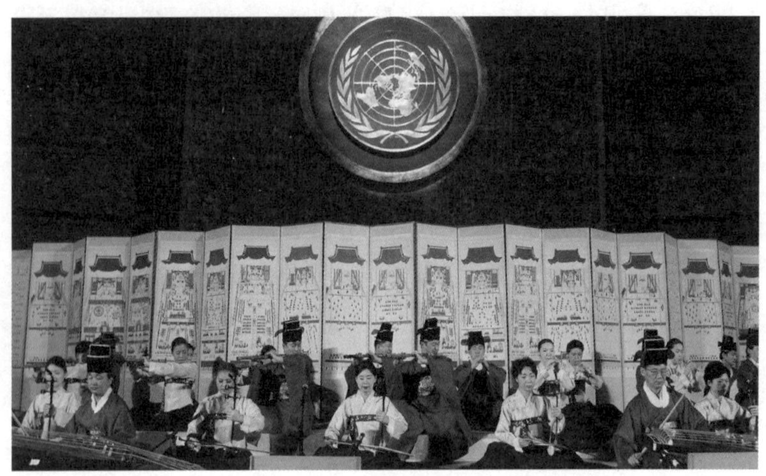

2002년 10월 유엔 총회장의 유엔데이 콘서트에 출연한 KBS국악관현악단

　냉전 시대의 음악 외교

유엔 데이 콘서트가 열리는 동안에는 동시 통역사들도 잠시 일손을 놓고 '만국 공통어'의 삼매경에 빠진다. 유엔 데이 콘서트에 출연하는 연주단체에게 UNDPI가 지급하는 개런티는 그야말로 상징적이다. 고맙다는 뜻을 담은 금일봉 차원이다. 왕복 항공료와 숙박비 등 제작비를 충당하기엔 턱없이 부족한 금액이다. 그래서 외국 교향악단의 경우 뉴욕 연주를 다녀가는 악단을 하루 더 묵게 해서 유엔본부에서 연주하도록 하는 게 보통이다.

1982년 주빈 메타는 뉴욕 필하모닉을 이끌고 유엔총회장 공연을 마친 뒤 기립박수를 받자 돌아서서 이렇게 말했다. "우리는 이렇게 화음을 맞춰 연주할 수 있는데 왜 여러분은 그렇게 못하시는 겁니까?"

다음은 1954년부터 1995년까지 유엔총회장에서 열린 유엔데이 콘서트 프로그램이다(지휘자, 교향악단, 협연자, 레퍼토리 순).

1954. 샤를 뮌슈, 심포니 오브 디 에어, 베토벤 '코리올란 서곡', 쇼스타코비치 '유엔 행진곡', 코플랜드 유엔헌장 전문前文', 베토벤 '합창 교향곡'

1955. 레너드 번스타인, 뉴욕 필, 피아노 에밀 길렐스, 월튼 '행진곡', 차이콥스키 '피아노 협주곡 제1번', 베토벤 '장엄미사' 중 '키리에' '글로리아', 헨리 브랜트 '유엔의 날을 위한 평화 음악'

1956. 디미트리 미트로풀로스, 뉴욕 필, 브람스 '교향곡 제4번', 콜린 맥피 '타부타부한: 두 대의 피아노와 오케스트라를 위한 토카타', 베토벤 '환희의 찬가'

1957. 휴 로스, 스콜라 칸토룸 오브 뉴욕, 베토벤 '헌당식 서곡' '환희의 찬가', 시벨리우스 '불의 기원', 빌라로부스 '초로스 제10번'

1958. 샤를 뮌슈, 보스턴 심포니, 첼로 파블로 카잘스, 오네게르 '교향곡 제3번', 바흐 '첼로 소나타 제2번', 브람스 '교향곡 제4번'

1959. 엘레아자르 데 카르발호, 뉴욕 필, 소프라노 엘리자베스 슈바르츠코프, 피

아노 로베르 카자드쥐, 차베스 '신포니아 인디아', 프랑크 '교향적 변주곡', 빌라로부스 '브라질의 발견', 베토벤 '환희의 찬가'

1960. 유진 오먼디, 필라델피아 오케스트라, 카발렙스키 '바보 브뢰뇽 서곡', 비발디 '가을', 라벨 '라 발스', 베토벤 '교향곡 제9번'

1961. 어네스트 맥밀란, CBC 심포니, 리두 '서곡', 본 윌리엄스 '탈리스 주제의 환상곡', 에크 '프랑스 모음곡', 브람스 '교향곡 제1번'

1962. 겐나디 로제스트벤스키, 레닌그라드 심포니, 바이올린 다비드 오이스트라흐, 차이콥스키 '교향곡 제5번', 베토벤 '크로이처 소나타'

1963. 파블로 카잘스, 푸에르토 리코 카잘스 페스티벌 오케스트라, 카잘스 '말구유'

1964. 게오르그 솔티, 런던 심포니, 블리스 '체크메이트: 3개의 춤곡', 브루흐 '바이올린 협주곡 제1번', 브리튼 '퍼셀 주제의 변주곡', 버르토크 '관현악을 위한 협주곡'

1965. 번스타인, 뉴욕 필, 베토벤 '레오노레 서곡 제3번' '환희의 찬가', 쇼스타코비치 '교향곡 제9번', 브리튼 '오늘의 목소리'

1966. 윌리엄 스타인버그, 피츠버그 심포니, 소프라노 미렐라 프레니, 구노 '파우스트' 중 '보석의 노래', 엘가 '코카인 서곡', 베를리오즈 '환상 교향곡'

1967. 볼프강 자발리슈, 빈 심포니, 피아노 호르헤 볼레, 바이올린 헨릭 셰링, 슈베르트 '교향곡 제6번', 브람스 '바이올린 협주곡 D장조', 베토벤 '합창 환상곡'

1968. 세르주 보도, 파리 오케스트라, 바이올린 크리스티안 페라스, 바버 '메데아의 명상과 복수의 춤', 쇼송 '시곡', 차이콥스키 교향곡 제6번

1969. 롤프 켐페, 로열 필하모닉, 피아노 루돌프 제르킨, 브리튼 '헌당식 서곡', 베토벤 '피아노 협주곡 제3번', 말러 '교향곡 제1번'

1970. 주빈 메타, LA 필하모닉, 펜데레츠키 '우주의 생성', 베토벤 '합창 교향곡'

1971. 카잘스, 카잘스 페스티벌 오케스트라, 피아노 호르조브스키, 루돌프 제르킨, 유진 이스토민, 바이올린 아이작 스턴, 알렉산더 슈나이더, 카잘스 '유엔 찬가' '새의 노래', 바흐 '2대의 바이올린을 위한 협주곡', '3대의 건반악기를 위한 협주곡', 스트라빈스키 '덤바튼 오크 협주곡'

1972. 헨리 루이스, 뉴저지 심포니, 피아노 알리치아 데 라로차, 메조소프라노 마릴린 혼, 라벨 '어릿광대의 아침 노래' '피아노 협주곡 G장조', 브람스 '알토 랩소디', 루토스와브스키 '관현악을 위한 협주곡'

1973. 로제스트벤스키, 상트페테르부르크 필하모닉, 피아노 알렉산더 슬로보디아니크, 글링카 '루슬란과 루드밀라 서곡', 프로코피에프 '피아노 협주곡 C장조', 차이콥스키 '교향곡 제5번'

1974 오자와 세이지, 뉴저팬 필하모닉, 도호 현악4중주단, 베토벤 현악 4중주 제16번 3악장, 안조 게이 '3개의 공간-天地人', R. 슈트라우스 '돈키호테'

1975. 카를로 마리아 줄리니, 빈 심포니, 폰 아이넴 '후손들에게', 베토벤 '교향곡 제7번'

1976. 안탈 도라티, 워싱턴 내셔널 심포니, 피아노 라자 베르만, 내레이터 마리안 앤더슨, 베토벤 '에그몬트 서곡', 코플랜드 '링컨의 초상', 라벨 '다프니스와 클로에 모음곡 제2번', 차이콥스키 '피아노 협주곡 제1번'

1977. 유진 오먼디, 필라델피아 오케스트라, 피아노 앙드레 와츠, 베토벤 '에그몬트 서곡' '피아노 협주곡 제4번', 쇼스타코비치 '교향곡 제5번'

1978. 세르지우 코미쇼나, 아메리칸 심포니, 뒤카 '마법사의 제자', 슈베르트 '미완성 교향곡', 에네스쿠 '루마니아 광시곡'

1979. 허버트 블롬슈테트, 드레스덴 슈타츠카펠레, 소프라노 레온타인 프라이스, 바그너 '뉘른베르크의 마이스터징어 서곡', 마투스 '레스폰소: 관현악을 위한 협주곡', R. 슈트라우스 '4개의 마지막 노래', 베토벤 '교향곡 제8번'

1980. 마리오 베르나르디, 오타와 내셔널 아트센터 오케스트라, 메조소프라노 마
　　　 릴린 혼, 바흐 '관현악 모음곡 제3번', 모차르트 '교향곡 제38번'

1981. 페르난도 로사노, 멕시코시티 필하모닉, 소프라노 레나타 스코토, 베르디
　　　 '운명의 힘 서곡', 베르디 오페라 아리아

1982. 주빈 메타, 뉴욕 필, 바이올린 핀커스 주커만, 타워 '세콰이어', 베토벤 '바
　　　 이올린 협주곡', 무소륵스키 '전람회의 그림'

1983. 예수스 로페스 코보스, 스페인 국립 교향악단, 피아노 알리치아 데 라로차,
　　　 테너 호세 카레라스, 소프라노 몽세라 카바예, 파야 '삼각모자 모음곡 제2
　　　 번' '덧없는 인생'

1984. 로린 마젤, 피츠버그 심포니, 바버 '스캔들 학교 서곡', 프로코피에프 '바이
　　　 올린 협주곡 제1번', 시벨리우스 '교향곡 제2번'

1985. 도야마 유조, NHK 교향악단, 바이올린 예후디 메뉴인, 카잘스 '유엔 찬가',
　　　 고노예 '에덴라쿠越天樂', 바흐 '2대의 바이올린을 위한 협주곡', 베토벤 '교
　　　 향곡 제7번'

1986. 오토 카무, 헬싱키 필하모닉, 소프라노 카리타 마틸라, 바리톤 요르마 힌
　　　 니넨, 카잘스 '유엔 찬가', 차이콥스키 '로미오와 줄리엣 서곡', 시벨리우스
　　　 '교향곡 제5번'

1987. 피에르 바르톨로메, 리에주 필하모닉, 피아노 구스타보 로메로, 카잘스 '유
　　　 엔 찬가', 라흐마니노프 '피아노 협주곡 제3번', 프랑크 '교향곡 d단조'

1988. 스튜어트 챌린저, 리처드 보닝, 시드니 심포니, 소프라노 조안 서덜랜
　　　 드, R. 슈트라우스 '틸 오일렌슈피겔의 유쾌한 장난', 라벨 '라발스', 베르
　　　 디·레하르·벨리니의 오페라 아리아

1989. 샤를 뒤투아, 몬트리올 심포니, 첼로 요요마, 루이 '지구의 메아리', 쇼스타
　　　 코비치 '첼로 협주곡 제1번', 비제 '교향곡 C장조', 라벨 '볼레로'

1990. 지리 벨로흘라벡, 체코 필, 피아노 벨라 다비도비치, 스메나타 '몰다우', 쇼
팽 '피아노 협주곡 제2번', 스트라빈스키 '불새', 드보르자크 '카니발 서곡'

1991. 아키야마 가즈요시, 도쿄 심포니, 바이올린 호리고메 유즈코, 미요시 '후지
산에 비는 소원', 브루흐 '바이올린 협주곡 제1번', R. 슈트라우스 '장미의
기사 모음곡'

1992. 라파엘 프뤼벡 데 부르고스, 스페인 국립 교향악단, 기타 앙헬 로메로, 투
리나 '환상 춤곡', 로드리고 '아랑후에스 협주곡', 파야 '삼각 모자'

1993. 쿠르트 마주어, 라이프치히 게반트하우스 오케스트라, 바이올린 사라 장,
멘델스존 '바이올린 협주곡', 브리튼 '심플 심포니', 베토벤 '영웅 교향곡'

1994. 오다카 다다키, BBC 웨일스 국립 교향악단, 피아노 파비오 비디니, 리스트
'피아노 협주곡 제1번', 라흐마니노프 '교향곡 제1번'

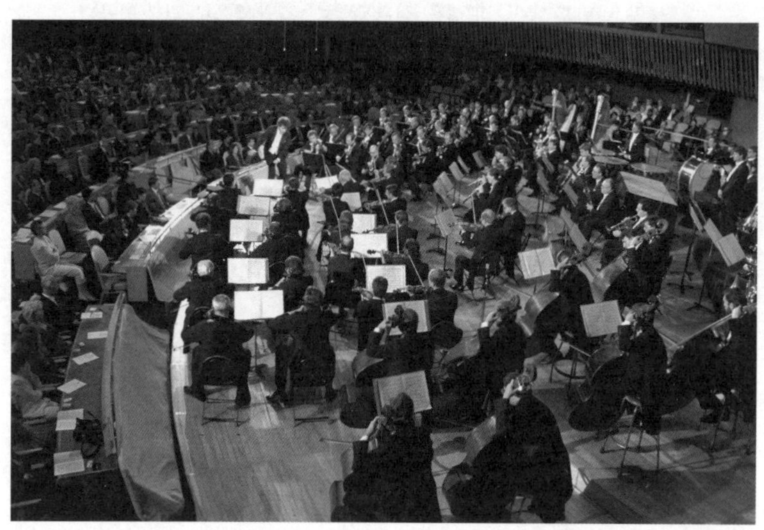

1990년 10월 24일 뉴욕 유엔 총회장에서 열린 유엔데이 콘서트에 출연한 체코 필하모닉 오케스트라

1995. 쿠르트 마주어, 뉴욕 필, 링컨센터 에이버리 피셔홀, 베토벤 '합창 교향곡'

1997. 포르투갈어권 국가의 음악

1998. 유스투스 프란츠, 필하모니아 오브 더 내이션스, 베토벤 '레오노레 서
      곡 제3번' '피아노 협주곡 제5번', 림스키코르사코프 '셰헤라자드', 비제
      '아를의 여인' 중 '파랑돌', 브람스 '헝가리 춤곡 제5번', 차이콥스키 '호
      두까기 인형' 중 '러시아 춤'

1999. 조지 듀크, 듀크 엘링턴 오케스트라, 빌리 테일러 트리오. 듀크 엘링턴
      탄생 100주년 기념 공연

2000. 블라디미르 페도세에프, 빈 심포니 오케스트라, 모차르트 '주피터 교향
      곡', 쇼스타코비치 '교향곡 제9번'

2001. 파키스탄 록 밴드 주눈, 인도 힌드록 밴드 유포리아

2002. 임평룡, KBS국악관현악단, 가수 김수철, 대금 원장현, 가야금 김해숙,
      경기명창 이호연, 세종솔로이스츠, 수제천, 대금 독주와 승무, 가야금
      병창, 박범훈 '춘무', 백대웅 '신관동별곡', 김만석 '남도민요 연곡'

2003. 핀커스 스타인버그, 스위스 로망드 오케스트라, 무소륵스키 '전람회의
      그림', 윌리엄 블랭크 '엑소드'

2004. 아마드 함단, 쿠웨이트 국립 교향악단, 쿠웨이트 텔레비전 밴드

2005. 앨런 길버트, 스톡홀름 필하모닉 오케스트라, 메조소프라노 안네 조피
      폰 오터, 말러와 프로코피예프 교향곡 발췌곡, 노르웨이 가곡

2006. 안드레아스 필라리노스, 그리스 국립 교향악단, 테너 롤란도 비야손, 피
      아니스트 조너던 켈리, 미키스 데오도라키스, 스피로스 사마라스

2007. 정명훈, 서울시향, 소프라노 신영옥, 테너 정의근, 베르디와 푸치니의
      오페라 아리아, 브람스 '교향곡 제2번'

2008. 실크 로드 앙상블, 첼리스트 요요마, 자오지핑 '고원의 여름'

2009. 콜롬비아 록그룹, 세네갈 래퍼 시스터 파, 인도 재즈 그룹 리멤버 샥티, 피아니스트 랑랑, 파키스탄 로커 살만 아마드, 가수 해리 벨라폰테

2010. 함신익, KBS교향악단, 바이올리니스트 사라장, 웨스트민스터 콰이어, 브루흐 '바이올린 협주곡 제1번', 베토벤 '환희의 찬가'

2011. 몽골 전통 곡예 공연

2012. 스티비 원더

2013. 스팅

2015. 이준호, KBS국악관현악단, 피아니스트 랑랑, 할렘 가스펠콰이어, 명창 송소희, 가야금 김해숙, 해금 안은경, 소리꾼 김용우, 박경훈 '비나리', 드뷔시 '달빛', 강원도 아리랑, 진도 아리랑

2016. 헝가리 국립오페라단

2018. 인도 음악 앙상블

2019. 에이마르 누네, 카타르 필하모닉 오케스트라

2020. 라스칼라 극장 발레단

2021. 안현성, 고양 필하모닉 오케스트라, 피아니스트 유영욱, 소프라노 김영미, 신영옥, 바이올리니스트 안젤라 전, 제니퍼 전, K-팝 아티스트 에스파, 슈만 '헌정', 베토벤 '교향곡 제6번' 중 2악장

2022. 헝가리 국립 발레단

2023. 쥘리엥 베니슈, 뉴욕 오케스트라 앙상블, '환경 교향곡'

재즈, 자유와 평등의 상징

미 국무부가 문화교류 프로그램에 재즈를 포함하기 시작한 것은 1955년의 일이다. 클래식 음악이나 발레 대신 재즈를 외국 무대에 보내자는 애덤 클레이턴 파웰 주니어의 제안을 받아들였다. 파웰은 뉴욕 할렘 출신의 목사로 국회의원을 지냈다. 재즈 트럼페터 디지 길레스피의 친구이기도 하다. 그의 주장은 클래식 음악이나 발레는 어디까지나 유럽에서 온 것이지만 재즈야말로 미국에서 자생적으로 만들어졌기 때문에 '진짜 미국'을 느끼려면 재즈를 들어야 한다는 것이다.[214] 1954년부터 10년간 ANTA가 주최한 해외공연 중 65%가 음악 장르였다. 이 가운데 클래식 음악이 3분의 2 이상을 차지했고 재즈가 뒤를 이었다.[215] 1959년에는 재즈의 비중이 음악 프로그램의 35%를 차지할 정도로 커졌다.[216] 디지 길레스피를 시작으로 데이브 브루벡, 루이 암스트롱, 듀크 엘링턴, 델로니어스 몽크, 베니 굿맨, 마일스 데이비스 등이 '재즈 대사'로 소련과 제3세계 국가를 방문했다. 처음엔 고급 예술이 아니라는 점에서 저항이 만만치 않았으나 소련이 국제무대에서 미국을 비난할 때 들먹이는 흑인의 인권 탄압이 주는 부정적인 이미지를 재즈의 역동성으로 불식시키려고 했다. '보이스 오브 아메리카'에서 40년 넘게 재즈 프로듀서로 활동한 윌리스 코노버Willis Conover 1920-1996는 이렇게 말했다.

> 재즈는 완벽한 원칙과 무질서 사이를 자유롭게 넘나든다. 연주자들은 음악의 템포, 조성, 화음에 대해서는 합의하지만 이밖에는 자유롭게 자신을 표현할 수 있다. 이것이 재즈다. 이것이 바로 미국이다. 재즈는 미국의 삶의 방식을 반영한다. 이곳에 있는 우리는 알지 못하지만 다른 나라 사람들은 이러한 자유를 느낄 수 있다.[217]

재즈는 미국에서 태어난 풀뿌리 예술인데다 자유와 희망, 평등, 민주주의 등 미국의 핵심가치의 상징이다. 미국을 문화의 불모지로 취급하면서 클래식 음악과 발레로 문화강국임을 과시하려는 소련에 맞서 내놓은 '히든카드'였다. 대규모 교향악단에 비해 적게는 4-5명으로도 움직일 수 있는 기동력도 갖췄다. 1950년대 모스크바 주재 미국 대사 찰스 볼렌Charles E. Bohlen의 보고에 따르면 소련의 젊은이들 사이에서 재즈가 인기를 끌면서 미국에 대한 호감이 높아졌다. 소련을 정치적으로 불안정하게 만들기 위해서도 재즈를 이용할 필요가 있었다.[218] 재즈의 보급은 소련의 청년층과 공산주의를 분리하기 위한 훌륭한 전략이었다. 처음엔 재즈의 연주나 방송을 금지했던 소련 당국도 속수무책이었다.

클래식 연주단체가 주로 유럽을 다녀왔다면 재즈 밴드는 아프리카, 남미, 중동, 아시아 등 식민지 상태에서 독립한 제3세계 국가들을 방문했다. 노예 상태에서 해방된 흑인들의 처지와 식민지 경험이라는 공통분모를 살려 재즈 아티스트들이 인종 차별 없이 자유로운 예술 활동을 펼치는 모습을 보여주

미국 재즈 아티스트의 해외 순회공연 1956-1968

아티스트	연도	방문국
디지 길레스피	1956	이란 파키스탄 터키 그리스 유고슬라비아 아랍연합 에콰도르 아르헨티나 우루과이 브라질
베니 굿맨	1956	태국 싱가포르 미얀마 홍콩 말레이시아 캄보디아 한국 일본
	1962	소련
윌버 드 파리	1957	수단 가나 나이제리아 리베리아 콩고 중앙아프리카 케냐 탄자니아 에티오피아 리비아 튀니지
데이브 브루벡	1958	영국 독일 네덜란드 벨기에 스웨덴 덴마크 폴란드 터키 인도 스리랑카 파키스탄 아프카니스탄 이란 이라크
	1967	멕시코
우디 허만	1958	파나마 베네수엘라 콜롬비아 에콰도르 칠레 볼리비아 파라과이 브라질 자메이카 온두라스 과테말라
잭 티가든	1958	아프가니스탄 파키스탄 인도 스리랑카 미얀마 태국 라오스 베트남 캄보디아 싱가포르 말레이시아 필리핀 홍콩 대만 한국 일본
허비 만	1959	시에라리온 라이베리아 나이제리아 모잠비크 로디지아 탄자니아 케냐 에티오피아 수단 모로코 튀니지
레드 니콜스	1960	그리스 터키 사이프러스 팔레스타인 요르단 이란 아프가니스탄 파키스탄 인도 스리랑카 네팔 아랍연합 시리아
루이 암스트롱	1954	호주
	1960	카메룬 콩고 우간다 케냐 탄자니아 로디지아 토고 코트디부아르 세네갈 말리 시에라리온 라이베리아 수단
	1961	이집트
	1962	칠레
	1963	한국 뉴질랜드 호주
	1965	동유럽
찰리 버드	1961	베네수엘라 브라질 우루과이 파라과이 아르헨티나 칠레 볼리비아 페루 에콰도르 콜롬비아 파나마 코스타리카 니카라과 온두라스
	1968	한국 일본 아프가니스탄 파키스탄, 인도 네팔 스리랑카 필리핀
폴 윈터	1962	아이티 멕시코 과테말라 엘살바도르 서인도제도 니카라과 코스타리카 칠레 파나마 콜롬비아 에콰도르 페루 볼리비아 아르헨티나 우루과이 파라과이 브라질 베네수엘라
코지 콜	1962	모로코 세네갈 볼타 니제르 라이베리아 코트디부아르 콩고 차드 중앙아프리카 카메룬 가나 토고 기니아
듀크 엘링턴	1963	시리아 요르단 아프카니스탄 인도네시아 터키 이란 이라크 레바논 스리랑카 인도 파키스탄
	1964	일본
	1966	세네갈
	1968	멕시코 아르헨티나 우루과이 브라질
폴 윈터	1965	브라질
우디 허만	1966	탄자니아 우간다 콩고 코트디부아르 알제리 유고슬라비아 아랍연합 루마니아
얼 하인즈	1966	소련
랜디 웨스턴	1967	알제리 카메룬 가봉 가나 코트디부아르 라이베리아 말리 모로코 니제르 시에라리온 레바논 이집트
찰스 로이드	1967	폴란드 체코슬로바키아 루마니아
	1968	오키나와 홍콩 라오스 말레이시아 태국 싱가포르 대만 필리핀
주니어 웰스	1967	토고 중앙아프리카 차드 말리 니제르 코트디부아르 라이베리아 세네갈 기니아

면서 미국의 이미지를 개선하기 위해서다. 미국이 새로운 제국으로 군림하는 게 아니라 가까운 친구임을 강조하려는 것이다.

1956년 미국 정부의 지원으로 해외 투어에 나선 클래식 연주단체 16개 중 6개가 유럽으로 떠났다. 아시아와 중남미, 아프리카에는 각각 5개, 4개, 1개 단체가 방문했다. 소련을 제외하면 유럽에는 단 한 곳도 재즈 밴드를 보내지 않았다.[219] 작곡가 윌리엄 슈맨이나 하워드 핸슨 등은 재즈는 어디까지나 상업 음악이기 때문에 해외 투어를 지원해줄 필요가 없다는 논리를 펴기도 했다.[220] 유럽에서는 재즈팬들이 티켓을 구매하겠지만 아직 재즈가 덜 보급되어 있는 아시아, 아프리카, 남미, 중동에는 정부 지원이 필요했다.

미 국무부 프로그램으로 한국을 처음 방문한 재즈 밴드는 베니 굿맨 밴드다. 1956년 12월부터 ANTA 주선으로 방콕, 싱가포르, 쿠알라룸푸르, 프놈

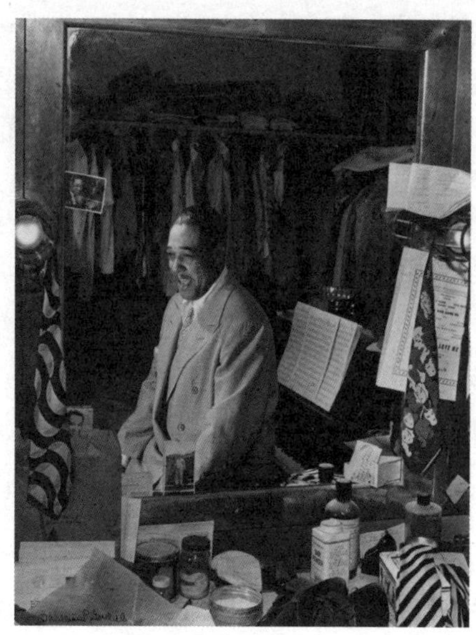

듀크 엘링턴

펜, 랑군, 홍콩, 서울, 도쿄 등지에서 6주간에 걸쳐 순회공연을 했다.[221] 미국 상무부가 주최한 미국 상품 전시회도 함께 열렸다. 베니 굿맨 밴드는 1957 년 1월 10일 서울 시공관 무대에 섰다. 재즈 클라리네티스트 베니 굿맨은 이 듬해 '베니 굿맨 스토리'라는 영화에 출연할 정도로 인기 절정이었다. 하지 만 서울 공연은 그리 큰 성공을 거두지 못했다. 악기 운송에 차질을 빚었기 때문이다.[222]

1959년 1월 7일과 9일 시공관에서는 서울신문사 주최로 트럼보니스트 잭 티가든Jack Teagarden 1905-1964이 이끄는 재즈 밴드의 내한공연이 열렸다. 역시 ANTA가 후원하는 아시아 순회공연이다. 같은 해 3월 14일에는 덕수 궁 야외무대에서 골든 게이트 보컬 쿼텟 내한공연이 열렸다. 고스펠 등 흑인 음악을 연주하는 흑인 계열의 4중창단으로 넓은 의미에서 재즈로 분류해도 무방하다.

미 국무부의 문화교류 프로젝트의 일환으로 1956년과 1957년 조지 하워 드 중령의 지휘로 한국을 방문한 미 공군교향악단USAF Band도 재즈와 무관 하지 않다. 1947년 출범한 이 악단은 스윙밴드 '글렌 밀러 오케스트라'의 리 더 글렌 밀러가 1942년 미 육군에 입대한 후 만든 미 육군비행단 군악대가 모체이기 때문이다. 이 악단은 제2차 세계대전이 한창인 1944년 6월 영국 에 도착한 뒤 연합군의 사기를 북돋우기 위해 음악을 연주하고 라디오 방송 을 위한 녹음 작업을 했다. 하지만 파리로 가기 위해 영국 해협을 건너던 비 행기가 실종되고 말았다. 이 비극적인 결말은 영화 '글렌 밀러 스토리'로 제 작되었다. 미 공군악대는 냉전 시기에도 문화외교관으로서의 사명을 수행 했다. 1944년부터 1965년 사이에 10회의 세계 순회공연을 다녀왔다. 글렌 밀러가 제2차 세계대전 당시 수행했던 음악사절의 전통을 이어온 셈이다. 1956년에는 일본, 한국, 대만, 홍콩, 필리핀, 베트남, 캄보니아, 태국 등을 방문했다.

1965년 1월 29일부터 8일간 미 국무부 문화교류 프로그램으로 덴버대 재즈밴드가 내한공연을 했다. 1963년 미국 대학 재즈경연대회에서 최우수 상을 받은 팀이다. 이들은 1주일간 국내에 머물면서 미군 부대 위문 공연을 하고 이화여대 대강당, 시민회관, 진명여고 강당에서 일반 시민을 대상으로 연주했는데 학생을 위한 무료 공연도 두 차례 했다. 밴드 리더인 타소 해리스는 "재즈는 젊은이의 언어이며 젊은 예술이기 때문에 가는 곳마다 똑같은 젊은이들의 환영을 받는다" "재즈는 젊은이의 언어이며 예술"[223]이라고 말했다. 하지만 그때까지만 해도 국내에서는 재즈를 미군을 위한 공연 또는 "소란스러운 미국의 대중음악"이나 "퇴폐적인 것으로 착각"[224]하고 있었다.

1963년에는 루이 암스트롱 재즈밴드와 재즈 4중창단 밀스 브라더스가 내한공연을 했다. 워커힐 개관 기념공연에 초대받은 암스트롱은 4월 8일부터 21일까지 매일 2회 나이트클럽에서 연주했다. 하지만 입장료가 풀코스 디너와 음료를 포함해 780원이었다. 언론에서 "무려 780원"이라는 표현을 쓴 것을 보면 결코 싼 금액은 아니었던 것 같다. 1년 후 런던 심포니 오케스트라 내한공연의 A석이 800원이었다. 그나마 한국인은 외국인이 동반해야 입장 가능했다. 암스트롱은 미 8군 위문공연을 위해 내한해 일반인을 위한 유료 공연을 펼친 것으로 보인다.

1968년 4월에는 기타리스트 찰리 버드가 이끄는 재즈 쿼텟이 내한해 정통 재즈 외에도 바흐와 보사 노바를 들려주었다. 대구 공연에는 2,000명의 관객이 몰렸다. 1990년 9월에는 기타와 베이스, 드럼 등 트리오 편성으로 다시 내한해 서울, 청주, 광주 무대에 섰다.

미국뿐만 아니라 독일 출신 재즈 아티스트의 내한공연도 있었다. 1975년 독일의 재즈 트럼페터 만프레드 슈프가 이끄는 6중주단의 서울 나들이가 특기할 만하다. 2월 26일 이화여고 유관순기념관에서 '현대 재즈의 밤'을 열었는데 국제현대음악협회 한국지부와 독일문화원이 공동 주최했다. 미국 재즈와는 다른 독일 재즈의 모습을 보여준 기회였다. 『재즈의 역사』를 쓴 요하임 에른스트 베렌트Joachim-Ernst Berendt 1922-2000가 해설자로 와서 강연회를 열었다. 그는 재즈가 나라와 민족을 초월한 세계인의 음악이 되어가고 있다고 말했다. 1987년 미국 의회는 재즈를 미국의 문화재로 지정하는 내용을 골자로 한 '재즈 보호법'을 통과시켰다. 1993년 빌 클린턴 대통령은 "재즈는 미국의 클래식 음악"이라고 말했다.[225]

재즈 음악어법으로 작곡된 조지 거슈윈의 오페라 '포기와 베스'는 미 국 무부의 후원을 받지 않고 소련 문화부의 초청을 받은 특이한 경우다. 1952년 6월 9일 댈러스에서 로버트 브린이 제작 및 연출을 맡아 초연한 에브리맨 오페라단의 프로덕션이다. 워싱턴 개막 공연에서는 트루먼 대통령도 참석했다. 소프라노 레온타인 프라이스가 여주인공 베스 역을 맡았다. 1953년 5월 뉴욕 공연을 관람한 주미 소련 대사 안드레이 비신스키가 눈여겨 봐둔 작품이다. '포기와 베스'는 독일, 이스라엘, 유고슬라비아, 이집트, 그리스, 프랑스, 오스트리아, 스페인, 이탈리아, 스위스, 프랑스, 벨기에, 폴란드, 체코슬로바키아, 브라질, 우루과이, 아르헨티나, 칠레, 페루, 콜롬비아, 베네수엘라, 파나마, 멕시코 등지에서 순회공연을 펼쳤다. 정부 지원금 없이 투어를 진행한 도시도 많았다. 밀라노 라스칼라 극장 무대에 선 첫 미국 오페라단이라는 신기록도 세웠다. '포기와 베스'는 미국 작곡가가 미국을 소재로 쓴 미국 오페라라는 점에서 가장 미국적인 문화상품임에 틀림없다.

'포기와 베스'는 1955년 12월 26일부터 이듬해 1월 5일까지는 레닌그라드 문화궁전, 1월 10일부터 17일까지는 모스크바 스타니슬라브스키 극장 무대에 올랐다. 출연진은 성탄절에 상트페테르부르크에 있는 한 침례교회에서

열린 오후 예배에 참석해 크리스마스 캐롤 '스위트 리틀 지저스 보이'에 이
어 '우리 다시 만날 때까지God Be With You Till We Meet Again'를 불렀다.[226]

철의 장막을 뚫은 보스턴 심포니

1956년 9월 서방 교향악단으로 처음으로 철의 장막을 뚫은 것은 보스턴 심포니 오케스트라다. 레이건 미국 대통령과 고르바초프 소련 공산당 서기 장이 미소 문화교류 협약을 체결한 것은 1985년이다. 오케스트라가 공식 외교 관계를 30년이나 앞서간 셈이다. 당시 미 국무부는 세계 최고 수준의 미국 문화를 보여주기 위해 모든 경비를 댔다.

미국 국무부나 소련 문화부에서는 애초에 필라델피아 오케스트라를 지목했다. 미국의 초대 수도이자 독립전쟁의 본거지인 필라델피아의 상징성 때문이다. 하지만 무사히 귀국할 수 없을지도 모른다는 막연한 두려움 때문에 단원 대다수가 반대하는 바람에 창단 75주년 기념으로 유럽 투어 일정을 잡아놓은 보스턴 심포니 오케스트라가 바통을 넘겨받았다. 미국에서 가장 오랜 역사를 자랑하는 뉴욕 필하모닉 오케스트라도 이미 해외 공연이 잡혀 있었다. 보스턴 심포니 오케스트라는 지금도 서방 교향악단 최초로 소련 땅을 밟은 이력을 매우 자랑스럽게 여긴다. 미국을 대표하는 외교 사절의 임무를 수행했기 때문이다.

보스턴 심포니 단원들은 헬싱키 공항에서 상트페테르부르크행 아에로플로트 프로펠러 비행기를 탔다. 여객기의 정원은 21명이어서 120명 규모의 방문단은 여러 대에 나눠 타야했다. 상트페테르부르크 공항에서 중앙역까지는 특별열차 편을 이용했다. 상트페테르부르크 연주가 끝나고 모스크바까지는 특급 야간열차를 탔다. 모스크바 역에는 바이올리니스트 다비드 오이스트라흐, 피아니스트 스비아토슬라브 리히터가 마중을 나왔다. 샤를 뮌슈와 피에르 몽퇴가 번갈아가면서 지휘봉을 잡은 소련 공연은 전석 매진을 기록했고 공연 실황은 소련 전역에 라디오로 생중계됐다.

9월 6일 상트페테르부르크에서 열린 역사적인 첫 소련 공연에서는 무대 위에 미소 양국의 국기를 내걸었다. 연주 시작 전에는 상트페테르부르크 심포니 오케스트라의 악장이 무대로 나와 지휘자와 오케스트라에 대한 환영의 메시지를 전했다. 오케스트라는 미소 양국의 국가에 이어 베토벤 '영웅 교향

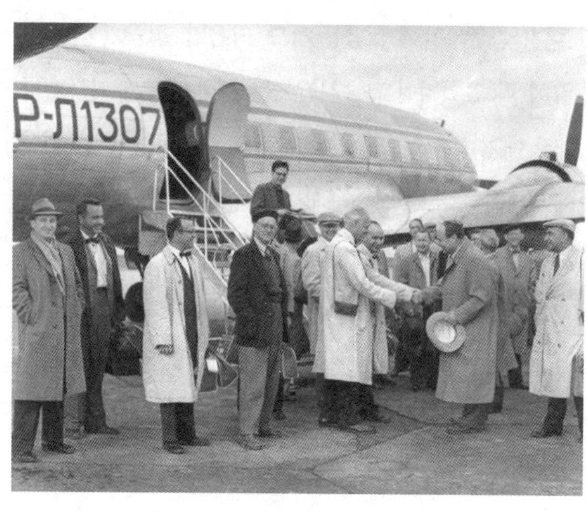

1956년 9월 6일 상트페테르부르크 공항에 도착해 소련 음악가들의 영접을 받고 있는 보스턴 심포니 오케스트라

곡', 라벨 '다프니스와 클로에 모음곡 제2번', 월터 피스턴 '교향곡 제6번' 등을 연주했다. 앙코르 곡으로는 뒤카의 '마법사의 제자'를 준비했다.

9월 8일 첫 모스크바 공연에서는 상트페테르부르크와 같은 레퍼토리를 연주했다. 공연이 끝나고 10분간 기립박수가 터져나왔다. 지휘자는 다섯 차례 무대로 불려나왔다. 소련과 동유럽 청중의 주특기인 리듬박수도 나왔다. 발코니석에 앉은 학생들은 발을 구르며 '브라보'를 외쳤다. 슈만 '교향곡 제2번 C장조' 중 아다지오, 하이든 '교향곡 제102번'의 피날레 악장을 앙코르를 연주했다. 음악회에는 바이올리니스트 다비드 오이스트라흐와 그의 아들 이고르 오이스트라흐, 작곡가 드미트리 쇼스타코비치, 아람 하차투리안, 드미트리 카발레프스키 등이 참석했다. 바이올리니스트 레오니드 코간, 지휘자 키릴 콘드라신, 첼리스트 므스티슬라브 로스트로포비치와도 만났다. 객석에는 피아니스트 겸 지휘자 블라디미르 아슈케나지도 당시 모스크바 음악원 학생 신분으로 앉아 있었다. 상트페테르부르크와 모스크바에서 각 2회씩 연주할 예정이었으나 모스크바 공연이 1회 추가되었다. 일찌감치 티켓이 매진되어 암표를 조금이나마 막아보려고 소련 당국이 요청했기 때문이다. 단원들은 공연이 끝난 뒤 현지 연주자들에게 남는 리드, 약음기, 현악기 줄을 나눠주었다. 공연 일정은 꽉 차 있었지만 자유시간에는 시내 관광도 가능했다. 다섯 명의 통역사가 항상 대기 중이었다.

보스턴 심포니 오케스트라는 소련 공연에서 러시아 작곡가의 작품은 단 한곡도 연주하지 않았다. 러시아 작품을 어떻게 다르게 연주할 수 있는지 보여주기 위한 것은 아니라는 게 뮌슈의 생각이었다.[227] 대신 미국, 독일, 프랑스 작품을 고루 배치했다.

1959년 뉴욕 필하모닉 오케스트라가 모스크바, 상트페테르부르크, 키이우 등 소련 3개 도시를 포함한 유럽 투어를 떠났다. 뉴욕 필하모닉은 지휘자

프리츠 라이너의 건강 악화로 순회공연이 어려워진 시카고 심포니 오케스트라를 대신해 소련행 티켓을 따냈다.[228] 1959년 7월 24일 미국 부통령 리처드 닉슨의 모스크바 미국무역박람회 참석과 9월 15일 니키타 흐루쇼프 공산당 서기장의 미국 방문을 앞둔 시점이다.

뉴욕 필은 모스크바에서 9회, 상트페테르부르크에서 6회, 키이우에서 4회 연주했다. 미 국무부 국제 문화교류 프로그램으로 8월 5일 아테네에서

뉴욕 필하모닉 유럽 투어 레퍼토리

작곡가	작품	연주횟수
바버*	두 번째 에세이 작품 17	17
브람스	교향곡 제1번	13
모차르트	피아노 협주곡 제17번 G장조 K. 453	12
바버*	메데아의 명상과 복수의 춤	11
베토벤	교향곡 제8번	9
월터 피스턴*	관현악을 위한 협주곡	
베토벤	교향곡 제7번	3
아이브스*	대답없는 질문	7
거슈윈*	랩소디 인 블루	
라벨	라 발스	
베를리오즈	로마의 카니발 서곡	
차이콥스키	교향곡 제4번	
번스타인*	교향곡 제2번 '불안의 시대'	
쇼스타코비치	교향곡 제5번	
베토벤	피아노, 바이올린, 첼로를 위한 협주곡	6
베토벤	레오노레 서곡 제3번	
베를리오즈	로미오와 줄리엣	5
코플랜드*	빌리 더 키드 모음곡	
베토벤	에그몬트 서곡	
스트라빈스키	불새 모음곡	4
로시니	코린트 함락 서곡	
바그너	'트리스탄과 이졸데' 전주곡과 사랑의 죽음	
바그너	탄호이저 서곡	3
브람스	교향곡 제2번	
바그너	지그프리트의 라인 여행	
스트라빈스키	봄의 제전	
스트라빈스키	피아노와 관악기를 위한 협주곡	2
비발디	플루트, 현악합주, 쳄발로를 위한 협주곡	
R. 슈트라우스	틸 오일렌슈피겔의 유쾌한 장난	1

*표는 미국 작곡가

시작한 10주 동안의 유럽투어다. 8월 3일 뉴욕 국제공항에서 런던행 KLM 여객기 두 대에 단원들이 나눠 타고 또 한 대의 비행기에는 악기와 소품을 실었다. 공연은 레너드 번스타인과 토머스 스키퍼스가 번갈아 지휘봉을 잡았다. 쇼스타코비치의 교향곡 제5번을 연주한 모스크바 첫 연주 때는 작곡자가 휴가 중이어서 음악회에 참석하지 못했다. 레바논에서는 이스라엘과 유대인에 대한 반감을 고려해 번스타인은 무대에 서지 않았다.

소련 공연은 대성공을 거뒀다. 가장 자주 연주한 곡은 미국 작곡가 새뮤얼 바버Samuel Barber 1910-1981의 작품이다. 베토벤 등 스탠더드 레퍼토리와 함께 러시아 작곡가의 작품도 대거 포함했다. 번스타인은 소설 '닥터 지바고'로 유명한 보리스 파스테르나크를 만나 함께 식사를 했다. 소련 당국의 강요로 노벨상 수상을 거부한 작가다. 음악회에도 가족 모두를 초청했다. 쇼스타코비치 '교향곡 제5번'의 피날레 악장은 소련 청중이 익히 들어온 연주보다는 훨씬 빨랐지만 전체적으로는 좋은 반응을 얻었다. '국제적인 승리!'

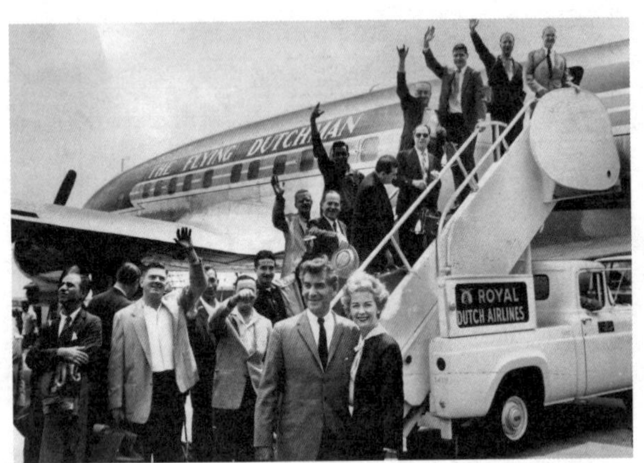

1959년 모스크바 공연을 위해 뉴욕 공항을 출발하는 뉴욕 필하모닉 오케스트라의 지휘자 레너드 번스타인과 그의 아내 펠리시아 몬테알레그레

라는 타이틀을 내건 공연 실황은 컬럼비아 레코드에서 LP로 출반되었다.[229] 커버에는 모스크바에서의 마지막 날 연주에서 커튼콜 때 작곡자를 무대 위로 불러올려 지휘자와 함께 환하게 웃는 모습을 담았다. 하지만 긴장감은 채 가시지 않았다. 번스타인이 자작곡 '불안의 시대'에 대해 직접 쓴 곡목 해설의 일부가 프로그램 편집 과정에서 삭제됐다. 그러자 번스타인은 연주하기에 앞서 직접 청중에게 해설을 들려주기로 했다. 그는 '봄의 제전'을 연주하기 전 청중을 향해 말했다. "여러분이 [볼셰비키] 혁명을 일으키기 5년 전에 이미 스트라빈스키는 [음악] 혁명을 성공시켰습니다. 그 후로 음악에 엄청난 변화를 몰고 왔습니다."

소련에서 '봄의 제전'은 '퇴폐적 부르주아' 음악으로 낙인찍혀 금지곡이나 다름없는 작품이었다. 러시아에서 연주되기는 30년 만에 처음이다. 스트라빈스키의 '피아노와 관악 앙상블을 위한 협주곡1950'은 러시아 초연이었다. 이튿날 소련 문화부가 발행하는 일간지 '소비에트 문화'에서 평론가 알

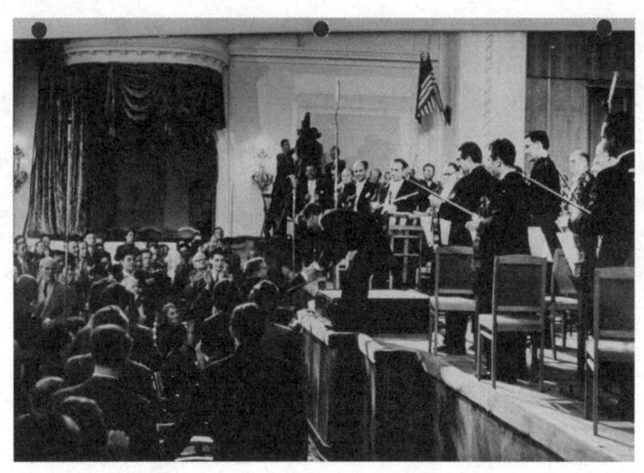

1959년 뉴욕 필하모닉 오케스트라의 모스크바 공연에서 쇼스타코비치와 악수를 나누는 레너드 번스타인

렉산드르 메드베데프가 번스타인을 신랄하게 꼬집었다. "번스타인은 전통을 깨고 청중을 향해 말을 했다…. 그가 왜 그랬는지 도무지 알 수 없다… 이 위대한 음악의 수도, 최고의 콘서트홀에 모인 관객의 수준이 의심스러웠다는 말인가…. 따뜻한 마음씨의 관객들도 결국 싸늘한 박수를 보내고 말았다. 이에 아랑곳하지 않고 지휘자는 앙코르곡을 연주했다."

9월 11일 오후 3시 모스크바 음악원 볼쇼이 홀 공연은 '해설이 있는 음악회'로 꾸몄다. 번스타인은 지휘자 겸 피아니스트, 해설자로 출연해 코플랜드 '빌리 더 키드' 중 '서머타임', 라흐마니노프 피아노 협주곡 제2번, 차이콥스키 피아노 협주곡 제1번, 코플랜드 '빌리 더 키드 모음곡', 쇼스타코비치 '교향곡 제7번'의 발췌곡을 해설을 곁들여 연주한 다음 쇼스타코비치 교향곡 제7번의 알레그레토 악장을 연주했다. 공연 실황은 1959년 10월 25일 CBS TV로 미국에 방영되었다.

귀국 후 뉴욕 필하모닉 오케스트라와 지휘자 번스타인은 영웅 대접을 받았다. 뉴욕 시장은 번스타인에게 행운의 황금열쇠를 선물했다. '필하모닉 주간'을 선포하면서 카네기홀 앞의 57번가를 '필하모닉 스트리트'로 명명했다. 메이시스 백화점은 뉴욕타임스에 "뉴욕은 새로운 영웅의 귀환을 환영합니다"라는 문구의 전면 광고를 실었다. '라이프'지는 뉴욕 필하모닉 오케스트라의 소련 공연이 이 악단의 가장 성공적인 업적으로 역사에 기록될 것이라고 썼다. 번스타인은 "음악은 어떤 프로파간다나 무기보다 훨씬 저렴하지만 더 훌륭한 결과를 가져온다. 음악만큼 더 따뜻한 느낌을 불러일으키는 것은 없다"고 말했다.

17개국에서 50회의 공연을 마치고 10월 26일 아침 워싱턴 공항에 도착한 뉴욕 필하모닉 일행은 여독이 채 가시기도 전에 같은 날 저녁 워싱턴 컨스티튜션 홀에서 미국 정부의 고위층을 비롯해 이번 여행의 방문국에서 온 각국 대사들을 초청해 작은 음악회를 열었다. 번스타인은 이에 앞서 내셔널 프레스 클럽에서 오찬을 겸한 기자 간담회에 참석했다. 그는 이 자리에서도 소련 당국의 심기를 건드리는 발언을 서슴지 않았다. 소련 작곡가들의 작품은 실험 정신이 부족하고 아이러닉하게도 혁명 이전 제정 러시아 시대의 진부한 전통을 답습하고 있다고 따끔하게 지적했다. 이에 대해 티콘 크렌니코프 등 소련 작곡가들은 프라우다 지에 기고한 글에서 번스타인이 소련에 있을 때는 러시아 음악에 대해 극찬을 아끼지 않더니 국경을 벗어나기가 무섭게 말투가 바뀌었다고 비난했다.

1960년 1월 3일 콘스탄틴 이바노프, 키릴 콘드라신이 지휘하는 모스크바 국립 교향악단이 소련 오케스트라 최초로 미국 연주를 했다. 1959년 8월 뉴욕 필하모닉의 소련 연주에 대한 답방 형식이다. 뉴욕 카네기홀을 시작으로 뉴아크, 볼티모어, 워싱턴, 뉴헤이븐, 하트포드, 보스턴, 시카고, 밀워키, 미니애폴리스, 클리블랜드, 필라델피아, 볼티모어, 디트로이트, 토론토, 몬트리올 등 북미 15개 도시를 7주간 순회하는 일정이었다. 피아니스트 에밀 길렐스, 소프라노 갈리나 비슈네프스카야, 첼리스트 다니엘 샤프란, 바이올리니스트 발레리 글리모프 등이 협연자로 함께 왔다. 프로그램은 차이콥스키, 베토벤, 모차르트, 프로코피예프, 쇼스타코비치 등으로 꾸몄다. 신예 작곡가 바바자냔의 피아노 협주곡 '영웅의 노래'도 연주했다. 하지만 연주여행은 미국 청중이나 오케스트라에게 큰 충격을 주었는데 "러시아의 오케스트라가 서방에 한참 뒤진다는 사실이 만천하에 드러난 것"[230]이다.

모스크바 국립 교향악단은 1969년, 1970년, 1976년, 1988년에도 미국 순회공연을 했다. 1969년에는 2월 12일부터 3월 2일까지 뉴욕 카네기홀에서 12회나 연주했다. 음악감독 예프게니 스베틀라노프가 개막 공연을 포함해 8회를 지휘했다. 프로그램은 글린카, 차이콥스키, 라흐마니노프, 프로코피예프, 쇼스타코비치 등 러시아 음악 일색이었다.

모스크바 국립 교향악단은 1979년에도 지휘자 막심 쇼스타코비치, 1978년 차이콥스키 콩쿠르 첼로 부문 우승자인 미국 출신의 나다니엘 로젠과 미국 24개 도시에서 순회공연을 계획했으나 스태프들이 망명할지도 모른다는 생각에 공연 취소를 통보해왔다. 1969년 미국 공연에서 첼로 단원이 망명해 세인트루이스 심포니에 입단한 적이 있기 때문이다. 미국을 방문한 러시아 발레단원들도 서방으로 망명해 소련 당국이 골머리를 앓았다.

1979년 소련의 아프가니스탄 침공으로 미국이 이듬해 모스크바 올림픽에 불참하자 미소 관계는 다시 꽁꽁 얼어붙었다. 하지만 1985년 레이건과 고르바초프의 미소 문화교류 협약 체결 이후 음악교류가 양국 관계에 활기를 불어넣었다. 1988년 3월 소련 작곡가와 연주자 250명이 보스턴을 방문했다. 소련작곡가동맹 의장 티콘 크렌니코프도 함께 왔다. 크렌니코프 '교향곡 제1번', 카발렙스키 '첼로 협주곡' 등 100곡의 소련 현대음악을 연주했으며 미소 연합 오케스트라가 러시아 음악을 연주했다. 공연 비용은 미국이 245만 달러, 소련이 125만 달러를 부담했다. 1988년 8월 미소 연합 청소년 교향악단이 드미트리 키타엔코와 주빈 메타의 공동 지휘로 뉴욕, 밀워키, 샌프란시스코, 모스크바, 상트페테르부르크, 리가, 탈린 순회공연에 나섰다. 단원들은 백악관과 크렘린을 방문했다. 이듬해 200명의 미국 연주자와 작곡가들이 소련을 방문했다.

미국 국무부는 유럽이나 아시아, 중동, 남미 등 우방국가나 제3세계 국가에도 우호적인 분위기를 형성하기 위해 공연예술 단체를 파견했다. 볼쇼이 발레단, 키로프 발레단 공연을 문화 프로파간다로 활용하는 소련에 맞불을 놓기 위해서다. 미국은 정통 발레 대신 마사 그레이엄 등의 현대무용을 내세웠다. 냉전 시대에 음악은 해빙 무드를 가져오는 촉진제 역할을 했지만 음악 자체가 '보이지 않는 무기'로 사용되기도 했다. 음악을 비롯한 문화교류는 본격적인 외교 관계 수립의 물꼬를 트기도 하지만 한편으로는 자국의 문화적 우수성을 은연중에 과시하는 측면도 있다. 시카고 '선 타임스'는 1990년 시카고 심포니 오케스트라의 소련 순회공연을 가리켜 '대규모 소련 침공'이라고 했다. 당시 지휘봉을 잡은 게오르그 솔티도 "자본주의 체제 아래에서 우리가 이룩해낸 음악적 업적을 그들에게 보여주고 싶다"고 말했다.

차이콥스키 연주로 소련을 정복한 텍사스 청년

소련이 스푸트니크 우주선 1호에 이어 2호 발사에 성공하고 다섯 달이 흐른 1958년 4월 11일 모스크바 음악원 홀. 금발 곱슬머리에 키 195㎝의 텍사스 출신 청년이 키릴 콘드라신이 지휘하는 모스크바 국립교향악단과 라흐마니노프의 피아노 협주곡 제3번의 연주를 마치는 순간 객석에서 "1등"이라고 러시아어로 외치는 함성이 8분 넘게 계속되었다. 13일 차이콥스키 협주곡 제1번을 연주할 때는 1악장 직후에도 8분 동안 기립박수를 받았다. 심사위원들은 콩쿠르 규정을 어겨가면서까지 밴 클라이번을 무대로 되돌려보내 커튼콜에 답례할 시간을 주었다. 오케스트라 단원들도 일제히 기립박수를 보냈다. 백스테이지에서는 심사위원장을 맡은 피아니스트 에밀 길렐스가 밴 클라이번을 끌어안고 볼에 키스를 퍼부었다. 작곡가 아람 하차투리안은 "라흐마니노프보다 더 낫다. 100년에 한 두 명이 나올까 말까 하는 비르투오소를 만났다"며 극찬을 아끼지 않았다.[231] 1953년 스탈린 사망 후 소련을 방문한 미국 음악가 중 밴 클라이번만큼 깊은 인상을 남긴 사람도 없었다. 공산당 서기장 니키타 흐루쇼프는 내심 소련 출신 피아니스트가 1위를 차지하기를 바랐지만 객석을 가득 메운 팬들은 물론 콩쿠르 조직위원장을 맡은 작곡가 겸 피아니스트 드미트리 쇼스타코비치와 심사위원들이 만장일치로 밴 클라이번을 우승자로 지목하자 속수무책이었다. 결국 심사위원단의 최종 결정을 따르기로 했다.

밴 클라이번은 냉전시대에 미국과 소련이 벌인 문화전쟁에서 그것도 적국의 심장부에 들어가 혁혁한 공을 세운 개선장군의 모습으로 뉴욕 시내에서 카퍼레이드를 벌였다. 음악가라기보다 전쟁 영웅 같은 대접을 받았다.[232] 밴 클라이번은 사실 미국과 소련의 문화교류에 물꼬를 튼 매개 역할도 해냈다. 차이콥스키 콩쿠르가 열리기 3개월 전인 1958년 1월 27일 미소 문화협

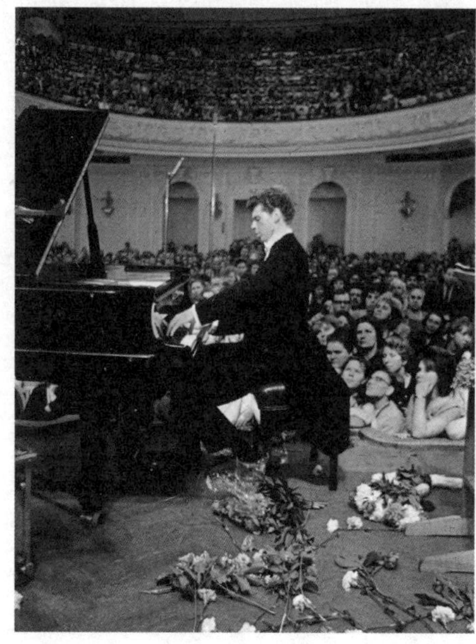

1958년 모스크바에서 열린 제1회 차이콥스키 콩쿠르에서 우승한 피아니스트 밴 클라이번

정이 체결되었다. 그동안 소련 정부가 국민들에게 주입시켜온 미국에 대한 악마적 이미지를 충분히 희석시킬만큼 천사 같은 이미지로 철의 장막을 녹여냈다. 경연 실황은 소련 전역에 TV와 라디오로 생중계되었다. 특히 15세에서 65세까지 소련 여성들 사이에서 밴 클라이번의 인기는 하늘을 찌를듯했다. 스푸트니크 우주선과 대륙간 탄도미사일 발사의 성공이 미국의 자존심에 적잖은 타격을 입혔다면 밴 클라이번의 우승은 문화 분야에서도 미국의 콧대를 꺾으려 했던 소련에게 크게 한 방 먹였다.

1951년 니콜라이 베스파로프가 소련예술위원회 의장에 취임한 직후 출범시킨 '모스크바의 음악 휴가'는 모스크바를 세계 음악문화의 메카로 만들겠다는 야심 찬 계획이었으나 막대한 예산이 소요되는 매머드급 규모의 국제음악제 대신 차이콥스키 국제 콩쿠르만 남았다. 작곡가 드미트리 쇼스타코비치, 바이올리니스트 다비드 오이스트라흐, 피아니스트 에밀 길렐스 등을 콩쿠르 조직위원회 위원으로 위촉했다. 제1회 때는 바이올린 부문도 함께 열렸는데 소련 출신이 1, 2, 4, 5, 6, 8위에 입상해 상위권을 휩쓸었다. 소련 공산당 지도자들은 차이콥스키 콩쿠르를 소련의 문화적 업적을 세계에 널리 알릴 수 있는 중요한 기회로 여겼다.[233]

사실 밴 클라이번이 들려준 피아노 연주의 뿌리도 러시아다. 그의 첫 스승인 어머니 릴디아는 상트페테르부르크 음악원의 설립자인 안톤 루빈스타인의 제자 아더 프리드하임을 사사했다. 밴 클라이번은 어머니의 영향으로 어릴 때부터 러시아 음악에 관심이 많았다. 줄리아드 음대에서 그를 가르친 로지나 레빈도 키이우 태생으로 안톤 루빈스타인에게 배웠다. 소련에서는 밴 클라이번의 음악적 뿌리가 러시아임을 강조했지만 내부적으로는 크게 실망한 분위기가 역력했다.

제1회 차이콥스키 국제 콩쿠르의 제1차 예선 과제곡은 a) 바흐의 '전주곡과 푸가' b) 모차르트 소나타 c) 쇼팽, 리스트, 스크랴빈, 라흐마니노프의 전주곡 1곡씩 d) 차이콥스키 '주제와 변주곡 작품 19', 제2차 예선 과제곡은 a) 타네예프, 차이콥스키, 쇼스타코비치의 '전주곡과 푸가' 중 1곡 b) 글라주노프 소나타, 무소륵스키 '전람회의 그림', 발라키레프 '이슬라메이', 라흐마니노프 소나타, 메트너 소나타, 프로코피예프 소나타, 미야스콥스키 소나타, 쇼스타코비치 소나타 제2번, 알렉산드로프 소나타 제2번, 카발레프스키 소나타 제2번, 제3번 중 4곡, c) 차이콥스키 소나타 G장조 또는 c#단조 중 한 악장, d) 출신국 현대 작곡가의 10분 이내의 작품이다. 또 결선 과제곡은 a) 차이콥스키 협주곡 제1번 또는 제2번 b) 소련 작곡가가 콩쿠르를 위해 특별히 작곡한 15분 이내의 초연곡 c) 출전자가 선택한 협주곡 1곡 등이다. 결선에서 밴 클라이번은 차이콥스키 협주곡 제1번, 라흐마니노프 협주곡 제3번을 연주했다.

과제곡에서부터 소련 출신이 훨씬 유리했다. 물론 서독, 캐나다, 포르투갈, 에콰도르, 멕시코, 아르헨티나, 중국, 일본, 불가리아, 헝가리, 폴란드 출신 참가자도 있었다. 에밀 길렐스, 레흐 오보린, 하인리히 네이가우스, 드미트리 카발레프스키, 스비아토슬라브 리히터, 보리스 리아토신스키, 파벨 세레브리아코프, 아더 블리스영국, 판초 블라디게로프불가리아, 카마르고 과르니에리브라질, 조르주 제오그리에스쿠루마니아, 페르낭 키네벨기에, 주제 카를루스 데 세케이라포르투갈, 프란티세크 막시안체코, 카를로 제키이탈리아, 라요시 에르나디헝가리, 헨리크 시톰프카폴란드 등이 심사를 맡았다. 17명 중 소련 출신이 7명이었고 소련의 입김이 작용하는 동구권 출신이 5명이나 되었다. 심사 과정에서 밴 클라이번에게 암암리에 불이익을 주려는 움직임이 일자 리히터와 네이가우스는 결선 때 밴 클라이번에게 만점인 25점을 주고 나머지 다른 참가자에게는 모두 영점을 매겼다. 소련 출신의 레흐 블라센코는 1, 2차 예선에서 최고 점수를 받았지만 결선에서는 중국 출신의 류시쿤과 공동 2위에 머물렀다. 또 다른 미국 출신으로는 대니얼 폴락이 8위에 입상했다. 블라셴 코는 모스크바 음악원, 폴락은 남가주대 교수를 지냈다.[234]

미국의 시사 주간 '타임'은 1958년 5월 19일자에서 밴 클라이번을 커버 스토리로 다루면서 제목을 '러시아를 정복한 텍사스 사나이The Texan Who Conquered Russia'로 달았다. 이에 앞서 4월 28일자에서는 '미국산 스푸트니크' 라는 제목을 달았다. 5월 17일까지 소련에서의 연주 일정을 모두 마치고 탑 승한 고국행 비행기에서 자신의 얼굴을 알아본 한 승객이 건네 준 '타임'지 를 읽고 밴 클라이번은 크게 실망했다. 도착할 때까지 귀국 직후 공항에서부 터 쏟아질 기자들의 질문 공세에 어떻게 대처해야 할지에 대해 곰곰이 생각 했다.

밴 클라이번은 인터뷰에서 "지금과 같은 스푸트니크의 시대에는 우리는 모두 사랑해야 한다. 나는 달을 방문하는 첫 피아니스트가 되고 싶다"[235]고 말했다. 모스크바의 라디오 방송에서도 밴 클라이번을 "미국이 비밀리에 개 발해온 스푸트니크"[236]라고도 말했다. '클래식계의 엘비스 프레슬리'란 제목 을 단 기사도 있었다. 하지만 밴 클라이번은 "예술에서 정복이란 있을 수 없 다. 내가 정복한 것은 하나도 없다. 만약 있다면, 러시아인들이 내 마음을 정 복했다"[237]고 말했다. 5월 20일 밴 클라이번은 뉴욕 시내에서 10만여 명의 시민들이 지켜보는 가운데 카퍼레이드를 벌였다. 뉴욕 시내 고교 마칭밴드 3개 팀이 퍼레이드를 이끌었다. 뉴욕 시장 로버트 와그너는 5월 20일을 '미 국 음악의 날'로 제정했다. 1972년 세계 체스 선수권대회에서 소련의 보리 스 스파스키에게 이긴 보비 피셔, 1980년 동계올림픽에서 소련팀을 누른 미 국의 남자 하키팀처럼 음악에서도 미국이 소련을 이겼다. 뉴욕 시장 주최 오 찬에서 작곡가 리처드 로저스는 밴 클라이번을 가리켜 "젊지만 매우 노련한 외교관"이라고 말했다. 밴 클라이번은 상금으로 받은 1,250 달러를 "예술이라는 국제언어를 통한 세계의 상호이해 증진에 써달라고"²³⁸ 뉴욕시에 기증했으나 결국 콩쿠르 참가 비용을 대준 록펠러 재단에 기탁하기로 했다. 5월 19일과 26일에는 뉴욕 카네기홀에서 키릴 콘드라신이 지휘하는 '심포니 오브 디 에어'와 차이콥스키 협주곡 제1번과 라흐마니노프 협주곡 제3번을 연이어 연주했다. 21일 필라델피아에 이어 23일 워싱턴에서도 공연했다. 밴 클라이번이 차이콥스키 콩쿠르 결선 때 함께 호흡을 맞춘 키릴 콘드라신과 녹음한 차이콥스키 협주곡 제1번 음반은 5월 30일 연주 실황으로 미국 클래식 앨범 최초로 판매고 100만 장을 넘겼다. 밴 클라이번과 콘드라신은 1965년 10월 모스크바 필하모닉 오케스트라의 뉴욕 카네기홀 공연 때도 같은 레퍼토리를 들려주었다.

5월 23일 밴 클라이번은 자신의 부모와 키릴 콘드라신과 함께 백악관으로 아이젠하워 대통령을 예방했다. 백악관에서 그간의 노고를 치하하는 의미에서 밴 클라이번을 초청했다. 해외공보처USIA 처장 조지 알렌George V. Allen 1903-1970은 1958년 4월 30일자로 백악관에 보낸 보고서에서 밴 클라이번의 승리는 아이젠하워 대통령이 인류 간의 이해를 통한 화합 증진을 목적으로 설립한 '피플투피플' 프로그램의 음악위원회와 협력한 결과라는 점을 강조했다. 외국에서 열리는 경연대회에 인근 국가를 방문할 기회가 생겼다는 이유만으로 준비 없이 참가하다 보면 외국 음악가들이 미국의 음악 수준을 낮게 평가하는 결과를 초래한다는 것이다. 차이콥스키 콩쿠르를 위해서 6명에게 줄 록펠러 재단 등의 지원금을 확보했는데 바이올린 부문에서 7위에 입상한 조이스 플리슬러와 밴 클라이번 등 2명만 지원했다고 밝혔다.

밴 클라이번은 콩쿠르 이후에도 몇 차례 소련을 방문하면서 미국과 소련 사이에 음악으로 다리를 놓는 외교관 역할을 톡톡히 해냈다. 1987년 12월 8

일 레이건 대통령이 고르바초프 소련 공산당 중앙위원회 서기장을 위해 베
푼 백악관 환영 만찬에서 연주한 것이 대표적이다. 이날 밴 클라이번은 브람
스의 '간주곡 작품 118의 6', 라흐마니노프의 '회화적 연습곡 작품 39의 5',
슈만-리스트의 '헌정', 드뷔시의 '기쁨의 섬'을 들려주었다. 앙코르곡으로 러
시아인들의 애창곡 '모스크바의 밤'을 연주하자 고르바초프가 즉석에서 노
래를 따라 불렀다. 그는 1972년 5월 26일 크렘린에서 열린 닉슨과 브레즈
네프의 정상회담 만찬, 2001년 조지 W. 부시 대통령이 텍사스 크로포드 목
장에서 푸틴 대통령을 위해 베푼 만찬 때도 연주했다. 1963년 독일을 시작
으로 1968년 오스트리아, 1971년 이스라엘, 1975년과 1999년 일본, 1987년
러시아, 1990년 헝가리 정상을 위해서도 백악관에서 연주했다.

번스타인의 서베를린 '공수작전'

1960년 9월 22일 레너드 번스타인은 뉴욕 필하모닉 오케스트라를 이끌고 서베를린을 방문했다. 제2차 세계대전 이후 동서로 갈라진 베를린은 미국과 소련의 외교 각축장이었다. 뉴욕 필하모닉은 연례 행사로 열리는 베를린 페스티벌에서 이틀간 연주하고 학생들을 대상으로 렉처 콘서트를 열었는데 모든 일정을 미국 CBS-TV에서 녹화해 미국과 독일 전역에 방영했다. 투어 경비 15만 달러를 후원한 포드 자동차 회장 헨리 포드 2세는 "공산주의 동독과 이념 전쟁을 벌이고 있는 서베를린 시민에게 용기를 주기 위한 좋은 기회"라고 말했다. 미국의 대기업이 미국의 메이저 오케스트라의 외국 투어에 협찬사로 나선 것은 이번이 처음이다.[239]

프로그램은 버르토크 '관현악을 위한 협주곡', 베토벤 '피아노 협주곡 제1번', 로시니 '제미라미데 서곡', 차이콥스키 '교향곡 제5번', 스트라빈스키 '불새', 차이콥스키 '교향곡 제5번', 코플랜드 '엘살롱 멕시코', 로이 해리스 '교향곡 제3번', 번스타인 '캔디드 서곡' 등으로 꾸몄다.

베를린은 카라얀이 지휘하는 베를린 필하모닉 오케스트라가 건재한 도시여서 음악에 굶주린 것도 아니었지만 소련과 맞서고 있는 서베를린 시민들에 대해 전적으로 지지할 것임을 보여준 것이기에 청중은 뜨거운 박수갈채를 보냈다. 번스타인은 렉처 콘서트에서 "독일인만 독일 음악을 연주할 수 있다고 생각하는 것은 어리석은 일"이라고 말했다.

'베를리너 모르겐포스트'지는 공연이 끝난 뒤 이렇게 썼다. "최고의 음악가들이 종종 최고의 외교관 역할을 한다. 외국 청중 앞에 설 때는 아무런 불신이나 선입견, 인신공격도 찾아볼 수 없다. 사람과 사람 사이를 이어주는 직선 도로와 모두가 이해할 수 있는 언어만 존재할 뿐이다."[240]

1989년 11월 9일 베를린 장벽이 무너진 직후에도 번스타인은 베를린으로 날아갔다. 12월 24일 성탄절 이브에는 서베를린 지역의 필하모니, 이튿날에는 동베를린 지역의 콘체르트하우스에서 베토벤 교향곡 제9번 '합창'을 지휘했다. 4명의 독창자, 뮌헨 바이에른 방송합창단과 동베를린 방송합창단, 드레스덴 필하모닉 소년소녀합창단 등 3개의 합창단과 함께 호흡을 맞춘 교향악단은 뮌헨 바이에른 방송 교향악단, 드레스덴 슈타츠카펠레, 상트페테르부르크 마린스키 극장 오케스트라, 뉴욕 필하모닉, 파리 오케스트라, 런던 심포니 오케스트라 등 제2차 세계대전 참가국 출신 단원들로 구성했다. 베를린을 분단 도시로 만든 제2차 세계대전 같은 전쟁의 비극이 더 이상 있어서는 안 된다는 음악적 다짐이다. 4악장의 가사도 '환희Freude' 대신에 쉴러의 원래 의도대로 '자유Freiheit'로 바꿨다.

제2차 세계대전이 끝난 뒤 독일에 나치의 망령이 채 가시기도 전에 아이작 스턴, 블라디미르 호로비츠, 아르투르 루빈스타인 등이 아직 독일 연주를 거부하고 있을 때 번스타인은 이스라엘 정부수립 4일 전인 1948년 5월 10일 뮌헨 근교 란츠베르크 암레히에서 나치수용소 생존자 17명으로 구성된 체임버 오케스트라를 지휘했다. 프로그램은 베버의 '자유의 사수 서곡', 비제의 '아를의 여인' 중 '미뉴에트'와 '파랑돌', 푸치니 '토스카'와 베르디 '리골레토' 중 아리아, 거슈윈의 '랩소디 인 블루' 등이었다.

모스크바에서 이산가족 상봉한 첼리스트

　헝가리 태생의 지휘자 조지 셀이 클리블랜드 오케스트라 음악감독으로 취임한 것은 1946년의 일이다. 이 교향악단을 미국 최고의 오케스트라로 만드는 게 목표였다. 더 나아가 유럽의 명문 교향악단과 어깨를 나란히 할 수 있는 실력을 갖추고 싶었다. 클리블랜드 오케스트라는 1957년 첫 유럽 순회공연을 다녀왔다. 미국 국무부의 후원으로 40일간 벨기에, 영국, 독일, 스페인, 포르투갈, 프랑스, 오스트리아, 폴란드, 네덜란드 등 9개국 22개 도시에서 20명의 작곡가의 33곡을 연주했다. 공산권 국가인 폴란드의 바르샤바, 포츠난, 카토비체 등을 방문했지만 소련 국경을 넘지는 못했다. 셀이 오페라 지휘자로 활동한 프라하도 방문할 예정이었으나 순회공연 출발 1주일 전에 체코 당국이 갑자기 비자 발급을 취소해버렸다.

　1963년 7월 미 국무부는 클리블랜드 오케스트라와 피츠버그 심포니 오케스트라를 1965년 유럽에 친선대사로 보내기로 했다. 클리블랜드 오케스트라의 일정은 소련과 동유럽 중심이었고 피츠버그 심포니는 에딘버러, 루체른, 잘츠부르크 등 서유럽의 유명 페스티벌에 참가하는 게 주목적이었다. 1935년 상트페테르부르크 필하모닉 오케스트라를 객원 지휘하기 위해 소련을 방문한 바 있는 셀은 클리블랜드 오케스트라와 피츠버그 심포니의 역할을 바꿨으면 했다. 셀은 러시아어는 물론 스칸디나비아 3국의 말은 한 마디도 못하지만 영어, 프랑스어, 독일어, 이탈리아어 등은 유창하게 구사했고 네덜란드어도 좀 할 줄 알았다. 클리블랜드 오케스트라의 사무국 직원들도 대부분 프랑스어와 독일어 회화에 능통했다. 하지만 예정대로 피츠버그 심포니가 1964년 서유럽과 중동 순회공연을 다녀왔다.[241]

1965년 4월 13일 클리블랜드 홉킨스 국제공항에서 런던을 경유해 모스크바로 떠나는 보잉 707 팬암 전세기가 출발했다. 비행기에는 클리블랜드 오케스트라 단원 117명과 스태프, 가족 등을 포함해 123명이 탑승했다. 소련 순회공연을 시작으로 헬싱키, 베르겐, 프라하, 빈, 암스테르담을 방문해 10주 동안 모두 44회 공연하는 강행군이었다. 모스크바에서의 첫 공연은 낯선 환경과 시차에 적응하기 위해 4월 16일로 잡았다.

베트남 전쟁 때문에 미국과 소련의 관계가 다소 껄끄러운 시기였지만 투어 내내 정치적인 마찰이나 잡음은 생기지 않았다.[242] 클리블랜드 오케스트라의 유럽 순회공연을 후원한 미 국무부에서 파견되어 투어 내내 함께 다닌 호송 직원이 단원들에게 사전 교육을 단단히 해놓았기 때문이다.[243]

- 반소비에트 물품을 소지하지 말 것

- 녹음기를 휴대하지 말 것

- 철도나 공항, 군사시설을 사진으로 촬영하지 말 것

- 암시장에서 물건을 팔거나 사지 말 것

- 모든 서신은 검열되며 본국과의 전화 통화는 거의 불가능함

-소련의 반유대주의에 관한 자료를 수집하지 말 것. 유대인에게 전혀 도움
  이 되지 않을 뿐만 아니라 잘못하면 곤욕을 치를 수 있음

- 여자 꽁무니 따라다니다가는 애를 먹을 수 있음

- 미국은 왜 조지 링컨 록웰 같은 신나치주의자를 투옥하지 않는지 질문을
  받을 수 있으니 대답을 신중히 할 것

- 보수적인 옷차림을 권함

- 여성이 공공장소에서 느슨한 옷을 입으면 문화적 소양이 부족한 것으로
  오해받을 수 있음

- 소련에서는 현지 미용실을 이용하지 말 것. 헤어스타일이 유행에 뒤떨어
  진 데다 스프레이에 광택제가 너무 많이 포함되어 있음

4월 16일 모스크바 음악원홀에서 열린 첫 공연에서 클리블랜드 오케스트
라는 베를리오즈 '로마의 카니발 서곡', 바버 '피아노 협주곡', 슈베르트 '교
향곡 제7번'을 연주했다. 미국 교향악단이 소련 땅에서 연주한 것은 1959년
뉴욕 필하모닉에 이어 6년 만의 일이었다. 런던에서 갈아탄 비행기에서 아
직 화물이 도착하지 않아 모스크바 필하모닉 오케스트라 단원들의 연주복을
빌려 입었다. 20회의 커튼콜과 네 곡의 앙코르 연주가 끝났는데도 모스크바
청중이 브라보를 외쳐댔지만 더 이상 앙코르 요청을 받아들일 수 없었다. 유
대계 단원 35명이 모스크바 주재 이스라엘 대사관 초청으로 유월절을 지키
기로 했기 때문이다.

모스크바에서는 2주 가까이 머물면서 다섯 차례 연주했다. 이틀째 공연
에는 소련 각료평의회 주석 아나스타스 미코얀이 가족 동반으로 나타났다.
연주가 끝난 뒤 플루트와 타악기 주자들은 젊은이들이 드나드는 카페로 몰
려가 현지 재즈 뮤지션들과 밤새 즉흥연주를 펼쳤다. 노동절인 5월 1일은

원래 자유시간이었는데 조지아 문화부의 초청을 받아들여 특별 연주를 하기로 단원들이 만장일치로 결정했다.

첼로 단원 앨버트 미켈슨은 전쟁 통에 헤어졌던 여동생 엘레나를 모스크바에서 40년 만에 만났다. 그동안 적십자사를 통해 수소문했으나 생사를 도무지 알 수 없었다. 5월 9일에는 붉은광장에서 펼쳐진 제2차 세계대전 승리의 날 열병식도 관람했다. 1957년 방문이 무산되었던 프라하에서도 연주했는데 1930년 토스카니니 지휘의 뉴욕 필하모닉 이후 35년 만에 처음으로 체코슬로바키아를 방문한 미국 교향악단이 되었다.

4월 13일부터 6월 26일까지 소련, 핀란드, 스웨덴, 폴란드, 독일, 프랑스, 노르웨이, 오스트리아, 체코슬로바키아, 영국, 네덜란드를 방문한 클리블랜드 오케스트라는 미국 오케스트라 중 소련을 최장 기간 방문한 교향악단이라는 신기록도 수립했다. 캅카스 지방, 트빌리시, 예레반, 소치, 브라티슬라바를 방문한 것도 미국 교향악단으로는 최초의 일이다.

단원들은 방문 도시마다 음악원을 방문해 학생들의 연주를 들었고 소련 작곡가의 악보도 받아왔다. 브람스 교향곡 제3번과 드보르자크 '슬라브 춤곡 제3번' 등이 실린 5월 19일 상트페테르부르크 연주 실황은 멜로디아 레이블로 출시되었다. 조지 셸은 AP통신과의 인터뷰에서 "정치 관계가 나쁠 때도 제구실을 하는 것은 문화적 접촉밖에 없다. 서로를 갈라놓는 요인들이 있음에도 서로를 알아가도록 사람들을 가르쳐주고 결속하는 최고의 방법"이라고 말했다.

조지 셸은 레퍼토리에 적잖이 신경을 썼다. 모차르트, 베토벤, 브람스, R. 슈트라우스 등 자신 있는 고전과 낭만주의 레퍼토리를 골랐고 미국 음악의 우수성을 자랑하기 위해서 새뮤얼 바버의 '피아노 협주곡'과 코플랜드의 '애팔래치아의 봄'을 준비했다. 또 러시아 음악에 대한 존경심을 담아 무소륵스키의 '전람회의 그림', 프로코피예프의 '교향곡 제5번', 스트라빈스키의 '불새 모음곡'을 골랐다. 미국의 흑인 작곡가 윌리엄 그랜트 스틸William Grant Still 1895-1978의 '민주주의를 위해 목숨을 바친 유색인종 군인들을 추모하며 In Memoriam: The Colored Soldiers Who Died for Democracy 1943'를 연주해 미국이 기껏해야 자동차나 잘 만들뿐 흑인의 인권을 탄압하는 나라라는 선입견을 불식시키려고 했다. 제2차 세계대전 도중 미국작곡가연맹이 위촉해 1944년 1월 5일 아르투르 로진스키 지휘의 뉴욕 필하모닉 오케스트라가 초연한 곡이다. 클리블랜드 오케스트라의 유럽 순회공연은 미국이 물질만능주의에 빠져 악착같이 돈을 벌기 위해 권력만 탐하는 나라가 아니라 높은 수준의 문화생활을 향유할 수 있는 여건을 갖춘 나라라는 인상을 유럽에 심어주었다.[244]

만리장성을 넘은 필라델피아 오케스트라

1956년 지레 겁을 먹고 '서방 오케스트라의 첫 소련 연주'라는 기회를 포기해버린 필라델피아 오케스트라는 2년 후 유럽 순회공연의 일환으로 키이우와 모스크바에서 연주했다. 하지만 처음으로 철의 장막을 뚫은 서방 교향악단이라는 영예를 보스턴 심포니에 넘겨주어 매우 속이 상했다. 그래서 1972년 미국 교향악단 최초로 중국을 방문해달라는 저우언라이의 제안은 흔쾌히 수락했다.[245] '죽의 장막'을 처음 통과한 서방 교향악단이라는 타이틀이라도 거머쥐자는 생각이었다. 물론 저우언라이가 필라델피아 오케스트라를 지목한 것은 닉슨 대통령의 제안에 따른 것이다. 닉슨은 지휘자 유진 오먼디와 평소 잘 아는 사이였다. 오먼디는 훌륭한 음악가일 뿐만 아니라 다른 지휘자들과는 달리 한치 앞을 내다볼 수 없는 정치적 상황에서 유연하고 현명한 판단을 내릴 수 있는 인물이었다.[246]

필라델피아 오케스트라의 중국 공연은 1971년 4월 미국 탁구팀이 중국을 방문하면서 시작된 '핑퐁 외교'에 이은 음악 외교였다. 숙식과 공연 관람

제공 외에 별다른 개런티는 없었다. 왕복 항공료도 미 국무부가 부담했다. 단원 105명에 스태프 35명까지 대규모 일행이었다. 미 국무부 직원 2명과 뉴욕타임스의 음악평론가 해럴드 손버그 등 기자 5명도 함께 했다.

1973년 9월 10일부터 13일간 베이징과 상하이에서 6회 연주하는 긴 일정이었지만 미국을 대표하는 교향악단이라는 일종의 사명감으로 중국으로 향했다. 직항 노선이 없어서 필라델피아를 출발해 샌프란시스코, 호놀룰루, 도쿄, 상하이를 경유했다. 베이징 공항에는 어린이합창단이 나와서 환영곡으로 '아름다운 미국America the Beautiful'을 연주했다. 미국인들이 제2의 국가로 애창하는 노래다. 9월 12일 밤 베이징에 도착했지만 시차 적응 때문에 이틀 뒤인 14일 첫 연주를 했다.

연습이 없는 오전에는 단원들이 리더룬李德倫 1917-2001이 이끄는 베이징 중앙악단의 리허설을 참관했다. 시각장애인 얼후 연주자 후아얀준이 작곡한 '얼추안 호수에 비친 달빛二泉映月'의 관현악 편곡을 연습 중이었다. 베토벤 '교향곡 제5번' 1악장 도중 리더룬이 지휘봉을 오먼디에게 건넸다. 오먼디가 2악장부터 지휘봉을 잡고 노래를 흥얼거리면서 손짓과 표정으로만 의사소통을 했음에도 오케스트라의 사운드가 금방 달라졌다. 연습을 마친 뒤 양측은 선물을 교환했다. 오먼디는 미국 작곡가의 악보와 음반은 물론 클라리넷, 트럼펫, 플루트 등 악기를 선물했다. 중국 측에서도 전통 악기를 전달했다. 베이징의 첫날 공연에는 저우언라이 등 중국 고위층은 참석하지 못했다. 필라델피아 오케스트라가 도착하던 날 퐁피두 프랑스 대통령이 중국을 방문했기 때문이다. 초대권은 음악계 인사들과 엄선한 노동자, 농민, 군인들에게 배포되었다.[247]

오먼디는 연주곡목을 고를 때 러시아 음악, 바로크 음악은 제외하되 미국 작품을 한 곡씩 넣었다. '황허黃河'에서는 문화혁명 때 천안문 광장에서

트럭 위에서 혁명 찬가를 피아노로 연주해 살아남은 인쳉종이 협연했다. 인쳉종은 2년 후인 1975년 전국인민대회 대의원에도 추대되었다. 장칭과 내연관계라는 소문도 돌았다. '황허'는 중국 근대음악의 아버지 쉬청하이徐成海가 1939년 옌안延安에서 중국의 대자연과 항일투쟁을 내용으로 작곡한 칸타타를 1969년 피아노 협주곡으로 개작한 것이다. 문혁 당시 장칭의 권유로 인쳉종을 비롯한 중앙악단 단원 6명이 집체창작으로 완성했다. 이들은 혁명 기지로 사용했던 황허강 유역의 황토굴에 들어가서 몇 주동안 살면서 작곡에 몰두했다. 중국 공연에 따라나선 뉴욕타임스 평론가 해럴드 숀버그는 이 곡에 대해 "라흐마니노프, 하차투리안, 영화음악을 한데 버무린 타락한 중국 음악"이라고 비난했다. 인쳉종은 닉슨 대통령의 애창곡인 미국 민요 '언덕 위의 집Home on the Range'을 독특하게 편곡해 앙코르 곡으로 연주했다. 1972

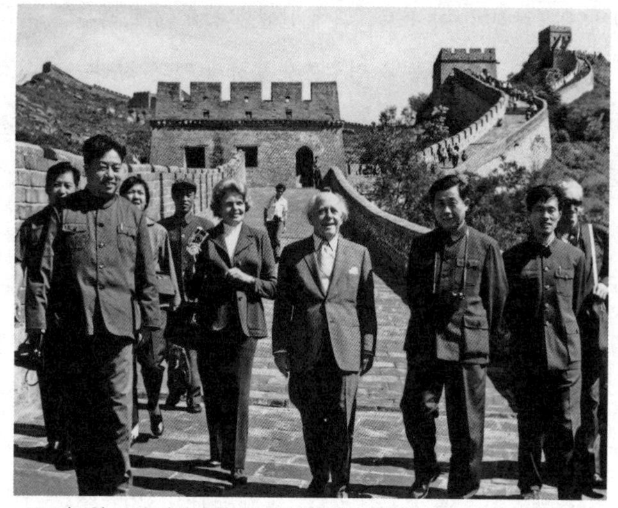

1973년 9월 18일 베이징 중앙악단 지휘자 리더룬의 안내로 만리장성에 오른 필라델피아 오케스트라 지휘자 유진 오먼디

년 2월 닉슨 대통령의 중국 방문 때도 공항 환영행사와 인민대회당 환영만찬에서 연주했던 곡이다.

클래식 음악은 다른 예술 장르에 비해 이념적 편향성이 덜한 편이지만 레퍼토리를 변경하는 일은 종종 발생한다. 뉴욕 필하모닉 오케스트라는 1984년 9월 3일 쿠알라룸푸르에서 연주할 예정이었던 블로흐의 '셸로모: 첼로와 오케스트라를 위한 히브리 랩소디'를 차이콥스키의 '바이올린 협주곡'으로 바꿨다. 이슬람 국가에서 유대계 작곡가의 음악을 연주할 수 없다는 말레이시아 정부의 권고를 받아들였다가 미국 내 유대계 지도자들로부터 나머지 공연을 전면 취소하라는 항의를 받기도 했다. 다른 곡도 조지 거슈윈, 레너드 번스타인, 애런 코플랜드 등 유대계 작곡가의 작품이었지만 '셸로모'의 부제에 등장한 '히브리'라는 단어가 말레이시아 정부의 심기를 건드린 것이다.[248]

필라델피아 오케스트라의 중국 순회공연에서도 마오쩌둥의 아내이자 문화계 실세였던 장칭姜靑이 프로그램에 간섭했다. R. 슈트라우스 '돈주앙'과 드뷔시 '목신의 오후 전주곡'을 연주하지 못하게 했다. 장칭은 베이징의 제3차 공연에 갑자기 참석하겠다며 베토벤 교향곡 제5번 대신 제6번 '전원'을 연주하라고 했다. 1972년 키신저 국무장관의 중국 방문 때 베이징 중앙악단이 연주했던 곡이다. 베토벤 교향곡 제3번과 제5번은 각각 나폴레옹과 운명론을 찬양한다는 이유에서 배제되었다.[249] 오먼디는 '전원 교향곡'을 싫어해 제5번을 고집했으나 끝내 항복하고 말았다. 중국 측은 급히 상하이에서 악보를 구해 베이징으로 보냈다. 당시 중국에는 필라델피아 오케스트라와 맞먹는 규모의 교향악단이 없어서 파트보가 충분하지 않았다. 여기저기서 모으다 보니 안 맞는 부분도 있었지만 단원들이 외워서 연주할 만큼 워낙 유명한 작품이어서 별 문제는 없었다.

중국 관리들은 단원들에게 자꾸 베토벤 교향곡 제6번 '전원'을 연주하지 않기로 했다니 참 아쉽다고 했다. 아무래도 고위층이 듣고 싶어한다는 뜻인 것 같았다. 필라델피아 오케스트라는 현지에서 악보를 구해 이 곡도 연주하기로 했다. '전원'을 연주하던 날 객석에는 마오쩌둥 주석의 부인 장칭이 앉아 있었다. 장칭은 미국이 미리 제출한 연주목록에서 베토벤 교향곡 5번 '운명'을 빼라고 했다. '운명이 문을 두드리는 것 같다'는 도입부가 미신적이라는 이유였다. 코플랜드의 발레곡 '빌리 더 키드'도 서부 개척시대 범죄자라며 금했다.[250]

공연이 끝나고 장칭이 무대로 올라와 단원들과 일일이 악수를 한 다음 오먼디에게 중국의 고악보를 선물했다. 하지만 다음날 인민일보는 레스피기의 '로마의 소나무'에 대해서는 "부르주아 작품"이자 "부패한 삶과 퇴폐적 정서의 반영"이라고 비난했다.[251]

1973년 10월 1일 닉슨 대통령은 중국 공연을 마치고 돌아온 오먼디에게 친서를 보냈다.

필라델피아 오케스트라 1973년 중국 순회공연 일정

9. 10.	필라델피아 출발. 호놀룰루에서 유진 오먼디 합류. 호주행 클리블랜드 오케스트라와 저녁 식사
9. 11.	도쿄, 상하이 경유
9. 12.	베이징 도착 후 중국 측과 세부일정 논의
9. 13.	베이징 중앙악단 환영 음악회 관람, 환영 만찬
9. 14.	우정백화점에서 쇼핑, 리허설, 베이징 제1차 연주
9. 15.	자금성 방문, 베이징중앙악단 방문 후 선물교환, 오먼디 연습 지휘, 베이징에서 제2차 연주
9. 16.	베이징 남부 집단농장 방문, 자유시간, 베이징 제3차 연주
9. 17.	이화원 관광, 여름궁전에서 서커스 관람 및 뱃놀이, 베이징 제4차 연주
9. 18.	만리장성 관광, 베이징 중앙악단 단원들과 오찬, 명십삼릉 관광, 일부 단원 호텔에서 침시술
9. 19.	핫도그, 으깬 감자, 초콜릿케익으로 조식, 항공편으로 상하이 도착, 어린이궁전 공연 관람, 환영 만찬
9. 20	상하이 시내관광. 개인 출발, 상하이 제5차 연주
9. 21.	자유시간 및 침시술, 중국 발레 '흰머리 소녀' 관람, 상하이 제6차 연주
9. 22.	중국 전통악기 연주 들으며 황푸강 유람선 관광, 상하이 출발. 도쿄, 알래스카 경유
9. 23.	필라델피아 도착

귀하가 이끄는 교향악단은 미국인과 중국인의 우호와 상호이해 증진에 기여했음은 물론 중국 청중에게 미국 문화의 우수성을 보여주었습니다. 중국의 요구에 대해 유연하게 대처했고 단원 모두가 뛰어난 문화대사의 역할을 해냈습니다. 모든 미국 국민은 여러분이 자랑스럽습니다.[252]

사실 문화혁명 이후 중국을 처음 방문한 서방 오케스트라는 런던 필하모닉 오케스트라다. 1972년 10월 알렉 더글러스 홈 외무장관이 베이징을 방문해 문화교류 증진 방안에 합의한 결과다. 중국은 국보급 문화재의 런던 전시회에 대한 보답으로 런던 필하모닉을 초청했다. 레퍼토리는 베토벤의 '교향곡 제7번', 본 윌리엄스의 '탈리스 주제의 환상곡', 드보르작의 '교향곡 제8번' 등이다.

필라델피아 오케스트라 1973년 중국 공연 레퍼토리

작곡자	연주곡목	베이징				상하이	
		9/14	9/15	9/16	9/17	9/20	9/21
바버	현을 위한 아다지오			V	V	V	
베토벤	레오노레 서곡 제3번		V				
	교향곡 제5번				V		
	교향곡 제6번			V		V	
브람스	교향곡 제1번	V					V
드보르자크	교향곡 제9번		V				
로이 해리스	교향곡 제3번						
모차르트	교향곡 제35번	V					
라벨	다프니스와 클로에 모음곡 제2번		V				
레스피기	로마의 소나무			V	V	V	
윌리엄 슈맨	뉴잉글랜드 3부작		V				
집체창작	피아노 협주곡 황허(黃河)			V	V	V	
바그너	뉘른베르크의 마이스터징어 서곡				V		
앙코르							
산페이	노동자농민행진곡	V		V		V	V
켄트 켄넌	밤의 독백				V		
존 필립 수자	성조기여 영원하라	V					V
요한 슈트라우스	아름답고 푸른 다뉴브강 왈츠		V				

1978년 캐나다 교향악단 최초로 중국을 방문한 것은 앤드루 데이비스 지휘의 토론토 심포니 오케스트라다. 1월 21일 토론토를 출발해 일본 공연을 마친 뒤 1월 28일부터 베이징에서 3회, 상하이에서 2회, 광저우에서 1회 연주했다. 사전 답사에서 교향악단 관계자가 제시한 프로그램 4개 가운데 중국 측에서 두 개를 골랐다. 베토벤과 차이콥스키가 포함된 프로그램을 하나씩 선택했다. 결과적으로 차이콥스키 교향곡 제4번, 말러 '어린이의 이상한 뿔피리', 베토벤 '교향곡 제5번', 리스트 '피아노 협주곡 제1번'을 연주했다. 베이징 중앙악단의 지휘자 리더룬은 단원들이 처음 접하는 베토벤 교향곡 중 한 곡의 리허설을 데이비스에게 맡겼다. 리더룬도 토론토 심포니 오케스트라의 리허설을 잠시 지휘했다. 단원들은 만리장성을 방문했고 상하이 공항에서는 상하이 발레단 오케스트라가 연주하는 타악기 합주로 환영을 받았다.[253]

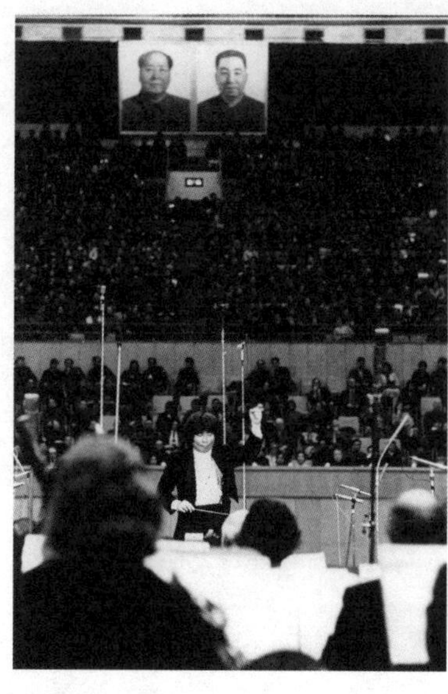

1979년 보스턴 심포니 오케스트라와 베이징 중앙악단의 합동공연을 지휘하는 오자와 세이지

보스턴 심포니 오케스트라는 1979년 3월 12-20일 중국을 방문했다. 여행 경비는 코카콜라 등 기업에서 후원했고 팬암 항공에서 왕복 항공편을 제공했다. 보스턴글로브와 CBS TV 등 13개 언론사에서 취재진을 보냈다. 3월 19일은 합동 무대를 꾸몄는데 베이징 중앙악단과 바이올린 조셉 실버스타인 보스턴 심포니 오케스트라 악장이 멘델스존 협주곡을 연주했고 보스턴 심포니는 베르디 '운명의 힘 서곡'과 비파 협주곡을 연주했다. 피날레 곡으로 두 교향악단이 함께 베토벤 '교향곡 제5번'을 연주했다. 앙코르 곡으로는 번스타인의 '캔디드 서곡', 베를리오즈 '라코치 행진곡', 중국의 발레음악 '흰머리 소녀白毛女', 수자 '성조기여 영원하라'를 준비했다.

평양의 아메리카인

냉전 시대 보스턴 심포니, 필라델피아 오케스트라에 이어 '최초'라는 타이틀을 따낸 교향악단은 뉴욕 필하모닉 오케스트라다. 2007년 7월 북한이 초청 의사를 밝혀오자 미 국무부의 만류에도 불구하고 평양공연을 강행했다. '서방 오케스트라로 북한을 처음 방문한 교향악단'이라는 영예를 얻을 수 있는 기회를 놓치기 싫었다. 뉴욕 필하모닉은 홈페이지 프로필에 '미국을 대표하는 문화대사'라고 적어놓고 있다. 뉴욕 필은 미국 교향악단 중 가장 오랜 역사를 자랑한다. 평양 공연은 2월 7일부터 3주 동안 타이베이, 가오슝, 홍콩, 상하이, 베이징, 서울을 거치는 아시아 투어의 일환이었다. 뉴욕 필하모닉 CEO로 평양 공연을 이끈 자린 메타는 뉴욕 필하모닉 오케스트라가 외국에서 연주할 때는 미국을 대표한다고 말했다.

단원들은 수행원 없이는 평양 시내 단 한 군데도 갈 수 없었다. 북한 측은 우리가 도착하자마자 성대한 만찬을 베풀어 주었다. 특별 공연도 해주었다. 8~9

세 되어 보이는 꼬마가 한국의 전통 피리로 오케스트라와 협연하는 것을 보았고 음악학교를 방문해서는 17세 학생이 가야금을 연주했다. 단원 모두가 그 소녀의 연주의 기교와 열정에 탄복해 눈물을 흘렸다. 어떤 교향악단이든 자기 나라 국경을 벗어나서 외국에서 연주하는 모든 음악회는 '문화 외교'의 범주에 넣을 수 있다고 생각한다. 뉴욕 필하모닉은 외국 공연을 할 때마다 미국을 대표하는 문화대사라는 책임과 자부심을 느낀다. 하지만 평양 연주가 문화 외교의 가장 극단적인 사례였던 것은 사실이다. 뉴욕 필이 평양에 도착하기 전까지 꽤 오랜 기간동안 미국인이 북한을 방문한 적이 없었고 북한에 상당한 반미 감정이 팽배해 있었기 때문이다. 그 결과가 언제쯤 얼마나 나타날지는 확실히 모르지만 뭔가 영향을 주었음에는 틀림없다. 1959년 레너드 번스타인이 뉴욕 필하모닉을 이끌고 소련을 방문한 것은 매우 큰 문화적 사건이었다. 뭔가 영향을 준 것도 사실이다. 철의 장막이 붕괴되기까지는 30년이 더 걸렸다. 따라서 북한에서도 이와 비슷한 일이 바로 지금 일어날 것이라고는 말할 수 없다. 하지만 북미 간의 상호 대화에 촉진제 역할을 하고있는 것은 사실이다. 뉴욕 필이 평양에 도착할 때쯤 평양 시내에 나부끼던 반미 구호와 현수막을 철거했다고 들었다. 뉴욕 필이 1959년 모스크바 공연을 한 지 딱 30년 만에 베를린 장벽이 무너졌다. 하룻밤 사이에 모든 일이 바뀌진 않는다.[254]

공연은 평양 측의 일방적 초청에 따른 것이어서 미 국무부는 재정 지원을 하지 않기로 했다. 아시아나항공이 항공편을 제공했고 MBC가 국내 생중계 방영권을 사들였다. 뉴욕 필의 평양 공연 프로그램을 보면 베이징에서 평양까지 보잉 747 항공편을 제공한 아시아나 항공을 제외하면 기업 스폰서의 이름이 하나도 등장하지 않는 것도 이 때문이다. 대신 개인 기부자의 이름이 나오는데 맨 위에 요코 나가에 체스키나Yoko Nagae Ceschina 1932-2015라는 이름이 보인다. 뉴욕 필하모닉의 평양 공연에 가장 많은 기부금을 내놓았기 때문이다. 기부금 제안도 맨 처음 해왔다. 단원 150명과 기자 80명, 무대와 악기, 악보를 담당하는 스태프, 초청인사 등 300명이 넘는 대규모 방문단의 숙식과 교통비를 거의 혼자 부담하다시피 했다. 뉴욕 필하모닉은 외국 투어 때 직접 연주하지 않는 단원도 본인이 원한다면 해외 일정에 함께 참가할 수 있다는 규정이 있다.

체스키나는 한국이나 북한과는 아무런 연고가 없지만 뉴욕 필하모닉이 평양 공연을 추진하자 도와주기로 마음 먹었다. 공연 실황을 담은 DVD에서 객석에 앉아 열심히 박수치는 그녀의 모습을 볼 수 있다.[255] 그녀는 바이올리니스트 막심 벤게로프의 열렬한 팬이었다. 벤게로프가 22세 때인 1995년 겨울 스위스의 한 호텔 방에서 폐렴으로 고생할 때 곧장 날아가서 약과 모피 코트를 사주기도 했다. 벤게로프가 2003년 150만 달러짜리 1727년산 스트라디바리 바이올린 '크로이처'를 구입할 때 금액의 절반을 희사했다. 처음엔 전액을 부담하겠다고 했지만 벤게로프가 정중히 사양했다. 체스키나는 지휘자 발레리 게르기예프에게 상트페테르부르크와 런던을 오고 갈 수 있도록 전용 비행기를 사주기도 했다. 뉴욕 카네기홀, 이스라엘 필하모닉 오케스트라, 이스라엘 국제 하프 콩쿠르, 미국 국립 청소년 오케스트라에도 지원을 아끼지 않았다. 상트페테르부르크 마린스키 콘서트홀 건립 자금도 보탰다.

그녀는 일본 구마모토 태생으로 도쿄예대에서 하프를 전공한 뒤 이탈리아로 유학을 떠났다. 베네치아의 한 카페에서 25세 손위의 이탈리아인 갑부 렌조 체스키나 백작을 만나 교제하다가 1977년에 결혼했다. 5년 후 남편이 75세로 세상을 떠나자 1억 9,500만 달러 상당의 유산을 물려받아 음악 후원에 매진해왔다. 남편의 유일한 피붙이인 조카가 유산 상속에 관한 유언장의 서명이 위조라며 법원에 제소했지만 10년 만에 서명이 가짜가 아님이 밝혀

졌다.[256]

　뉴욕 필은 2008년 2월 25일 아시아나 특별기 1004편으로 평양 순안공항에 도착했다. 공항에는 송석환 문화성 부상이 영접을 나왔다. 지휘자 로린 마젤은 거슈윈의 '파리의 아메리카인'에 빗대 "평양의 미국인An American in Pyongyang으로 양국의 문화교류 증진에 도움이 되기를 바란다"는 도착 성명을 발표했다. 일행은 양각도 호텔에 여장을 풀자마자 만수대예술극장으로 이동해 부채춤, 물동이춤, 쟁강춤 등 북측에서 마련한 공연을 관람했다. 인민문화궁전에서는 환영 만찬이 열렸다. 26일 오후 6시 동평양대극장1,500석에서 북한과 미국 국가에 이어 바그너, 드보르작, 거슈윈 등을 연주했다. 북한은 조선국립교향악단의 전용홀인 모란봉극장을 공연 장소로 제안했지만 사전 답사에 나선 뉴욕 필하모닉 스태프가 동평양대극장을 택했다. 평양시 대동강 구역 청류동에 위치한 이 극장은 1989년 제13차 세계청년학생축전에 맞춰 개관했다. 북한 측은 뉴욕필의 요구에 따라 음향반사판까지 교체했다. 프로그램은 북한 측과의 협의를 거쳐 결정했다. 무대를 화사한 꽃으로 장식했고 건물에는 '뉴욕교향악단 평양 공연'이라는 제목의 대형 현수막을 내걸었다. 무대 왼쪽에는 성조기, 오른쪽에는 인공기를 게양했다. 김정일 국방위원장은 참석하지 않았고 최고인민회의 상임위원회 위원장 양형섭, 외무성 미주담당 부국장 이근 등이 객석에 모습을 드러냈다. 공연은 중간 휴식 없이 1시간 47분 동안 진행되었다. '캔디드 서곡'은 레너드 번스타인 서거 이후 뉴욕 필하모닉이 세운 전통처럼 지휘자 없이 연주했다.

　북한 국가

　미국 국가

　바그너 '로엔그린' 제3막 전주곡

드보르자크 교향곡 제9번 '신세계'

거슈윈 '파리의 아메리카인'

(앙코르)

비제 '아를의 여인 모음곡' 제2번 중 파랑돌

번스타인 '캔디드 서곡'

최성환 '아리랑'

'신세계 교향곡'과 '파리의 미국인'은 1893년과 1913년에 뉴욕 필이 초연한 곡으로 둘 다 미국을 주제로 한 음악이다. 마젤은 '파리의 미국인'을 소개하면서 "언젠가는 '평양의 미국인'이라는 곡이 나올지도 모른다"고 말해 관객의 웃음을 자아냈다.

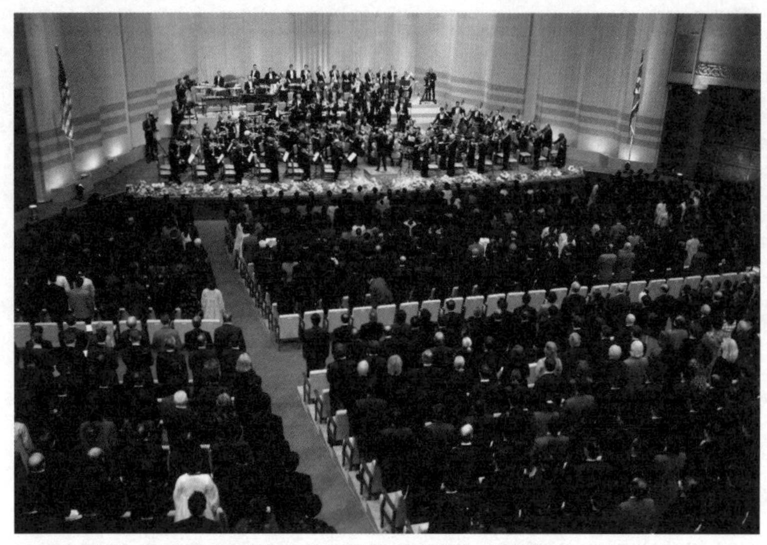

2008년 2월 26일 동평양대극장에서 북한 국기를 연주하는 뉴욕 필하모닉 오케스트라

이날 공연의 프로그램이 모두 표제음악이라는 점도 특징이다. 북한은 거의 모든 기악곡에 문학적·서사적 제목을 붙이기 때문에 이를 의식한 선곡으로 보인다.

공연 이튿날 지휘자 로린 마젤은 27일 오전 11시부터 조선국립교향악단의 바그너 '마이스터징어 전주곡', 차이콥스키 '로미오와 줄리엣 서곡' 리허설을 지휘했다. 뉴욕 필 관계자는 김원균 평양음악대학을 방문해서 음반과 오케스트라 악보, 현악기 줄 등을 기증했고 마스터클래스와 작은 음악회도 열었다. 모란봉극장에서는 뉴욕 필하모닉 악장 글렌 딕테로, 바이올린 단원 리자 김, 신디아 펠프스, 첼로 수석 카터 브레이 등 4명이 북한 연주자 4명과 함께 멘델스존의 '현악 8중주'를 연주했다.[257] 단원들은 만경대학생소년궁전에서 북한 어린이들의 춤과 노래를 감상했다.

조선일보는 1면에 "평양에 울려퍼진 '성조기여 영원하라'"[258]라는 제목으로 평양발 기사를 올렸다. 워싱턴포스트는 "1972년 미국과 중국의 역사적인 문화개방에 양국의 탁구 대표팀이 디딤돌을 놓은 '핑퐁ping-pong외교'와 비교할 만하다"며 '싱송sing-song외교'라고 칭했다.

뉴욕 필의 평양 공연은 2007년 8월 1일 뉴욕필 사무국에 북한 문화성 명의의 영문 초청장이 팩스로 도착하면서 구체화되기 시작했다. 8월 13일 오케스트라 사무국은 북한의 초청 사실을 언론에 알렸고 10월 4일 뉴욕 필하모닉 스태프는 사전답사 형식으로 평양을 방문해 모란봉 극장, 동평양대극장 등 공연장 세 곳을 둘러보았다. 북한 문화성은 같은 시기에 MBC에도 같은 내용의 공문을 보냈다.[259] 12월 11일 뉴욕 필하모닉이 북한의 공연 초청을 공식 수락했고 이듬해 1월 13일에는 뉴욕 필하모닉, MBC, 유로아츠, 아르테, CNN, ABC 관계자가 평양을 방문했다. 공연실황은 유로아츠가 촬영하여 미국의 CNN, 북한 중앙TV와 남한의 MBC TV, 중국의 SMC TV로 생중계되었고 '평양 콘서트: 뉴욕 필하모닉과 로린 마젤'이라는 제목의 DVD로 전세계에 출시되었다. 평양 도착에서부터 출발까지 모든 과정을 다큐멘터리로 제작해 함께 수록했다. 객석에는 최문순 MBC 사장, 현정은 현대아산 회장, 박성철 신원그룹 회장, 김성태 대우증권 사장, 노승숙 국민일보 회장이 모습을 드러냈다.

뉴욕 필은 평양 공연에 이어 28일 오후 1시 30분 서울 예술의전당 콘서트홀 무대에도 섰다. 국내에서 교향악단이 본 프로그램을 연주하기 전에 애국가를 연주하는 관습은 1980년대 초에 자취를 감추었지만 이날 만큼은 '애국가'와 '성조기'를 먼저 연주했다. 이어서 '에그몬트 서곡' '피아노 협주곡 제2번' '교향곡 제5번' 등 '올 베토벤' 프로그램으로 꾸몄다.

뉴욕 필의 한국계 단원 8명 가운데 실향민 부모를 둔 이산가족도 있었다. 부악장 미셸 김한국명 김미경의 부친 김정길은 평북 선천 출신으로 한국전쟁 때 월남한 다음 미국으로 건너갔다. 외가 쪽 친척들도 평양에 살고 있었다. 앙코르 곡 '아리랑'을 연주할 때는 관객들과 마찬가지로 눈물을 보이기도 했다. 그에 따르면 "뉴욕 필 단원마다 북한 사람이 한 명씩 따라다녔는데 특히 한국계 단원은 두 명이나 붙을 정도로 감시가 심했다".[260] 그는 인터뷰에서 이렇게 말했다.

북한으로 떠나기 하루 전 중국에서 북한에 오랫동안 주재하고 있는 영국 영사가 우리에게 북한에 대한 브리핑을 했어요. 미군이 칼에 찔려 죽는 포스터가 거리 곳곳에 붙어 있었는데, 우리가 들어가기 전에 모두 치워버렸대요. 나름대로 배려를 해줬던 거지요. 뉴욕에 있을 때 평양 공연이 공론화된 후 정치적 문제와 인권탄압 문제 때문에 평양 공연에 대해 불안해하던 단원들에게 크리스토퍼 힐 차관보가 직접 뉴욕까지 와서 수차례 설명회를 열어 정치적인 배경과 우리가 무엇을 해야 하는지 그리고 우리가 왜 그곳에 가야 하는지를 알려주었습니다. '정치는 배제하고 민간인 자격으로 가는 것'이라고 단원들을 안심시켰어요.…평양에 내리자마자 북측 사람들이 우리 휴대전화를 수거해갔어요. 다행히 사진기는 압수당하지 않아 저를 비롯한 우리 단원들은 사진을 많이 찍었어요.[261]

제2바이올린 부수석으로 활동 중인 리자 김한국명 김은수은 부친이 한국전쟁 참전용사다. 그는 AP통신과의 인터뷰에서 "뉴욕필의 평양 공연이 결정된 뒤 가족회의를 했는데, 아버지가 '북한은 변하지 않을 것'이라며 공연 참가에 불편한 심경을 표했다"고 했다.

뉴욕 필하모닉의 평양 공연에 대해 "외교적 승리"[262]라는 표현까지 써가면서 긍정적으로 평가한 매체도 있었지만 대체로 정치적 논란, 특히 반대 여론이 적지 않았다. 미국 북한인권위원회 공동 위원장 리처드 알렌은 뉴욕타임스 칼럼에서 프로그램 선정과정을 문제 삼았다. 북한에서 연주할 곡목이 김정일 위원장의 '허가'에 따른 것이어서 '예술적 자유'와는 거리가 멀다고 주장했다. 프로그램의 결정권은 어디까지나 뉴욕 필하모닉에 있어야 한다는 주장이다. 실제로 선곡 과정에서 북한 측의 목소리가 많이 반영된 것으로 짐작된다. '신세계 교향곡'과 '파리의 미국인'은 둘 다 '미국'을 주제로 한 음악이면서도 모두 표제음악이다. 북한은 거의 모든 기악곡에 문학적·서사적 제목을 붙인다.

'월스트리트저널'에 기고한 평론가 테리 티첫은 뉴욕 필하모닉이 "꼭두각시놀음에 가담함으로써 부도덕한 북한 체제에 정당성이라는 힘을 실어줄 뿐"이라고 비판했다. 콘돌리사 라이스 미 국무장관도 "뉴욕 필하모닉이 북한에 가는 것은 좋은 일이지만 그렇다고 해서 북한 정권이 쉽게 바뀌지는 않는다. 그들에게 드보르자크를 들려준다고 크게 변할 것은 없다"고 말했다. 공연이 끝난 뒤에도 "공연은 공연일 뿐 외교적 성공은 아니다"라고 말했다. 북한 전문가인 마커스 놀랜드는 "핵 문제가 해결될 때까지 북한에 매주 교향악단을 보낼 수도 있지만 그렇다고 해서 미국과 북한 사이의 정치적 관계를 근본적으로 개선하지는 못한다"[263]고 말했다. 유엔 주재 미국 대사를 지낸 존 볼턴은 2007년 12월 27일자 '뉴욕선' 인터뷰에서 뉴욕 필하모닉의 평양 방문은 "남한과 일본 국민을 납치하고도 적절한 해명을 내놓지 않고 아직도 테러 지원국 명단에 올라있고 핵무기 포기를 위해 한 발짝도 움직이지 않는 북한 정권을 정당화하는 결과를 낳을 뿐"[264]이라고 말했다.

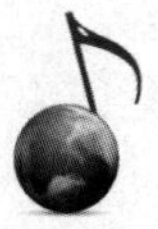

해외로 뻗어가는 음악 강국 코리아

해군함정을 타고 동남아 무대 노크한 교향악단

1957년 4월 2일 동남아 예술사절단이 인천항을 출발했다. 서울시향의 전신인 해군교향악단 64명, 합창단 30명, 무용단 4명, 해군군악대 19명, 해병대의장대 31명, 수행원 23명 등 172명으로 구성된 '반공친선 한국예술단'이다. 한국자유총연맹의 전신인 한국아세아반공연맹과 문화체육관광부의 전신인 공보실 주최로 아시아민족반공연맹APACL[265] 소속 국가와의 문화교류와 친선을 도모하고 우리 민족의 문화예술을 해외에 떨치기 위한 파견이었다. 주프랑스공사와 농림부장관을 역임한 아세아반공연맹 한국대표 공진항孔鎭恒 1900-1972이 단장을 맡았다. 예술단은 해군 전차상륙함 LST를 이용해 동남아 항구도시를 방문했다. LST는 제2차 세계대전 때 미군이 쓰던 것을 우리 해군이 원조 형식으로 제공받은 것이다. 최고 시속 27㎞에 불과해 인천에서 첫 기착지인 베트남 호찌민까지 12일이나 걸렸다. 숙식도 함정 내 군인 숙소를 이용했다. 3월 15일 출발할 예정이었으나 단원들은 LST 함정에 여장을 푼 채 인천항에서 2주일간이나 묶여있었다. 한국무용가 김백봉과

송범이 무용 단원과 레퍼토리 구성에 대해 항의하면서 출발이 늦어졌다. 그 여파로 호찌민 공연도 2주나 연기되었다. 베트남 정부가 약 1만 달러의 손해를 보고도 공연에 손을 뗄 정도였다.

호찌민, 홍콩, 타이베이 등 동남아에서 공연과 함께 반공전람회, 한국현대예술전시회, 한국의상 전시회, 한국 생산물 전시회 등을 개최했다. 한국전쟁을 소재로 한 영화 '처와 애인' 상영회도 열었다. 같은 해 2월 국내 개봉된 김성민 감독의 작품이다. 무용 프로그램은 김백봉 안무의 '부채춤' '검무' '지효至孝', 송범의 '출진出陣', 조용자의 '장고춤' '화랑무', 정인방의 '신선무' 등이다. '지효'는 효녀 심청의 이야기를 무용극으로 꾸민 소품이다. '부채춤'은 "발레의 수법과 효과를 도입하여 자칫 평면적이고 정적일 수 있는 고전무용을 입체화"[266]했다. 한편 교향악단이 연주한 프로그램은 로시니 '세미라미데 서곡', 김성태 '카프리치오', 베토벤 '교향곡 제5번', 브람스 '교향곡 제4번', 김동진 '양산도 환상곡' 등이다.

1957년 5월 14일 인천항에 무사히 도착한 예술단은 6월 1일 중앙청 야외음악당에서 귀국 공연을 열었다. 지휘자 김생려는 귀국 후 신문에 '동남아 예술순례' 르포를 연재했다.

열하루의 긴 항해를 마치고 4월 14일 오후 반공연맹 공 이사장, 장 단장 외 전시회에 참가한 한국 장교들과 손 영사의 환접을 받으며 120명의 예술단원들을 실은 LST 810함은 드디어 사이공에 입항하였다. 찌듯이 더운 일기였으나 야자수가 우거지고 붉은 꽃이 도처에 만발한 이국 정경은 더위와 피로를 잊기에 충분하였다[…] 우리가 연주하게 된 장소는 멀론 중국인 市街의 대광극장이다. 약 1,300명 수용할 수 있는 작은 극장으로 설비도 대단치 않은 곳이다. 월남반공연맹 주최 하에 사이공에서 가장 큰 극장에 예약까지 했으나 환불換

佛관계로 우리의 출발이 지연되어 할 수 없이 해약하지 않으면 안되게 되었던 것이었다[…] 사흘째부터 교향악단만은 불란서 대사관 부속 음악당에서 연주하는 영광을 가졌고 박수 소리가 달라진 청중을 상대하는 우리 단원들은 용기 백배하였다[…] 월남 부통령은 "일본인들의 악선전에 의해서 오늘날까지도 한국인의 낙후성을 믿고 있었습니다. 그런데 이 예술을 통해서[…] 내 인식이 오해였다는 것을 알았습니다"하고 말했다[…] 이것은 부통령 한 사람의 생각만이 아니었을 것이다. 우리 교포 33세대(약 150명) 중 매일같이 우리를 만나러 오고 개인적으로 초대하고 극진한 대우를 베풀어주던 우리 교포들의 일치한 말이었다. "선생님들은 외교관 100명이 50년 걸려도 안될 일을 이번 단시일에 해놓았습니다."[…] 홍콩에서부터 전염된 유행성감기로 수일간 단원의 6, 7할이 고열에 시달렸다. 열이 40도에 가까운 단원들이 픽픽 쓰러져가면서도 맡은 책임을 완수하기 위하여 헌신적으로 무대에 오르는 것을 본 나는 물론이요 주최측에서도 감격을 금치 못했다[…] 정치적인 면에서 수백 명의 외교관을 국외에 많이 파유하는 것도 필요하다. 그러나 더 효과적인 것은 예술인을 되도록 자주 해외에 파유하여 우리 한족韓族의 우수성을 인식시켜주어야 할 것이다.[267]

친선예술단의 동남아 순방은 한국전쟁 지원에 대한 감사 표시와 우호 의사전달을 위한 행사였다. 하지만 박정희 정부의 대동남아 외교 정책과 무관하지 않다. 한국전쟁 이후 미국은 공산 세력에 의한 군사적 위협을 심각하게 인식하고 한국, 필리핀, 대만 등 동아시아 국가들과 군사방위조약을 체결했다. 이승만 정부의 동아시아 안보국방 정책은 미국의 쌍무적 방위조약의 틀 내에서 한국의 안보 이익을 지키는 방향에 초점을 맞췄다. 1955년 반둥회의 이후 비동맹 중립주의적 외교 노선이 제3세계 국가를 중심으로 구체화

되었는데 이들 국가가 유엔회원국으로 가입하게 되면서 한국의 대유엔 외교
는 많은 어려움에 직면했다. 한국은 한미동맹을 중심축으로 하면서 동아시
아 지역에서 미국의 또 다른 동맹국들과 연대하여 비동맹중립 국가들의 등
장에 대처해 나갔다. 이러한 과정에서 서울시향 등 친선예술단의 동남아 방
문은 외교 무대에서 한국에 대한 호감을 높이는데 적잖은 기여를 한 것으로
보인다.[268] 한국아세아반공연맹 선전부장 이덕하는 예술사절단의 목적이 "반
공연맹 회원 상호간의 문화교류와 친목"을 위하여 "친선순방"을 통해 "우리
문화예술을 그들에게 소개하며…어디까지나 공산주의와 타협공존할 수 없
다고 굳건히 느껴진 아세아 각 민족간의 유대를 강화"하여 "반공을 통한 민
간외교의 선봉"이 되고자함을 분명히 했다.[269]

김생려 지휘의 해군교향악단이 중심이 된 동남아 순회연주는 "음악문화
교류의 대규모적인 첫 시도"[270]였다. 동남아는 전후 폐허의 잿더미를 털고 일
어나던 한국에 비해 경제적으로나 문화적으로 선진국이었다. 전쟁의 폐허만
남아있는 나라쯤으로 한국을 알고 있던 아시아인들은 한국에도 교향악단이
있다는 사실에 놀라움을 금치 못했다. 사절단은 외무부에 제출한 친선사절
단 경과보고서[271]에서 동남아 10개국 방문 소감을 요약해서 보고했는데 주
요 내용은 1)식민지 통치의 잔재 2)대일 감정의 악화 3)공산주의 위협의 증
가 4)종교적 결합의 필요성 5)인도의 지도적 입장의 쇠퇴경향 6)자원의 풍
부성과 산업의 미개성 등이었다.

동남아 친선예술사절단은 1958년에도 호찌민, 방콕, 마닐라, 홍콩, 타이
베이, 오키나와 등을 순회했다. 2월 22일 인천항을 출발하여 6개 도시를 순
회하는데 무려 52일이나 걸렸다. 이때도 해군함정 LST를 탔다. 마닐라에서
홍콩까지는 풍랑을 만나 16시간이 걸렸다. 제1차 사절단과 마찬가지로 숙식
을 배 안에서 해결했다. 제2차 예술단장도 공진항이 맡았다. 예술단은 오케

스트라, 합창단, 김백봉 무용단, 국악인, 해병대군악대와 의장대 등 270명 규모였다. 단원들은 항해 도중 갑판 위에서 레크레이션, 권투시합 등으로 지루함과 피로를 달랬고 해군 승무원들은 실탄 사격연습을 했다.[272] 3월 5일 호찌민 공연에는 김백봉 무용단, 임원식 지휘의 KBS교향악단, 소프라노 이경숙, 바리톤 오현명, 피아니스트 정순빈, 바이올리니스트 이재헌, 첼리스트 이덕희, 서울방송합창단 등이 함께했다. 해군군악대와 해군의장대도 동행했다. 공연 실황은 베트남 국영방송이 전국에 중계방송했다. 베토벤 '교향곡 제5번', 우리 민요 '도라지', 랜달 톰슨의 '알렐루야', 칼춤과 '녹음방초' 등 교향악, 합창, 무용이 어우러진 무대였다. 이튿날 베트남 대통령 관저를 예방해 특별 공연을 열었다.

방콕에서는 미국 심포니 오브 디 에어가 1953년에 다녀간 문화회관에서 한국전 참전동지회 주최로 공연했다. 필리핀에서는 마닐라 극동대학 강당에서 연주를 마치고 대통령 관저에 초대받았다. 제1차 예술단과는 달리 제2차 예술단 일행은 4월 14일 귀국길에 인천항에서 이기붕 국회의장의 영접을 받았다.[273] 주한 미국공보원은 22분짜리 다큐필름 '방콕에서 춤추는 김백봉'을 제작해 한국어 자막을 붙여 배급했다.[274] 김백봉金白峰 1927-은 한국무용의 대모로 인정받는 인물로 최승희의 수제자다.

현해탄의 파도를 넘어

NHK교향악단은 1960년 세계 순회공연을 떠나면서 고도의 경제성장기를 맞이하기 전 일본의 문화부흥을 전 세계에 알리는 것이 그 목적임을 분명히 밝혔다. 이 오케스트라가 특히 한국을 방문할 때는 정치외교적 함의가 더욱 두드러진다. 한국과 일본 간의 특수한 역사적 상황 때문이다. 1965년 한일 국교정상화 이후에도 좀처럼 가라앉지 않는 반일 감정의 여파 때문인지 해방 이후 일본 교향악단의 첫 내한공연은 1969년에야 성사된다. 1963년 1월 KBS교향악단 상임지휘자 임원식이 NHK 초청으로 도쿄 필하모닉을 지휘한데 이어 1966년 아사히나 다카시朝比奈隆 1908-2001가 일본 지휘자 최초로 KBS교향악단을 객원 지휘하면서 한일 음악교류의 물꼬를 트기 시작했지만 일본 교향악단의 한반도 상륙을 위해서는 4년이라는 시간이 필요했다. 이에 반해 서울시향은 1965년 국교 정상화 조약 서명 3개월 전에 첫 일본 순회공연을 다녀왔다.

일본의 '국립교향악단'에 해당하는 NHK교향악단은 1969년 2월 20-22일 지휘자 이와키 히로유키, 피아니스트 신수정과 함께 세 차례 서울 시민회관 무대에 섰다. '한일친선특별연주회'는 한국예술인총연합회가 초청하고 문화 공보부와 주한일본대사관이 후원하는 형식이었지만 한일 양국의 외무부가 주최한 것이나 다름없다. 공연 비용은 일본 측이 부담했다. 20일 오전 JAL 편으로 김포공항에 도착한 108명의 단원들은 곧바로 서울 동작동 국립현충 원을 참배했다. 외국 교향악단이 내한공연에 앞서 단원 전체가 국립현충원 을 방문하는 것은 매우 이례적인 일이다. 한일 국교정상화 이후 4년 만에 한 국을 처음 방문하는 일본 교향악단이어서 일본 국민을 대표해 국립현충원 을 찾았다고 해도 과언이 아니다.

21일 오전에는 가와시마 히로시 단장 등이 지휘자 임원식의 안내로 정일 권 국무총리를 예방한데 이어 김현옥 서울시장을 만났다. 단원 108명 중 여 성은 8명이었다. 한국 출신의 이원구가 튜바 수석으로 함께 왔다. 본 프로그 램에 앞서 한국과 일본 양국 국가를 연주했다. 앙코르곡으로는 드보르자크 의 '슬라브 춤곡' 제1번과 제10번을 들려주었다. 연주회 프로그램 표지에는 '일본이 세계에 자랑하는 문화사절'이라는 문구가 눈길을 끈다. 음악평론가 박용구는 이렇게 썼다.

한일친선의 문화사절로 NHK교향악단이 내한해서 그 실력을 과시했다. 전후 의 일본이 건축과 음악에서 가장 눈부신 비약을 이룩한 것으로 보아지는 만큼 세계순연巡演의 캐리아를 갖는 이 교향악단의 내연은 적절하고 의의 있는 방 문이라고 하겠다. 그러나 연주자가 알 바는 아닐망정 일본 국가 기미가요의 연 주를 우리는 착잡한 마음으로 들을 수밖에 없었고 그로서 응달이 생긴 마음은 좀처럼 담담하게 음악 속에 도취해 들어갈 수 없었던 것도 사실이다.[275]

　NHK교향악단은 일본 연주단체 중 가장 자주 내한했다. 1978년 대한민국 정부수립 30주년 축하 사절로 내한했고 1991년에는 KBS교향악단과의 상호 교환방문 행사로 서울을 찾았다. 2002년도 한일 월드컵의 해를 기념하는 상호방문 연주였다. 한중일 3국의 공영방송 사장단은 1996년 교향악단 교류 연주회를 개최하기로 합의한 바 있다. 한일 국교정상화 40주년을 맞아 2005년 5월 4일로 예정돼 있던 NHK교향악단의 내한공연이 독도 문제로 이듬해 6월로 연기된 것도 교향악단의 외국 방문이 갖는 문화외교적 의미를 잘 보여준다. 주최측인 금호문화재단에서는 "대일 국민감정이 악화된 상황에서 공연의 순조로운 진행이 어렵다고 판단"했다.[276]

　2014년 일본국제교류기금과 공동으로 NHK교향악단 내한공연을 주최한 금호문화재단 관계자는 "현재 한일관계는 몇 가지 문제로 경색된 상황에 있지만 이럴 때야말로 민간 차원의 문화교류가 활발하게 이루어져야 하며 앞으로도 문화를 통한 민간 외교에 많은 노력을 기울이고 싶다"고 말했다. 일본국제교류기금에서도 "정치와 외교 수준에서 많은 과제를 안고 있을 때는 인적, 문화적 교류가 매우 중요하다"고 말했다.[277] NHK교향악단은 음악회 서두에 세월호 참사 희생자를 추모하는 뜻에서 바흐의 'G선상의 아리아'를 연주한 뒤 단원들과 청중이 함께 묵념을 올렸다. 일본의 음악애호가 300여 명은 서울 관광을 겸해 단체 관람을 왔다.

　2015년 한일 국교정상화 50주년을 맞아 추진해온 NHK교향악단 내한공연은 우리 정부가 일본의 유엔 안전보장이사회 상임이사국 진출 저지를 공식화함에 따라 이듬해 11월로 연기했다. 해방 이후 다섯 차례 걸친 내한공연에서 NHK교향악단은 반일감정을 고려한 탓인지 프로그램에 일본 작곡가의 작품은 단 한 곡만 넣었다.

　1965년 3월 24일은 한국 교향악단이 해방 이후 처음으로 일본 땅을 밟은

NHK교향악단 내한공연

1969	한일국교정상화 4주년	베를리오즈 '로마의 카니발 서곡', 바그너 '뉘른베르크의 마이스터징어 전주곡', 모차르트 '피아노 협주곡 제27번 K.595', 스트라빈스키 '불새 모음곡', 차이콥스키 '교향곡 제5번', 브람스 '교향곡 제1번', 베토벤 '에그몬트 서곡' '교향곡 제5번' '교향곡 제6번'
1978	세종문화회관 개관	베토벤 '교향곡 제4번', 모차르트 '두 대의 피아노를 위한 협주곡 E장조 K. 466, 브람스 '교향곡 제1번'
1991	KBS 초청	모차르트 '후궁 탈출 서곡' '돈조반니 서곡' '플루트 협주곡 제1번', 베토벤 '에그몬트 서곡' '피아노 협주곡 제3번', 멘델스존 '바이올린 협주곡', 쇼스타코비치 '교향곡 제5번', 차이콥스키 '교향곡 제6번'
2002	한일월드컵	모차르트 '교향곡 제39번', 베토벤 '교향곡 제9번'
2006	금호문화재단	다케미추 토루 '3개의 영화음악', 모차르트 '피아노 협주곡 제12번 K. 414', 브람스 '교향곡 제1번'
2014	금호문화재단 일본국제교류기금	프로코피예프 '피아노 협주곡 제3번', 말러 '교향곡 제4번'
2016	한일국교정상화 50주년	모차르트 '바이올린 협주곡 제5번 K. 219', 구레츠키 '교향곡 제3번'

매우 뜻깊은 날이다. 김만복 지휘의 서울시향 단원 95명은 부산항에서 아리랑호를 타고 나흘 만에 고베에 도착했다. 교향악단 단독으로 국경을 넘은 것은 이번이 처음이다. 기차로 이세로 이동하여 첫 연주를 한 다음 27일 도쿄 히비야日比谷 공회당 무대에 섰다. 1929년 개관한 2,074석 규모의 다목적홀로 당시 도쿄의 대표적인 공연장이었다. 일본경제인협회와 국제문화교환협회가 주최하고 일본 외무성이 후원한 '한일친선음악회'였다. 같은 해 6월 22일에 한일 기본조약에 조인하고 12월 18일에 비준서를 교환했으니 서울시향의 일본 공연은 한일 국교정상화 3개월 전 현해탄에 울려퍼진 '전주곡'이었다. NHK TV가 이날 공연을 일본 전역에 생중계했다. 프로그램은 차이콥스키를 제외하면 모두 20세기 작품으로 꾸몄다. 국내 창작곡도 두 곡이나 포함했다. 김성태의 '카프리치오'가 호평을 받아 NHK교향악단이 악보 요청을 해오기도 했다. 지휘자 김만복은 모차르트나 베토벤, 브람스를 일부러 피하고 차이콥스키의 교향곡 제5번을 택한 것도 성공 요인 중 하나라고 말했다.[278]

서울시향의 해외 투어

서울시향 예술감독을 지낸 지휘자 정명훈은 2011년 유럽 순회공연에 앞서 교향악단의 해외 투어에 대해 "시험이자 도전"이라면서도 "같은 곡을 여러 차례 연주할 수 있고 각 콘서트홀이 지닌 서로 다른 음향 특성을 통해 단원들의 듣는 귀를 발달시킬 수 있는 장점이 있다"[279]고 말했다. 외국 무대에서 새로운 청중을 만난다는 것 자체가 오케스트라에게는 신선한 자극이지만 국가대표팀의 해외 원정 경기처럼 매우 부담스럽다. 그만큼 피나는 연습과 준비가 필요하다.

외국에서 무대 경험을 쌓는다는 명목으로 개런티 한 푼 없이 자비를 들여 연주하기도 한다. 물론 음향 조건이 열악한 국내 공연장을 벗어나 제대로 된 무대에서 평가를 받아보는 것도 무의미한 일은 아니다. 하지만 각 도시를 대표하는 콘서트홀을 대관하는 것 자체부터가 여간 힘든 게 아니다. 그럼에도 국내 교향악단의 해외 공연은 연주력 향상으로만 설명할 수 없는 부분이 많다. 정부나 지방자치체에서 교향악단의 해외공연에 적잖은 예산을 지원하는 것은 교향악단이 한 나라나 도시를 대표하는 상징성이 있기 때문이다. 민간 기업이 선뜻 후원에 나서는 것은 국가 이미지가 높아지면 기업의 브랜드 가치도 높아진다는 판단에서다. 그렇다면 왜 오케스트라 외교일까. 교향악단은 덩치가 큰 데다 다양한 음색의 악기가 한데 어우러져 아름다운 화음을 빚어낸다는 점에서 국가나 사회의 축소판을 떠올리게 하기 때문이다. 선진국일수록 세계적으로 훌륭한 교향악단을 보유하고 있다. 교향악단은 "바로 그 나라의 문화수준의 얼굴이요, 문화외교에서 국력의 상징으로 여겨지고 있기 때문"[280]이다.

정부나 지자체가 재정을 지원하는 경우 예산 집행이 대부분 1년 단위로 이뤄지기 때문에 준비 기간이 매우 촉박하다. 베를린 필하모니, 뉴욕 카네기홀 등 해외 유명 공연장의 시즌 공연은 2, 3년 전부터 대관 신청을 받는데 공연 한 두 달 전에 급박하게 공연장을 섭외하다보니 현지인들이 여름휴가를 떠나고 없는 오프시즌에 연주하거나 시즌 중에는 이삼류 극장을 겨우 빌려 행사를 치르는 경우가 많다. 가령 대통령의 유럽 순방에 즈음해 급박하게 공연단을 꾸려 현지를 방문하는 식이다. '전시용' 문화행정이라는 비판을 받는 것도 이 때문이다. 왕복 항공료, 숙박, 개런티 등 경비 중 일부만 현지에서 제공받고 나머지는 정부 예산으로 충당하더라도 현지 매니저의 도움을 받는다면 충분히 소기의 성과를 얻을 수 있는데도 해외 공연 자체에 의미를 두는 경우가 많다. 공연 비자가 아닌 관광 비자로 갔다가 이미 팔려나간 티켓을 환불해주는 소동을 빚기도 했다.

서울시향은 1977년 동남아 순회공연을 떠났다. 일본 공연 후 12년 만의 해외 연주였다. 5월 9일부터 24일까지 타이베이, 홍콩, 방콕, 쿠알라룸푸르, 싱가포르 등 5개 도시를 도는 일정이다. 상임지휘자 정재동과 피아니스트 백낙호, 바이올리니스트 김남윤이 호흡을 맞췄다. 나인용 '향악鄕樂의 울림',

유신 '관현악을 위한 고담古潭' 등 창작곡을 포함해 드보르자크 '교향곡 제8번', 그리그 '피아노 협주곡', 차이콥스키 '바이올린 협주곡', 베버 '오베론 서곡' 등 모두 8곡으로 구성된 프로그램 두 개를 준비했다. 한국 하면 떠오르는 것은 기껏해야 축구, 태권도, 인삼, 경제발전이었는데 '예술 한국'이라는 새로운 이미지를 창출했다.

1982년에는 첫 미국 순회공연을 다녀왔다. 10월 31일 LA를 시작으로 샌터바버라, 샌프란시스코, 호놀룰루 등 4개 도시를 방문했다. 카를로 마리아 줄리니가 지휘하는 LA 필하모닉, 아메리칸 발레시어터의 내한공연과 더불어 한미수교 100주년 기념사업이었다. 프로그램은 차이콥스키의 '로미오와 줄리엣 서곡', 시벨리우스 '교향곡 제1번', 김병곤 '관현악을 위한 소리', 라흐마니노프 '피아노 협주곡 제2번' 등. 피아니스트 백건우, 한동일이 협연자로 나섰다.

1983년 10월 28-30일로 예정된 서울시향의 홍콩 연주는 취소되고 말았다. 미얀마 "아웅산 사건 후 국내 분위기와 홍콩 지역 북괴 활동의 증가 등으로 100여 명 교향악단 단원들의 신변 안전 등의 우려"를 이유로 10월 12일 서울시가 내린 결정이다. 문공부와 외무부는 이미 매표까지 진행 중이어서 참가하는 게 좋겠다는 입장이었지만 서울시가 21일 홍콩 측에 최종적으로 불참을 통보했다. 돌이켜 보면 과민 반응 때문에 국제적 신용만 잃고 만 결과를 낳았다. 홍콩 아시아예술제는 국립무용단, 서울시립무용단이 참가해 온 국제적 행사다. 서울시향은 10월 28~29일 시티홀, 30일 야외음악당 공연을 앞두고 있었다. 주최측은 서울시향 공연을 협연자인 피아니스트 후종의 독주회로 대체했다.[281]

서울시향은 1986년 정재동의 지휘로 다시 미국을 방문했다. 이번에는 서울올림픽 홍보사절 자격이다. 워싱턴, 뉴욕, 시카고, 샌프란시스코, LA 등

5개 도시를 순회하는 일정인데 바이올리니스트 강동석이 함께 했다. 재미 한국 작곡가의 작품도 프로그램에 넣었다.

김병곤	초엽
베버	오베론 서곡
차이콥스키	바이올린 협주곡
라흐마니노프	교향곡 제2번

5월 9일 뉴욕타임스는 "한국 작곡가의 소품이 아닌 긴 곡을 듣고 싶었는데 라흐마니노프 교향곡 제2번의 긴 파도처럼 밀려오는 긴 선율선이 단원들의 감수성에 제대로 호소하지 못하는 것 같았고 날카로운 리듬 구조를 지닌 2악장이 방향감각을 잃은 1악장보다 차라리 더 나았기 때문"이라며 다소 아쉬움을 드러냈다. 다만 "뉴욕을 방문하는 미국의 지방 오케스트라와는 달리 관악 파트보다 현악 파트가 뛰어났으며 날카롭고 타악기적인 음색의 악구에서 특히 활기가 넘쳤다"[282]는 대목에서 다소 위안을 삼을 수 있을 것 같다. 서울시향의 미국 공연은 시 예산 3억원을 투자한 자비自費 연주였다. 조선일보는 청중의 3분의 1이 미국인이어서 교포 행사를 탈피했다고 썼지만 '광장'의 주미 통신원은 청중의 95%가 재미교포들로 채워져 일종의 교포 위문 공연이 되고 말았다며 아쉬움을 드러냈다.[283]

서울시향은 1988년 5월 첫 유럽 순회공연을 떠났다. 이번에도 서울 올림픽 홍보가 목적이었다. 바이올리니스트 강동석, 피아니스트 시프리엥 카차리스, 유진 인딕 등이 협연했다. 5월 5일 바르셀로나를 시작으로 파리, 제네바, 베른, 로잔, 취리히, 슈투트가르트, 프랑크푸르트, 룩셈부르크 등지에서 연주했다. 프로그램은 두 개였는데 라흐마니노프 대신에 리스트 피아노 협주곡 제2번을 연주하기도 했다. 서울시향은 1회 연주에 1만 1,000 마르크를 개런티로 받았다. 세계 정상급 교향악단의 절반에 해당되는 금액이지만 전액 자비自費 부담이 아닌 것만 해도 다행이었다.

김병곤	초엽
브루흐	스코틀랜드 환상곡
브람스	교향곡 제4번

김병곤	초엽
라흐마니노프	피아노 협주곡 제2번
시벨리우스	교향곡 제1번

서울시향이 정명훈 예술감독 취임 이후 외교 목적으로 해외 순회공연에 나선 경우는 2007년 유엔총회장 연주와 베이징 공연, 2010년 광저우 아시안 게임 문화축전 참가, 2013년 베이징 공연, 2015년 광복 50주년 기념 일본 공연과 한일 합동 연주 등이다. 하지만 2010년에도 미켈란젤리 페스티벌, 볼로냐 페스티벌, 뒤셀도르프 슈만 페스티벌, 상트페테르부르크 백야의 별 축제 등에 참가하면서 프라하와 모스크바, 상트페테르부르크를 방문해 한-체코 수교 20주년, 한러수교 20주년 기념 무대에 섰다. 한국과 유럽을 왕복하는 항공편은 외교통상부의 지원을 받고 유럽 내에서 이동하고 숙박하는 것은 현지 페스티벌의 지원을 받는 식이다. 프라하 공연은 객석의 일부를 현지 교민으로 채웠다. 무료 티켓을 제공받은 대사관에서는 선착순으로 1인당 2매, 최대 4매까지 배부했다. 2008년 11월 12일 서울시향의 오사카 공연도 전석 초대였다. 서울시향은 2010년 유럽 투어를 이탈리아에서 열린 음악제

참가로 시작했는데, 볼로냐 만초니 오디토리엄은 콘서트홀로 개조했지만 브레시아 대극장이나 베르가모 도니제티 극장은 오페라 극장이어서 스태프들이 무대 위로 악기를 옮기느라 애를 먹었다.

2011년 유럽 순회공연에 앞서 서울시향 측은 수교 기념 음악회에 참가하는 외교사절로서가 아니라 실력으로 초청받은 것임을 밝혔다.[284] 네덜란드 로베코 서머 시리즈, 그라페네크 페스티벌, 에든버러 페스티벌, 브레멘 음악제에 초청을 받은 것은 사실이다. 하지만 자세히 들여다보면 이들 페스티벌을 제외한 공연은 협찬사인 현대자동차의 유럽시장을 겨냥한 홍보 성격이 짙은 고객 사은행사였다. 현대자동차는 네덜란드, 오스트리아, 영국, 독일 등 4개국의 VIP 고객을 공연에 초청했다. 유럽 투어를 떠나기 전 서울에서 열린 공연에서도 500명의 고객을 초청했고 '현대차와 함께 하는 서울시향 유럽 투어 기념음악회'라는 타이틀까지 내걸었다. 서울시향이 방문한 현지에서는 서울시향의 연주를 배경음악 삼아 아우토반을 질주하는 현대자동차를 TV 광고로 내보냈다. 문화예술 마케팅 브랜드 'H-Art'의 일환이다.

현대차는 2010년 유럽 순회공연, 2012년 미국 순회공연도 후원했다. 현지의 VIP 고객을 초청하고 공연장 주변에 대형 배너를 설치했다. 2012년 미국 순회공연은 현대자동차의 신규 모델 출시를 홍보하는 행사였다. 시애틀에서는 제네시스의 전시공간을 따로 마련했다. 현대차가 서울시향 투어에 협찬한 것은 서울시향의 연주력과 인지도가 현대차의 기업 이미지와 브랜드 가치 제고에 도움이 된다고 판단했기 때문이다. 하지만 2015년 4월로 예정됐던 북미 투어는 서울시향의 내부 갈등과 이로 인한 서울시 지원금 감축과 기업 협찬금 감소로 취소되고 말았다. 순회공연에 따른 1억 5,000만원의 예산이 서울시 의회에서 전액 삭감되었다.

국내 교향악단이 외국 공연을 떠날 때는 한국을 대표하는 문화사절 역할을 하기 때문에 어떤 작품을 연주하는지가 매우 중요하다. 2009년 이후 서울시향이 해외 투어에서 연주한 레퍼토리를 살펴보자.

2009년 브뤼셀

진은숙   이상한 나라의 앨리스 서곡과 엉망진창 티파티

바르토크   피아노 협주곡 제3번

드뷔시   바다

라벨   라 발스

2010년 브레시아, 베르가모, 볼로냐, 베를린, 뒤셀도르프

메시앙   잊혀진 봉헌

진은숙   바이올린 협주곡(또는 생황 협주곡)

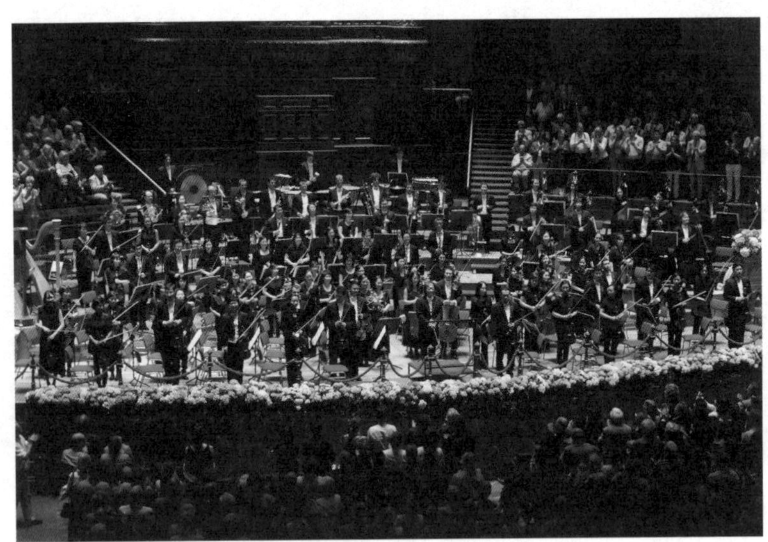

2011년 8월 19일 암스테르담 콘세르트허바우 무대에 선 서울시향

| 드뷔시 | 바다(또는 펠레아스와 멜리장드 발췌곡) |
| 라벨 | 라 발스 |

2011년 암스테르담, 그라페네크

라벨	라 발스
드뷔시	바다
차이콥스키	교향곡 제6번

2011년 그라페네크, 에든버러

메시앙	잊혀진 봉헌
진은숙	생황 협주곡
무소륵스키	전람회의 그림
(또는 차이콥스키	교향곡 제6번)

2012년 시애틀, 샌터바버라, 밴쿠버

라벨	어미 거위 모음곡
진은숙	생황 협주곡
드뷔시	바다
라벨	라 발스
(또는 스트라빈스키	불새)

2012년 로스앤젤레스

| 드뷔시 | 바다 |
| 라벨 | 라 발스 |

| 차이콥스키 | 교향곡 제6번 |

2014년 투르쿠, 메라노

베토벤	피아노 협주곡 제3번
드뷔시	바다
라벨	라 발스

2014년 런던

드뷔시	바다
진은숙	생황 협주곡
차이콥스키	교향곡 제6번

2014년 그라페네크

| 베토벤 | 피아노 협주곡 제3번 |
| 차이콥스키 | 교향곡 제6번 |

미국과 유럽 순회공연에서 서울시향이 거의 빼놓지 않고 연주한 곡은 드뷔시 '바다', 라벨 '라 발스', 진은숙 '생황 협주곡'이다. 해외투어를 통해 레퍼토리를 넓히고 연주기량을 높인다는 당초의 목적과는 거리가 먼 선곡이다. 2012년 서울시향의 라벨 연주에 대해 LA타임스는 "독주자들로 구성된 악단" 같다며 "단원들이 서로 상대방의 소리를 듣기 시작하면 끔찍할 것"이라고 평했다. 또 "차이콥스키가 비창 교향곡의 1악장 발전부의 시작에서 충격을 주려고 했다면 정명훈의 연주는 갑자기 급소를 강타하는 느낌"이라고 적었다.[285]

KBS교향악단의 외국 순회공연

국내 교향악단 가운데 서울시향이 일본을 처음 방문했다면 KBS교향악단의 전신인 국립교향악단은 1979년 국내 교향악단 가운데 처음으로 미국 땅을 밟았다. 달러 벌이에 온 나라가 전력을 기울이던 때라 적잖은 경비가 소요되는 교향악단의 해외 공연은 외화 낭비라는 비난을 들을 법도 했다.[286] 하지만 "해외홍보 강화와 함께 해외공연을 활발히 전개하여 국가 이미지 개선에 기여하겠다는 문화공보부의 방침"[287]에 따라 미국 공연이 성사되었다. 박동선 사건으로 악화된 미국인들의 감정을 누그러뜨리는 민간 외교사절 역할도 할 것으로 기대했다.[288]

국립교향악단에서는 미국 투어의 목적이 "서양음악의 본고장인 미국에서 갈채를 받자는 것이 아니라 교향악단 단원 각자가 새로운 경험으로 안목을 넓혀 한국 교향악단 발전의 새로운 자극과 계기가 되었으면 하는 것"[289] 이라며 소박한 꿈을 내비쳤다. 상임지휘자 홍연택이 이끄는 국립교향악단은 가즈코 힐리어 국제재단의 초청으로 1월 11일 미국으로 향했다. LA를 시작으로 50여 일간 뉴욕 카네기홀, 워싱턴 케네디 센터 등에서 20여회 공연했다. 애틀랜타 심포니 오케스트라 부지휘자로 있던 곽승이 홍연택을 도왔고 협연은 피아니스트 백건우, 바이올리니스트 강동석이 맡았다. 스태프 1명을 포함하여 총 102명이 장도에 올랐다. 아시아 출신 교향악단이 미국 무대에 데뷔한 것은 일본, 필리핀에 이어 세 번째다. 대관료, 홍보비, 숙박비, 국내 교통비, 악기 수송비는 초청자 측이 부담하고 서울에서 LA를 오가는 왕복 항공료와 단원들의 식비는 한국 측이 부담하는 조건이었다.

국립극장은 국립교향악단의 미국 투어를 위해 약 1억 5,000만원의 예산을 별도로 책정했다.[290] 연주 능력별 자리 배치, 불량 악기 교체, 외국 지휘자 초청 연주 등으로 음악적 내실을 다졌다. 연습도 하루 3시간에서 6시간으로 늘려 1년 전부터 철저한 준비를 거쳤다. 첫 무대인 LA에서는 현지에서 악기도 새로 구입했다. 콘트라베이스, 타악기 등 교향악단 소유의 악기를 대량 바꾼 것은 물론 바이올린, 첼로 등 개인 악기에 대해서는 연 6% 이자에 10년 이내 상환할 수 있는 조건으로 1인당 300만 원까지 구입 비용을 융자해주었다.

국립교향악단의 2월 2일 뉴욕 카네기홀 프로그램은 다음과 같다.

김성태	카프리치오
박동욱	콘트라스트
시벨리우스	바이올린 협주곡 제1번
브람스	교향곡 제4번

뉴욕타임스는 브람스 연주에 대해 악기군 사이의 음색적 대조를 더 부각할 필요가 있다고 주문했다.

금요일 저녁 카네기홀에 두 눈을 감고 앉아 있었다면 무대 위에서 연주하고 있는 교향악단의 국적이 어딘지 상상하기란 불가능했을 것이다. 사실 이 연주 단체는 뉴욕에 데뷔하는 한국의 국립교향악단이었다. 오늘날 세계 음악계에서 동양 출신의 뛰어난 음악가들이 다수 활약하고 있다는 사실을 감안한다면, 한 국에서도 서양의 교향악 전통에 충실한 오케스트라가 하나쯤 있다는 것은 그리 놀랄만한 일은 아니다. 홍연택은 브람스 교향곡 제4번과 시벨리우스 바이올린 협주곡에서 음악의 구조적 윤곽에 대한 확실한 이해와 일반적으로 요구되는 표현력을 동원하여 잘 지휘해냈다. 그러나 연주가 전적으로 완벽했다는 얘기는 아니다. 오케스트라가 너무 부드러울 정도의 동질적인 소리를 만들려고 애쓰다보니 음색의 대조가 거의 없어지고 말았다. 악기군의 개성을 상실하여 마치 단원들이 모두 두꺼운 담요 아래에서 연주하는 느낌이었다. 연주 도중 매우 멋진 순간들이 없었던 것은 아니지만 전체적으로는 너무 매끄럽다 못해

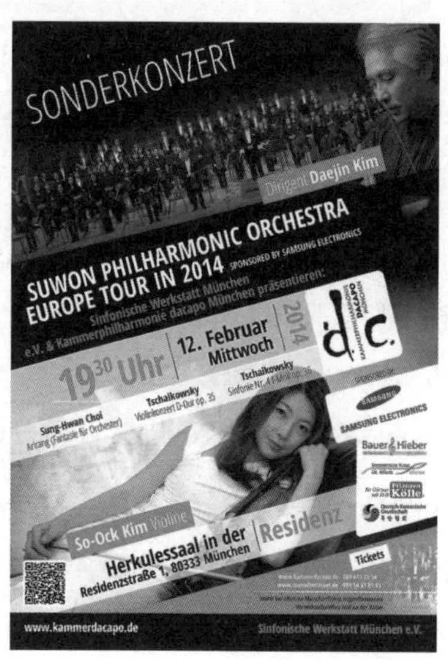

2014년 수원시향의 뮌헨 공연 포스터

맥이 빠진 느낌을 주었다.[…] 김성태의 '카프리치오'는 드보르자크를 떠올리게 하는 곡으로 팝스 콘서트에 어울릴 정도로 경쾌한 분위기였다. 타악 앙상블과 관악기를 위한 박동욱의 '콘트라스트'는 타악기 음향과 목관악기의 흐느끼는 듯한 효과를 잘 섞어 토속적인 풍미를 자아냈다. 하지만 둘 다 음악적 내용은 빈약했던 것 같다.[291]

LA 타임스는 "기초음의 화음이 빈약했고 균형이 자주 깨어졌다. 테크닉도 고르지 않았다"고 썼다. 국립교향악단은 뉴욕 카네기홀 프로그램 외에도 강석희 '들ㅎ', 파가니니 '바이올린 협주곡'(협연 강동석), 차이콥스키 '피아노 협주곡', 라흐마니노프 피아노 협주곡 제2번(협연 백건우), 라흐마니노프 '교향곡 제3번', 바그너 '리엔치 서곡' '파르지팔 서곡' '뉘른베르크의 마이스터징어 서곡' 등을 준비했다. 특히 '들ㅎ'는 '정읍사'의 가사에서 제목을 따온 관현악곡으로 박동욱 '콘트라스트'와 마찬가지로 국립교향악단이 미국 순회공연을 위해 특별히 위촉했다.

KBS교향악단은 1984년과 2000년에도 동남아를 다녀왔다. 이듬해 일본 4개 도시 순회공연은 간바라음악사무소의 초청으로 성사되었다. 1991년에는 NHK 초청으로 일본 4개 도시를 순회했다. 도쿄 NHK홀 공연 실황은 위성중계로 국내에서도 실시간으로 시청 가능했다. 첫 유럽 공연은 2005년 3월에 있었다. 본, 비스바덴, 루드비히샤펜 등 독일의 3개 도시를 돌았다. 본 베토벤홀에서 베토벤의 교향곡 제9번 '합창'을 연주했다.

KBS교향악단은 86 아시안게임 홍보사절 자격으로 1984년 11월 2일부터 10일까지 동남아 순회공연을 다녀왔다. 홍콩, 방콕, 쿠알라룸푸르, 싱가포르, 타이베이 등지에서 9회 연주했다. 프로그램은 베토벤 '에그몬트 서곡', 차이콥스키 '교향곡 제5번', 드보르자크 '교향곡 제9번', 차이콥스키 '바이올린 협주곡 제1번' 등이다. 곽승 지휘로 바이올리니스트 강동석이 협연을 맡았다. 광복 50주년과 유엔 창설 50주년을 맞은 1995년 10월 8일에는 정명훈의 지휘로 뉴욕 유엔총회장 무대에 섰다. 바이올리니스트 김영욱, 첼리스트 정명화, 소프라노 신영옥, 김덕수패 사물놀이가 협연자로 나섰다. 차이콥스키 '로미오와 줄리엣 서곡', 도니제티 '람메르무어의 루치아' 중 광란의 아리아, 베토벤 '3중 협주곡', 강준일의 '마당' 등을 연주했다.

KBS교향악단은 2016년 메라노 페스티벌과 린츠 브루크너 페스티벌에 초청을 받아 다녀온 것을 제외하면 거의가 문화외교 차원에서 외국을 방문했다. 2002년 한일 월드컵을 기해 NHK교향악단과 상호 방문 연주를 했고 2005년 베를린 아태주간 초점 국가, 프랑크푸르트도서전 주빈국으로 선정되면서 양국 정부가 제정한 '한국의 해'를 기해 독일 순회공연을 다녀왔다. 2010년에는 뉴욕 유엔총회장 연주를 계기로 함신익의 지휘로 미국 주요 도시를 돌았다.

김지영	영웅들
브루흐	바이올린 협주곡 제1번
베를리오즈	환상교향곡

김지영의 '영웅들'은 '목동牧童 아리랑 주제에 의한 에세이'라는 부제를 달고 있는데 2002년 한일월드컵 수원 경기를 위해 위촉한 팡파르를 관현악곡으로 개작한 것이다. 운동 경기장에서 응원가로 자주 사용되는 '아리랑 목동'의 후렴구를 주선율로 사용하고 있다. 10월 19일 뉴욕 카네기홀 공연이 끝난 뒤 뉴욕타임스는 관객의 대부분이 재미교포였다고 운을 뗀 뒤 베를리오즈의 '환상교향곡'에서는 몇 군데 앙상블이 깔끔하지 못한 부분을 제외하

면 대체로 합리적인 템포 설정과 빈틈없는 디테일 묘사를 보여주면서 전체

적으로 훌륭한 연주를 들려주었다고 썼다.[292]

부산시향, 대전시향, 서울팝스의 경우

곽승의 지휘로 1997년 6월 14일 부산시향은 뉴욕 카네기홀 무대에 섰다. 부산시향의 첫 미국 무대로 LA, 샌프란시스코, 워싱턴 등 4개 도시를 방문하는 일정이었다. 피아니스트 김혜정이 협연자로 나섰다. 프로코피예프 칸타타에서는 메조소프라노 김신자가 독창을 맡았고 미국 데소프 심포닉 콰이어가 출연했다.

강준일	사물놀이 협주곡 '마당'
리스트	피아노 협주곡 제1번
프로코피예프	알렉산더 네프스키 칸타타

LA 공연이 끝난 뒤 LA타임스는 여러 명의 독주자와 객원 연주자가 등장하는 프로그램은 축제성을 띤 음악 이벤트에는 적격이지만 오케스트라 본연의 소리를 듣는 데는 방해가 될 수도 있다고 지적했다. 사실상 모든 프로그

램이 협주곡 성격을 띠고 있다는 비판이다. 독주자나 합창이 없는 교향곡을 들어봐야 오케스트라의 수준을 가늠할 수 있다.[293] 뉴욕타임스는 강준일의 사물놀이 협주곡에 대해 음악에서 동서양의 진정한 만남은 "자주 성사되지도 않는데 이 작품에서도 마찬가지였다"고 평했다. 한국의 민요 선율이 번스타인의 '웨스트사이드 스토리' 같은 재즈풍의 에너지에 말려 풍의 느리고 서정적인 부분에 이르기까지 다양한 오케스트라 색채로 뒤덮여 고유의 특성을 상실하고 말았다는 것이다.[294]

하지만 동아일보는 "특히 '사물놀이패와 오케스트라를 위한 협주곡'은 동양과 서양음악이 공동의 장을 찾아 만날 수 있다는 것을 보여주는 작품이라고 평가했다"[295]며 뉴욕타임스 리뷰를 아전인수격으로 해석했다. 기사 제목도 '교향악단의 색조와 앞다투며 절묘하게 조화를 이룬 한국의 전통가락'으로 옮겼는데 '관현악의 색채와 서로 질세라 경쟁하는 한국의 민요 가락 Korean folk tunes vying with grand orchestral colors'이 더 정확한 번역이다. '절묘하게 조화를 이룬'이라는 표현은 어디까지나 국내 언론의 희망사항일 뿐이다. 그때만 해도 국내 단체의 해외공연에 대한 언론 보도는 현지와 국내의 온도차가 엄연히 존재했다.

대전시향은 2004년 6월 시애틀, 필라델피아, 볼티모어, 뉴욕 등 미국 4개 도시 순회공연을 다녀왔다. 창단 이후 첫 해외 나들이었다. 특별한 외교 행사에 즈음해 정부의 지원을 받아서 간 것도 아니고 창단 20주년을 기념하기 위해 시예산 3억 5,000만원을 들였다. 시애틀은 대전의 자매도시다. 함신익이 지휘하고 바이올리니스트 강동석이 협연자로 나섰다. 하루 연주하고 이튿날 이동하는 힘든 여정이었다. 미국 투어를 앞두고 협연자 선정에 불만을 품은 악장이 갑작스레 사표를 내는 등 어수선한 분위기에서 출발했다.

조상욱	옛날 옛적에
브루흐	바이올린 협주곡 제1번
차이콥스키	교향곡 제5번

대전시향은 토머스 더피Thomas Duffy 1955-에게 위촉한 '고향의 꿈Dreams of Home'과 브람스 '헝가리 춤곡'을 앙코르 곡으로 준비했다. 미국인들에게 제2의 국가로 불리는 '아메리카 더 뷰티풀' 과 한국민요 '아리랑'을 한데 엮은 곡이다. 재미교포와 미국 청중을 동시에 기쁘게 해주려는 선곡인 것 같았다. 하지만 비싼 작품료까지 지불하면서까지 앙코르 곡을 따로 위촉할 필요가 있었을 시애틀 '포스트 인젤리겐서'지에 리뷰가 실렸다.

베라노야 홀을 가득 메운 청중의 대부분은 아시아인이었다. 한껏 잘 차려입은 어린이들까지 데리고 나온 축하행사 같은 느낌이었다...조상욱의 '옛날 옛적

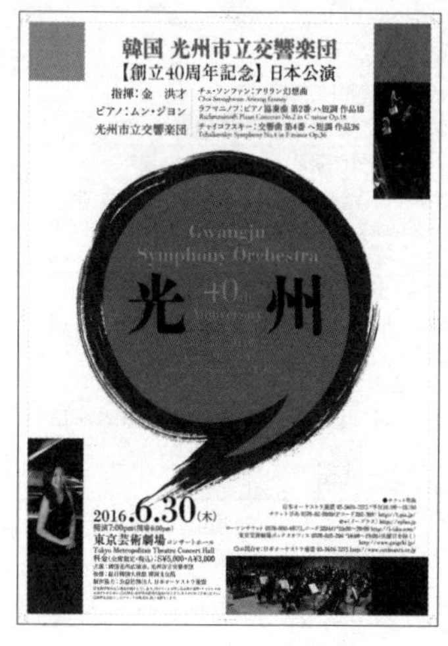

2016년 6월 30일 도쿄예술극장에서 열린
광주시향 공연 포스터.

에'는 서구적인 음악언어를 구사한 8분짜리 소품이었는데 클라리넷 독주와 우드블록으로 시작할 때는 기대를 모았으나 시간이 갈수록 독창적인 면모를 찾아보기 힘들었다.[296]

뉴욕 카네기홀 공연이 끝난 뒤 '파이낸셜 타임스'는 조상욱1969- 의 작품에 대해 "할리우드 영화음악 같은 어법이지만 5음 음계를 구사한 하찮은 신작"이라고 평했다. 차이콥스키 교향곡 제5번은 "큰 소리로 때리고 부수며"

국내 교향악단이 해외에서 연주한 창작곡

작곡자	작품명	교향악단	방문 도시(연도)
진은숙	바이올린 협주곡(2001)	서울시향	브레시아 베르가모 볼로냐 베를린 뒤셀도르프 에센 프라하 모스크바 상트페테르부르크(2010)
	생황 협주곡(2009)		브레시아 베르가모 볼로냐 베를린 뒤셀도르프 에센 프라하 모스크바 상트페테르부르크(2010) 암스테르담 에든버러 그라페네크 브레멘(2011) LA 밴쿠버 시애틀 베이징(2012) 베이징(2013) 런던(2014)
	엉망진창 티파티(2007)		브뤼셀(2009)
최성환*	아리랑(1978)	대구시향	도쿄 오사카(2010) 히로시마(2015)
		제주도향	양저우(2012)
		KBS	베이징(2013)
		수원시향	뮌헨 빈 부다페스트(2014) 린츠(2016)
		울산시향	뉴욕 밴쿠버(2015)
		광주시향	도쿄(2016)
		부산시향	방콕 콸라룸푸르 싱가포르(2016)
		대전시향	생말로 자르브뤼켄 프랑크푸르트(2017)
우종갑	영광	인천시향	대만 싱가포르 홍콩(1987)
	환상곡(1987)		로마 리예카 자그레브 베오그라드 노비사드 소피아(1990) 도쿄(2009) 빌뉴스 리가 베이징(2010) 베이징(2011)
김병곤	소리(1978)	서울시향	LA 샌프란시스코 샌터바버라 호놀룰루(1982)
	초엽(1985)		뉴욕 워싱턴 시카고 오클랜드 LA(1986) 바르셀로나 몽펠리에 보르도 파리 바젤 프랑크푸르트 루드빅스부르크 브뤼셀 룩셈부르크(1988)
김성태	카프리치오(1944)		사이공 타이베이 마닐라 방콕 프놈펜 홍콩(1957) 도쿄 이세(1965)
		KBS	뉴욕 워싱턴 도쿄(1979)
윤이상	화염 속의 천사(1995)	대구시향	도쿄(2011)
	예악(1965)	경기필	베를린(2017)
	무악(1978)	서울시향	제네바 우디네 루체른 그르노블 파리(2018)

김지영	영웅들(2002)	대전시향	도쿄 오사카(2005) 뉴욕(2010)	
강준일	사물놀이협주곡 마당(1983)	KBS	뉴욕 LA(1995)	
		부산시향	뉴욕(1997)	
이교숙	직선과 곡선(1974)	서울시향	이세(1965)	
나인용	향악의 메아리		타이베이 홍콩 콸라룸푸르 싱가포르 방콕(1977)	
유신	고담(1976)			
박동욱	콘트라스트(1976)	KBS	뉴욕 워싱턴 도쿄(1979)	
강석희	달하(1979)			
백병동	산수도(1983)	부천시향	도쿄(2002)	
전상직	크레도(2014)		뮌헨 프라하 빈(2014)	
안익태	한국환상곡(1936)	수원시향	프랑크푸르트(2004)	
조상욱	옛날옛적에(2004)	대전시향	시애틀 필라델피아 볼티모어 뉴욕(2004)	
김규태	아리랑 환상곡(2011)		뮌헨 부다페스트 프라하 빈(2012)	
김옥성*	청산벌에 풍년이 왔네(1973)	부산시향	도쿄(2008)	
서순정	유현(2007)	국립 심포니	뉴욕(2011)	
임준희	댄싱 아리랑(2009)		싱가포르(2013)	
김택수	비올라협주곡 '코오'		브라티슬라바 린츠 자그레브(2015)	
박범훈	사물놀이협주곡 신모듬(1987)	목포시향	도쿄(2012)	
김희라	나목(2010/2015)	경기필	베를린 비스바덴 자르브뤼켄(2015)	
진영민	창발(2016)	대구시향	베를린 프라하 빈(2016)	
조은화	장구 협주곡 '자연'(2014)	서울시향	모스크바 예카테린부르크(2019)	

*은 북한 작곡가

청중을 선동하는 피날레로 끝났다고 적었다.[297] 국내 언론도 아쉬움을 드러 냈다.

바이올리니스트 강동석은 고음高音과 빠른 악구에서 가끔 음정 불안을 드러 냈고 오케스트라는 일관성 없는 템포 설정으로 흐르는 맛을 반감시켰다. 차이 콥스키 교향곡에선 리듬 감각이 아쉬웠고 관악기와 현악기군의 밸런스가 부 족했다. 또 조상욱의 '옛날 옛적에'는 외국 무대에 내놓기엔 다소 미흡해 보였 다.[298]

서울팝스오케스트라는 문화체육관광부 후원으로 외국 순회공연을 자주 다녀왔다. 1995년부터 2002년까지 청와대 영빈관에서 열리는 외국 정상 환영만찬에서 연주해온 악단이다. 1993년 한흑갈등 해소를 위한 미국 순회공연, 2003년 한미우호 100주년 기념 시카고 공연에 이어 2004년 3월에는 '한미관계 우호증진을 위한 미국 10개 도시 순회공연을 다녀왔다. 한국관광공사와 주한미국상공회의소AMCHAM가 공동 주최하고 삼성전자, 현대자동차, 포스코 등이 후원했다. 문화부는 공연 프로그램에 한국문화와 관광지를 알리는 홍보문을 게재하는 조건으로 2억 원을 지원했다. 국고와 민간 협찬금을 포함해 11억원의 예산을 들인 행사였다. 하지만 3월 5일 LA 공연을 관람했다는 미국 교포가 인터넷 게시판에 올린 글 때문에 지휘자를 비난하는 댓글이 폭주했다. 지휘자 하성호가 공연 도중 무대 위에서 "미국이 최고다. 결국 음악은 미국에서 온 거다. 미국이 한국에 음악 및 다른 것을 전파해줘서 너무나 감사하다. 한국은 5000년 역사를 가지고 있지만 그게 뭐 어쨌다는 거냐. 미국은 200년 짧은 역사 동안 훨씬 많은 것을 이룩해냈다"며 "오늘 관객들은 정말 박수를 잘 친다. 한국 사람들은 박수를 안 친다. 한국은 반만년 역사 동안 한 번도 승리를 경험해보지 못 했기 때문"이라고도 했다. 지휘자는 공식 사과문에서 "스스로를 낮춰 상대방을 칭찬하고자 했던 의도가 표현력 부족과 잘못된 단어 선택으로 결과적으로 한국을 비하한 것에 대해 백번 사죄한다"고 밝혔지만 한 동안 공식 무대에 서지 못할 만큼 여파가 컸다.[299]

남북한 음악 교류

남북 문화교류에서도 이념성이 비교적 강하지 않은 음악과 무용, 전통예술 분야가 가장 활발했지만 1990년 이전에는 다분히 '대결'의 양상을 보였다. 서울예술단은 1985년 9월 21일부터 이틀간 평양대극장에서 아리랑 등 민요와 가요, 승무, 부채춤, 북소리 등을 공연했는데 북측에서는 "민족음악을 모독하고 복고주의와 사대주의가 혼탕된 혼혈음악"이라며 "이렇게 예술이 변색하고 썩을 수 있을까"라는 반응을 내놓았다. '농악무'에 대해서는 "카페나 빠에서 나체춤을 추던 사람들이 무대에 나오지 않았는가하는 생각이 든다"[300]고 평했다. 한편 평양예술단은 서울 장충동 국립극장에서 '금상선녀', '달맞이', '쟁갱춤', 가야금독주 '봄' 등을 공연했다. 남측 예술인들은 "인도의 손놀림, 소련의 발동작, 중국의 의상 등을 모방해 국적을 상실했다"며 "음악은 러시아 무곡과 중국음악이 혼합된 데다 기악이건 성악 반주건 악상이 비슷하다"[301]고 평했다.

1990년 10월과 12월 평양과 서울에서 열린 '범민족 통일음악회'는 양측의 공연예술에서 민족동질성을 재확인한 계기였다. 남과 북의 음악인들이 함께 모여 연주하는 통일음악제를 처음 제안한 사람은 재독 작곡가 윤이상이다. 1987년 9월 25일 마이니치 신문과의 인터뷰에서 38도선에서 열리는 평화음악축전을 처음 거론했고 이듬해 7월 1일 남한과 북한 정부에 공식 제의했다. 1990년 10월 18일 국악인 황병기를 단장으로 한 서울전통음악연주단이 판문점을 거쳐 북으로 향했다. 소프라노 윤이숙, 국악인 김광숙, 김월화, 오복녀, 오정숙과 김덕수패 사물놀이가 함께 했다. 24일까지 열린 음악축전에서 윤이상이 개막 연설을 했다. 12월 9-10일에는 조선음악가동맹 부위원장 성동춘이 단장으로 한 조선평양음악단이 답방 형식으로 송년 통일전통음악회에 출연했다. 리틀엔젤스는 분단 이후 최초로 순수 민간 차원에서 북한을 방문했다. 1998년 5월 4-5일 평양봉화예술극장과 7일 만경대 학생소년궁전에서 공연했다.

2000년 남북정상회담을 계기로 북한의 조선국립교향악단이 서울을 방문했다. 1946년 8월 중앙교향악단이라는 이름으로 창설된, 북한을 대표하는 악단이다. 악단 일행은 2000년 8월 18일 고려항공 편으로 서해안 직항로를 통해 인천공항에 도착했다. 광복절을 기해 공연할 예정이었으나 북한 측 사정으로 연기했다. 최고인민회의 대의원까지 지낸 김병화가 지휘봉을 잡은 조선국립교향악단은 8월 20일 KBS홀과 21일 예술의전당에서 단독 공연을 한 뒤 22일 KBS홀에서 곽승 지휘의 KBS교향악단과 합동 공연을 했다. 남측에서는 소프라노 조수미, 첼리스트 장한나, 북측에서는 소프라노 리향숙, 바이올리니스트 정연희, 테너 리영욱, 베이스 허광수 등이 협연자로 나섰다. 북측에서는 창작 관현악 '그리운 강남', 최성환 '아리랑', 독창곡 '산으로 바다로 가자' '동해의 달밤', 이건우 '동백꽃', 박민혁 작곡의 바이올린 협주곡 '사향가', 관현악 '청산벌에 풍년이 왔네' '내 고향의 정든 집' 등을 연주했다.

로시니의 오페라 '세비야의 이발사' 중 아리아도 불렀다. 첫날 북측의 단독 공연에는 정계, 언론계, 문화예술계 등 각계 초청인사가 객석을 메웠고 다음 날에 일반 관객을 맞았다. 합동 공연에서는 리영욱과 조수미가 베르디 '라 트라비아타' 중 2중창 '축배의 노래'를 불렀고 출연진과 관객이 함께 부르는 '아리랑'으로 막을 내렸다.

줄달음치듯 흥겨운 리듬으로 일관하는 민요를 관현악의 틀에 넣는 일은 야생 마 길들이기처럼 힘들다. 자칫하면 고삐 풀린 망아지처럼 음악을 쑥대밭으로 만들기 때문이다. 민요의 역동성이나 음악적 구성력을 모두 살리려면 세련된 관현악 편곡이 필수적이다. 20일 KBS홀에 이어 21일 예술의전당 콘서트홀 무 대에 선 조선국립교향악단(지휘 김병화)은 민요 가락을 관현악, 협주곡의 그 릇에 잘 담아낸 창작음악으로 단숨에 청중의 눈과 귀를 사로잡았다. 한결같이 고향과 조국의 자연을 노래한 레퍼토리는 듣는 이의 가슴을 뭉클하게 했다. 민 요 아리랑을 주제로 짙은 낭만적 서정과 애수를 곁들인 '그리운 강남'을 비롯 해 민요 '풍년가'를 장대한 관현악으로 승화시킨 '청산벌에 풍년이 왔네' 등 민 족악기를 곁들인 레퍼토리에서 일사불란한 앙상블을 한껏 자랑했다. 다소 충 동적이라고까지 할 만큼 폭넓은 다이내믹과 뉘앙스를 살려 생동감 넘치는 연 주를 들려주었다. 장새납(개량 태평소), 저대(개량 대금) 연주자들은 연주가 끝 난 후 일어나 자랑스럽게 악기를 흔들어 보이기도 했다 […] '독립군가 주제에 의한 차이코프스키, 브루흐 풍의 변주곡'처럼 들린 바이올린 협주곡 '사향가思 鄕歌'를 들려준 바이올리니스트 정연희는 탁월한 기교의 소유자는 아니었지만 안정된 호흡으로 악상을 잘 부각했다.[302]

2002년 9월 21일 추석날 저녁 평양 봉화예술극장에서 KBS교향악단과 조선국립교향악단의 합동 연주회가 열렸다. 추석 전날인 9월 20일 봉화예술 극장에서 박은성 지휘로 단독 공연을 한데 이어 이튿날에는 조선국립교향 악단과 합동 공연을 했다. 남북한 연합 오케스트라는 김병화가 지휘하는 최 성환의 '아리랑', 박은성이 지휘한 김희조 편곡의 '밀양 아리랑'을 차례로 연 주했다. 조선국립교향악단은 김호윤의 지휘, 피아니스트 김근철의 협연으 로 피아노 협주곡 '백두산의 눈보라'를 연주했다. KBS교향악단의 평양공연 은 남북한에서 TV로 생중계했다. 연주 곡목은 민요 '박연폭포', 아르디티의 '입맞춤', 채동선의 '그리워' 등 가곡과 바이올리니스트 사라장이 협연한 '타 이스의 명상곡' '카르멘 환상곡' '지고이네르바이젠' 등이다. 박연폭포는 개 성에 있는 송도삼절의 하나이고 '입맞춤'이나 '그리워'는 이산가족의 아픔을 노래하면서 민족 화합을 기원하는 내용이다. 나머지 곡목은 표제음악을 선 호하는 북한 측의 취향을 반영한 것으로 보인다.

남북 교향악단의 첫 상호방문은 1985년부터 무르익은 남북한 문화교류 에 큰 획을 그은 사건이었다. 하지만 이에 따른 막대한 경제적 비용으로 문 화교류의 취지가 무색해진 감이 없지 않다. 남북 문화교류가 정치, 군사적 긴장 완화에 도움을 준 것은 사실이지만 이 또한 북한의 외화벌이 수단으로 이용당한 측면이 없지 않다는 지적이다. 국회 자료에 따르면 KBS는 KBS교 향악단의 평양 공연을 위해 140만 달러약 17억 원를 북측에 전달했다.[303] 조선 국립교향악단의 서울 공연에 대해서는 남측 초청자인 KBS가 개런티 대신 에 TV 수상기 2만 대를 기증했다.[304] 남북한 문화교류는 정치, 군사적 긴장 완화에 도움을 주기도 하지만 반대로 정치적 상황에 많은 영향을 받기도 한 다. 따라서 지속가능한 남북 문화교류를 위해서는 문화협정 체결이 시급하 다.[305]

지휘자 정명훈도 남북 문화교류에 관심이 많다. 비무장지대에서 남북 연합 오케스트라와 함께 베토벤 교향곡 제9번 '합창'을 연주하는 게 꿈이라고 평소 입버릇처럼 말한다. 그는 1990년 평양 공연을 제안받았지만 남한 정부가 허가하지 않았다. 2006년 10월엔 평양에서 윤이상교향악단을 지휘하기로 했는데 북한의 1차 핵실험으로 취소되고 말았다. 2011년 9월에는 평양에서 은하수관현악단, 조선국립교향악단과 리허설을 한 다음 서울시향과 합동 연주를 하기로 의향서까지 교환했지만 남북관계가 경색되면서 물거품이 되고 말았다. 2012년 3월 14일 파리 살 플레옐에서는 은하수관현악단과 라디오 프랑스 필하모닉 오케스트라의 합동공연을 지휘했다. 1부의 은하수 관현악단의 단독 공연에서는 관현악 '그네뛰는 처녀' '매혹' '신아우', 민족기악 2중주 '비날론 삼천리' 등 북한 작품과 생상스의 '서주와 론도 카프리치오'를 연주했다.[306] 협연자로 나선 악장 문경진은 커튼콜 끝에 앙코르곡으로 '닐리리야'를 연주했다. 2부 합동 공연에서는 브람스 교향곡 제1번과 최성환의 '아리랑'을 연주했다. 북한의 관영 매체는 이날 은하수관현악단의 연주를 "핵무기보다 강력한 음악"[307]이라고 자평했다.[308]

세계무대로 진출하는 국악과 전통 무용

전통예술 분야에서 첫 해외 나들이의 주인공은 1950년 5월 24일 파리 사라 베르나르 극장에서 열린 국제민속예술제에 한국 대표로 참가해 무용극 '춘향전'을 무대에 올린 한국민속예술단이다. 공연장은 1,800 석 규모로 현재의 파리 시립극장Théâtre de la Ville이다. 임성남, 권여성, 조용자, 김순성, 강선영, 최희선, 한현옥, 황수련 등 무용인을 중심으로 한 33명 규모였다. 민간 주도로 추진한 해외 공연인 만큼 준비가 철저하지 못해 돌아오는 항공료가 모자라 애를 먹기도 했다. 영화제작자가 무리하게 해외 공연을 추진한 것은 이를 조건으로 15편의 외국영화 수입 쿼터를 따낸 다음 이를 다시 되파는 형식으로 경비를 조달하려고 했기 때문이다.[309]

한국민속예술단의 파리 공연은 정부의 지원이나 협조가 거의 없어 많은 문제점을 낳았다. 당시 언론은 이승만 정권의 '문화쇄국정책' 탓으로 돌렸다.

과거 이승만 독재정권은 그들의 악정이 해외에 폭로될 것을 두려워하여 민간

외교사절의 대외파견을 견제해왔으며 또한 유능한 국내외 인사의 출입국을 극도로 제한해왔었음을 부인할 수 없다...이와 같은 문화적 쇄국정책과 지식인 탄압정책은 그동안 우리 국가에 외교적 손해와 문화적 침체를 초래케했다고 하지 않을 수 없다...사라 베르나르 극장에서 공연된 우리 민속예술단의 '춘향전'은 장구한 예술의 전통을 갖는 파리 시민들로부터 절찬을 받았다고 하며 불란서의 유력한 신문인 르몽드 지도 춘향전 공연을 극구 찬양하였다고 한다. 국내에서는 그다지 중요시되지 않던 우리의 예술인들과 춘향전이 멀리 불란서에서 격찬을 받았다는 것은 우리 민족문화를 그들에게 재인식시킨 좋은 일례가 되었을 뿐만 아니라 직업적 외교관 수백 명이 수년을 두고 노력한 외교성과보다도 훨씬 큰 외교성과를 거둔 것이다.[310]

민속예술단은 1961년과 1962년에도 파리민족예술제에 참가했다. 1961년에는 박귀희, 송범, 김문숙, 권여성 등이 주축을 이루었고 1962년에는 규모가 훨씬 커졌다. 극작가 유치진이 단장을 맡고 국악인 지영희, 성금연, 한일섭, 한범수, 정오동, 김소희, 박귀희와 무용가 김백봉, 김문숙, 지성자, 이훈미, 서영희 등 내로라하는 전통예술인들이 참가했다. 5월 20일부터 파리뿐만 아니라 영국, 독일, 스위스, 이탈리아, 터키 등을 순회하는 일정이었다. 동아일보는 르몽드 6월 15일자에 실린 리뷰를 다음과 같이 소개했다.

여성만으로 구성된 서울의 민족예술단을 샤틀레 극장에서 다시 만났다. 지난해 이들은 '고요한 아침의 나라' 다운 전설적인 이야기, 소위 기생과 양반 자제와의 괴로운 사랑을 그린 극히 아름다운 작품을 보여준 바 있다. 이번의 노래와 춤은 궁중과 농촌에 퍼져있던 전통에서 예술적인 소재를 취한 대표적인 예술작품이었다. 품위와 고상함과 치밀한 짜임새를 보여주는 작품이다.[311]

국립국악원이 첫 해외공연에 나선 것은 한일 국교정상화를 1년 앞둔 1964년의 일이다. 3월 16-21일 요미우리 신문 초청으로 도쿄, 나고야, 오사카, 교토 공연을 다녀왔다. 같은 해 1월 16일에는 국악인 김성진, 김천흥, 신쾌동, 김소희, 한영숙, 지성자 등 정악과 민속악, 무용의 명인들로 구성된 삼천리가무단이 미국 순회공연을 떠났다. 미국 아시아협회 초청이다. 1월 23일 워싱턴을 시작으로 주로 대학 캠퍼스를 순회했고 4월 26-27일 뉴욕 링컨센터에서 피날레 무대를 장식했다. 판소리, 승무, 농악, 거문고 산조와 병창, 처용무, 검무 등 다양한 프로그램을 선보였다.

같은 해 8월에는 한국민속예술단 '아리랑'이 컬럼비아 아티스트 매니지먼트와 정식 계약을 맺고 미국과 유럽 순회공연을 떠났다. 1956년 동남아반공친선예술단 동남아 순회공연에서 처음 만나 결혼한 서울시향 지휘자 김생려와 무용가 권려성이 50명 규모로 창단한 이 공연단은 미국에서 '코리안 발레 앤 코러스'라는 이름으로 활동했다. 공연비, 체재비를 포함하여 매주 1만 5,000달러를 지급 받는 조건이었다. 공연은 1시간 45분짜리로 8개의 장면으로 구성했다. 김희조의 편곡으로 합창이 관현악의 현악기 역할을 맡고 피리, 대금, 가야금, 장고, 아쟁 등 국악기도 가담했다. 김생려는 해외 공연에 앞서 미국과 프랑스 매니지먼트사 대표들을 국내에 초청해 워커힐호텔에서 아리랑민속예술단 시연회를 열었다. 미국에서 김생려는 존 김, 권려성은 스텔라 권으로 통했다. 미국 공연은 한국 공연 단체로는 최초였다. "아리랑 민속예술단은 10년 동안 미국 공연을 강행했다. 공연이 많아져 귀국이 연기됐고 향수병에 걸린 단원들은 3년 계약기간이 끝난 후 교대로 귀국했다."[312] 뉴욕에서는 10월 세계 박람회에서 공연했고 11월 21일부터는 유럽 순회공연에 나섰다. 하이델베르크 대학에서 유학 중이던 안병무 목사는 공연을 보고 이렇게 썼다.

관중석은 빈자리가 많았다. 대부분이 문화교류라는 명목으로 곧잘 지나가는 아프리카나 동남아 제국의 민속가무단에서 얻은 인상과 결부시킨 호기심이 지배적이었다. 그러나 막이 열리면서부터 관중들의 자세는 아주 딴 것으로 변했다[…] 관중을 더 한층 황홀하게 한 것은 의상이었다[…] 그러나 일부 신문들은 주문이 없는 것도 아니다. 그들의 비판은 대체로 너무 서양 관중을 안중에 둔 나머지인지 하여간 서양 경음악적 요소를 너무 섞어 그 본래적인 것에 손상을 주고 있다는 것이며 한 신문은 "좀 더 대담하게 자기 본래적인 것에 자신을 가졌으면 더 좋을 뻔했다"고 찔러주었다[…] 이들은 아무런 사적인 단체나 국가적인 지원 없이 고국을 떠났을 뿐 아니라 뒤에 고난도 당했다는 것이다. 정부 당국자가 이 일행에게 친서로 "박 대통령 서독 방문을 계기로 본에서 공연해 달라"고 해서 이들은 스칸디나비아 공연의 스케줄을 1주 이상 단축하고 독일로 향하려는 마당에 아무런 해명도 또 보상도 없이 중단했다는 한 장의 전보로 뒤집어엎고 말아 막대한 경제적 손해를 받았다는 것이다.[313]

국립국악원 연주단은 1973년 첫 유럽 순회공연을 떠났다. 관악합주, 궁중무용, 가곡, 가야금산조, 승무, 탈춤 등으로 스위스, 프랑스, 독일, 이란 등 4개국 29개 도시에서 62회 공연했다. 음반 녹음과 방송 출연도 했다. 프로그램의 3분의 2를 궁중음악과 무용에 할애했는데 특히 대취타 연주가 큰 호응을 얻었다. 한국의 전통음악의 뛰어난 예술성을 세계 각국에 알려 국위를 선양할 뿐만 아니라 공식 외교관계 수립을 전후로 문화 외교사절 역할을 톡톡히 해냈다. 해외의 놀라운 반응과 찬사에 힘입어 국내에서도 국악은 어렵고 지겹고 고루한 음악일 뿐이라는 편견이 상당 부분 불식되었다.[314]

하지만 1972년부터 유럽 주재 특파원을 지낸 언론인 주섭일의 칼럼을 읽어보면 정부 주도의 문화교류에 적잖은 반성의 여지가 있음을 알 수 있다.

사정은 지금도 크게 다르지 않다.

한국의 해외 문화진출은 군사정권 시대에는 모두 일방통행식이었다. 정부가 '인권침해국'이란 나쁜 이미지를 희석시킬 필요가 있다고 판단했을 때 느닷없이 무용단 파견이다, 미술전 개최다 해서 일방적으로 결정해온 것이 문화수출 정책의 주조를 이루었다. 따라서 아무런 준비가 없었던 현지 대사관은 급파된 예술단 때문에 곤욕을 치른 경우가 비일비재했다. 공연장소를 빌릴 수 없어서 박물관 지하실이나 무명 극장을 사용한 적이 많았다. 청중 동원에 실패했음은 두말할 나위가 없었다. 파리의 경우 대사관 직원과 상사 주재원 가족, 그리고 교민들을 총동원해야 고작 수십 명의 친한파 인사들로 객석을 메울 뿐이었다. 청중은 모두 초청자라 하여 무료입장이었고 예술단원들의 항공료, 체재비, 공연장 대관료 등 막대한 경비는 정부가 부담했다. [⋯] 균형 있는 문화교류와 문화수출의 질적 향상을 위해선 군사정권의 왜곡된 문화선전을 담당했던 해외홍보 체제의 대개혁도 신한국건설에 발맞춰 적극적으로 검토돼야 할 것이다.[315]

1978년 2월 28일 서울 공간사랑에서 창단 공연을 한 원조 사물놀이패는 창단 5년 만인 1983년 11월 미국과 일본 순회공연을 다녀왔다. 미국 스미소니언 자연사박물관 초청공연이다. 사물놀이란 농악과 풍물을 꽹과리, 징, 북, 장구 등 타악기 4중주로 재구성한 국악의 새로운 장르다. 1980년대 후반부터 사물놀이의 인기는 해외에서 더 뜨거웠다. 김덕수가 이끄는 사물놀이 한울림이 외국 공연에서 받은 개런티는 1회당 1만 5,000 달러 정도로 80여회의 외국 공연으로 연간 100만 달러 정도를 벌어들였다.[316] 김덕수패 외에도 뜬쇠, 풍물놀이마당, 국립국악원팀, 두레패 등 많은 사물놀이패가 국내외 무대에서 활동 중이다. 뉴욕, LA, 베를린, 도쿄 등지에서 사물놀이 해외지부가 설립될 정도다.

1986년에는 88 올림픽을 앞두고 문화체육부 산하에 '서울예술단'이 출범했다. 가무악을 아우르는 총체예술을 표방했지만 1985년 남북이산 고향 방문 때 평양에서 평양예술단의 '피바다'를 관람한 정부 당국이 이에 필적할 만한 작품을 만들기 위해서 창단했다. '한강은 흐른다', '아리랑 아리랑', '백두산 신곡', '땅의 소리 춤' 등의 작품을 발표하면서 '한국적 소재의 창작 가무극'으로 해외무대에서 한국을 널리 알리고 있다. 1989년 가무악 '땅의 소리 춤'으로 미국 순회공연을 한 데 이어 1992년 남미 순회공연, 1995년 베니스 비엔날레 한국관 개관 경축 공연 및 이집트 공연, 동남아 순회공연을 다녀왔다.

김매자가 이끄는 창무회는 1989년 창단 직후 러시아와 동유럽 나들이를 다녀왔다. 대한무역진흥공사와 소련연방상공회의소 주최로 모스크바에서 열린 한국주간에 문화사절로 파견되어 개막 축하공연을 했다. 스태프를 포함해 34명 규모였다. 모스크바 공연을 마친 뒤 자그레브, 부다페스트, 쿠오피오, 헬싱키, 시칠리아, 런던 등지에서도 공연했다. 프로그램은 승무, 살풀이, 풍물 등 네 개의 전통 무용과 '꽃신', '어디만치 왔니', '토맥' 등 7개의 창작 무용이다. 창무예술단은 1995년 10월에는 베이징에서 열린 한국문화주간 행사에 참가했다. 1994년부터는 창무국제예술제를 개최하면서 무용 분야의 국제교류에 많은 관심을 보이고 있다.

1991년 남북한 유엔 동시 가입을 기념하기 위해 결성한 문화사절단은 이매방, 황병기, 김덕수 등 150여 명으로 구성된 사상 최대의 규모였다. 연주단 이름은 '소리패', 공연명은 '천년의 소리'였다. 미국, 러시아, 동유럽을 순회했다. 2002년 9월 23일 파리 샤틀레 극장에서 파리 가을축제Festival d'Automn à Paris가 살풀이, 태평무, 승무 등 한국의 전통춤으로 막을 올렸다. 한국을 주빈국으로 초청한 것이다. 축제의 하이라이트는 10월 7일부터 17일까지 180여 석 규모의 파리 몰리에르 극장에서 열린 판소리 다섯 바탕 완창 공연이었다. 안숙선의 '춘향가', 김수연의 '홍보가', 김일구의 '적벽가', 조통달의 '수궁가', 김영자의 '심청가' 무대가 차례로 이어졌다. 가사는 프랑스어 자막으로 볼 수 있게 했다.

정악과 민속악, 민속무용과 사물놀이가 한데 어우러진 악가무樂歌舞 형태의 옴니버스 형식의 공연에서 탈피하여 국악의 한 장르를 오롯이 무대에 올림으로써 우리 전통음악의 예술적 깊이를 보여주는 무대가 각광을 받고 있다. 해외 무대에서는 처음으로 파리에서 시작된 판소리 다섯바탕 완창 공연은 2003년 7월 16-20일 뉴욕 링컨센터 페스티벌, 8월 13-18일 영국 에든버러 페스티벌로 이어졌다. 파리 가을축제에 출연했던 명창들이 그대로 무대에 올랐다. 기획을 맡은 난장컬처스가 1년에 걸친 작업 끝에 영어 자막을 완성했다.[317]

2000년 이후 해외 무대에서 가장 규모가 컸던 국악 공연은 2015년 9월 18일 한불 상호교류의 해 개막작이자 2015-16년 파리 샤이오 국립극장 시즌 개막작으로 상연된 국립국악원 연주단의 '종묘제례악'이다. 연주자 50명, 무용수 35명이 출연한 공연 실황은 고화질 영상에 담겨 국내외에서 방영되었다. 2001년 유네스코 인류무형문화유산으로 등재된 종묘제례악의 전장全章 공연은 외국 무대에서는 처음이다.

러시아와 동구권 음악단체의 내한 러시

1980년대는 86 아시안게임, 88 서울올림픽 등 굵직한 국제행사를 계기
로 문화행사들이 풍성했다. 때를 같이 하여 1988년 예술의전당 음악당이 개
관하면서 외국 단체들의 내한공연이 더욱 활발해졌다. 1989년부터 해외여
행의 완전 자유화로 개인 자격으로 외국 공연을 떠나는 일도 훨씬 쉬워졌다.
정부에서는 북방정책의 일환으로 사회주의권 국가들과의 외교관계 개선을
위한 측면 지원의 방법으로 헝가리 등 동구권 국가와 문화협정을 체결하는
등 문화교류에 역점을 두었다.[318] 구소련과 동구권 출신의 공연단체의 내한
공연이 즐비한 가운데 국내 기획사들 간에 과다한 출혈 경쟁으로 개런티를
높이는 결과를 가져오기도 했다.

동구권과 소련 출신 공연단체들의 내한 공연의 테이프를 끊은 것은 1986
년 부다페스트 방송교향악단이다. 이에 앞서 1985년 헝가리 피아니스트 데
즈 랑키의 내한 독주회도 열렸다. 1986년 라고스 헝가리 집시 무용단도 내
한했다. 하지만 서울올림픽 문화축전에 참가하기 위해 내한한 모스크바 필

하모닉 오케스트라의 내한공연 만큼 큰 충격을 준 무대도 없었다. 드미트리 키타옌코 지휘의 모스크바 필하모닉은 올림픽 개막을 사흘 앞둔 1988년 9월 14일부터 부산과 서울에서 여섯 차례나 연주했다. 공식 수교보다 2년 앞선 문화교류였다. 키타옌코는 인터뷰에서 이렇게 말했다.

양국 간에 외교관계가 없다. 하지만 음악과 예술에 국교가 무슨 소용이 있는가. 음악세계에 국경이란 없다. 올림픽을 즈음한 이번 우리들의 공연이 한국과 소련 국민간의 접촉 교류에 크나큰 보탬이 되기를 기대한다. 음악과 문화예술의 교류가 우호와 선린의 밑거름이 된다는 것, 이것은 너무나도 정상적이고 당연한 일이다.[319]

프로그램은 베토벤, 멘델스존, 라벨을 제외하면 차이콥스키, 라흐마니노프, 글링카, 쇼스타코비치, 프로코피예프 등 러시아가 자랑하는 작품들이다.

라흐마니노프	피아노 협주곡 제2번
글린카	루슬란과 루드밀라 서곡
차이콥스키	바이올린 협주곡
차이콥스키	교향곡 제4번
차이콥스키	로미오와 줄리엣 서곡
차이콥스키	교향곡 제5번
프로코피예프	피아노 협주곡 제3번
쇼스타코비치	교향곡 제5번
멘델스존	스코틀랜드 교향곡
멘델스존	바이올린 협주곡

라벨	라 발스
베토벤	피아노 협주곡 제1번
베토벤	교향곡 제9번

모스크바 필하모닉은 첫 내한공연 후 1년 만인 1989년에도 한국을 방문해 6월 13일부터 서울과 부산에서 네 차례 연주했다. 베토벤을 제외하면 라흐마니노프, 스크랴빈, 차이콥스키 등 러시아 작품을 골랐다. 1991년에는 제일모직이 1억 7,000만 원을 들여 모스크바 필을 직접 초청했다. 기업 이미지를 높이려는 의도였는데 실황 음반을 제작해 고객 사은품으로 제공했다.

모스크바 필과 쌍벽을 이루는 상트페테르부르크 필하모닉도 유리 테미르카노프 지휘로 1990년 4월 10-15일 서울과 부산에서 네 차례 연주했다. 교향곡으로는 시벨리우스 제2번, 차이콥스키 제6번, 쇼스타코비치 제6번 등을 연주했다. 10일 세종문화회관 공연에는 노태우 대통령도 참석했다. 한국과 러시아는 같은 해 9월 10일 공식 수교를 맺었다. 이밖에도 모스크바 국립교향악단, 상트페테르부르크 심포니, 소련 국립교향악단, 볼쇼이 오페라 오케스트라, 키예프 필하모닉, 러시아 내셔널 오케스트라, 모스크바 심포니 등이 내한공연 대열에 합류했다. 1993년 차이콥스키 서거 100주기를 기해 내한한 모스크바 방송교향악단은 서곡, 협주곡, 교향곡을 모두 차이콥스키로 꾸몄다.

때를 같이 하여 1980년대 말부터 러시아 출신이 국내 교향악단의 상임지휘자 또는 수석객원지휘자로 대거 부임했다. 마크 고렌슈타인1989~91년 부산시향을 시작으로 블라디미르 킨1992~93년 부산시향, 라빌 마르티노프1996~97년 대구시향, 드미트리 키타옌코1999~2004년 KBS교향악단, 마르크 에름레르2000~02년 서울시향, 박탕 조르다니아1990~98년 KBS교향악단, 2002~04년 대구시향, 알렉산더 아니시모프2005~09년 부산시향, 니콜라이 알렉세예프2018년~ 울산시향 등이 지휘 봉을 잡았다.

서울시향과 KBS교향악단이 창단 후 70년간 정기 연주회에서 가장 자주 연주한 곡목을 작곡가별 순위로 살펴보면 베토벤, 모차르트, 차이콥스키, 브 람스, 드보르자크 등이 상위권을 차지한다.[320] 한국인은 차이콥스키 못지않 게 드보르자크를 좋아한다. 따라서 동구권과의 문화교류에서 1991년 11월 27~28일 체코 필하모닉 오케스트라의 첫 내한공연도 역사적인 무대라고 할 수 있다. 이지 벨로흘라벡의 지휘로 내한한 체코 필하모닉은 드보르자크, 스 메타나, 베토벤을 연주했다.

소련과 동유럽의 구 공산권 출신 예술단체의 내한공연은 서울 올림픽의 성공적 개최와 공산권 국가와의 경제교역 확대를 위한 교두보를 마련하기 위한 것이었다. 결과적으로 수출보다 수입이 월등히 많아 심각한 문화 역조 현상을 낳았다. 한 때 같은 단체일 경우 1년이 지나야 국내 공연을 허가하는 규정까지 생겨날 정도였다. 공산권 예술에 대한 '해금'으로 문화교류에서 선 택의 폭이 넓어진 것은 환영할 만한 일이나 특정 지역에 대한 편중 현상은 해결해야 할 문제점이다.

1988년 6월 문화부가 북한을 제외한 비수교국의 예술작품 수입개방 조치를 내린 것은 다분히 서울올림픽의 성공적 개최와 공산권 국가와의 경제교역 확 대를 위한 교두보 마련을 위한 목적을 내포하고 있었다. 지금까지 한·소 음악 교류의 저변에는 음악적, 예술적 교류보다는 정치 경제적 외교의 의미가 부각 되었다. 1988년 한 해 동안 음악상품의 수입은 45억 원에 달했고 그 규모는 해 마다 늘어나 91년에는 90년에 비해 동구권 음악수입은 2배로 늘어났다. 소련 에서는 해외 음악단체의 수입은 자제하면서도 소련 음악인들의 해외 공연출연료는 페레스트로이카 이후 서구 자본주의 사회 수준으로 상향 조정하여 지명도 있는 소련 오케스트라의 경우 최소 20만 달러 정도 지불해야 한다[…] KBS교향악단의 경우 지난 5월 초 소련 모스크바와 레닌그라드, 폴란드 바르샤바에서 공연을 갖기로 계획되어 있었으나 국고에서 경비를 충당해야 하는 현실 때문에 여론의 화살이 빗발치자 내부 사정을 이유로 들어 연주여행을 결국 취소했다. 문화역조 현상을 시정하고 소련 음악가들이 국내 무대를 '봉'으로 알고 있다는 우려를 낳지 않기 위해서는, 한·소 문화교류 협정을 조속히 체결하여 소련과의 바터제 교류방식을 채택하여 문화부가 정책적 문화수출을 강화하는 등 다각적 노력을 기울여야 한다.[321]

러시아나 동구권 출신의 악단이라고 해서 국내 교향악단보다 연주 수준이 높다는 보장은 없다. 한 달 가까이 한국에 머물면서 서울은 물론 지방 소도시까지 돌면서 국내 연주자, 심지어는 학생들에게 협연 반주를 하기 위해 내한하는 교향악단도 많았다. 상트페테르부르크 필이나 모스크바 필 등 연주력이 검증된 정상급 교향악단이 아니라면 매표보다는 협연자에게 연주 비용을 전가하는 경우가 허다하다. 협연은 물론 지휘까지 국내 연주자에게 번갈아 맡긴다. 협연자가 오케스트라에 출연료를 오히려 지급하는 형식이다. 1996년 11월 3일부터 25일까지 내한한 불가리아 바르나 심포니가 대표적이다. 1999년 6월 26일부터 7월 10일까지 서울과 지방 4개 도시를 순회한 폴란드 비니아프스키 오케스트라도 공연마다 협연자가 4명씩 출연했다.

상트페테르부르크 필하모닉, 상트페테르부르크 심포니, 러시아 내셔널 오케스트라, 마린스키 오케스트라, 모스크바 방송교향악단 등은 2년이 멀다 하고 한국을 찾고 있다. 러시아는 음악적 수준은 뛰어나지만 가난하고 우리는 정반대 입장에 있기 때문이다. 러시아 교향악단은 돈만 주면 웬만한 요구

는 다 들어주는 편이다. 상트페테르부르크 심포니는 1993년 내한공연 때 안
드레이 페트로프의 '찬송 교향곡 제1번, 제2번'을 초연했다. '주 날개 밑', '하

러시아 발레단의 내한공연

연도	발레단	레퍼토리
1988	볼쇼이	백조의 호수, 잠자는 숲속의 미녀, 스파르타쿠스 (갈라)
1989	발레스타	잠자는 미녀, 돈키호테, 백조의 호수 (갈라)
1990	볼쇼이	지젤, 백조의 호수
1991	마린스키	잠자는 숲속의 미녀, 백조의 호수
1992	페테르부르크	거장과 마르가리타, 로미오와 줄리엣, 레퀴엠
	볼쇼이	스파르타쿠스, 로미오와 줄리엣
1993	예카테린부르크	백조의 호수, 잠자는 숲속의 미녀, 호두까기 인형
	페름차이콥스키	백조의 호수, 돈키호테
	마린스키	호두까기 인형, 백조의 호수
1994	페테르부르크	돈키호테, 피노키오, 차이콥스키
	모이셰프	미체리차, 친절한 사냥꾼, 민둥산의 하룻밤
	페테르부르크	차이콥스키, 돈키호테, 피노키오
	볼쇼이	잠자는 숲속의 미녀, 백조의 호수
	러시아 국립	돈키호테, 해적, 안니 카레니나, 백조의 호수 (갈라)
	볼쇼이	잠자는 숲속의 미녀, 백조의 호수 (갈라)
1995	마린스키	백조의 호수, 신데렐라
	러시아 국립	베니스의 카니발, 진주바다, 바라바스시어터 (갈라)
1996	볼쇼이발레스타	백조의 호수, 잠자는 숲속의 미녀 (갈라)
1999	볼쇼이발레스타	지젤, 백조의 호수, 베니스의 축제, 라바야데르, 돈키호테, 루슬란과 류드밀라 (갈라)
2004	마린스키	백조의 호수
2005	볼쇼이	지젤, 스파르타쿠스
2010	마린스키	지젤, 백조의 호수
2018	볼쇼이	백조의 호수

국내 발레단의 러시아 공연

연도	장소	발레단	레퍼토리
2003	블라디보스톡	국립	백조의 호수
			하이라이트 갈라
2007	모스크바		고집쟁이 딸
	노보시비르스크		스파르타쿠스
2010	상트페테르부르크		차이콥스키: 삶과 죽음의 미스터리
			로미오와 줄리엣
2012	모스크바	유니버설	심청
		국립	스파르타쿠스
2017			브누아 드 라 당스

늘가는 밝은 길', '삼천리 반도 금수강산' 등 한국인이 즐겨 부르는 찬송가를 관현악으로 편곡했다. 10인 이상의 단체 관객에게 입장권을 할인해준 것은 다분히 교인들의 단체 구입을 염두에 둔 마케팅이다. 돈만 주면 대중가수도 러시아의 유명 악단의 반주로 녹음할 수 있다.[322]

1999년 6월 30일부터 7월 5일까지 한국피아노듀오협회 초청으로 내한한 폴란드 크라쿠프 필하모닉 오케스트라는 서울 등 5개 도시에서 단악장 형식으로 된 피아노 협주곡들만 연주했다. 1990년대에 작곡된 작품이지만 고전주의, 낭만주의 시대의 작곡 양식을 모방해 각각 15분짜리로 만들었다. 하루에 8명의 피아니스트가 차례로 무대에 올랐다. 이미 잘 알려진 협주곡 가운데 한 악장을 발췌해 연주하는 것보다 나아 보이지만 한 무대에 많은 피아니스트를 출연시키려는 주최측의 의도가 엿보이기는 마찬가지였다. 크라쿠프 필하모닉은 2000년 6월 28일 세종문화회관에서도 '10개의 창작 피아노 협주곡의 밤'을 열었는데 박재은, 이윤정 등이 작곡한 단악장 형식의 협주곡을 10명의 피아니스트가 차례로 연주했다.

1988년 볼쇼이 발레단을 시작으로 러시아 발레단의 내한공연도 러시를 이뤘다. 볼쇼이 발레단의 첫 내한 때는 '백조의 호수' '잠자는 숲속의 미녀' '스파르타쿠스'의 하이라이트를 서울에 이어 부산, 대구에서 모두 9회 공연했다. 최초의 전막 공연은 1990년의 '백조의 호수'와 '지젤'이다.

한편 국내 발레단의 러시아 공연은 2003년부터 시작되었다. 한국 출신의 발레리나들이 볼쇼이 발레단에 입단하고 러시아 출신 안무가가 국립발레단과 함께 작업하는 등 활발한 교류가 지금까지 이어지고 있다.

노래하는 문화대사 조수미

음악가나 음악단체 중에는 유난히 문화대사, 친선대사가 많다. 외교부는 2013년 가야금 연주자 황병기, 송승환 PMC 프로덕션 대표, 박현정 서울시향 대표 등을 문화외교자문위원에 위촉했다. 외국의 경우도 여성 지휘자 알롱드라 데라 파라가 멕시코 관광청의 문화대사로 활동한 바 있다. 시카고 심포니 오케스트라 음악감독 리카르도 무티는 "오케스트라는 한 도시의 문화대사"라고 말했다.

특히 세계 무대에서 한국을 대표하는 프리마돈나로 활동 중인 소프라노 조수미는 외교부 문화홍보외교사절, 국가 이미지 홍보대사, 인천아시안게임 홍보대사, 서울시 홍보대사, 부산아시안게임 홍보대사, 인천공항 명예홍보대사, 대한적십자사 친선대사, 순천만국제정원박람회 홍보대사, 평창동계올림픽유치위원회 홍보대사, 2021 광주디자인비엔날레 명예홍보대사, 창원시 명예문화대사, 함양산삼엑스포 홍보대사, 2025 부산엑스포 홍보대사 등을 지냈다. 한국을 대표하는 '문화홍보대사'로서 조수미가 수행한 역할은 그

음악가 출신 역대 유엔 명예대사

유엔기후협약 친선대사	본 베토벤 오케스트라
유엔난민기구 친선대사	바버라 헨드릭스
유엔식량기구 친선대사	리우베르투 지우
유엔 마약퇴치 친선대사	정트리오
세계보건기구 친선대사	빈 필하모닉 오케스트라
EU 문화대사	말러 체임버 오케스트라
유엔 문화이해를 위한 글로벌 옹호자	서동시집 오케스트라
유네스코 친선대사	탄둔, 장미셸 자르, 미구엘 앙헬 에스트렐라, 허비 행콕, 필리핀 마드리갈 싱어즈, 데니스 마추예프, 이보 포고렐리치, 호르디 사발, 그레이스 범브리, 플라시도 도밍고, 호세 카레라스, 후안 디에고 플로레스
유네스코 평화 아티스트	랑랑, 세르게이 마르카로프, 엘리소 볼크바제, 다닐로 페레스, 발레리 게르기예프, 헤르만 마카렌코, 조수미, 사라 브라이트만, 지우베르투 지우, 허비 행콕, 셀린 디옹, 필리핀 마드리갈 싱어즈, 블라디미르 스피바코프, 르노 카퓌숑, 서동시집 오케스트라, 베네수엘라 청소년교향악단, 평화를 위한 월드 오케스트라
유엔 평화사절	요요마, 윈튼 마살리스, 미도리, 다니엘 바렌보임, 랑랑, 스티비 원더, 앙리코 마샤스
유니세프 친선대사	정명훈, 사이먼 래틀, 베를린 필하모닉 오케스트라, 마리아 굴레기나, 막심 벤게로프, 주디 콜린스, 해리 벨라폰테

소프라노 조수미 특별공연

2000	서울	남북합동 교향악단
	스톡홀름	김대중 대통령 노벨평화상 시상식
	서울	ASEM 전야제, 잠실 올림픽주경기장 평화음악회
2002	로마	김대중 대통령 교민 초청
	서울, 인천	월드컵 전야제, 월드컵 인천경기 전야제
	부산	아시안게임 개막식
2003	밴쿠버	한-캐나다 수교 40주년
	서울	월드컵 1주년
	바티칸	한-바티칸 수교 40주년
2004	로마	한-이탈리아 수교 120주년 한-이탈리아 포럼
2005	부산	APEC 정상회담 환영 만찬
	모스크바	한러수교 15주년
2006	베를린, 파리, 런던	한불수교 120주년, 독일 월드컵, 한영상호방문의해
2008	베이징	IOC 위원 환영식, 베이징 올림픽 갈라 콘서트
2009	파리	OECD 각료이사회 기념 한국의 밤
2010	요하네스버그	2022 월드컵 유치위원회 한국의 밤
	뉴욕	유엔총회장 UNAI 개막 축하공연
	아스타나	동계 아시안게임 개막식 피날레 공연
2011	정선	평창 동계올림픽 유치성공 축하 콘서트
	서울	스티븐스 주한 미국대사 이임 환송회
	대구	세계육상선수권대회 개막식
	시드니, 오클랜드	한호 수교 50주년, 한-뉴질랜드 수교 50주년
2012	여수	엑스포 개막 전야제
	아순시온	한-파라과이 수교 50주년
	런던	올림픽 문화축제 오색찬란

연도	도시	행사
2012	부에노스아이레스	한-아르헨 수교 50주년
	키이우	한-우크라이나 수교 20주년
	빈	한오 수교 120주년
	하노이	한-베트남 수교 20주년
2014	오타와	한국전 참전용사의 날 지정 경축
	소치	동계올림픽 폐막공연
	인천	아시안게임 개막식
	사할린	한러 우호 갈라 콘서트
	밀라노	한-이탈리아 수교 130주년
	대전	교황 집전 성모 승천 대축일 미사
2015	인천	세계교육포럼
	서귀포	평화와 번영을 위한 제주포럼
	도쿄	한일 국교정상화 50주년
	뉴욕	한국전쟁 65주년 기념 울산시향 유엔본부 평화 콘서트
	모스크바	유라시아 친선 특급 및 한러수교 25주년
	베를린	광복 70주년 기념 한독 합동 오케스트라 공연
	파리	유네스코 70주년, 박근혜 대통령 프랑스 방문
2016	파리	한불 수교 130주년
2017	뉴욕	평화올림픽을 위한 메트로폴리탄 평창의 밤, 문재인 대통령 동포 간담회
	서울	평창 G-100 기념 프라이드 오브 코리아 공연
	보고타	한-콜롬비아 수교 55주년
2018	평창	평창 동계패럴림픽 개막식
	모스크바	평창 올림픽 헌정 음악회, 월드컵 기념 한러 음악회
2019	스톡홀름	한-스웨덴 수교 60주년, 대통령 스웨덴 방문
	카자흐스탄	3·1운동 100주년 기념 팝페라 콘서트
	오사카	G20 정상회담
	로마	한반도 평화를 위한 가톨릭 음악회
	바르샤바	한-폴란드 수교 30주년 KBS교향악단 유럽투어
2020	모스크바	한러 수교 30주년
	파리	한불친선 콘서트 '평화의 울림'
2021	안트베르펜	한벨수교 120주년
	자그레브	2021 한국주간
2022	경주	동아시아문화도시 경주
	과나후나토	한-멕시코 수교 60주년
	아스타나	한-카자흐스탄 수교 30주년
2023	순천	순천만국제정원박람회 개막
	빈	오스트리아 한국문화원 개원
	서울	세계지식포럼 갈라만찬
	LA	한미동맹 70주년, 이민 120주년
	토론토	한-캐나다 수교 60주년, 한국전 정전 70주년
	방콕	한태수교 65주년
	뉴욕	한국전쟁 정전 70주년

동안 국내외에서 초청받은 행사성 공연을 봐도 쉽게 알 수 있다. 조수미는 2019년 주한 이탈리아 대사관에서 이탈리아 정부가 수여하는 '이탈리아의

별’ 훈장을 받았다. 한국과 이탈리아의 우호 증진에 기여한 공로을 인정받았다. 전세계 무대를 누비는 그는 외교관 여권을 갖고 있다. 소프라노 조수미의 아버지는 딸을 외교관으로 키우고 싶어했다고 한다. 조수미는 2023년 10월 K-클래식의 선구자로서 세계 무대에서 한국의 위상을 높인 공로로 금관문화훈장을 받았다.

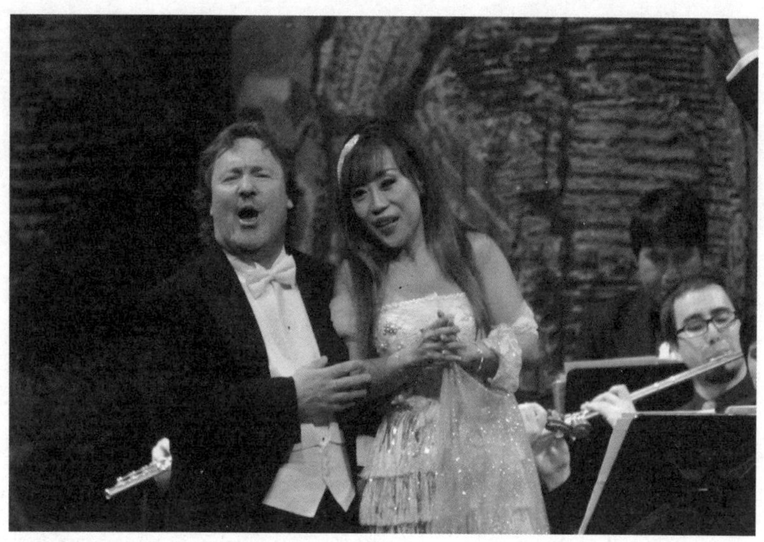

2012년 9월 3일 부에노스 아이레스 콜론 극장에서 열린 한-아르헨 수교 50주년 기념 음악회에 출연한 소프라노 조수미

미주

1 "Russia's Valery Gergiev Conducts Concert in Palmyra Ruins", BBC News 2016. 5. 5. https://www.bbc.com/news/world-middle-east-36211449

2 최문정·김용은, "국제무용제의 정치외교적 동향과 성과 및 과제", 『한국사회체육학회지』 53 (2013), 82.

3 『국악연감 2010』 (서울: 국립국악원, 2011), 6.

4 Lester D. Brothers, "'And They Vied with Each Other in Singing': Francis I and Leo X, Music and Diplomacy at Bologna, 1515", *Explorations in Renaissance Culture* 17:1 (1991), 81.

5 Frédéric Ramel, "Perpetual Peace and the Idea of 'Concert' in Eighteenth-Century Thought", in: *Music and Diplomacy from the Early Modern Era to the Present*, ed. by Rebekah Ahrendt *et als.* (New York: Falgrave Macmillan, 2014), 125-146.

6 1980년대 초까지만 하더라도 대통령이 임석하는 공식 행사에서는 대통령 입장곡으로 박목월 작사, 김성태 작곡의 '대통령 찬가1972'를 연주했다. "어질고 성실한 우리 겨레의/ 찬란한 아침과 편안한 밤의/ 자유와 평화의 복지 낙원을/ 이루려는 높은 뜻을 펴게 하소서…."

7 Claude V. Palisca, "Musical Asides in the Diplomatic Correspondence of Emilio de' Cavalieri", *Musical Quarterly* 49:3 (1963), 341.

8 Mark Ferraguto, "Diplomats as Musical Agents in the Age of Haydn", *Haydn: Online Journal of the Haydn Society of North America* 5:2 (2015), 1-2. http://haydnjournal.org

9 Mark Ferraguto, "Representing Russia: Luxury and Diplomacy at the Razoumovsky Palace in Vienna, 1803-1815", *Music and Letters* 97:3 (2016), 384.

10 같은 글, 399.

11 같은 글, 404.

12 "Ambassador Who Plays the Piano Uses Music for Diplomacy", *New York Times* 1976. 4. 29.

13 Mark Jarrett, *The Congress of Vienna and Its Legacy: War and Great Power Diplomacy after Napoleon* (London: I. B. Tauris, 2013), 95. 1818년 10월 나폴레옹 전쟁의 전후 처리를 위해 모인 아헨 회의에서도 거의 매일 저녁 음악회가 열렸다. Damien Mahiet, "The Musical Diplomacy of Metternich", *Diplomatica* 3 (2021), 257.

14 니시하라 미노루, 정향재 옮김, 『클래식을 뒤흔든 세계사』 (서울: 조선뉴스프레스, 2001), 187.

15 Maynard Solomon, 김병화 역, 『루트비히 판 베토벤 2』 (파주: 한길아트, 2006), 184.

16 Warren Roberts, *Rossini and Post-Napoleonic Europe* (Rochester, NY: University of Rochester Press, 2015), 121-122.

17 Mahiet, "The Musical Diplomacy of Metternich", 260.

18 폴린 공작부인은 스메타나의 오페라 '팔려간 신부'의 1891년 빈 공연을 주선했다.

19 Hans Fantel, *Johann Strauss: Father and Son, and Their Era* (Newton Abbot, Devon: David & Charles, 1971), 162-165.

20 Peter Muck, *Einhundert Jahre Berliner Philharmonisches Orchester: Darstellung in Dokumenten. Erster Band: 1882-1922* (Tutzing: Hans Schneider, 1982), 247.

21 Herbert Haffner, 차경아, 김혜정 옮김,『베를린 필하모니 오케스트라』(서울: 까치, 2011), 61-62.

22 Raymond Holden, *The Virtuoso Conductors: The Central European Tradition from Wagner to Karajan* (New Haven: Yale University Press, 2005), 52.

23 D. Kern Holoman, *The Orchestra: A Very Short Introduction* (Oxford: Oxford University Press, 2012), 114.

24 Marion Schmid, "A bas Wagner! The French Press Campaign against Wagner during World War I", in: *French Music, Culture, and National Identity, 1870-1939*, ed. by Barbara L. Kelly (Rochester: University of Rochester Press, 2008), 79.

25 Erik Levi, "'Those damn foreigners': Xenophobia and British Musical Life during First Half of the Twentieth Century", in: *Twentieth-Century Music and Politics: Essays in Memory of Neil Edmunds*, ed. by Pauline Fairclough (Farnham: Ashgate, 2013), 82.

26 같은 글, 115.

27 D. Kern Holoman, *The Société de Concerts de Conservatoire, 1828-1967* (Berkeley: University of California Press, 2004), 361-365.

28 Theresa M. Collins, *Otto Kahn: Art, Money, and Modern Time* (Chapel Hill, NC: University of North Carolina Press, 2002), 119.

29 "Maj H. L. Higginson Defends Symphony", *Boston Globe* 1917. 11. 1.

30 "Will Not Play Anthem in N.Y. Says Muck", *Boston American* 1917. 11. 1. Matthew Mugmon, "Patriotism, Art, and 'The Star-Spangled Banner' in World War I: A New Look at the Karl Muck Episode", *Journal of Musicological Research* 33:1-3 (2014), 5에서 재인용.

31 David B. Dennis, "Music Reception in the Völkischer Beobachter," Paper for the 'Music, Politics, and the State' Session. German Studies Association Conference, Seattle, 1996.

32 Erik Levi, *Music in the Third Reich* (New York: St. Martin's Press, 1994), 208-209.

33 Michael Meyer, *The Politics of Music in the Third Reich* (New York: Peter Lang, 1991), 155.

34 David Fanning and Erik Levi, "Introduction: The Foundations of Nazi Musical Imperialism", in: *The Routledge Handbook to Music under German Occupation, 1938-1945: Propaganda, Myth and Reality*, ed. by David Fanning and Erik Levi (Milton: Taylor & Francis Group, 2018), xxv.

35 Herbert Haffner, 홍은정 옮김, 『세계의 오케스트라』 (서울: 경당, 2011), 132-133.

36 Fritz Trümpi, *The Political Orchestra: The Vienna and Berlin Philharmonics during the Third Reich*, tr. by Kenneth Kronenberg (Chicago: University of Chicago Press, 2016), 219.

37 Jessica C. E. Gienow-Hecht, "Of Dreams and Desire: Diplomacy and Musical Nation Branding Since the Early Modern Period", in: *International Relations, Music and Diplomacy*, ed. by Frédéric Ramel and Cécile Prévost-Thomas (New York: Palgrave Macmillan, 2018), 270.

38 Sven Oliver Müller, "Political Pleasures with Old Emotions? Performances of the Berlin Philharmonic in the Second World War", *International Review of the Aesthetics and Sociology of Music* 43:1 (2012), 36.

39 Mischa Aster, *The Reich's Orchestra: The Berlin Philharmonic 1933-1945* (London: Souvenir Press, 2010), 186.

40 같은 책, 187.

41 Herbert Haffner, 이기숙 옮김, 『푸르트벵글러』(서울: 마티, 2018), 546-547.

42 Frances Stonor Saunders, 유광태·임채원 옮김, 『문화적 냉전: CIA와 지식인들』(서울: 그린비, 2016), 40.

43 Holden, *The Virtuoso Conductors*, 248.

44 Saunders, 『문화적 냉전』, 378.

45 Holden, *The Virtuoso Conductors*, 266.

46 Haffner, 『베를린 필하모니 오케스트라』, 202.

47 같은 책, 203.

48 Saunders, 『문화적 냉전』, 378.

49 Jonathan Rosenberg, *Dangerous Melodies: Classical Music in America from the Great War through the Cold War* (New York: Norton, 2020), 265.

50 Haffner, 『베를린 필하모니 오케스트라』, 203.

51 Haffner, 『세계의 오케스트라』, 239-240.

52 Trümpi, *The Political Orchestra*, 228.

53 오경택, "나치 정치에서 음악의 의미와 역할", 『문화와 정치』 5:3 (2018), 181, 198.

54 같은 글, 197.

55 오경택, "나치 정치에서 음악의 의미와 역할", 184.

56 Benjamin Marcus Korstvedt, "Anton Bruckner in the Third Reich and After: An Essay on Ideology and Bruckner Reception", *Musical Quarterly* 80:1 (1996), 137.

57 아테네 파르테논 신전을 본뜬 대리석 건물에 독일어권 국가 출신의 문화적 영웅들의 흉상을 모셔놓은 '명예의 전당'이다. 1841년 바이에른 국왕 루드비히 1세가 만들었다.

58 Brian Gilliam, "The Annexation of Anton Bruckner: Nazi Revisionism and the Politics of Appropriation", *Musical Quaterly* 78:3 (1994), 584-604.

59 Robert Warren Bailey, "Performing for the Nazis: Foreign Musicians in Germany, 1933-1939", Master Thesis, University of Calgary, 2015, 74.

60 같은 글, 71.

61 Haffner,『세계의 오케스트라』, 403-404.

62 Bailey, "Performing for the Nazis", 77.

63 Edmund Pirouet, *Heard Melodies Are Sweet: A History of the London Philharmonic Orchestra* (Sussex: The Book Guild, 1998), 18.

64 "동무들아 오너라 서로들 손잡고 노래하며 춤추며 놀아보자…"로 시작되는 동요 '동무들아'로 국내에 번안되어 소개되어 있다.

65 Pirouet, *Heard Melodies Are Sweet*, 18-19.

66 1936년 12월 16일 이왕직아악부 출신의 이종태李鍾泰가 이끄는 경성관현악단과 경성사범학교에 근무하는 삼안森安이 주도하는 경성교향관현악단이 부민관에서 합병하기로 하고 73명 규모의 경성교향관현악단으로 이름을 정했다는 보도가 있었으나 공무원, 회사원, 교사, 학생들로 구성된 아마추어 오케스트라였다. '70여 명의 대관현악단 출연',『조선일보』 1936. 12. 17.

67 "첫 외국인 교향악단 '할빈'",『경향신문』 1986. 10. 9.

68 『조선일보』 1939년 3월 5일자에 따르면 단원 가운데 두 명이 여성이었다.

69 김인수, "하얼빈 악단 소식",『동아일보』 1939. 2. 8.-2. 9.

70 이경분, "중일전쟁 시기 동아시아 교향악단 교류: 하얼빈교향악단의 일본연주여행과 경성 연주회(1939)를 중심으로",『아시아리뷰』 7:2(2018), 121.

71 『매일신보』 1939. 3. 23.

72 Jonathan Goldstein, *The Jews of China: Historical and Comparative Perspectives, vol. 2: A Sourcebook and Research Guide* (Armonk, New York: M. E. Sharpe, 2000), 80. 하얼빈교향악단은 도쿄 히비야 공회당에서만도 5회나 연주했다.

73 『매일신보』 1939. 3. 23.

74 『동아일보』 1939. 3. 30.

75 岩野裕一,『王道樂土の 交響樂: 滿洲-知られざる音樂史』(東京: 音楽之友社, 1999), 154-155.

76 "신교향악단 입경, 11일에 첫 연주",『조선일보』 1939. 6. 9.

77 "신향 경성공연", 조선일보 1940. 6. 9. 佐野之彦,『N響 80年 全記錄』(東京: 文藝春秋, 2007)에 부록으로 실린 NHK교향악단 연표 참조.

78 홍난파, "조선악단 1년의 회고",『동아일보』 1939. 12. 16.

79 로젠슈톡은 1938년부터 일본방송교향악단의 지휘자로 국내 음악팬들에게는 라디오 방송으로 잘 알려진 인물이다. 신교향악단은 NHK와 계약을 맺고 방송 출연 시에는 일본방송교향악단이라는 명칭을 사용했다. 이경분, "문화 정치적으로 본 신교향악단의 경성연주회 (1939-1940)", 『한국예술연구』 29 (2020), 133.

80 같은 글, 143의 표를 정리한 것임.

81 "신경교향관현악단 대연주회", 『매일신보』 1940. 9. 29.

82 김인수, "포크너 중위의 명지휘", 『중앙신문』 1940. 3. 24.

83 조성우, "해방공간기 음악활동에 관한 소고: 양악을 중심으로", 한국예술종합학교 예술전문사학위논문, 2017, 60.

84 포크너는 귀국 후 1956년 스탠포드 대학교에서 박사학위를 받았다. 교수로 있으면서 학교 오케스트라와 관악합주를 지휘했으며 음악평론가로도 활약했다.

85 Hye-jung Park, "Musical Entanglements: Ely Haimowitz and Orchestral Music under the US Army Military Government in Korea, 1945-1948", *Journal of the Society for American Music* 15:1 (2021), 14.

86 최희영, "미 군정기 일라이 헤이모위츠의 전국농악경연대회 개최 참여와 그 한계", 『한국음악사학보』 66 (2021), 239.

87 장광열, "해방 공간의 음악, 월북음악의 현재", 『월간객석』 1995. 8.

88 민경찬 외, 『박용구, 한반도 르네상스의 기획자』(서울: 수류산방, 2011), 313-319.

89 Park, "Musical Entanglements", 8.

90 Ely Haimowitz, "Korea Turns to Music of the West: Occupation by Americans Speeds Trend Toward Use of Our Music", *New York Times* 1948. 8. 29.

91 헤이모위츠는 1966년 11월 내한 독주회를 열었고 1996년 서울대 서양음악연구소에서 '미군정 하의 한국음악계'라는 제목으로 특강했다.

92 안익태의 '강천성악'도 함께 연주되었는데 독립기념관이 프로그램을 소장하고 있다.

93 조성우, "해방공간기 음악활동에 관한 소고", 67. 자코비가 미 국무부에서 발행하는 The Record 1952년 1-2월호에 "USIE Korean: An Experiment in Wartime Operation"라는 글을 발표한 것으로 보아 한국전쟁 시기에도 미공보원 소속으로 활동했음을 알 수 있다.

94 Danielle Fosler-Lussier, *Music in America's Cold War Diplomacy* (Oakland: University of California Press, 2015), 47.

95 지휘자 임원식은 1948년 5월 미국 유학생 1호로 줄리아드 음대로 떠나는 길에 하와이에 들러 28세의 나이로 호놀룰루 심포니 오케스트라를 객원 지휘했다.

96 Fosler-Lussier, *Music in America's Cold War Diplomacy*, 49.

97 이 단락은 이장직 외, 『섬, 그 바람의 울림: 제주국제관악제 25년』(제주: 제주국제관악제 조직위원회, 2020) 가운데 79-87쪽을 요약 정리한 것임을 밝혀둔다.

98   최원규, "한국전쟁 중 국제연합민사원조사령부(UNCAC)의 전재민 구호정책에 관한 연구", 『전략논총』 8 (1996), 125.

99   같은 글, 155.

100   장기범, "Charles Everett Gilbert의 제주 관악대 업적에 대한 내러티브와 평가", 『음악교육공학』 29 (2016), 7.

101   같은 글, 15

102   Charles E. Gilbert, "School Music Is Helpling to Rebuild Korea", *The School Musician*, September (1952), 12-13. 인용문은 필자가 요약한 것이다.

103   Charles E. Gilbert, "Young Koreans Rebuilds with Music", *Korean Survey* 2:7 (1953), 3-5. 첫 문장만 "수천명의 한국 학생들은 미래를 건설하면서 나팔을 연주하고 목청껏 노래부른다"로 바뀌었다. '코리안 서베이'는 이승만 대통령의 국제정치고문을 지낸 로버트 올리버Robert T. Oliver, 1909-2000가 미국 워싱턴의 Korean Pacific Press에서 1951-1961년 발행한 격월간지다. 제호에서 알 수 있듯 이 잡지는 한국전쟁 직후 한국의 실상을 미국에 알려 미국의 대한對韓원조를 이끌어내는 데 일조했다.

104   Charles E. Gilbert, "Cheju-Do, Korea-The Musical Isle", *The Baton* (1953), July 30, 18-21.

105   "흑인 가수 앤다슨 양 着釜", 『동아일보』 1953. 5. 29. 하지만 국사편찬위원회 한국사 데이터베이스에 수록된 대한민국사연표에는 5월 7일 내한한 것으로 잘못 적혀있다.

106   당시 부산에는 변변한 공연장 하나 없었다. 미군이 사용하던 부산문화관극장은 1953년 4월 20일 화재로 소실되었다.

107   "Marian Anderson Sings in Seoul", *New York Times* 1953. 5. 31.

108   Katie A. Callam, *et als.*, "Mariand Anderson's 1953 Concert Tour of Japan: A Transnational History", *American Music* 37:3 (2019), 288.

109   윤이상, "'당신의 영가는 당신의 피", 『부산일보』 1953. 5. 30.

110   Allan Keiller, *Marian Anderson: A Singer's Journey* (New York: Scribner, 2000), 264.

111   Callam *et als*. "Marian Anderson's 1953 Concert Tour of Japan", 290-291에서 재인용.

112   James Vaughn, "All That Jazz: Federal Cultural Exchanges and Jazz Diplomacy, 1956-1964", MA Thesis, University of Montana, 2016, 42.

113   Marian Anderson, *My Lord, What a Morning* (New York: Viking Press, 1956). Gail Hilson Woldu, "Art Songs and Race: The Unique Collaboration of Marian Anderson and Kosti Vehanen", *Musical Quarterly* 100:1 (2017), 90.

114   "태초에의 향수. 앤더슨 독창회를 듣고", 『동아일보』 1957. 9. 27.

115   앤더슨에 따르면 이 노래는 민요 수집가 마리안 커비 때문에 알게 되었는데 영국 출신의 해밀튼 포리스트가 편곡한 피아노 반주 악보를 사용했다. 영어를 알아듣지도 못하는 청중에게도 앙코르를 받을 정도로 인기곡이었지만 앤더슨 자신에게도 "눈물과 호소가 깃든

노래"였다. 마리안 앤더슨, 『찬란한 아침』(서울: 세계일보사, 1961), 129-131.

116 소련은 1957년 10월 4일 세계 최초의 인공위성 스푸트니크 1호 발사에 성공한다. 12월 30일 방영된 앤더슨 특집을 본 시청자는 프로듀서 에드워드 머로에게 보낸 편지에서 "앤더슨이 아시아에서 보여준 발자취는 스푸트니크 200대가 우주에서 한 일보다 훨씬 가치 있다"고 썼다. Fosler-Lussier, *Music in America's Cold War Diplomacy*, 115.

117 RCA Victor Red Seal LM2212

118 "Miss Anderson Backed", *New York Times* 1958. 7. 15.

119 "Private U.S.-Soviet Talks End; Gain in Understanding Reported", *New York Times* 1961. 6. 1. 청주 출신의 가수 안영길安泳吉 1930-은 앤더슨을 존경해 '앤더슨'을 우리말로 음역한 안다성安多星이라는 예명을 사용했다.

120 Sharon R. Vriend, "'My Life in the White World': The European-American Representation of Marian Anderson, 1939-1957", Ph. D. dissertation, Bowling Green State University, 1999, 166.

121 Shirlee Petkin Newman, *Marian Anderson: Lady from Philadelphia* (Philadelphia: Westminster Press, 1965), 46.

122 Richard Lentz and Karia K. Gower, *The Opinions of Mankind: Racial Issues, Press, and Propaganda in the Cold War* (Columbia, Missouri: University of Missouri Press, 2010), 132.

123 한국전쟁 때 피란 수도 부산에서 활동했던 해군정훈감실 소식 어린이음악대가 모체다. 이들은 해군과 유엔군 부대 위문공연과 정부 행사에서 노래를 불렀다. 한국전쟁이 끝난 뒤 봉선화동요회로 활동하다가 1952년 5월 5일 어린이날을 기해 '어린이 음악단'으로 재출발했다. KBS어린이합창단, 방송어린이노래회도 모두 같은 단체다. 『동아일보』 1951. 10. 12.

124 안병원, 『음악으로 겨레를 울리다』(서울: 삶과꿈, 2006), 107.

125 같은 책, 94-95.

126 Hye-jung Park, "From World War to Cold War: Music in US-Korea Relations, 1941-1960", Ph. D. dissertation, Ohio State University, 2019, 127.

127 "백악관에서 연주회…11일 한국어린이합창단", 『동아일보』 1954. 5. 8.

128 "Korean Choir to Tour U. S.", *New York Times* 1985. 4. 8.

129 Park, "From World War to Cold War", 111.

130 한미재단은 1953년 8월 이승만 대통령을 예방한 자리에서 교육, 사회, 보건, 장애인 구호 등 세부항목을 지정하여 총 50만 달러를 원조하기로 보고했다. 여기에는 국립교향악단 및 합창단에 대한 보조금 1만 달러도 포함되어 있었다. 『경향신문』 1953. 8. 29.

131 Park, "From World War to Cold War", 119.

132 안병원, 『음악으로 겨레를 울리다』, 102.

133 "Truman Hears Korean", *New York Times* 1954. 6. 6.

134 "Korean Children's Choir Tunes Up for U. S. Tour", *New York Times* 1954. 4. 16.

135 이소라, "1952-55년 한미재단의 활동과 역사적 성격", 『한국사론』 62 (2016), 500.

136 같은 글, 501.

137 한국아동음악사절단 미국 순회공연의 정치적, 문화적 의미와 상징에 관해서는 Susie Woo, "Imagining Kim: Cold War Sentimentalism and the Korean Children's Choir", *American Quarterly* 67:1(2015), 25-53을 참조할 것.

138 같은 글, 39.

139 "25 Koreans Turn American For Day", *New York Times* 1954. 4. 19.

140 "전장에 울려 퍼진 '천상의 목소리'", 『국방일보』 2011. 6. 24.

141 "나의 인생수첩, '한국 어린이음악사절단'의 미국 순회연주". https://m.blog.naver.com/imuse21c/220895742404

142 Robert W. Sands, Jr. and Alexander B. Barlett, *Images of America: Independence Hall and the Liberty Bell* (Charleston, South Carolina: Arcadia Publishing, 2012), 124.

143 "친선외교에 큰 공", 『경향신문』 1954. 7. 9.

144 Hye-jung Park, "Negotiating an Unequal Partnership: The Korean Children's Choir 1954 U.S. Tour and Syngman Rhee's Diplomacy", *Journal of American-East Asian Relations* 28 (2021), 234.

145 한국사편찬위원회 한국사데이터베이스 이승만서한철 이승만관계서한자료집 5, "어린이 합창단 방미 건" (1953. 4. 22.)

146 "한국어린이합창단 미 각지에서 대환영… 모금운동에 큰 성과", 『조선일보』 1954. 5. 8.

147 Urania Records URLP 7125.

148 『동아일보』 1954. 7. 10.; Park, "Negotiating an Unequal Partnership", 220.

149 합창단원들은 이듬해 1월 경무대를 방문해 30상자의 의류를 선물로 받았다. 뉴욕 킴블 백화점에서 한미재단을 통해 기증해온 것이다.

150 "어린이 합창단 환대 감사…이대통령, 한미재단장에게 전문", 『조선일보』 1954. 7. 10.

151 『동아일보』 1954. 7. 11.

152 "어린이 합창단은 왜 미국에 갔었던가", 『조선일보』 1954. 7. 10.

153 "전장에 울려퍼진 하모니 '해군어린이음악대'", KBS뉴스 2018. 6. 25.

154 Park, "Negotiating an Unequal Partnership", 242.

155 이소라, "1952-55년 한미재단의 활동과 역사적 성격", 501.

156 "17일 미국 향발 기독교선명회 '꼬마' 합창단", 『조선일보』 1961. 1. 13.

157 "'어린이 합창단 각국 파견'…피아스씨, 박의장에 제의", 『조선일보』 1962. 5. 18.

158 장수철, "노래하는 고아사절 희비로 얽힌 연주여행기", 『경향신문』 1962. 2. 4.-2. 9.

159 김희선, "문화냉전기 국가 프로파간다와 공연예술: 1960-70년대 리틀엔젤스 활동의 국제 정치학", 『음악과 문화』 40 (2019), 144.

160 같은 글, 162, 169.

161 신은경, "리틀엔젤스 예술단 40년사 연구", 중앙대학교 교육대학원 석사논문, 2004.

162 김희선, "문화냉전기 국가 프로파간다와 공연예술", 150-151.

163 같은 글, 155-156.

164 같은 글, 157.

165 "Maestro Honored by Empty Podium: Old N.B.C. Orchestra to Give Concert Without Conductor as Tribute to Toscanini", *New York Times* 1954. 10. 13.

166 Donald Carl Meyer, "Toscanini and the Good Neighbor Policy: The NBC Symphony Orchestra's 1940 South American Tour", *American Music* 18:3 (2000), 233-256.

167 Donald Carl Meyer, "The NBC Symphony Orchestra", Ph. D. dissertation, University of California Davis, 1994, 402.

168 허은, "1950년대 '주한 미공보원'(USIS)의 역할과 문화전파 지향", 『한국사학보』 15 (2003), 235.

169 U. S. House Committee on Foreign Affairs, *The Supplemental Appropriation Bill, 1956, Hearings Before Subcommittee on Appropriations House of Representatives, 84th Congress First Session* (Washington, D.C.: United States Government Printing Office, 1955), 406.

170 "美 교향악단 대인기", 『동아일보』 1955. 5. 8.

171 "Beef for Japan", *Time* 1955. 5. 16.

172 U. S. House Committee on Foreign Affairs, *Winning the Cold War: The U. S. Ideological Offensive. Hearings before Subcommittee on International Organizations and Movements of the Committee on Foreign Affairs House of Representatives, 88th Congress First Session* (Washington, D.C.: United States Government Printing Office, 1968), 404.

173 Michael L. Krenn, *Fall-Out Shelters for the Human Spirit: American Art and the Cold War* (Chapel Hill: University of North Carolina Press, 2005), 97.

174 Meyer, "The NBC Symphony Orchestra", 406.

175 소프라노 이경숙, 피아니스트 최오경, 소프라노 장성애, 바이올리니스트 원경수 등 네 명이 장학금을 받아 미국 유학길에 올랐다. "악계 기금 설정 NBC 교향악단 수익금". 『동아일보』 1955. 5. 19.; "한국음악도에 기증 NBC 공연이익금", 『경향신문』 1955. 11. 5.

176 "교향악을 감상하려면", 『동아일보』 1955. 5. 18-19.

177 "우리 악단에 힘이 되기를…前 NBC교향악단을 맞이하며", 『조선일보』 1955. 5. 26.

178　“Survival Sought by NBC Orchestra”, *New York Times* 1954. 6. 18.

179　1946년 32세로 미국 메이저 교향악단 역사상 최연소 음악감독에 취임해 화제를 모은 인물로 1964년 이스트만 음대 학장에 취임했다.

180　이 밖에도 1956년 7월 9일 서울대학교 음악대학 시민위안 음악회, 8월 5일 공군본부 군악대 시민납량음악회, 8월 11일 한국음악교육연합회 시민위안대연주회, 8월 15일 광복 11주년 기념식 및 해군교향악단 연주회, 8월 20일 해군교향악단 시민위안연주회, 10월 1일 국군의 날 경축 합동군악연주회, 10월 24일 유엔의날 기념 음악회, 1957년 7월 1일 반공친선한국예술단 귀국 환영 공연, 8월 16일 서울시향 시민위안 음악회, 8월 31일 서울방송교향악단 낙동강 수재민 구호 음악회, 10월 13일 미8군 군악대 시민위안 연주회, 1958년 7월 24일 서울시향 시민위안음악의 밤 등이 열렸다.

181　“Rhee Joins 13,000 at Concert in Seoul to Hear Symphony of the Air Program”, *New York Times* 5. 27.

182　이지선, “일문 일간지『京城新報』와『京城日報』에 수록된 20세기 초 조선 공연예술 기사 분석: 1908년~1915년 기사를 중심으로”,『국악교육연구』9:2 (2015), 76-77.

183　“어제 시내를 관람…전 NBC 교향악단 입경”,『동아일보』1955. 5. 27.

184　“만여 청중들 황홀”,『동아일보』1955. 5. 26.

185　“야외연주회”,『경향신문』1955. 5. 28.

186　“Rhee Joins 13,000 at Concert in Seoul To Hear Symphony of the Air Program”, *New York Times* 5. 27.

187　“심포니 어브 디 에어 내연의 전후를 얘기하는 좌담회: 음악문화교섭의 발전을 구상하여”,『동아일보』1955. 6. 17-19.

188　Meyer, “The NBC Symphony Orchestra”, 407.

189　Krenn, *Fall-Out Shelters for the Human Spirit*, 97.『동아일보』1956. 4. 25.

190　*Billboard* 1955. 5. 7.

191　*New York Times* 1952. 3. 23.

192　James Wade, “Korea's Symphonic Music”, *Korea Journal* 2:9 (1962), 36.

193　“Seymour Bernstein”, Interview with Korean War Legacy Foundation, https://koreanwarlegacy.org/interviews/seymour-berstein

194　오화섭, “악단 해방 10년사에 찬란한 페이지”,『동아일보』1955. 8. 13.

195　“한미친선에 한몫…내한한 美음악가들 본사 내방”,『경향신문』1955. 6. 15.

196　“예술인들의 교류를 希願 미음악가 兩氏 고별차 來社”,『경향신문』1955. 8. 15.

197　“Korean War Vet and Pianist Bernstein Revisits Korea”, *Korean Times* 2016. 6. 22. 이 이야기는 '피아니스트 세이모어의 뉴욕 소네트'라는 다큐영화로 2016년 4월 국내 개봉되었다. 원제는 *Seymour: An Introduction*이다.

198 Fosler-Lussier, *Music in America's Cold War Diplomacy*, 133.

199 같은 책, 135.

200 같은 책, 136.

201 오화섭, "무대예술로서의 합창", 『동아일보』 1956. 11. 6.

202 "Princeton Choir Sets Out for Orient Today", *New York Times* 1953. 6. 10.

203 "Odyssey of American Quartet in Far East", *New York Times* 1961. 9. 24.

204 서울바로크합주단은 1980년 바이올리니스트 김민을 중심으로 재창단했다가 최근 코리안챔버오케스트라로 이름을 바꾸었다.

205 "세계의 명 실내악단들", 『동아일보』 1961. 6. 3.

206 "Odyssey of American Quartet in Far East", *New York Times* 1961. 9. 24.

207 *U. S. Department of State, Cultural Presentations USA 1966-1967*, 5.

208 안용구, 『한 마리 새가 되어: 바이올리니스트 안용구의 77년 음악일기』(파주: 한길아트, 2004), 152-153.

209 Emily Abrams Ansari, "Shaping the Policies of Cold War Musical Diplomacy: An Epistemic Community of American Composers", *Diplomatic History* 36:1 (2012), 42.

210 Clare Croft, "Ballet Nations: The New York City Ballet's 1962 US State Department-Sponsored Tour of the Soviet Union," *Theatre Journal* 61 (2009), 421.

211 Fosler-Lussier, *Music in America's Cold War Diplomacy*, 10.

212 같은 책, 23.

213 Jennifer L. Campbell, "Creating Something Out of Nothing: The Office of Inter-American Affairs Music Committee (1940-1941) and the Inception of a Policy for Music Diplomacy", *Diplomatic History* 36:1 (2012), 29-39.

214 Fred Kaplan, "When Ambassadors Had Rhythm", *New York Times* 2008. 6. 29.

215 Ansari, "Shaping the Policies of Cold War Musical Diplomacy", 44.

216 재즈를 통한 미국의 문화외교에 관해서는 Lisa E. Davenport, *Jazz Diplomacy: Promoting America in the Cold War Era* (Jackson: University Press of Mississipi, 2009)를 참조할 것.

217 Cynthia P. Schneider, "Culture Communicates: US Diplomacy That Works", in: *The New Public Diplomacy: Soft Power in International Relations*, ed. by J. Melissen (New York: Palgrave Macmillan, 2007), 153에서 재인용.

218 Rüdiger Ritter, "Between Propaganda and Public Diplomacy: Jazz in the Cold War", in: *Popular Music and Public Diplomacy: Transnational and Transdisciplinary Perspectives*, ed. by Mario Dunkel and Sina A. Nitzsche (Bielefeld: transcript Verlag, 2018), 97-98.

219 Vaughn, "All That Jazz: Federal Cultural Exchanges and Jazz Diplomacy", 44-45.

220 Emily Abrams Ansari, *The Sound of a Superpower: Musical Americanism and the Cold*

War (Oxford: Oxford University Press, 2018), 44.

221 "Goodman Beats Drums for Asian", *New York Times* 1957. 1. 25.

222 Davenport, *Jazz Diplomacy*, 55-56.

223 『동아일보』 1965. 2. 6.

224 "본격 소개 안 된 한국서의 재즈 소란스런 것으로만 오해받아", 『동아일보』 1975. 3. 3.

225 Tom Arnold-Forster, "Dr. Billy Taylor, "America's Classical Music", and the Role of the Jazz Ambassador", *Journal of American Studies* 51:1 (2017), 118.

226 Lena Leson, "'I'm on My Way to a Heav'nly Lan'': Porgy and Bess as American Religious Export to the USSR", *Journal of the Society for American Music* 15:2 (2021), 143.

227 D. Kern Holoman, *Charles Munch* (Oxford: Oxford University Press, 2011), 150.

228 Paul Myers, *Leonard Bernstein* (London: Phaidon, 1998), 119.

229 Columbia Masterworks MQ 375.

230 Haffner, 『세계의 오케스트라』, 494.

231 Karen Esther Grad, "When High Culture Became Popular Culture: Classical Music in Postwar America, 1945-1965", Ph. D. dissertation, Yale University, 2006, 102.

232 Anders V. Borge, "Discordant Diplomacy: Goodwill and the Cultural Battleground of the 1958 Tchaikovksy Competition", *The Hopkins Review* 6;1 (2013), 77.

233 Simo Mikkonen, "Winning Hearts and Minds? Soviet Music in the Cold War Struggle Against West", in: *Twentieth-Century Music and Politics: Essays in Memory of Neil Edmunds*, ed. by Pauline Fairclough (Farnham: Ashgate, 2013), 139.

234 Stuart Isacoff, *When the World Stopped to Listen: Van Cliburn's Cold War Triumph and Its Aftermath* (New York: Alfred A. Knopf, 2017), 253-255.

235 Nigel Cliff, *Moscow Nights: The Van Cliburn Story. How One Man and His Piano Transformed the Cold War* (New York: Harper Collins, 2016), 141.

236 Borge, "Discordant Diplomacy", 96-97.

237 "Iconic Pianist Credited for Spreading Peace through Music", *Korea Times* 2013. 3. 4.

238 Borge, "Discordant Diplomacy", 100.

239 John Canaria, *The New York Philharmonic: From Bernstein to Maazel* (New York: Amadeus Press, 2010), 24.

240 Jonathan Rosenberg, *Dangerous Melodies: Classical Music in America from the Great War Through the Cold War* (New York: W. W. Norton, 2019), 362.

241 Donald Rosenberg, *The Cleveland Orchestra Story: "Second to None"* (Cleveland: Gray & Company, 2000), 329-330.

242 같은 책, 343.

243 Clayton Koppes, "The Real Ambassadors? The Cleveland Orchestra Tours the Soviet Union, 1965", in: *Music, Art and Diplomacy: East-West Cultural Interations and the Cold War*, ed. by Simo Mikkonnen and Pekka Suutari (Farnham: Ashgate, 2016), 79.

244 같은 글, 85.

245 백악관에서 오먼디에게 전화를 건 닉슨 대통령과 키신저 장관의 통화 녹음을 비롯해 1973년 필라델피아 오케스트라의 연주에 참석했던 중국인들의 인터뷰 등으로 다큐멘터리 '베이징의 베토벤Beethoven in Beijing'이 제작되어 2021년 4월 16일 밤 9시 PBS의 '위대한 연주' 프로그램에서 방영되었다.

246 Francis B. Tenny, "The Philadelphia Orchestra's 1973 China Tour: A Case Study of Cultural Diplomacy during the Cultural Revolution", *American Diplomacy*, June 2012.

247 Sheila Melvin and Jindong Cai, *Rhapsody in Red: How Western Classical Music Became Chinese* (New York: Algora Publishing, 2004), 270-271.

248 John Rockwell, "Philharmonic Replaces Work by Bloch at Malaysia Request", *New York Times* 1984. 8. 10.

249 Bess Xintong Liu, "'The Timpani Beats Just Hist on My Heart!': Music, Memory, and Diplomacy in the Philadelphia Orchestra's 1973 China Tour", *Twentieth-Century Music* 18:3 (2021), 401-402.

250 강민선, "오케스트라 외교",『조선일보』2007. 12. 12.

251 필라델피아 오케스트라의 1973년 중국 순회공연의 뒷얘기는 Jennifer Lin, *Beethoven in Beijing: Stories from Philadelphia Orchestra's Historic Journey to China* (Philadelphia: Temple University Press, 2022)를 참조할 것.

252 John Ardoin, *The Philadelphia Orchestra: A Century of Music* (Philadelphia: Temple University Press, 1999), 104.

253 Richard S. Warren, *Begins with the Oboe: A History of the Toronto Symphony Orchestra* (Toronto: University of Toronto Press, 2002), 128-129.

254 이장직, "뉴욕 필하모닉 오케스트라 CEO 자린 메타",『월간 객석』2012. 4. 82-85.

255 The Pyongyang Concert, New York Philharmonic Lorian Maazel (Medici Arts 2056948)

256 Margalit Fox, "Yoko Nagae Ceschina, Countess and Fairy Godmother to the Arts, Dies at 82", *New York Times* 2015. 1. 19.

257 Canarina, *The New York Philharmonic from Bernstein to Maazel*, 408.

258 미국 국가는 '성조기Star-Splanged Banner'가 맞는다. 미국의 제2의 국가처럼 널리 연주되는 '성조기여 영원하라Star-Splanged Banner Forever'는 존 필립 수자의 행진곡이다.

259 박정근, "뉴욕필 평양공연 제작기",『신문과방송』, 2008. 4. 53.

260 "10년전 평양공연, 만남 자체로 뿌듯했죠: 뉴욕 필하모닉 부악장 미셸 김",『국민일보』

2018. 3. 26.

261 김혜정, "뉴욕필 부악장 미셸 김: 1년 전 뉴욕필 평양공연 때 있었던 일들", 『월간조선』
    2009. 2.

262 Donald Kirk, "Philharmonic's North Korea Visit Is Diplomatic Triumph", *New York Sun*
    2007. 12. 17.

263 https://www.npr.org/templates/story/story.php?storyId=19320170

264 Erin Kruth, "U. S. Alternative Diplomacy Towards North Korea: Food Aid, Musical
    Diplomacy, and Track II Exchanges", *SAIS U.S.-Korea Yearbook 2008*, Johns Hopkins
    University, 135.

265 Asian Peoples Anti-Communist League. 1954년 6월 15일 창립되었으며 본부는 타이베
    이에 두었다. 1959년과 1966년, 1972년 아시아민족반공연맹 총회가 서울에서 열렸다.

266 김려실, "댄스, 부채춤, USIS 영화: 문화냉전과 1950년대 USIS의 문화공보", 『현대문학
    의 연구』 49 (2013), 360.

267 김생려, "동남아 예술순례", 『조선일보』 1957. 6. 4.-6. 11.

268 이장직, "문화외교의 관점에서 본 국내 교향악단의 유럽 순회공연", 『음악이론연구』 24
    (2015), 209.

269 이덕하, "젊은 힘의 결속: 예술사절단을 보내며", 『경향신문』 1957. 3. 9.

270 "음악문화의 교류: 상반기 악단", 『경향신문』 1957. 7. 26.

271 '친선사절단 아주 순방', 1957. 3. 18.—5. 13. 국가기록원 CA0002300

272 "우리예술 사절단 동남아세아로", 대한뉴스 1958. http://ehistory.go.kr/page/view/movie.
    jsp?srcgbn=KV&mediaid=10409&mediadtl=22427&gbn=MH

273 주한 미공보원은 촬영 기사를 파견하여 각종 행사를 필름에 담았으며 공보실은 예술단의
    파견 루트에 따라 대한뉴스 제153호(1958. 2. 25.), 제157호 (3. 25), 제158호 (4. 1), 제159
    호 (4. 8.)을 제작해 보도했다. 김려실, "댄스, 부채춤, USIS 영화", 364. 한국민속예술단은
    1958년 5월 29-31일 사라 베르나르 극장에서 개막한 파리 국제민속예술제에 참석할 예
    정이었으나 예술단 구성의 문제와 문교부와 외무부의 협조 난항으로 무용가가 공연 비용
    을 직접 부담해야 하는 바람에 공연이 취소되었다.

274 미공보원의 입장에서 김백봉은 "공산당 치하에서 자유를 찾아 월남한 예술가로서의 상징
    적 역할"이 매우 컸다. 김려실, "댄스, 부채춤, USIS 영화", 358.

275 박용구, "NHK교향악단 내한공연", 『동아일보』 1969. 2. 22.

276 "NHK교향악단 내한공연 취소", 『SBS 뉴스』 2005. 4. 1.

277 https://www.jpf.go.jp/j/about/press/2014/dl/2014-004.pdf

278 박현정, *Seoul Philharmonic Orchestra Since 1945*, 66.

279 "서울시향 이끌고 내달 유럽 4개국 순회연주", 『경향신문』 2011. 7. 28.

280 "육성 시급한 교향악단: 세계 수준으로의 도약을 위한 제언", 『경향신문』 1976. 6. 26.

281 "서울시향, 홍콩 연주 돌연 취소", 『중앙일보』 1983. 10. 27.

282 "At Fischer Hall, Seoul Philharmonic", *New York Times* 1986. 5. 11.

283 "교포 위문공연으로 끝난 서울시향의 뉴욕 연주", 『광장』 1986. 7.

284 "이제 시작…유럽 무대는 세계로 가는 출구", 『한국경제』 2010. 5. 20.

285 "Seoul Philharmonic is Here But Not Quite There Yet", *LA Times* 2012. 4. 20.

286 『KBS교향악단 50년사』(서울: 한국방송공사, 2006), 152.

287 "국제문화교류 활발히…문공부 올 시정 방향에서 본 문화정책", 『동아일보』 1978. 2. 9.

288 "세계무대 진출하는 국향國響", 『경향신문』 1978. 12. 7.

289 "국향의 미국 순연 '안목 넓힐 전기로…'", 『중앙일보』 1979. 1. 9.

290 송정숙, "해외활동", 『문예연감 1979』(서울: 한국문예진흥원, 1980), 354.

291 "Korean National Symphony Led by Yun Taik Hong at Carnegie", *New York Times* 1979. 2. 4.

292 "A Penchant for Bruch", *New York Times* 2010. 10. 22.

293 "U.S. Debut for Pusan Orchestra", *LA Times* 1997. 6. 12.

294 "Korea Folk Tunes Vying with Grand Orchestral Colors", *New York Times* 1997. 6. 17.

295 "한국에 이런 교향악단이 있었습니까…NYT 부산시향 특집 극찬", 『동아일보』 1997. 6. 19.

296 "South Korean Orchestra Makes an Excellent First Impression", *Post-Intelligencer* 2004. 6. 9.

297 "Daejeon Philharmonic Orchestra Carnegie Hall", *Financial Times*, 2004. 6. 22.

298 "카네기홀 오른 대전시향", 『중앙일보』 2004. 6. 16.

299 "서울팝스 단장 한국 비하 물의", 『중앙일보』 2004. 3. 10.

300 노동은, "남북 문화예술교류의 현황과 과제", 『6·15 남북정상회담 1주년 기념 포럼 남북 문화예술교류의 현황과 앞으로의 과제』(2001. 6. 15. 국회헌정기념관 회의실)에서 재인용.

301 "'국적없는 예술'…蘇·중공·인도의 혼합판", 『조선일보』 1985. 9. 25.

302 "조선국립교향악단 서울 공연", 『중앙일보』 2000. 8. 22.

303 "北 공연료는 얼마?", 『조선일보』 2003. 7. 21.

304 "남북 문화교류 '일방통행'", 『조선일보』 2000. 8. 24.

305 박영정, "남북문화협정 및 그 후속과제에 관한 연구"(한국문화정책개발원, 2001).

306 배인교, "북한 선군음악정치의 지향", 『한국음악연구』 57 (2015), 87.

307 Yeonok Jang, "Political Significance and Performance Contexts of the North Korean Unhasu Orchestra", *Asian Musicology* 26 (2016), 85에서 재인용.

308 2009년 노동당 창건 64주년을 맞아 김정일 국방위원장의 명으로 창단된 은하수관현악단은 서양식 오케스트라에 소해금, 가야금, 장새납, 저대, 장고 등 개량 전통악기들이 배합된 편성이다. 북한 작곡가의 창작음악뿐만 아니라 요한 슈트라우스의 '천둥과 번개 폴카' 등을 즐겨 연주했다. 하지만 2013년 이후 해체된 것으로 알려졌다.

309 "영화 특혜로 이권 운동",『경향신문』1960. 5. 10.

310 "국제문화교류정책에 대한 반성과 쇄신책",『조선일보』1960. 6. 20.

311 "우리 민속예술단 '재청' 연달은 순회공연",『동아일보』1962. 6. 15.

312 유인화,『춤과 그들: 우리 시대 마지막 춤꾼들을 기억하다』(서울: 동아시아, 2008).

313 "유럽과 한국예술: 아리랑 민속예술단 공연을 보고",『동아일보』1965. 3. 27.

314 한명희, "현대국악",『한국예술사총서Ⅲ-한국음악사』(서울: 대한민국예술원, 1985), 464.

315 주섭일, "'신한국' 알린 파리한국예술제",『세계일보』1993. 4. 29.

316 "사물놀이도 외화 획득 한몫",『매일경제』1998. 3. 12.

317 판소리는 2003년 11월 7일 유네스코 제2차 '인류구전 및 무형유산 걸작'으로 선정되었고 2008년 11월에는 유네스코 인류무형문화유산 대표 목록Representative List of the Intangible Cultural Heritage of Humanity에 등재되었다. 우리나라의 인류무형 문화유산 대표목록에는 종묘 및 종묘제례악(2001), 판소리(2003), 강릉단오제(2005), 강강술래, 남사당, 영산재, 제주칠머리당영등굿, 처용무(2009), 가곡, 대목장, 매사냥(2010), 줄타기, 택견, 한산모시 짜기(2011), 아리랑(2012), 김장문화(2013) 등이 있다.

318 "동구권과 문화협정 추진",『동아일보』1989. 1. 25.

319 "내 음악은 대중에 기쁨과 행복 주는 것"…모스크바 필 지휘자 키타옌코",『동아일보』1988. 9. 12.

320 김혜현, "서울시립교향악단 정기연주회의 프로그램 고찰(1945-2016년)", 충남대학교 대학원 석사논문, 2016.

321 이장직, "80년대 이후의 북방 음악교류 현황",『문화예술』1991. 6.; "동구 음악단체 초청 절제 아쉬워",『경향신문』1989. 6. 16.

322 "돈벌이 급급한 삼류 무대…러 성페테르부르크 심포니 내한공연",『서울신문』1993. 9. 11.

1814

11. 29. 빈 국제회의 환영음악회에서 베토벤의 '영광스런 순간Der glorreiche Augenblick', '웰링턴의 승리' '교향곡 제7번' 초연

1848

8. 12. 프란츠 리스트, 베토벤 홀에서 베토벤 '황제 협주곡' '교향곡 제5번' 지휘 (베토벤 기념상 제막, 빅토리아 영국 여왕 독일 방문)

2. 18. 베를리오즈, 버킹엄궁의 왕세자 알버트 앞에서 '장송과 승리의 교향곡' 지휘

1855

9. 13. 아당 '승리 칸타타', 파리 오페라 코미크에서 초연 (크림전쟁 세바스토폴 함락)

1889

6. 22. 림스키코르사코프, 파리 트로카데로 극장에서 '러시아 음악의 밤' 지휘 (파리 엑스포)

1896

6. 6. 베를린 필하모닉, 칼 무크 지휘로 모스크바 공연 (러시아 황제 니콜라이 2세 대관식)

1900

6. 18. 빈 필하모닉, 말러 지휘로 파리에서 베토벤, 바그너, 브루크너 연주 (파리 엑스포)

1906

1. 10. 런던 심포니 오케스트라, 찰스 스탠포드 지휘로 파리 공연 (영불평화협정 2주년)

1910

6. 13. 뉴욕 메트로폴리탄 오페라, 토스카니니 지휘로 푸치니 '마농 레스코' 파리 초연

1911

2. 존 필립 수자 밴드, 영국, 아일랜드, 남아공, 호주, 뉴질랜드 순회공연

1912

3. 28. 런던 심포니 오케스트라, 니키슈 지휘로 미국 순회공연

1913

4. 30. 베를린 필하모닉 오케스트라, 베를린 징아카데미 합창단과 바흐 '마태 수난곡', 브람스 '독일 레퀴엠' 이탈리아어 버전으로 이탈리아 순회공연

5. 2. 암스테르담 콘세르트허바우 오케스트라, 윌렘 멩겔베르크 지휘로 파리 샹젤리제 극장에 서 바흐 '마태 수난곡' 연주

1915

5. 4. 베를린 필하모닉, 펠릭스 바인가르트너 지휘로 브뤼셀 공연 (독일군 벨기에 점령)

11. 9. 부다페스트 필하모닉 오케스트라, 빈 공연 (오스트리아 정부 초청)

1917

11. 15. 핀란드 지휘자 아르마스 자르네펠트Armas Järnefelt 1869-1958, 베를린 필하모닉 오케스 트라 객원 지휘 (독일-스웨덴 우호협회)

1918

5. 25. 베를린 필하모닉 오케스트라, 아르투르 니키슈 지휘로 빈 공연 (오스트리아 정부 초청)

10. 20. 파리 오케스트라, 미국 순회공연 (미국의 제1차 세계대전 참전 1주년)

1920

5. 4. 뉴욕 필하모닉 오케스트라, 월터 담로시 지휘로 유럽 순회공연

12. 16. 밀라노 라스칼라 극장 오케스트라, 토스카니니 지휘로 북미 순회공연

1924

4. 13. 베를린 징아카데미, 로마에서 베토벤 '장엄미사' 이탈리아 초연

6. 14. 런던 심포니 오케스트라, 에드워드 엘가, 헨리 코워드 지휘로 파리 공연 (파리 올림픽)

1927

12. 2. 베를린 필하모닉 오케스트라, 푸르트벵글러 지휘로 영국 순회공연

1928

10. 26. 스메타나 '팔려간 신부' 파리 공연 (제1차 세계대전 종전 및 체코슬로바키아 건국 10 주년)

1929

4. 29. 베를린 필하모닉 오케스트라, 푸르트벵글러 지휘로 파리 공연

5. 21. 토리노 극장, 파리 샹젤리제 극장에서 '알제리의 이탈리아 여인' '신데렐라' '세비야의 이발사' 상연

6. 20. 바이로이트 축제극장, 파리 샹젤리제 극장에서 '니벨룽의 반지'로 바그너 페스티벌

1930

4. 30. 빈 필하모닉 오케스트라, 클레멘스 크라우스 지휘로 파리 공연

5. 2. 뉴욕 필하모닉 오케스트라, 토스카니니 지휘로 첫 유럽 순회공연

1931

2. 16. 베를린 필하모닉 오케스트라, 푸르트벵글러 지휘로 브뤼셀 및 런던 공연

3. 28. 라이프치히 게반트하우스 오케스트라, 브루노 발터 지휘로 벨기에, 프랑스, 스위스 순회공연

4. 22. 베를린 필하모닉 오케스트라, 푸르트벵글러 지휘로 체코, 프랑스, 스위스 순회공연

1933

5. 7. 빈 필하모닉 오케스트라, 클레멘스 크라우스 지휘로 이탈리아 순회공연

1934

4. 4. 베를린 필하모닉 오케스트라, 푸르트벵글러 지휘로 프랑스 및 스위스, 이탈리아, 룩셈부르크 순회공연 (히틀러-무솔리니 베네치아 회담)

1935

3. 12. BBC 심포니 오케스트라, 브뤼셀 공연 (만국박람회)

6. 29. 런던 필하모닉 오케스트라, 토머스 비첨 지휘로 브뤼셀 공연 (만국박람회)

11. 27. 체코 필하모닉 오케스트라, 바클라프 탈리히 지휘로 영국, 벨기에, 프랑스 순회공연

1936

1. 22. 베를린 필하모닉 오케스트라, 푸르트벵글러 지휘로 폴란드 순회공연

5. 20. 베를린 필하모닉 오케스트라, 헤르만 아벤트로트 지휘로 부다페스트, 부쿠레슈티, 소피아, 베오그라드, 자그레브 순회공연

10. 13. 라이프치히 게반트하우스 오케스트라, 귄터 라민 지휘로 코펜하겐에서 바흐 B단조 미사 연주

11. 2. 드레스덴 젬퍼오퍼, 칼 뵘과 R. 슈트라우스의 지휘로 런던에서 '트리스탄과 이졸데' '돈 조반니' '피가로의 결혼' '장미의 기사' 공연

11. 13. 런던 필하모닉 오케스트라, 토머스 비첨 지휘로 독일 순회공연

1937

1. 15. 베를린 필하모닉 오케스트라, 오이겐 요훔 지휘로 폴란드 및 스칸디나비아 순회공연

5. 1. 베를린 필하모닉 오케스트라, 푸르트벵글러 지휘로 런던에서 베토벤 '합창 교향곡' 연주 (조지 6세 대관식)

6. 1. 필라델피아 발레단, 프랑스 및 벨기에, 영국 순회공연 (파리 엑스포)

6. 12. 스톡홀름 심포니 오케스트라, 닐스 그레빌리우스 지휘로 파리 공연 (파리 엑스포)

6. 13. 밀라노 라스칼라 극장, 빅토르 데사바타 지휘의 '아이다'로 독일 순회공연 (상호협력 조약 1주년)

6. 15. 런던 새들러스 웰스 발레단 파리 공연 (파리 엑스포)

6. 25. 빈 필하모닉 오케스트라, 브루노 발터 지휘로 런던 공연 (조지 6세 대관식)

6. 28. 빈 필하모닉, 빈 국립오페라 합창단, 브루노 발터 지휘로 파리 공연 (파리 엑스포)

9. 6. 베를린 슈타츠오퍼, 클 레멘스 크라우스, 칼 엘멘도르프, 푸르트벵글러 지휘로 파리에서
      R. 슈트라우스 '장미의 기사' '낙소스 섬의 아리아드네', 바그너 '트리스탄과 이졸데' '발
      퀴레' 공연 (파리 엑스포, 독일문화주간)

9. 7. 베를린 필하모닉 오케스트라, 푸르트벵글러 지휘로 파리에서 베토벤 '합창 교향곡' 연주
      (파리 엑스포, 독일문화주간)

9. 28. 베를린 올림픽주경기장에서 4,000명 규모의 군악대가 '프로이센의 영광' 행진곡, 베르
      디 '아이다' 중 개선행진곡, 바그너 '리엔치 서곡' 연주 (무솔리니 독일 방문)

10. 4. 로마 산타체칠리아 오케스트라, 베르나르디노 몰리나리 지휘로 스위스 및 독일 순회공
      연 (무솔리니 독일 방문)

10. 4. 스위스 로망드 오케스트라, 에르네스트 앙세르메 지휘로 파리 공연 (파리 엑스포)

10. 13. 체코 필하모닉 오케스트라, 라파엘 쿠벨릭 지휘로 영국, 벨기에 순회공연

10. 14. 폴란드 방송교향악단, 그레고르 피텔베르크 지휘로 파리 공연 (파리 엑스포)

12. 3. 베를린 캄머오케스트라, 한스 폰 벤다 지휘로 로마 공연 (삼국동맹)

1938

1. 21. 베를린 필하모닉 오케스트라, 푸르트벵글러 지휘로 영국 순회공연

4. 30. 베를린 필하모닉 오케스트라, 푸르트벵글러 지휘로 이탈리아, 스위스, 프랑스 순회공연
      (히틀러-무솔리니 강철의 서약)

8. 25. 베를린 슈타츠오퍼, 바그너 '로엔그린' 갈라 공연(헝가리 섭정각하 호르티 미클로시 국
      빈 방문)

1939

3. 7. 베를린 징아카데미 합창단, 게오르크 슈만 지휘로 바흐 'B단조 미사', 하이든 '사계'로
      이탈리아 순회공연

3. 26. 하얼빈 교향악단, 슈바이콥스키 지휘로 서울 공연

5. 17. 베를린 필하모닉 오케스트라, 푸르트벵글러 지휘로 피렌체 마지오레 무지칼레 음악제
      에서 바흐 '마태수난곡' 연주 (독일-이탈리아 강철조약)

6. 10. 일본 신교향악단, 사이토 히데오 지휘로 서울 공연

12. 10. 오다카 히사타다尾高尚忠 1911-1951, 베를린 필하모닉 지휘 (일독친선협회)

1940

4. 20. 베를린 필하모닉 오케스트라, 호세 마리아 프랑코 지휘로 히틀러 51회 생일 축하 연주
      (독일-스페인 우호협회)

5. 7. 베를린 필하모닉 오케스트라, 칼 뵘 지휘로 부다페스트, 부쿠레슈티, 소피아, 그라츠 순
      회공연 (헝가리, 루마니아, 불가리아 삼국동맹 가입)

6. 12. NBC 교향악단, 토스카니니 지휘로 남미 순회공연 (팬아메리칸 유니언)

6. 15. 일본 신교향악단, 요제프 로젠슈톡 지휘로 서울 공연 (경성 YMCA)

7. 19. 베를린 필하모닉 오케스트라, 아벤트로트 지휘로 덴마크 공연 (독일의 덴마크 침공)

10. 7. 만주국 신징新京교향악단 서울 공연

10. 17. 빈 필하모닉 오케스트라, 한스 크나퍼부슈 지휘로 네덜란드 순회공연 (네덜란드, 5월
　　　 15일 독일군에 항복)

11. 7. 푸르트벵글러, 프라하에서 스메타나 '몰다우강' 지휘 (독일군 체코 점령)

1941

1. 1. 베를린 필하모닉 실내악단, 리스본 주재 독일 대사관에서 신년음악회

1. 7. 베를린 필하모닉 오케스트라, 푸르트벵글러 지휘로 이탈리아 순회공연

3. 7. 베를린 슈타츠카펠레, 카라얀 지휘로 이탈리아 순회공연

3. 11. 만하임 국립극장, 파리 가르니에 오페라에서 바그너 '발퀴레' 상연

4. 16. 베를린 필하모닉 오케스트라, 칼 뵘 지휘로 프랑스, 스페인, 포르투갈 순회공연

4. 20. 로마 오페라 극장, 로시니 '알제리의 이탈리아 여인'으로 베를린 슈타츠오퍼 공연

5. 24. 베를린 슈타츠오퍼, 카라얀 지휘로 파리에서 '후궁 탈출' '트리스탄과 이졸데' 공연 (휴
　　　 전협정 1주년)

6. 23. 런던 필하모닉 오케스트라, 헨리 우드 지휘로 쇼스타코비치 교향곡 제7번 연주 (러시
　　　 아 제2차 세계대전 참전 1주년)

6. 26. 아메리칸 발레 시어터, 남미 순회공연 (미 국무부)

7. 13. 베를린 캄머 오케스트라, 한스 폰 벤다 지휘로 파리에서 모차르트 페스티벌

8. 30. 베를린 필하모닉 오케스트라, 오이겐 요훔 지휘로 파리 샤이오 국립극장 연주

9. 15. 밀라노 라스칼라 극장 오케스트라, 지노 마리누치 지휘로 독일 순회공연

12. 21. BBC 심포니 오케스트라, 스탈린 60회 생일 축하 음악회에서 아드리언 불트 지휘로
　　　 프로코피예프와 쇼스타코비치 연주

1942

1. 18. 라이프치히 게반트하우스 오케스트라, 파울 슈미츠 지휘로 볼로냐 공연

1. 19. 함부르크 슈타츠오퍼, 모차르트 '후궁 탈출'로 파리와 브뤼셀 공연

2. 5. 베를린 필하모닉 오케스트라, 푸르트벵글러 지휘로 노르웨이 및 스웨덴 순회공연

4. 22. 베를린 필하모닉, 클레멘스 크라우스 지휘로 스페인, 포르투갈, 프랑스 순회공연

9. 18. 베를린 방송교향악단, 베를린 필하모니에서 안익태 지휘로 안익태 '에텐라쿠' '만주국'
　　　 연주 (만주국 건국 10주년)

1943

2. 11. 안익태, 빈 심포니 오케스트라와 만주국 건국 10주년 기념 음악회

3. 30. 안익태, 파리음악원 오케스트라와 만주국 건국 10주년 기념 음악회

5. 6. 빈 필하모닉 오케스트라, 푸르트벵글러 지휘로 덴마크 및 스웨덴 공연

5. 18. 쾰른, 빈, 뒤스부르크, 하노버 오페라 극장, 파리에서 바그너 '발퀴레' 공동 제작

8. 18. 안익태, 베를린 필하모닉 오케스트라와 바그너 리엔치 서곡, 모차르트 피아노 협주곡 d
단조, 드보르자크 교향곡 제5번, 안익태 ‘에텐라쿠’ 연주

9. 17. 베를린 필하모닉 오케스트라, 크나퍼부슈 지휘로 벨기에, 스페인, 프랑스 순회공연

1944

2. 17. 아타나스 마가리토프, 베를린 필하모닉 객원 지휘 (독일-불가리아 우호협회)

3. 13. 빈 필하모닉 오케스트라, 푸르트벵글러 지휘로 헝가리 및 루마니아 공연

3. 30. 베를린 필하모닉, 크나퍼부슈 지휘로 노르웨이, 스페인, 포르투갈, 프랑스 순회공연

3. 14. 파리방송교향악단, 안익태 지휘로 샹젤리제극장에서 로시니 ‘빌헬름 텔 서곡’, 바흐-안
익태 ‘토카타와 푸가 C장조’, 안익태 ‘에텐라쿠’, 슈베르트 ‘미완성 교향곡’ 연주

4. 18. 파리음악원 오케스트라, 안익태 지휘로 베토벤 연주 (프랑스-일본 친선음악회)

5. 22. 베를린 슈타츠오퍼, 카라얀 지휘로 파리에서 ‘트리스탄과 이졸데’ 공연

6. 12. 베를린 필하모닉 오케스트라, 크나퍼부슈 지휘로 파리 연주 (노르망디 상륙)

11. 23. 런던 심포니 오케스트라, 존 바비롤리 지휘로 로열 앨버트홀에서 영미 연합 추수감사
음악회 ‘투 유 아메리카’ (윈스턴 처칠 영국 수상, 주영 미국대사 참석)

1945

5. 10. 빈 필하모닉 오케스트라, 클레멘스 크라우스 지휘로 베를리오즈, 비제, 생상스, 라벨 연
주 (프랑스-오스트리아 친선 연주회)

7. 3. 소련국립교향악단, 미국에 대한 친선의 표시로 거슈윈 ‘랩소디 인 블루’ 연주

11. 14. 바이올리니스트 예후디 메뉴인, 소련 순회공연

1947

3. 6. 빈 필하모닉 오케스트라, 요제프 크립스 지휘로 프랑스 및 스위스 순회공연

9. 16. 빈 슈타츠오퍼, ‘피가로의 결혼’ ‘코지 판 투테’ ‘피델리오’ ‘살로메’로 런던 공연

1948

9. 8. 로마 산타체칠리아 오케스트라, 푸르트벵글러 지휘로 에든버러 페스티벌 참가

9. 28. 빈 필하모닉 오케스트라, 푸르트벵글러 지휘로 런던 공연 (유럽 우호와 이해를 위한 크
리스천 액션)

11. 3. 베를린 필하모닉 오케스트라, 푸르트벵글러와 세르지우 첼리비다케 지휘로 런던 공연
(유럽 우호와 이해를 위한 크리스천 액션)

1949

3. 24. 쇼스타코비치, 세계평화를 위한 문화과학회의 소련 대표로 뉴욕 방문

4. 10. 베를린 필하모닉 오케스트라, 푸르트르벵글러 지휘로 이집트, 프랑스, 이탈리아 순회공연

5. 16. 알토 마리안 앤더슨, 헬싱키에서 독창회 (미 국무부)

6. 6. 빈 필하모닉 오케스트라, 요제프 크립스 지휘로 피렌체, 브뤼셀 연주

9. 29. 빈 필하모닉 오케스트라, 푸르트벵글러 지휘로 영국 및 프랑스, 스위스 순회공연

1950

6. 7. 북한예술단 소련 순회공연

1951

1. 14.. 이스라엘 필하모닉 오케스트라, 쿠세비츠키, 지휘로 미국 순회공연

1. 15. 런던 필하모닉 오케스트라, 아드리언 불트 지휘로 독일 순회공연

4. 18. 베를린 필하모닉 오케스트라, 푸르트벵글러 지휘로 이집트 순회공연

11. 4. 라이프치히 게반트하우스 오케스트라, 프란츠 콘비치니 지휘로 서독 순회공연

1952

4. 15. 뉴욕 시티 발레단 유럽 순회공연 (문화적 자유를 위한 파리 회의)

9. 7. 뉴욕 메트로폴리탄 오페라, 소프라노 레온타인 프라이스 주연의 거슈윈 '포기와 베스'로
　　　빈, 베를린, 런던, 파리 순회공연 (미 국무부)

11. 29. 필리핀 예술단 내한공연

1953

5. 28. 알토 마리안 앤더슨, 부산 독창회 (미 국무부)

9. 8. 뉴욕 시티 발레단, 유럽 순회공연

9. 19. 뮌헨 바이에른 슈타츠오퍼, R. 슈트라우스 '다나에의 사랑' '아라벨라'로 런던 공연

10. 2. 라이프치히 게반트하우스 오케스트라, 쿠르트 마주어 지휘로 서독 순회공연

10. 12. 루이 암스트롱 밴드, 유럽 순회공연

1954

4. 7. 어린이음악단 미국 순회공연 (한미재단, 이승만 대통령 방미)

11. 22. 호세 리몬 무용단 남미 순회공연 (미 국무부)

12. 11. 거슈윈 '포기와 베스' 중동 및 유럽 순회공연 (미 국무부)

12. 24. 소련 바이올리니스트 다비드 오이스트라흐, 필라델피아 오케스트라와 협연

1955

2. 27. 베를린 필하모닉 오케스트라, 카라얀 지휘로 미국 순회공연

5. 15. 필라델피아 오케스트라 유럽 순회공연 (미 국무부)

5. 26. 심포니 오브 디 에어, 월터 헨들 지휘로 내한공연 (미 국무부)

5. 27. 이스라엘 필하모닉 오케스트라, 폴 클레츠키 지휘로 바티칸에서 교황 비오 12세를 위
　　　해 베토벤 '교향곡 제7번' 비공개 연주

7. 7. 조지 거슈윈의 오페라 '포기와 베스' 중남미 순회공연 (미 국무부)

9. 3. 뉴욕 필하모닉 오케스트라, 미트로폴로스 지휘로 유럽 순회공연 (미 국무부)

10. 3. 소련 피아니스트 에밀 길렐스, 필라델피아 오케스트라와 협연

11. 1. 마사 그레이엄 현대무용단 아시아 및 중동 순회공연 (미 국무부)

11. 9. 거슈윈 '포기와 베스' 유럽 및 소련 공연 (미 국무부)

11. 25. 소련 바이올리니스트 다비드 오이스트라흐 미국 순회공연

1956

3. 16. 로버트 쇼 코랄, 중동 및 유럽 순회공연 (미 국무부)

3. 25. 소프라노 레온타인 프라이스, 인도 순회공연 (미 국무부)

3. 27. 디지 길레스피 빅밴드, 터키, 파키스탄, 유고슬라비아, 그리스 순회공연 (미 국무부)

4. 3. 뉴올리언즈 심포니 오케스트라 남미 순회공연 (미 국무부)

4. 17. 지휘자 겸 작곡가 아더 블리스 등 영국 음악인 8명 소련 순회공연 (흐루시초프 소련공
　　　산당 서기장, 니콜라이 소련 총리 영국 방문)

4. 19. 소련 첼리스트 므스티슬라브 로스트로포비치, 뉴욕 필하모닉 오케스트라와 협연

4. 28. 미 공군교향악단, 조지 하워드 대령 지휘로 내한공연 (미 국무부)

5. 3. 바이올리니스트 아이작 스턴, 소련 순회공연 (미 국무부)

5. 3. 재즈 트럼페터 루이 암스트롱 유럽 순회공연

5. 7. 피아니스트 글렌 굴드, 모스크바에서 첫 독주회

5. 25. 레닌그라드 필하모닉 오케스트라, 므라빈스키 지휘로 유럽 순회공연

5. 28. LA 필하모닉 오케스트라, 알프레드 워렌스타인 지휘로 내한공연 (미 국무부)

9. 6. 보스턴 심포니 오케스트라, 서방 교향악단 최초로 소련 순회공연 (미 국무부)

9. 25. 런던 필하모닉 오케스트라, 아드리언 불트 지휘로 영국 교향악단 최초 소련 순회공연

10. 8. 첼리스트 그레고르 피아티고르스키 내한공연 (미 국무부)

11. 3. 웨스트민스터 합창단 내한공연 (미 국무부)

12. 16. 샹송 가수 이브 몽탕, 소련 및 동유럽 순회공연

1957

1. 10. 베니 굿맨 재즈 오케스트라 내한공연 (미 국무부)

2. 17. 라이프치히 게반트하우스 오케스트라, 베네룩스 3국과 서독 순회공연

3. 3. 윌버 드 파리 재즈밴드, 아프리카 순회공연 (미 국무부)

4. 3. 서울시향, 김생려 지휘로 반공친선예술사절단과 동남아 순회공연

4. 8. 베르사유 오페라 재개관 공연 (영국 여왕 엘리자베스 2세 프랑스 방문)

5. 1. 클리블랜드 오케스트라, 조지 셸 지휘로 첫 유럽 순회공연에서 폴란드 연주 (미 국무부)

5. 7. 캐나다 피아니스트 글렌 굴드, 소련 순회공연

5. 17. 미 육군교향악단 내한공연

5. 27. 테너 리처드 터커 내한 독창회 (미 국무부)

6. 24. 미 공군교향악단, 조지 하워드 대령 지휘로 내한공연 (미 국무부)

9. 2. 호세 리몬 무용단, 유럽 및 중동 순회공연 (미 국무부)

9. 18. 북한 최승희 무용단, 소련 및 동유럽 순회공연

9. 24. 알토 마리안 앤더슨 내한 독창회 (미 국무부)

1958

2. 22. KBS교향악단, 임원식 지휘로 동남아 순회공연 (한-필리핀 수교, 한태 수교)

3. 5. 데이브 브루벡 쿼텟, 소련, 폴란드, 이란, 이라크, 인도, 아프카니스탄 공연 (미 국무부)

3. 17. 뉴욕 시티 발레단, 일본 및 호주, 필리핀 순회공연 (미 국무부)

3. 25. 암스테르담 로열 콘세르트허바우 오케스트라, 에두아르트 반 베이넘 지휘로 갈라 콘서
  트 (영국 여왕 엘리자베스 2세 네덜란드 방문)

4. 13. 미국 피아니스트 밴 클라이번, 모스크바에서 열린 제1회 차이콥스키 국제 콩쿠르 우승

4. 14. 소련 이고르 모이세예프 발레단 미국 순회공연

4. 16. 라이프치히 게반트하우스 오케스트라, 헤르베르트 알버트 지휘로 영국 순회공연

4. 29. 뉴욕 필하모닉 오케스트라, 남미 순회공연 (미 국무부)

5. 22. 모스크바 국립교향악단, 중국 순회공연에서 상하이 교향악단과 합동연주

5. 23. 필라델피아 오케스트라, 유진 오먼디 지휘로 소련 및 유럽 순회공연 (미 국무부)

5. 25. 베니 굿맨 밴드 브뤼셀 공연 (세계 박람회)

7. 13. 줄리아드 음대 오케스트라 유럽 순회공연 (미 국무부)

7. 31. 우디 허만 밴드, 남미 순회공연 (미 국무부)

9. 9. 모스크바에서 미소 작곡가 교류를 위한 제1차 회의

1959

1. 7. 잭 티가든 재즈 섹스텟 내한공연 (미 국무부)

3. 14. 골든게이트 보컬 쿼텟 덕수궁 공연 (미 국무부)

4. 1. 뉴욕 리틀 오케스트라, 토머스 셔먼 지휘로 내한공연 (미 국무부)

4. 16. 볼쇼이 발레단, '로미오와 줄리엣' '석화'로 첫 미국 순회공연

5. 19. 미 해병대군악대 내한공연 (미 국무부)

5. 21. 워싱턴 내셔널 심포니 오케스트라, 하워드 미첼 지휘로 중남미 순회공연 (미 국무부)

5. 26. 필리핀 예술사절단 내한공연 (수교 1주년)

8. 14. 로저 와그너 합창단 중남미 순회공연 (미 국무부)

8. 18. 뉴욕 필하모닉, 번스타인 지휘로 모스크바에서 스트라빈스키 '봄의 제전' 연주

8. 25. 뉴욕 필하모닉, 번스타인 지휘로 폴란드 및 소련 순회공연 (미 국무부)

9. 16. 체코 필하모닉, 카를 안체를 지휘로 호주, 일본, 뉴질랜드, 중국, 인도, 소련 공연

1960

1. 1. 모스크바 국립 교향악단, 콘스탄틴 이바노프 지휘로 미국 순회공연

3. 3. 알레그리아스 데 에스파냐 무용단 내한공연(한-스페인 수교 10주년)

4. 7. 런던 로열 오페라 하우스 갈라 공연 (프랑스 대통령 영국 방문)

4. 25. 보스턴 심포니 오케스트라, 샤를 뮌슈 지휘로 호주 및 아시아 순회공연 (미 국무부)

5. 18. 한국민속가무예술단, 파리 국제민속예술제에서 가무극 '춘향전' 공연

8. 26. 호세 리몬 무용단 중남미 순회공연 (미 국무부)

9. 6. NHK교향악단, 戰後 최초로 소련 및 유럽, 미국 순회공연

9. 14. 레닌그라드 필하모닉 오케스트라, 예프게니 므라빈스키 지휘로 유럽 순회공연

9. 13. 아메리칸 발레 시어터, 차이콥스키, 번스타인, 코플랜드로 소련 순회공연 (미 국무부)

9. 22. 뉴욕 필하모닉 오케스트라, 레너드 번스타인 지휘로 서베를린 공연 (미 국무부)

10. 15. 피아니스트 스비아토슬라브 리히터, 미국 및 캐나다 순회공연

10. 22. 피아니스트 루돌프 제르킨 내한공연 (미 국무부)

10. 28. 루이 암스트롱, 아프리카 순회공연 (미 국무부)

1961

2. 16. 미시간대 심포닉 밴드 소련 및 중동 순회공연 (미 국무부)

3. 12. 찰리 버드 재즈 트리오 중남미 순회공연 (미 국무부)

4. 16. 줄리아드 현악4중주단 내한공연 (미 국무부)

4. 24. 뉴욕 필하모닉 오케스트라, 레너드 번스타인 지휘로 일본 순회공연 (동서양 음악의 만
　　　남 음악제, 도쿄도 500주년, 도쿄분카카이칸 개관기념 음악제)

4. 28. 독일 모던 발레단 내한공연 (독일문화사절)

6. 15. 영국 로열발레단, '온디네' '불새'로 소련 순회공연

6. 19. 상트페테르부르크 키로프 발레단, '지젤'로 런던 공연

7. 13. 하버드대 남성합창단 내한공연 (미 국무부)

8. 31. 지휘자 데이비드 샤피로, 서울대 음대 교환교수로 부임 (펄브라이트 재단)

10. 16. 선명회어린이합창단, 북미 순회공연 (박정희 국가재건최고회의 의장 방미)

1962

1. 25. 이스트만 음대 교향악단 소련 공연 (미 국무부)

3. 16. 테너 후지와라 요시에, 일본문화사절로 서울 방문

3. 23. 빈 필하모닉 오케스트라, 칼 뵘 지휘로 소련 공연

4. 22. 몬트리올 심포니 오케스트라, 주빈 메타 지휘로 소련 공연

5. 11. 앨빈 에일리 현대무용단 내한공연 (미 국무부)

5. 30. 베니 굿맨 밴드 소련 순회공연 (미 국무부)

6. 5. 베를린 필하모닉 오케스트라, 오이겐 요훔 지휘로 영국 공연 (코번트리 대성당 축성식)

7. 1. 테디 윌슨 트리오 소련 공연 (미 국무부)

9. 6. 볼쇼이 발레단, '백조의 호수' '지젤' '스파르타쿠스'로 미국 순회공연

10. 1. 선명회어린이합창단, 장수철 지휘로 세계 16개국 순회공연

10. 5. 로버트 쇼 코랄 소련 순회공연 (미 국무부)

10. 6. 뉴욕 목관5중주단 내한공연 (미 국무부)

10. 9. 뉴욕 시티 발레단, 차이콥스키, 라벨, 바흐, 모차르트로 소련 순회공연 (미 국무부)

10. 21. 레닌그라드 필하모닉 오케스트라, 예프게니 므라빈스키와 겐나디 로제스트벤스키의
　　　 지휘로 미국 순회공연

10. 27. 인도네시아 예술단 평양 방문

11. 19. 피아니스트 한동일, 백악관 '어린이 외교사절을 위한 콘서트'에 출연

11. 26. 마사 그레이엄 무용단 유럽 순회공연 (미 국무부)

12. 1. 조프리 발레단 중동 순회공연 (미 국무부)

1963

3. 1. 냇킹 콜 내한공연 (미 국무부)

3. 12. 벤자민 브리튼, 모스크바에서 열린 영국 음악제 참가

4. 8. 루이 암스트롱 재즈밴드 내한공연 (미 국무부)

6. 17. 핀란드 방송교향악단, 파보 베르글룬트 지휘로 레닌그라드 공연

9. 6. 듀크 엘링턴 오케스트라 중동 순회공연 (미 국무부)

10. 15. 조프리 발레단 소련 순회공연 (미 국무부)

10. 23. 바이올리니스트 이브리 기틀리스, 이스라엘 연주자 최초로 소련 순회공연

11. 15. 호세 리몬 무용단 내한공연 (미 국무부)

1964

1. 16. 삼천리가무단 미국 순회공연 (아시아소사이어티)

1. 20. 알버트 망겔스도르프 재즈 퀸텟, 터키, 중동, 아시아 순회공연 (독일문화원)

2. 12. 캔사스대 브라스 앙상블 동남아 및 호주 순회공연 (미 국무부)

2. 21. NHK교향악단, 이와키 히로유키, 도야마 유조 지휘로 동남아 순회공연

2. 25. 베니 굿맨 밴드 일본 순회공연 (미 국무부)

2. 29. 오벌린 칼리지 합창단 소련 및 루마니아 순회공연 (미 국무부)

3. 12. 모스크바 필하모닉 오케스트라, 로스트로포비치의 협연으로 브리튼 '첼로와 오케스트
　　　 라를 위한 교향곡' 초연

3. 16. 국립국악원 첫 일본 순회공연 (요미우리 신문 초청)

5. 15. 로버트 쇼 코랄, 남미 순회공연 (미 국무부)

5. 31. 로저 와그너 합창단 중남미 순회공연 (미 국무부)

6. 19. 듀크 엘링턴 밴드, 일본 순회공연 (미 국무부)

8. 14. 피츠버그 심포니, 윌리엄 스타인버그 지휘로 중동 및 유럽 순회공연 (미 국무부)

8. 18. 아메리칸 발레시어터 중남미 순회공연 (미 국무부)

9. 1. 아리랑민속예술단 미국·유럽 순회공연 (박정희 대통령 독일 방문)

9. 30. 잉글리시 오페라 그룹, 브리튼 오페라 '알버트 헤링' '스크루의 회전' '루크레티아의 능
　　　 욕'으로 소련 순회공연

11. 15. 런던 심포니 오케스트라, 이스트반 케르테츠와 콜린 데이비스의 지휘로 첫 내한공연

(창단 60주년)

1965

1. 2. 덴버대학교 재즈밴드, 한국 및 동남아, 중남미 순회공연 (미 국무부)

1. 24. 한국민속가무예술단 일본 순회공연 (한일 국교정상화 및 문화협정)

3. 22. 루이 암스트롱 재즈 밴드, 동베를린 및 동유럽 순회공연 (미 국무부)

3. 25. 서울시향, 김만복 지휘로 첫 일본 순회공연 (일본국제문화교환협회, 한일경제협회)

3. 28. 프랑스 예술발레단 내한공연 (문화협정)

4. 13. 클리블랜드 오케스트라, 조지 셀 지휘로 유럽 및 소련 순회공연 (미 국무부)

4. 15. 황병기, 미국 순회공연 (동서문화교류센터)

4. 27. 영국 로열 발레단 미국 순회공연 (미국 독립선언 200주년, 영국 여왕 방미)

5. 5. 줄리아드 현악4중주단 소련 순회공연 (미 국무부)

5. 10. 필라델피아 오케스트라, 유진 오먼디 지휘로 남미 순회공연 (미 국무부)

5. 13. 라살 현악4중주단 유고슬라비아 순회공연 (미 국무부)

5. 24. 뮌헨 바이에른 슈타츠오퍼, R. 슈트라우스 '장미의 기사' 공연 (엘리자베스 2세 독일 방문)

5. 25. 폴 테일러 무용단 중남미 순회공연 (미 국무부)

6. 28. 뉴욕 시티 발레단 유럽 및 중동 순회공연 (미 국무부)

10. 9. 체코 필하모닉 오케스트라, 카렐 안체를과 바클라프 노이만 지휘로 북미 순회공연

10. 10. 모스크바 필하모닉 오케스트라, 키릴 콘드라신 지휘로 영국 및 미국 순회공연

10. 25. 뮤지컬 '헬로 돌리' 내한공연 (미 국무부)

1966

1. 16. 로저 와그너 코랄, 유럽 및 중동 순회공연 (미 국무부)

1. 29. 인디애나 재즈 밴드 중동 및 서남아시아 순회공연 (미 국무부)

2. 1. 텍사스대 체임버 싱어즈 유럽 및 중동 순회공연 (미 국무부)

2. 12. 아이오와대 심포닉 밴드 유럽 및 소련 순회공연 (미 국무부)

3. 1. 런던 심포니 오케스트라, 이스트반 케르테츠, 콜린 데이비스 지휘로 세계 순회공연

4. 1. 우디 허만 재즈 오케스트라 중동 및 아프리카 순회공연 (미 국무부)

4. 19. 하크니스 발레단 북아프리카 및 중동 순회공연 (미 국무부)

4. 28. NHK교향악단, 이와키 히로유키 지휘로 미국 및 남미 순회공연

5. 13. 듀크 엘링턴, 일본 순회공연 (미 국무부)

5. 15. 필라델피아 오케스트라, 유진 오먼디 지휘로 중남미 순회공연 (미 국무부)

5. 21. 노스웨스턴대 색소폰 4중주단 내한공연 (미 국무부)

6. 12. 아메리칸 발레 시어터 소련 순회공연 (미 국무부)

7. 1. 폴 테일러 무용단 아프리카 및 유럽 순회공연 (미 국무부)

7. 7. 얼 하인즈 재즈 섹스텟, 소련 순회공연 (미 국무부)

8. 1. 줄리아드 현악4중주단 내한공연 (미 국무부)

8. 7. 국립국악원 일본 순회공연 (재일거류민단)

8. 17. 모스크바 방송교향악단, 겐나디 로제스트벤스키 지휘로 런던 공연

10. 4. 아사히나 다카시, 일본인 최초로 KBS교향악단 지휘

10. 6. 신시내티 심포니 오케스트라, 맥스 루돌프와 에릭 쿤젤의 지휘로 첫 내한공연 (존슨 미
국 대통령 방한)

11. 13. 베를린 도이체 오퍼, 서울에서 '피가로의 결혼' 상연 (독일 대통령 방한)

1967

1. 8. BBC 심포니 오케스트라, 피에르 불레즈 지휘로 소련, 체코, 폴란드 순회공연

2. 13. 쾰른 목관5중주단, KBS교향악단과 협연 (독일 대통령 방한)

3. 22. 폴 테일러 무용단 내한공연 (미 국무부)

5. 2. 파인아츠 현악4중주단 내한공연 (미 국무부)

5. 15. 로마 산타체칠리아 오케스트라, 페르난도 프레비탈리 지휘로 소련 순회공연

5. 27. 워싱턴 내셔널 심포니 오케스트라 중남미 순회공연 (미 국무부)

6. 27. 서울대 음대 교향악단, 임원식 지휘로 일본에서 오사카 음대 교향악단과 합동 연주

9. 13. 앨빈 에일리 무용단 아프리카 순회공연 (미 국무부)

10. 1. 워싱턴 내셔널 심포니 오케스트라 유럽 순회공연 (미 국무부)

10. 4. 후지와라 오페라단, 서울에서 임원식 지휘로 '카르멘' 공연

1968

4. 1. 찰리 버드 쿼텟 아시아 순회공연 (미 국무부)

4. 15. 파리 오케스트라, 세르주 보도 지휘로 소련 공연 (프랑스 문화부)

5. 17. 뉴욕 체임버 솔로이스츠 유럽 순회공연 (미 국무부)

8. 9. 선명회 어린이합창단 미국 순회공연

8. 24. 뉴욕 필하모닉 오케스트라, 레너드 번스타인 지휘로 유럽 순회공연 (미 국무부)

9. 1. 듀크 엘링턴 밴드, 남미 순회공연

10. 8. 모스크바 필하모닉 오케스트라, 키릴 콘드라신 지휘로 영국 순회공연

10. 23. 데이브 브루벡, 카운트 베이시, 디지 길레스피 등 유럽 순회공연 (미 국무부)

1969

2. 12. 모스크바 국립 교향악단, 예프게니 스베틀라노프 지휘로 미국 순회공연

2. 20. NHK교향악단, 이와키 히로유키 지휘로 첫 내한공연

2. 28. 모스크바 심포니 오케스트라 미국 순회공연

4. 20. 볼쇼이 발레단, '지젤' '쇼피니아나' '돈키호테' '백조의 호수' '신데렐라' '라이몬다' 로
파리 공연

5. 9. 빈 슈타츠오퍼, 요한 슈트라우스 '박쥐' 상연 (영국 여왕 국빈 방문)

5. 28. 베를린 필하모닉 오케스트라, 카라얀 지휘로 소련 순회공연

9. 23. 런던 필하모닉 오케스트라, 존 프리처드 지휘로 첫 내한공연

10. 20. 한국민속예술단 일본 순회공연

11. 9. NHK교향악단, 이와키 히로유키 지휘로 미국 순회공연

1970

1. 10. 모스크바 필하모닉 오케스트라, 유리 테미르카노프, 키릴 콘드라신 지휘로 미국 공연

2. 3. 베니 굿맨 밴드 유럽 순회공연 (미 국무부)

3. 19. 김자경오페라단과 후지와라오페라단, 푸치니 '나비부인' 국내 초연

4. 4. 베를린 도이체 오퍼 발레단 내한공연 (문화협정)

5. 16. 베를린 필하모닉 오케스트라, 헤르베르트 폰 카라얀 지휘로 일본 순회공연

5. 27. 클리블랜드 오케스트라, 조지 셸 지휘로 첫 내한공연

9. 13. 라이프치히 게반트하우스 오케스트라, 마주어 지휘로 파리 뱅센 숲에서 열린 뤼마니테
축제Fête de l'Humanité에서 베토벤 '합창 교향곡' 연주 (동독 문화부, 베토벤 탄생 200주
년, 레닌 탄생 100주년)

9. 21. 앨빈 에일리 무용단 유럽 및 소련 순회공연 (미 국무부)

11. 23. 한국민속예술단 동남아 순회공연 (방콕 아시안게임)

11. 23. 라이프치히 게반트하우스 오케스트라, 쿠르트 잔더링 지휘로 영국 및 벨기에 순회공연

12. 18. 리틀엔젤스, 백악관 공연 (닉슨 대통령 주최 영국 수상 히드 환송 오찬)

1971

3. 20. 선명회 어린이 합창단 동남아 및 오세아니아 순회공연 (한호수교 10주년)

5. 5. 런던 심포니 오케스트라, 앙드레 프레빈 지휘로 소련, 아시아 순회공연

5. 20. 한국국악무용단, 유럽 순회공연 (암스테르담 KOTRA 개관)

9. 10. 듀크 엘링턴 재즈 오케스트라 소련 공연 (미 국무부)

9. 12. 이스라엘 필하모닉 오케스트라, 주빈 메타 지휘로 첫 독일 공연

10. 2. 빈 필하모닉 오케스트라, 칼 뵘 지휘로 모스크바 공연

11. 4. 오사카 필하모닉 오케스트라, 아사히나 다카시 지휘로 첫 내한공연

1972

1. 15. 이스라엘 밧도르 발레단 내한공연 (수교 10주년)

1. 27. 한국민속예술단 일본 순회공연 (삿포로 동계올림픽 문화축전)

2. 17. 북한 만수대예술단 유럽 순회공연

4. 5. 라이프치히 게반트하우스 오케스트라, 쿠르트 마주어 지휘로 영국 순회공연

8. 26. 한국민속예술단 세계 순회공연 (뮌헨올림픽 문화축전)

9. 12. 국립국악원 연주단, 경복궁 경회루에서 북한대표단 방한 환영공연

9. 4. 국립국악원 연주단 브뤼셀 공연 (KOTRA)

9. 21. 뉴욕 시티 발레단, 소련 및 폴란드 순회공연 (미 국무부)

1973

1. 17. 쾰른 노이에무지크 앙상블 내한공연 (독일문화원)

3. 2. 베를린 필하모닉 8중주단 내한공연 (독일문화원)

3. 3. 런던 필하모닉 오케스트라, 존 프리차드 지휘로 서방 교향악단 최초로 중국 순회공연

3. 6. 베니 굿맨 밴드 호주 순회공연 (미 국무부)

3. 23. 호세 리몬 무용단 소련 공연 (미 국무부)

3. 27. 빈 필하모닉 오케스트라, 클라우디오 아바도 지휘로 한국, 중국, 일본 순회공연

5. 15. 샌프란시스코 심포니, 오자와 세이지 지휘로 소련 및 유럽 공연 (미 국무부)

5. 28. 줄리아드 현악4중주단 내한공연 (미 국무부)

7. 6. 리틀엔젤스 미국 및 유럽 순회공연 (터키공화국 50주년)

7. 30. 북한 만수대예술단 일본 순회공연

8. 29. 국립국악원 유럽 순회공연 (프랑스 동양예술위원회)

9. 12. 필라델피아 오케스트라, 유진 오먼디 지휘로 미국 교향악단 최초로 중국 순회공연 (베이징과 워싱턴에 연락사무소 설치)

10. 23. 베를린 도이체 오퍼 발레단 내한공연 (한독수교 90주년)

1974

4. 13. 프랑스 국립 현대 발레단 내한공연

8. 22. 마사 그레이엄 현대무용단 아시아 순회공연 (미 국무부)

9. 1. 한국민속예술단 이란 공연 (문화협정, 아시안게임 문화축전)

9. 26. 암스테르담 콘세르트허바우 오케스트라, 버나드 하이팅크 지휘로 소련 순회공연

10. 10. 라이프치히 게반트하우스 오케스트라, 쿠르트 마주어 지휘로 미국 순회공연

12. 10. 조프리 발레단 소련 공연 (미 국무부)

1975

2. 26. 만프레트 쇼프 재즈 섹스텟 내한공연 (독일문화원)

3. 30. 쾰른 탄츠포룸 내한공연 (독일문화원)

4. 22. 영국 로열 발레단 첫 내한공연

9. 16. 국립국악원 일본 순회공연 (국교정상화 10주년)

10. 7. 국립국악원 유럽 순회공연 (벨기에 한국참전용사회)

1976

3. 12. 보스턴 심포니 오케스트라와 파리 오케스트라, 파리에서 세이지 오자와 지휘로 베를리오즈 '레퀴엠' 연주 (미국 독립 200주년, 프랑스 대통령 방미)

3. 15. 빈 필하모닉 오케스트라 미국 순회공연 (미국 독립선언 200주년)

4. 30. 런던 로열 발레단 미국 순회공연 (영국 여왕 미국 독립선언 200주년 기념 국빈 방문)

6. 4. 베를린 필하모닉과 레닌그라드 필하모닉, 카라얀 지휘로 프라하에서 합동 공연

6. 21. 한국민속예술단 미국 순회공연 (미국 독립 200주년)

9. 14. 뉴욕 필하모닉 오케스트라, 에릭 라인스도프와 토머스 스키퍼스 지휘로 소련 공연

10. 12. 박초월, 베를린 국제현대음악제에서 판소리 '수궁가' 완창

11. 4. 베를린 필하모닉 오케스트라, 카라얀 지휘로 미국 순회공연 (미국 독립선언 200주년)

11. 7. 런던 필하모닉 오케스트라, 버나드 하이팅크 지휘로 미국 순회공연 (영국 여왕 미국 독
     립선언 200주년 기념 방문)

11. 11. 스위스 로망드 오케스트라, 볼프강 자발리슈 지휘로 첫 내한공연

1977

5. 9. 서울시향, 정재동 지휘로 동남아 순회공연 (친선도시 타이베이 초청)

5. 26. 암스테르담 콘서트허바우 오케스트라, 버나드 하이팅크 지휘로 첫 내한공연

8. 19. 한국민속예술단 유럽 순회공연 (영국 여왕 즉위 25주년 기념)

1978

1. 11. 국립국악원 민속예술단 하와이 공연 (이민 75주년)

4. 30. NHK교향악단, 볼프강 자발리슈 지휘로 내한공연(세종문화회관 개관)

5. 1. 독일 졸링엔 남성합창단 내한공연 (독일 대통령 특사)

5. 5. 이탈리아 파르마 오페라단 내한공연에서 '아이다' 상연

5. 12. 영국 로열 발레단, '백조의 호수' '마농'으로 내한공연

5. 30. 베를린 필하모닉 오케스트라, 카라얀 지휘로 첫 동독 공연

5. 27. 필라델피아 오케스트라, 유진 오먼디 지휘로 첫 내한공연

7. 7. 뉴욕 필하모닉 오케스트라, 에릭 라인스도프 지휘로 첫 내한공연

6. 15. 빈 슈타츠오퍼, 첫 내한공연에서 요한 슈트라우스 '박쥐' 상연

9. 1. 대만성 교향악단, 첸추성 지휘로 내한공연 (서울-타이베이 자매결연 10주년)

9. 13. 클리블랜드 오케스트라, 로린 마젤 지휘로 첫 내한공연

1979

1. 14. 국립교향악단, 홍연택 지휘로 미국 및 일본 순회공연

2. 3. 부퍼탈 탄츠테아터 내한공연에서 '봄의 제전' 상연 (독일문화원)

2. 15. 레너드 번스타인, 멕시코시티 교향악단 지휘 (미국 대통령 멕시코 방문)

3. 15. 보스턴 심포니 오케스트라, 오자와 세이지 지휘로 중국 공연 (미중 수교)

4. 30. 리옹 국립교향악단, 세르주 보도 지휘로 첫 내한공연

7. 9. 바이올리니스트 아이작 스턴, 중국 순회공연

7. 30. 한국민속예술단 유럽 순회공연 (빈 유엔시티 개관)

9. 10. 영국 로열 오페라단, 내한공연에서 '토스카' '피터 그라임스' '마술피리' 상연

12. 16. 런던 심포니 오케스트라, 콜린 데이비스 지휘로 모스크바 공연

12. 28. 오자와 세이지, 중국중앙교향악단과 베토벤 '합창 교향곡' 연주

1980

4. 23. 워싱턴 내셔널 심포니 오케스트라, 로스트로포비치 지휘로 첫 한국, 일본 공연

1981

5. 18. 볼티모어 심포니 오케스트라, 세르지우 코미쇼나 지휘로 미국 악단 최초 동독 연주

5. 26. BBC 심포니 오케스트라, 노먼 델마 지휘로 첫 내한공연

7. 14. 국립국악원 미국 순회공연 (워싱턴 한국미술 5000년전)

1982

3. 2. 프랑스 국립교향악단, 로린 마젤 지휘로 내한공연

5. 1. 국립국악원 미국 및 일본 순회공연 (한미수교 100주년)

5. 25. LA 필하모닉 오케스트라, 카를로 마리아 줄리니 지휘로 내한공연 (수교 100주년)

6. 17. 아메리칸 발레 시어터 내한공연 (수교 100주년)

8. 3. 국립무용단 중남미 순회공연

9. 15. 도쿄 심포니 오케스트라, 고이즈미 가즈히로 지휘로 내한공연

10. 29. 서울시향, 정재동 지휘로 첫 미국 순회공연 (수교 100주년)

11. 12. 국립무용단 인도 공연 (아시안게임 문화축전)

12. 27. 터키 국립무용단 첫 내한공연 (터키 대통령 방한)

1983

5. 17. 로열 발레단, '잠자는 숲속의 미녀' '로미오와 줄리엣' 내한공연 (한영수교 100주년)

8. 16. 국립국악원 및 국립무용단 유럽 순회공연 (한영수교, 한독수교 100주년)

9. 10. 한양대 음대 국악연주단 영국 및 독일 순회공연 (수교 100주년)

10. 9. 베를린 필하모닉 체임버 오케스트라 내한공연 (수교 100주년)

10. 22. 한국전통예술단 서남아 및 유럽 순회공연 (한-파키스탄 수교)

11. 10. 김덕수패 사물놀이 미국 순회공연 (아시아소사이어티)

12. 13. 쾰른 현대무용단 내한공연 (수교 100주년)

1984

1. 29. 머스 커닝엄 현대무용단, 작곡가 존 케이지와 내한공연

2. 23. 워싱턴 발레단 내한공연

5. 21. 파리 오케스트라, 다니엘 바렌보임 지휘로 내한공연

7. 6. 국립무용단 '도미부인', LA 공연 (올림픽 문화축전)

10. 18. 베를린 필하모닉 오케스트라, 카라얀 지휘로 일본 및 한국 순회공연

11. 2. KBS교향악단, 곽승 지휘로 동남아 순회공연

1985

5. 5. 국립국악원과 국립무용단 미국 순회공연 (전두환 대통령 방미)

6. 5. 뉴욕 필하모닉 오케스트라, 주빈 메타 지휘로 동독, 헝가리 공연

6. 21. 일본 분라쿠·가부키 서울 공연 (국교정상화 20주년)

6. 21. 덴마크 왕립 발레단 내한공연 (덴마크 수상 방한)

7. 9. NHK 현악4중주단 내한공연 (국교정상화 20주년)

8. 6. 유럽 청소년 교향악단, 레너드 번스타인 지휘로 히로시마 공연 (원폭투하 40주년)

8. 27. 서울시립무용단 고베 공연 (국교정상화 20주년, 유니버시아드 민속예술제)

9. 12. 국립무용단 중동 순회공연 (한-이라크 문화협정)

9. 21. 서울예술단 평양대극장 공연, 평양예술단 서울 국립극장 공연 (이산가족 고향 방문)

12. 9. KBS교향악단, 곽승 지휘로 일본 순회공연 (국교정상화 20주년)

1986

2. 19. 중국국립발레단 미국 순회공연

4. 20. 피아니스트 블라디미르 호로비츠 소련 순회공연 (미 국무부)

5. 9. 서울시향, 정재동 지휘로 미국 순회공연

5. 28. 국립무용단, 국립창극단, 국립국악원 유럽 순회공연 (한불수교 100주년)

6. 8. 라주모프스키 현악4중주단 내한공연 (한불수교 100주년)

7. 19. 파리 소년합창단 내한공연 (수교 100주년)

8. 25. 파리 그레고리안 성가단 내한공연 (수교 100주년)

9. 9. 영국 로열 오페라단 '투란도트' '카르멘' '삼손과 데릴라'로 내한공연 (아시안게임 문화축전)

9. 22. 도쿄도 교향악단, 고바야시 겐이치로 지휘로 내한공연 (아시안게임 문화축전)

9. 27. 홍콩 필하모닉 오케스트라, 케니스 스커머혼 지휘로 내한공연 (아시안게임 문화축전)

10. 17. 부다페스트 방송교향악단, 안드라스 리게티 지휘로 내한공연

1987

3. 25. 데이브 브루벡 재즈 퀸텟 소련 순회공연 (USIA)

5. 26. 볼티모어 심포니 오케스트라, 데이비드 진맨 지휘로 소련 순회공연

7. 8. 서울시립무용단 유고 공연 (자그레브 하계유니버시아드 예술제)

10. 3. 일본 궁내청식부아악부宮內庁式部職樂部 미국 순회공연 (왕세자 방미)

10. 28. 로테르담 필하모닉 오케스트라, 제임스 콘론 지휘로 첫 내한공연

1988

3. 11. 보스턴에서 소비에트 음악제 (주미 소련 대사관)

5. 6. 서울시향, 정재동 지휘로 유럽 순회공연 (올림픽 홍보)

5. 28. 뉴욕 필하모닉 오케스트라, 주빈 메타 지휘로 소련 순회공연

5. 31. 데이브 브루벡 재즈 퀴텟, 모스크바 주재 미국 대사관저에서 열린 고르바초프 소련공
산당 서기장을 위한 레이건 대통령 주최 만찬에서 연주

7. 1. 타이베이 대만성 교향악단, 구스타프 퀴니히 지휘로 서울 공연 (친선결연 20주년)

8. 5. 미소 연합 청소년교향악단, 주빈 메타와 드미트리 키타옌코 지휘로 미국, 소련 순회공연

8. 16. 라스칼라 극장 내한공연에서 로린 마젤 지휘로 ‘투란도트’ 상연 (올림픽 문화축전)

8. 24. 스페인 마리아 로사 무용단 내한공연 (올림픽 문화축전)

9. 14. 모스크바 필하모닉 오케스트라, 키타옌코 지휘로 첫 내한공연 (올림픽 문화축전)

1989

2. 26. 헝가리 비르투오지 체임버 내한공연 (수교 및 문화협정)

4. 15. 도쿄도 교향악단 중국 순회공연 (도쿄-베이징 자매결연 10주년)

4. 24. 상트페테르부르크 심포니 오케스트라, 알렉산더 드미트리예프 지휘로 첫 내한공연

5. 3. 바르토크 현악4중주단 내한공연 (한-헝가리 수교 및 문화협정)

5. 23. 국립국악원 사물놀이팀 파리 공연 (프랑스혁명 200주년)

6. 13. 모스크바 필하모닉 오케스트라, 키타옌코 지휘로 내한공연 (서울올림픽 1주년)

6. 14. 창무예술단 유럽 순회공연 (모스크바 한국주간)

6. 22. 헝가리 리스트 체임버 내한공연 (수교 및 문화협정)

7. 18. 볼쇼이 오페라단, 첫 내한공연에서 무소륵스키 ‘보리스 고두노프’ 상연

8. 16. 헝가리 국립 소년소녀합창단 내한공연 (수교 및 문화협정)

9. 1. 폴란드 국립방송교향악단, 레너드 번스타인, 루카스 포스, 펜데레츠키 지휘로 제2차 세계대전 종전 기념 공연

9. 4. 한국창극단, 조상현 명창의 ‘심청전’으로 동유럽 순회공연 (한-폴란드 수교)

9. 22. 헝가리 국립발레단 내한공연 (수교 및 문화협정, 노태우 대통령 헝가리 방문)

9. 29. 크라쿠프 필하모닉 오케스트라, 길버트 레바인 지휘로 내한공연 (한-폴란드 수교)

10. 1. 서울예술단, 국수호 ‘땅의 소리, 춤’으로 미국 순회공연 (노태우 대통령 방미)

11. 7. 국립국악원 유럽 순회공연 (노태우 대통령 유럽 순방)

1990

1. 1. 리틀엔젤스 상트페테르부르크 공연 (한러수교)

2. 12. 헝가리 국립교향악단, 아담 피셔 지휘로 내한공연 (수교 1주년)

3. 28. 볼쇼이 발레단, ‘백조의 호수’로 첫 내한공연 (수교)

4. 10. 상트페테르부르크 필하모닉, 유리 테미르카노프 지휘로 첫 내한공연 (수교)

4. 10. 베를린 필하모닉 오케스트라, 바렌보임과 메타 지휘로 첫 이스라엘 공연 (수교 25주년)

4. 13. 리틀엔젤스 모스크바 공연 (수교)

4. 18. 베를린 필하모닉 오케스트라, 텔아비브에서 메타 지휘로 이스라엘 필하모닉 오케스트라와 합동 연주 (수교 25주년)

4. 21. 서울예술단 창극 ‘심청전’ 일본 공연 (노태우 대통령 방일)

4. 30. 이스라엘 필하모닉 오케스트라, 주빈 메타 지휘로 첫 소련 공연

5. 23. 서울과 도쿄에서 한일 아악 교류연주회 (노태우 대통령 방일)

7. 31. 헝가리 리스트 체임버 오케스트라 내한공연 (수교 1주년)

9. 3. 손진책 연출의 창극 '아리랑' 러시아 순회공연 (수교)

9. 25. 국립발레단, 서울과 모스크바에서 볼쇼이 발레단과 합동공연 (수교)

10. 9. 서울시무용단 동유럽 순회공연 (한-체코, 한-루마니아, 한-불가리아 수교)

10. 18. 평양에서 범민족 통일음악회

10. 19. 시카고 심포니 오케스트라, 게오르그 솔티 지휘로 소련과 헝가리 순회공연

12. 3. 소피아 필하모닉 오케스트라, 에밀 하바코프 지휘로 내한공연 (수교)

12. 8. 평양민족음악단, 서울 송년통일전통음악회 참가

1991

1. 1. 리틀엔젤스 러시아 순회공연 (노태우 대통령 러시아 방문)

2. 25. 뮌헨 바이에른 국립발레단 내한공연에서 '오네긴' 상연 (독일 대통령 방한)

3. 29. 얼스터 오케스트라, 얀 파스칼 토틀리예 지휘로 내한공연 (북아일랜드 산업개발청)

4. 3. 도쿄도 교향악단, 와가스기 히로시 지휘로 미국 순회공연 (도쿄-뉴욕 자매결연 30주년)

5. 4. 모스크바 필하모닉 오케스트라, 마르크 에름레르 지휘로 내한공연 (미하일 고르바초프
     소련 대통령 방한)

5. 10. 부산시립국악관현악단 후쿠오카 공연 (자매도시 방문)

6. 25. 상트페테르부르크 키로프 발레단 첫 내한공연

6. 26. 서울예술단, '조용한 아침의 나라, 환상의 춤'으로 미국 유럽 공연 (노태우 대통령 방미)

7. 7. 정농악회 중국 및 몽골 순회공연 (몽골 건국 70주년)

7. 25. NHK교향악단, 도야마 유조 지휘로 내한공연

9. 21. 국립국악원과 국립무용단, KBS국악관현악단, 미국 및 동유럽 러시아 순회공연 (노태
     우 대통령 유엔총회 연설, 유엔 가입 경축)

10. 26. KBS교향악단, 모세 아츠몬 지휘로 일본 순회공연

11. 7. 스위스 로망드 오케스트라, 아민 요르단 지휘로 내한공연 (스위스 건국 700주년)

1992

1. 19. 빈 폴크스오퍼 오케스트라 내한공연 (수교 100주년)

3. 25. 볼쇼이 발레단 내한공연에서 '스파르타쿠스' '로미오와 줄리엣' 상연 (한러 문화협정)

5. 31. 조선국립교향악단, 김병화 지휘로 일본 순회공연

6. 5. 프라하 방송교향악단, 블라디미르 발렉 지휘로 내한공연 (체코 대통령 방한)

6. 14. 바르셀로나 심포니, 가르시아 나바로 지휘로 내한공연 (바르셀로나 올림픽 홍보)

7. 6. 상트페테르부르크 필하모닉, 테미르카노프, 얀손스 지휘로 내한공연 (문화협정)

7. 14. 아메리칸 심포니 오케스트라, 레온 보츠타인 지휘로 내한 (클린턴 미국 대통령 방한)

9. 1. 서울예술단 중국 옌지 공연 (조선족자치주 40주년)

11. 1. 러시아 스베틀라노프 국립교향악단 첫 내한공연 (문화협정, 러시아 대통령 방한)

11. 4. 스코틀랜드 국립발레단, '코펠리아'로 내한공연 (찰스 왕세자 방한)

11. 16. 자그레브 필하모닉 오케스트라, 파블레 데스팔 지휘로 내한공연 (수교)

12. 11. 상트페테르부르크 발레단, '로미오와 줄리엣'으로 내한공연 (문화협정)

1993

1. 9. 베이징 중앙교향악단, 후용한 지휘로 첫 내한공연 (수교 1주년)

2. 5. 서울시향, 박은성 지휘로 피아니스트 인쳉종과 '황허 협주곡' 연주 (수교 1주년)

2. 18. 파리 오페라 발레단 첫 내한공연 (문화협정 30주년)

4. 2. 파리 퐁피두센터에서 한국예술제 (문화협정 30주년)

6. 8. 중국민족예술단 내한공연 (수교 1주년)

7. 11. 빌 클린턴 대통령, 미8군 군악대와 색소폰 협연 (미국 대통령 방한)

9. 7. 국립창극단, 국립무용단 중국 순회공연 (수교 1주년)

9. 17. 전북도립국악단 중국 순회공연 (수교 1주년)

9. 25. 워싱턴 내셔널 심포니 오케스트라, 로스트로포비치 지휘로 모스크바 붉은 광장 공연

11. 23. NHK교향악단, 다카세키 겐高関健 지휘로 내한공연

12. 21. 중앙디딤무용단 베트남 순회공연 (수교 1주년)

1994

2. 17. 런던 필하모닉, 길버트 레빈 지휘로 바티칸에서 홀로코스트 희생자를 위한 추모 음악회

3. 16. 불가리아 국립오페라단 내한공연 (문화협정)

5. 18. 서울시립국악관현악단 동남아 순회공연 (한-베트남 문화협정)

7. 12. 상하이 교향악단, 첸시양 지휘로 첫 내한공연 (수교 2주년)

9. 8. 소피아 국립 방송교향악단, 안드레이 안드레프 지휘로 내한공연 (문화협정)

10. 15. 국립국악원 동남아 순회공연 (한-베트남 문화협정, 인도네시아 APEC)

10. 27. 로열 필하모닉 오케스트라, 예후디 메뉴인 지휘로 내한공연 (서울 정도 600주년)

1995

3. 6. 키로프 발레단, '백조의 호수' '신데렐라'로 내한공연 (수교 5주년)

4. 2. 유니버설발레단 일본 순회공연 (국교정상화 30주년)

4. 26. 라이프치히 게반트하우스 오케스트라, 쿠르트 마주어 지휘로 첫 내한공연

7. 5. 평화를 위한 월드 오케스트라, 솔티 지휘로 제네바에서 창단 (유엔 창설 50주년)

7. 15. 휴스턴 발레단, 미국 발레단 최초로 '로미오와 줄리엣'으로 중국 순회공연

7. 27. 국수호 디딤무용단 미국 공연 (워싱턴 한국전 참전 기념공원 준공, 김영삼 대통령 방미)

9. 15. 상트페테르부르크 마린스키 오페라단 첫 내한공연에서 '이고르 공' 상연 (수교 5주년)

9. 17. 글로리아 오페라단, 장일남 '춘향전' 도쿄 공연 (국교정상화 30주년)

9. 18. 모스크바 방송교향악단, 블라디미르 페도세예프 지휘로 내한공연 (수교 5주년)

9. 21. 볼쇼이 발레단 내한공연 (수교 5주년)

9. 24. 볼쇼이 오페라 오케스트라, 푸아트 만수로프 지휘로 내한공연 (수교 5주년)

9. 27. 국립국악원 유럽 순회공연 (2002 월드컵 유치 홍보)

10. 12. 모스크바 체임버 오케스트라 내한공연 (수교 5주년)

11. 16. 헝가리 국립교향악단, 어빈 루카치 지휘로 내한공연

11. 24. 키이우 국립발레단 내한공연에서 '잠자는 숲속의 미녀' 상연 (수교 5주년)

11. 28. 모스크바 심포니 오케스트라, 이고르 골로브친 지휘로 첫 내한공연 (수교 5주년)

12. 25. 상트페테르부르크 심포니 오케스트라 내한공연 (수교 5주년)

1996

1. 1. 리틀엔젤스 아시아 순회공연 (김영삼 대통령 인도 방문)

4. 24. 지희영 무용단 아프리카 순회공연 (2002 월드컵 유치 홍보)

4. 30. 상하이 민족악단, 대만에서 국립대만국악단과 합동 순회공연

5. 1. 국립국악원 북유럽 순회공연 (월드컵 유치 홍보)

5. 11. 금호 현악4중주단 유럽 순회공연 (오스트리아 건국 1000주년)

7. 25. 국립무용단, 김덕수패 사물놀이 등 미국, 남미 순회공연 (2002 월드컵 유치 홍보, 김영
      삼 대통령 중남미 순방)

7. 30. 글로리아 오페라단, 장일남 '춘향전'으로 애틀랜타 공연 (애틀랜타 올림픽 문화축전)

8. 3. 서울시향, 곽승 지휘로 미국 공연 (애틀랜타 올림픽 문화축전)

9. 18. 아메리칸 발레시어터 첫 내한공연에서 '지젤' '백조의 호수' 상연

11. 3. 부산시립무용단, 베트남 순회공연 (수교 1주년, 김영삼 대통령 베트남 방문)

1997

5. 14. BBC 심포니 오케스트라, 앤드루 데이비스 지휘로 내한공연 (수교 200주년)

6. 5. 국립오페라단과 니키카이 오페라, 서울과 도쿄에서 '리골레토' 공연

6. 9. 서울시립무용단 중남미 순회공연 (김영삼 대통령 멕시코 방문)

6. 10. 부산시향, 곽승 지휘로 미국 순회공연 (부산-LA 자매결연 30주년, 월드컵 유치 홍보)

7. 8. 국립국악원 영국 순회공연 (한영우호 200주년)

8. 11. 국립무용단 중국 순회공연 (수교 5주년)

11. 17. 국립국악관현악단, 박범훈 지휘로 베이징 공연 (수교 5주년)

1998

1. 12. 국립국악관현악단, 박범훈 지휘로 베이징 공연 (김영삼 대통령 방중)

3. 14. 유니버설발레단, '백조의 호수'로 첫 미국 순회공연

5. 5. 리틀엔젤스 예술단 평양 봉화예술극장 공연

6. 12. 국립무용단, '북의 대합주'로 프랑스 월드컵 폐막공연

9. 27. 국립국악원 일본 순회공연 (김대중 대통령 방일)

11. 20. 국립국악원 미국 순회공연 (클린턴 미국 대통령 방한)

1999

1. 25. 국립국악원 도쿄 공연 (아사히 신문 창간 120주년)

3. 8. 국립국악원 유럽 순회공연 (김대중 대통령 유럽 순방)

3. 4. 풍무악예술단 일본 순회공연 (도쿄 한국문화원 20주년, 오사카 한국문화원 개원)

4. 21. KBS교향악단 한영 친선음악회 (엘리자베스 영국 여왕 방한)

5. 22. 필라델피아 오케스트라, 볼프강 자발리슈 지휘로 미국 교향악단 최초로 베트남 공연

6. 18. 서울시무용단 미국 순회공연 (아시아 소사이어티)

7. 9. 국립국악원 도쿄 공연 (한국문화관 개관)

10. 6. 레드아미 앙상블 중국 순회공연 (중러 수교 50주년)

11. 16. 리투아니아 국립교향악단 내한공연

2000

3. 13. 체코 필하모닉 오케스트라, 아슈케나지 지휘로 미국 순회공연 (체코 대통령 방미)

3. 31. 유니버설발레단 미국 순회공연 (한국전쟁 50주년)

5. 12. 김덕수패 사물놀이, 안숙선 명창 브뤼셀 공연(벨기에 한국참전 50주년, 수교 100주년)

5. 22. 일본 궁내청식부아악부 유럽 순회공연 (일왕 네덜란드 및 스웨덴 방문)

5. 24. 평양학생소년예술단 서울 공연 (남북정상회담)

6. 14. 부산시립국악관현악단 중국 순회공연 (부산아시안게임 및 월드컵 유치 홍보)

8. 20. 조선국립교향악단, 김병화 지휘로 서울 공연 (남북정상회담)

8. 28. 볼쇼이 오페라 내한공연 (한러수교 10주년)

9. 8. 평화를 위한 월드 오케스트라, 발레리 게르기예프 지휘로 BBC 프롬스 축제 피날레 공연 (영국 대공습 60주년)

9. 22. 국립국악원 도쿄 공연 (김대중 대통령 방일)

10. 18. 밀라노 라스칼라 필하모닉 오케스트라, 리카르도 무티 지휘로 엘가 연주 (영국 여왕 이탈리아 국빈 방문)

10. 19. 산타체칠리아 오케스트라, 정명훈 지휘로 내한공연 (ASEM)

10. 22. 나고야 필하모닉 오케스트라, 데츠지 혼나 지휘로 내한공연 (ASEM)

10. 30. 부산시향, 동남아 순회공연 (아시안게임 홍보)

11. 8. 국립국악원 런던 공연 (대영박물관 한국실 개관)

11. 13. 국립국악원 유럽 순회공연 (한국문화원 20주년)

11. 19. 상트페테르부르크 심포니, 드미트리예프 지휘로 내한공연 (수교 10주년)

12. 15. 금강산가극단 서울 공연 (남북정상회담)

11. 21. 서울바로크합주단 싱가포르 공연(ASEAN, 한중일 정상회의)

2001

1. 19. 국립오페라단, 도쿄 신국립극장에서 이건용 '봄봄봄' 공연

2. 1. 남원시립국악단, 평양에서 창극 '춘향전' 공연

2. 4. 코시체 슬로바키아 국립 필하모닉 오케스트라, 첫 내한공연

4. 15. 한국오페라단, 도쿄 신국립극장에서 이영조 '황진이' 공연 (한일 월드컵)

5. 12. 부산시립국악관현악단 및 무용단 싱가포르 공연 (2002 부산아시안게임 홍보)

5. 26. KBS국악관현악단, 임평룡 지휘로 미국 순회공연

10. 23. 베트남 국립교향악단, 데스지 혼나 지휘로 미국 순회공연

2002

2. 2. 사물놀이 한울림, 미국 및 유럽 순회공연 (월드컵 D조 참가국 순회)

3. 6. 상하이 방송교향악단, 후용얀 지휘로 내한공연 (수교 10주년)

3. 28. 곽승, 중국국립교향악단 지휘 (수교 10주년)

3. 30. 리신차오, KBS교향악단 지휘 (수교 10주년)

4. 1. 국립발레단 '백조의 호수' '지젤'로 일본 순회공연 (한일 월드컵)

4. 4. 국립국악원 무용단 중남미 순회공연 (한일 월드컵)

4. 15. 한국오페라단, 도쿄에서 이영조 '황진이' 공연 (한일 월드컵)

4. 18. 국립발레단, '백조의 호수' '지젤'로 일본 순회공연 (한일 월드컵)

4. 19. 요코하마에서 다가키 도로쿠의 오페라 '춘향' 상연 (한일 월드컵)

4. 28. 도쿄도 교향악단 베이징 연주 (국교정상화 30주년)

5. 8. 도쿄, 오사카, 서울, 부산에서 한일 궁중음악 연주 (한일 월드컵)

5. 9. NHK교향악단, 샤를 뒤투아 지휘로 서울에서 베토벤 '합창교향곡' 연주 (한일 월드컵)

5. 21. 일본 궁내청식부아악부 내한공연 (한일 월드컵)

5. 28. KBS교향악단, 드미트리 키타엔코 지휘로 일본 순회공연 (한일 월드컵)

6. 8. 서울시향, 곽승 지휘로 고베 공연 (김대중 대통령 방일, ASEM, 한일 월드컵)

6. 18. 금호 현악4중주단 중국 순회공연 (수교 10주년)

7. 29. 한국오페라단, 도쿄에서 '나비부인' 공연 (한일 월드컵)

8. 4. 요코하마 노악당, 서울 국립국악원에서 한일고전예능제 (한일 월드컵)

8. 22. 국립국악원 중국 순회공연 (수교 10주년)

9. 20. KBS교향악단, 박은성 지휘로 평양 공연

9. 25. 차이나 필하모닉과 KBS교향악단, 베이징, 상하이, 서울에서 교환 연주 (수교 10주년)

10. 7. 안숙선, 김일구, 김수연, 조통달, 김영자, 파리가을축제에서 판소리 다섯바탕 완창

10. 17. 중국국가교향악단, 첸추오황 지휘로 유럽 순회공연 (중국-독일 수교 30주년)

10. 24. KBS국악관현악단, 임평룡 지휘로 뉴욕 유엔총회장 콘서트

2003

4. 3. 국립국악원 무용단, 인도 및 방글라데시 순회공연 (수교 30주년)

5. 24. 유니버설발레단 '심청' 일본 순회공연 (노무현 대통령 방일)

6. 11. 광주시립발레단, '심청'으로 샌프란시스코 공연 (미주 이민 100주년)

6. 12. 라이프치히 게반트하우스 오케스트라 호주 순회공연 (국제사회보장협정 체결)

6. 26. 국립합창단, 염진섭 지휘로 캐나다 순회공연 (수교 40주년)

6. 27. 서울시무용단 미국 순회공연 (한미동맹 50주년, 이민 100주년)

7. 14. 김수연, 김영자, 김일구, 안숙선, 조통달 명창 에든버러 페스티벌에서 판소리 완창

7. 30. 서울시무용단 시드니 공연 (영사관계 50주년)

8. 10. 국립국악원 북미 순회공연 (한미동맹 50주년, 이민 100주년)

8. 12. 국립민속국악원, 대구시립국악단, 상트페테르부르크 공연 (정도 300주년 한국주간)

9. 16. 국립국악원 우즈베키스탄, 세르비아 공연 (한국문화주간)

9. 17. 부산시립무용단 이탈리아 순회공연 (피렌체 한국문화주간)

10. 11. 부산시립무용단 스위스 제네바 공연 (ITU 총회)

11. 8. 서울시무용단, 베이징 공연 (자매결연 10주년)

11. 21. 콰르텟 21, 서남아시아 순회공연 (한-인도 수교 30주년)

12. 9. 이라크 국립 교향악단, 조지 W. 부시 대통령이 참석한 가운데 워싱턴 공연 (미 국무부)

2004

4. 27. 부산시립무용단 호찌민 공연 (수교 12주년)

5. 19. 국립국악원 동유럽 순회공연 (한-헝가리 수교 15주년, 헝가리 EU 가입)

5. 27. 국립무용단 '코리아 환타지'로 중앙아시아 및 러시아 순회공연

6. 8. 대전시향, 함신익 지휘로 미국 순회공연 (대전-시애틀 자매결연 15주년)

6. 18. 손경순 예전무용단 네팔 및 스리랑카 공연 (한-네팔 수교 30주년)

6. 19. 글로리아 오페라단, 파리에서 장일남 '춘향전' 공연 (고속철도 개통)

6. 20. 상하이 교향악단, 첸시양 지휘로 유럽 순회공연 (중국-프랑스 수교 40주년)

6. 26. 국수호디딤무용단 브루나이 공연 (수교 20주년)

7. 23. 창극 '윤봉길 의사 청년시대' 미국 순회공연 (상하이 홍커우공원 의거 70주년)

8. 9. 안성 남사당바우덕이풍물단 아테네 공연 (올림픽 문화축전)

8. 25. 김영희 무트댄스, 동남아 공연 (한-베트남 수교 12주년, 한-아세안 대화수립 15주년)

9. 13. 국립국악원 러시아 순회공연 (노무현 대통령 방러)

9. 15. 부산시립무용단 호찌민 공연 (자매도시 방문, 노무현 대통령 베트남 방문)

9. 17. 국립민속국악원 중남미 순회공연 (노무현 대통령 중남미 순방)

10. 1. 난계국악단 일본 순회공연 (노무현 대통령 인도 방문)

10. 4. 부산시립무용단 동아프리카 순회공연 (한-케냐 수교 30주년)

10. 10. 장미셸 자르, 베이징 자금성 콘서트홀 연주 (프랑스 대통령 방중)

10. 21. 한국예술단 가무악 중남미 순회공연 (한-우루과이 수교 40주년, 노무현 대통령 중남
　　　미 순방)

10. 24. 파리 오케스트라, 크리스토프 에셴바흐 지휘로 첫 중국 순회공연

11. 3. 서울시무용단과 국악관현악단 모스크바 공연 (한인 이주 140주년)

11. 3. 베를린 필하모닉 오케스트라, 드레스덴 성모 성당 복구를 위한 자선음악회 (영국 여왕
　　　독일 방문)

11. 7. 포항시향, 박성완 지휘로 일본 후쿠야마 공연 (자매결연 25주년)

2005

1. 21. 화음챔버오케스트라 일본 순회공연 (국교정상화 40주년)

3. 3. 한일 판소리-분라쿠 교류 공연 (국교정상화 40주년, 유네스코 문화유산 선정)

3. 16. KBS교향악단, 곽승 지휘로 독일 순회공연 (한국의 해)

4. 18. 이스라엘 필하모닉, 주빈 메타 지휘로 유럽 순회공연 (독일-이스라엘 수교 40주년)

5. 5. 벨라루스 국립발레단 '스파르타쿠스' '로미오와 줄리엣'으로 내한공연

6. 7. 부산시립무용단 동유럽 순회공연 (한-루마니아, 한-불가리아, 한-체코 수교 15주년)

6. 11. 니키카이 오페라단, 서울에서 바그너 '탄호이저' 상연 (국교정상화 40주년)

9. 20. 국립무용단, '코리아 환타지'로 독일 순회공연 (한국의 해)

9. 24. 마린스키 오페라, 바그너 '니벨룽의 반지' 한국 초연 (한러수교 15주년)

9. 30. 삿포로 교향악단, 오타카 타다아키 지휘로 내한공연 (국교정상화 40주년)

10. 16. 히로시마 교향악단, 아키야마 가즈요시 지휘로 내한공연 (국교정상화 40주년)

10. 17. 볼쇼이 합창단 내한공연 (수교 15주년)

10. 18. 국립국악원 종묘제례악 독일 공연 (한국의 해, 프랑크푸르트 국제도서전 주빈국)

11. 12. 도쿄 필하모닉 오케스트라, 정명훈 지휘로 내한공연 (국교정상화 40주년)

11. 21. 화음챔버오케스트라 일본 순회공연 (국교정상화 40주년)

12. 5. '한국 반만년 악가무' 동남아 순회공연 (한-싱가포르 수교 30주년, 말레이시아
　　　ASEAN+3)

12. 26. 상트페테르부르크 심포니, 드미트리예프 지휘로 내한공연 (수교 15주년)

2006

3. 11. 리옹 오페라 발레단 내한공연 (수교 120주년)

3. 18. 런던 심포니 오케스트라, 정명훈 지휘로 내한공연 (한영 상호방문의 해)

6. 4. 북한 금강산가극단 수원 및 서울 공연

6. 8. 국립무용단, '코리아 환타지'로 프랑스 및 알제리 공연 (한불수교 120주년)

6. 20. NHK교향악단, 블라디미르 아슈케나지 지휘로 내한공연

7. 2. 국립국악관현악단 일본 아사히가와 공연 (한중일 관광장관회담)

7. 8. 국립국악원 중국 순회공연 (상하이 엑스포)

9. 9. 부천시향, 임헌정 지휘로 가와사키 공연 (자매결연 10주년)

9. 19. 서울예술단 미국 순회공연 (노무현 대통령 방미)

10. 1. 아르메니아 태생의 프랑스 가수 샤를 아즈나부르, 아르메니아 예레반 공화국광장 공연
(프랑스 대통령 국빈 방문)

11. 3. 국립국악관현악단 베트남 하노이 공연 (APEC, 한국문화원 개원)

11. 29. 서울시무용단 타이베이 공연 (친선도시 방문)

12. 2. 서울시국악관현악단 타이베이 공연 (친선도시 방문)

12. 12. 소프라노 조수미, 파리 샹젤리제 극장 독창회 (수교 120주년)

12. 14. 런던 캐도건홀에서 조수미, 강동석 듀오 콘서트 (한영 상호방문의 해)

12. 29. 사물놀이 한울림 파리 공연 (수교 120주년)

2007

3. 6. 국립국악원 터키 순회공연 (수교 50주년)

3. 21. 중국 국립심포니 오케스트라, 리신차오 지휘로 내한공연 (수교 15주년)

3. 24. 데살로니키 시립교향악단, 베토벤 ‘합창 교향곡’ 4악장, 레스피기 ‘로마의 소나무’, 베
를리오즈 ‘로마의 카니발 서곡’ 등 연주 (로마조약 50주년)

3. 24. 룩셈부르크 필하모닉 오케스트라, 에마누엘 크리빈 지휘로 브뤼셀에서 베토벤 ‘합창
교향곡’ 연주 (로마조약 50주년)

3. 24. 베를린 필하모니 홀에서 로마조약 체결 50주년 기념공연 (EU 정상회담)

3. 25. 유럽 체임버 오케스트라, 이반 피셔 지휘로 룩셈부르크에서 베토벤 교향곡 제9번 4악
장 연주 (로마 조약 50주년)

5. 6. 국악실내악단 슬기둥, 아프리카 순회공연 (한-가나 수교 30주년)

5. 7. 베이징 심포니 오케스트라, 탄리화 지휘로 내한공연 (수교 15주년)

6. 24. 국립국악관현악단 칭다오 공연 (수교 15주년, 한중 관광장관 회담)

7. 15. 서울오라토리오, 체코 순회공연 (한-체코 친선협회 창립)

8. 13. 터키 안탈리아 국립교향악단, 나지 외즈규츠 지휘로 내한공연 (수교 50주년)

8. 23. 국립국악관현악단 러시아 순회 공연 (한러교류축제)

8. 23. 상하이 심포니 오케스트라, 첸시양 지휘로 내한 공연 (수교 15주년)

8. 25. 국립무용단, ‘코리아 환타지’로 모스크바 공연 (한러교류축제)

9. 18. 서울발레시어터 이스라엘, 터키, 세르비아 공연 (한-이스라엘 수교 45주년)

10. 5. 정동극장 전통예술단 가나 공연 (수교 30주년)

10. 12. 모나코 몬테카를로 발레단 내한공연 (수교)

10. 14. 몬테카를로 필하모닉 오케스트라, 엘리아후 인발 지휘로 내한공연 (수교)

10. 15. 허트리오, 룩셈부르크 브뤼셀 제네바 공연 (외교부)

10. 18. 국립국악원 우즈베키스탄, 카자흐스탄, 키르키즈스탄 공연 (고려인 정주 70주년)

10. 19. 태국과 일본 연합 오케스트라, 타일랜드 문화센터에서 차루니 홍차루 지휘로 베토벤
‘합창 교향곡’ 연주 (수교 120주년)

10. 23. 금강산가극단 '조선무용 50년 북녘의 명무' 서울 공연 (남북정상회담)

11. 20. 서울시향, 정명훈 지휘로 베이징 공연 (수교 15주년)

11. 28. 국립합창단 중국 순회공연 (수교 15주년)

12. 14. 인천시립무용단 충칭 공연 (자매결연)

2008

2. 26. 뉴욕 필하모닉 오케스트라, 로린 마젤 지휘로 평양 공연

4. 11. 북한 피바다가극단, '꽃파는 처녀'로 중국 순회공연

5. 7. 이집트 국립 민속무용단 내한공연 (한-아랍 소사이어티 창립, 아랍문화축전)

5. 17. 서울모테트합창단 러시아 순회공연 (한러포럼)

5. 22. 경기 필하모닉 오케스트라, 금난새 지휘로 중국 순회공연 (쓰촨성 지진 피해민 위문, 이명박 대통령 방중)

6. 18. 국립국악원 베이징 공연 (올림픽 문화축전)

6. 24. 손경순 예전무용단, 오스트리아 공연 (수교 45주년)

7. 19. 인천시립무용단 일본 키타큐슈 공연 (자매결연 20주년)

7. 31. 아메리칸 발레 시어터 내한공연 (조지 W. 부시 미국 대통령 방한)

10. 1. 방콕 심포니 오케스트라, 태국 국왕이 작곡한 음악으로 내한공연 (수교 50주년)

10. 1. 국립무용단, '코리아 환타지'로 태국 방콕 공연 (수교 50주년)

10. 22. 뉴서울오페라단, 현제명 '춘향전'으로 도쿄 공연 (한일 관광교류의 해)

11. 22. 인천시립무용단 호놀룰루 공연 (자매결연 5주년)

2009

1. 20. 바이올리니스트 사라 장, 베오그라드 공연 (수교 20주년)

2. 20. 군포 프라임 필하모닉 오케스트라 방콕 공연 (수교 50주년)

3. 11. 대구시립합창단, 유럽 순회공연 (대구세계육상선수권대회 홍보)

6. 5. 수원시향, 김대진 지휘로 뉴욕 공연 (뉴욕 한국문화원 30주년)

6. 11. 인천시립무용단 아프리카 순회공연 (한-케냐 수교 45주년)

6. 18. 워싱턴 내셔널 심포니 오케스트라, 이반 피셔 지휘로 중국 및 한국 공연 (미중수교 30주년, 오바마 미국 대통령 방한)

7. 26. 국립국악원 태국 공연 (수교 50주년, ASEAN+3)

9. 2. 평화를 위한 월드 오케스트라, 발레리 게르기예프 지휘로 스톡홀름 공연 (제2차 세계대전 발발 70주년, 스웨덴-핀란드 평화조약 체결 200주년)

9. 17. 밀라노 라스칼라 극장, 도쿄 분카카이칸에서 '돈카를로' 공연 (이탈리아 대통령 방일)

10. 1. 빈 필하모닉 오케스트라, 도쿄 아카사카 영빈관 공연 (오스트리아 대통령 방일)

10. 15. 국립무용단, '코리아 환타지'로 남미 순회공연 (한-브라질 수교 50주년)

10. 18. 국립국악원 민속악단 하노이 공연 (한-베트남 우정 페스티벌)

11. 9. 국립국악원 중동 순회공연 (한-UAE 수교 20주년)

2010

1. 27. 국립국악원 폴란드 공연 (바르샤바 한국문화원 개원)

2. 20. 부산시립무용단 대만 가오슝 공연 (자매도시 방문)

3. 2. 대구시향, 곽승 지휘로 일본에서 첫 해외공연 (세계육상선수권대회 홍보)

3. 9. 해금플러스 터키, 그리스 공연 (한국전쟁 60주년)

4. 21. 인천시향, 첸주오황 지휘로 베이징 공연 (이명박 대통령 방중)

4. 22. 필라델피아 오케스트라, 샤를 뒤투아 지휘로 한국 및 중국 공연 (상하이 엑스포)

4. 30. 야나체크 오케스트라, 테오도레 쿠차 지휘로 내한공연 (한-체코 수교 20주년)

5. 6. 북한 피바다가극단, '홍루몽'으로 중국 순회공연 (김정일 국방위원장 방중)

6. 5. 국립국악원 러시아 순회공연 (수교 20주년)

6. 6. 국립국악원 경서도극 '황진이' 상하이 공연 (상하이 엑스포)

6. 9. 리틀엔젤스, 한국전 참전 16개국 순회공연 (한국전쟁 60주년)

7. 5. 독립국가연합CIS 청소년 교향악단, 블라디미르 스피바코프 지휘로 뉴욕 유엔총회장 연
　　 주 (제2차 세계대전 승전 65주년)

7. 13. 상하이 교향악단, 유롱 지휘로 뉴욕 센트럴파크에서 뉴욕 필하모닉 오케스트라와 합동
　　 공연 (상하이 엑스포 홍보)

8. 4. 월드비전선명회어린이합창단 미국 순회공연 (한국전쟁 60주년)

8. 26. 마린스키 발레단, '지젤'로 내한공연 (한러수교 20주년)

9. 8. 리틀엔젤스예술단 유럽 순회공연 (한국전쟁 60주년 UN 참전국 방문)

9. 17. 부산시향 체임버 오케스트라, 이동신 지휘로 상트페테르부르크 공연 (수교 20주년, 자
　　 매결연 2주년, 이명박 대통령 러시아 방문)

9. 25. 서울, 모스크바에서 국립발레단, 볼쇼이 발레단 '라이몬다'로 합동 공연 (수교 20주년,
　　 대통령 러시아 방문)

9. 28. 국수호디딤무용단 러시아 공연 (수교 20주년, 대통령 러시아 방문)

9. 29. 국립국악원 나이지리아 공연 (수교 30주년, 나이지리아 한국문화원 개원)

10. 2. 경기도립무용단 중동 순회공연 (한-UAE 수교 30주년)

10. 7. 국립발레단, 모스크바에서 볼쇼이 발레단과 '로미오와 줄리엣' 합동 공연 (수교 20주
　　 년, 대통령 러시아 방문)

10. 8. 부다페스트 페스티벌 오케스트라, 이반 피셔 지휘로 한국 및 중국 공연 (상하이 엑스포)

10. 16. 대전시립합창단 상하이 및 방콕 공연 (상하이 엑스포)

10. 19. KBS교향악단, 함신익 지휘로 미국 순회공연 (한국전쟁 60주년)

11. 4. 국립국악원 연주단 테헤란 공연 (대이란 경제제재 후속조치)

11. 5. 도쿄도 교향악단, 호치민에서 혼나 데츠지 지휘의 베트남 국립교향악단과 합동 연주

11. 5. 실내악단 '뷰티플마인드' 라오스 공연 (수교 15주년)

11. 7. 서울시향, 정명훈 지휘로 G20 정상회의 기념 음악회

11. 9. 상트페테르부르크 마린스키 발레단 내한공연 (수교 20주년)

11. 18. 유니버설발레단, '심청'으로 일본 순회공연 (이명박 대통령 방일, APEC)

11. 26. 국립국악원 광저우 공연 (인천아시안게임의 밤)

11. 26. 국립발레단, '차이콥스키'로 상트페테르부르크 공연 (수교 20주년)

12. 14. 국립국악원 러시아 순회공연 (수교 20주년)

2011

4. 13. 암스테르담 콘세르트허바우 오케스트라, 베를린 공연 (네덜란드 여왕 독일 방문)

4. 18. 중국국가교향악단, 베이징 인민대회장에서 조 바이든 미국 부통령 환영 연주

5. 3. 국립합창단 베를린, 파리, 자르브뤼켄 순회공연 (이명박 대통령 독일 및 프랑스 방문)

5. 11. 국립국악원 연주단 독일 순회공연 (대통령 독일 방문)

5. 30. 국립무용단 유럽 순회공연 (대통령 독일 및 프랑스 방문. 한벨수교 110주년)

6. 3. 국립국악관현악단 마드리드 공연 (스페인 한국문화원 개원)

6. 9. 국립남도국악원, 국립민속국악원 무한 공연 (중국우호주간)

6. 24. 전통음악그룹 '노름마치'와 비보이 '고릴라크루', 카메룬 및 레바논 공연 (한-카메룬 수
     교 50주년, 한-레바논 수교 30주년)

7. 1. 국립국악원 벨기에 공연 (수교 110주년, 브뤼셀 악기박물관 국악기 특별전)

7. 18. 국립국악원 동남아 순회공연 (인도네시아 및 필리핀 한국문화원 개원)

7. 26. 이스라엘 체임버 오케스트라, 로베르토 파테라노스트로 지휘로 바이로이트 페스티벌
     에서 이스라엘 국가와 바그너, 말러, 멘델스존 연주

8. 15. 서동시집 오케스트라, 다니엘 바렌보임 지휘로 파주 임진각 공연 (광복 66주년)

10. 17. 경기도립무용단 미국 순회공연 (이명박 대통령 방미)

10. 29. 중국국립발레단 서울 공연

11. 9. 북한 피바다가극단, '양산백과 축영대'로 중국 순회공연

11. 16. 시드니 심포니 오케스트라, 블라디미르 아슈케나지 지휘로 내한공연 (수교 50주년)

12. 19. 바르샤바 필하모닉, 안토니 비트 지휘로 베이징 공연 (폴란드 대통령 방중)

2012

3. 12. 국군교향악단, 정연재 지휘로 하노이 공연 (수교 20주년)

3. 14. 북한 은하수관현악단, 파리에서 정명훈 지휘의 라디오 프랑스 필하모닉과 합동연주

3. 16. 유니버설발레단, '백조의 호수'로 요하네스버그 공연 (수교 20주년)

4. 21. 서울시향, 정명훈 지휘로 베이징 공연 (수교 20주년)

5. 13. 국립오페라단, 베이징에서 정명훈 지휘로 푸치니 '라보엠' 공연 (수교 20주년)

6. 3. 국악 타악그룹 공명, 뉴질랜드 순회 공연 (수교 50주년)

6. 6. 울산시향, 김홍재 지휘로 북미 순회공연 (포틀랜드 자매결연 25주년)

6. 15. 크로아티아 방송교향악단, 김성진 지휘로 창작 국악 연주 (문화협정)

6. 28. 국립오페라단, 베이징에서 임준희 '천생연분' 공연 (수교 20주년)

7. 3. 퓨전국악팀 노름마치, 산티아고 공연 (수교 50주년)

7. 7. 뉴서울오페라단, '시집가는 날' 베이징 공연 (수교 20주년)

7. 7. 칼스루에 필하모닉 오케스트라, 니콜라우스 인들코퍼 지휘로 랭스 대성당에서 베토벤
　　'합창 교향곡' 연주 (독불 평화협정 50주년)

7. 9. 퓨전국악팀 노름마치, 엘살바도르 산살바도르 공연 (수교 50주년)

7. 19. 아메리칸 발레시어터 내한공연 (한미동맹 60주년)

7. 27. 국립무용단, '춘향'으로 베이징 공연 (수교 20주년)

8. 17. 뉴저팬 필하모닉, 고이즈미 가즈히로 지휘로 중국 순회공연 (국교정상화 40주년)

8. 3. 부산시향, 리신차오 지휘로 중국 순회공연 (수교 20주년)

8. 23. 차이나 내셔널 심포니 오케스트라, 리신차오 지휘로 내한공연 (수교 20주년)

8. 31. 포천시립민속예술단 중국 순회공연 (수교 20주년)

9. 1. NHK교향악단, 오다카 타다키 지휘로 중국 순회공연 (국교정상화 40주년)

9. 12. 바이올리니스트 김수연, 첼리스트 정명화, 피아니스트 손열음, 오스트리아 대통령궁 연
　　주 (수교 120주년)

10. 18. 중국국가발레단, '홍등'으로 내한공연 (수교 20주년)

10. 20. 시드니 심포니 오케스트라, 아슈케나지 지휘로 중국 순회공연 (수교 40주년)

10. 21. 국악실내악단 다스름, 에스토니아 탈린 공연 (수교 20주년)

11. 1. 국립발레단, '왕자 호동'으로 상하이 공연 (수교 20주년)

11. 3. 쿠바 국립교향악단 미국 공연

11. 9. 소프라노 조수미, 첼리스트 배일환, 바이올리니스트 김윤희, 우크라이나 국립교향악단
　　과 협연 (수교 20주년)

11. 10. 암스테르담 콘세르트허바우 오케스트라, 마젤 지휘로 터키 공연 (수교 400주년)

11. 13. 한오 필하모닉 오케스트라, 빈에서 금난새 지휘로 소프라노 조수미, 첼리스트 배일환,
　　피아니스트 김원, 플루티스트 최나경과 협연 (수교 120주년)

11. 20. 국립발레단 프놈펜 공연 (수교 15주년, 이명박 대통령 캄보디아 방문, ASEAN+3)

2013

1. 11. 국악실내악단 다스름 LA 공연 (한미동맹 60주년)

1. 13. 저장浙江 심포니 오케스트라 유럽 순회공연 (중국-독일 수교 40주년)

1. 22. 베를린 방송교향악단, 마렉 야노프스키 지휘로 생상스 '오르간 교향곡', 베토벤 '합창
　　교향곡' 연주 (프랑스-독일 엘리제 평화조약 체결 50주년, 프랑스 대통령 독일 방문)

3. 8. 부산국립국악원 자카르타 공연 (수교 40주년)

3. 24. 이건용 '예수 그리스도의 수난' 독일어 번역 다름슈타츠에서 초연 (수교 130주년)

4. 10. 브란덴부르크 심포니 오케스트라, 베를린에서 고마추 조세이 지휘로 베토벤 '합창 교향곡' 연주 (일독우호협회)

4. 21. 서울시향, 정명훈 지휘로 베이징 공연 (자매결연 20주년)

4. 25. 대전시립 연정국악단, 임재원 지휘로 그랜드정션 공연 (한-캐나다 수교 50주년)

5. 13. 국립무용단, 독일 및 터키 순회공연 (한독수교 130주년, 한-터키 수교 30주년)

5. 24. 국립합창단 스위스 및 독일 순회공연 (한독수교 130주년)

5. 28. 국악앙상블 시나위, 서울챔버소사이어티와 동남아 순회공연 (한-인니 수교 40주년)

6. 11. 부산시립국악관현악단, 김철호 지휘로 독일 순회공연 (수교 130주년)

6. 14. 국립국악관현악단, 런던 바비칸홀 공연 (수교 130주년)

6. 21. 안숙선 명창, 런던 캐도건 홀에서 판소리 및 가야금 병창 공연 (수교 130주년)

6. 28. 런던 첼로오케스트라 부산 공연 (수교 130주년)

6. 29. 영국 로열 필하모닉 오케스트라, 샤를 뒤투아 지휘로 내한공연 (수교 130주년)

7. 8. 국립현대무용단, '호시탐탐'으로 독일 순회공연 (수교 130주년)

7. 20. KBS교향악단·중국국가교향악단, 곽승·리신차오 지휘로 베이징·서울에서 합동 연주 (박근혜 대통령 방중)

7. 24. 국립현대무용단 독일 순회공연 (수교 130주년)

8. 17. 유니버설발레단 터키 공연 (수교 30주년)

9. 17. 한국예술종합학교 공연단 미국 순회공연 (한미동맹 60주년)

9. 30. 한독 연합 오케스트라, 금난새 지휘로 베를린 공연 (수교 130주년)

10. 1. 손경순 예전무용단 슬로바키아 공연 (수교 20주년)

10. 8. BBC 심포니 오케스트라, 앤드루 데이비스 지휘로 내한공연 (수교 130주년)

10. 11. 국립국악원 연주단 인도 순회공연 (한-인도 수교 40주년)

10. 15. 국립국악원 연주단 도쿄 공연 (코리아센터 개관)

10. 20. 국립현대무용단 자카르타 공연 (박근혜 대통령 인도네시아 국빈 방문)

10. 24. 쾰른 방송교향악단 내한공연 (수교 130주년)

10. 26. 국립발레단, '왕자호동'으로 인도, 이스라엘, 이집트 공연 (한-인도 수교 40주년)

11. 1. 창작국악그룹 공명, 이슬라마바드 공연 (수교 30주년)

11. 2. 국립심포니오케스트라, 최희준 지휘로 동남아 순회공연 (싱가포르 한인 50주년, 태국 한국문화원 개원, 한태수교 55주년)

11. 11. 베를린 필하모닉 오케스트라, 사이먼 래틀 지휘로 내한공연 (수교 130주년)

11. 12. 국립발레단, '카르멘' '아를의 여인'으로 베이징 공연 (자매결연 20주년)

11. 14. 국립국악원 독일 순회공연 (수교 130주년)

11. 14. 계몽시대의 오케스트라, 옥스퍼드에서 위트레흐트 평화조약 체결 300주년 기념공연

11. 28. 독일에서 재즈코리아 페스티벌 (수교 130주년)

12. 9. 이라크 국립교향악단, 워싱턴에서 내셔널심포니 오케스트라와 합동공연 (미 국무부)

2014

4. 10. 엘비스 코스텔로 등 런던 로열 앨버트홀 공연 (아일랜드 대통령 첫 영국 방문)

4. 12. 국립국악원 베트남 공연 (한-아세안 대화관계 수립 25주년, 한-메콩 교류의 해)

4. 29. 국악앙상블 공명, 짐바브웨 공연 (수교 20주년)

5. 22. 국립발레단, 베오그라드에서 갈라 공연 (수교 25주년)

6. 1. NHK교향악단, 히로카미 주니치 지휘로 내한공연

6. 6. 강은일의 해금 플러스, 카자흐스탄 공연 (박근혜 대통령 중앙아시아 3개국 방문)

6. 9. 국립합창단, 이상훈 지휘로 체코, 헝가리 공연 (한-헝가리 수교 25주년)

6. 28. 빈 필하모닉 오케스트라, 프란츠 벨저뫼스트 지휘로 사라예보 시청사에서 베토벤 '합창 교향곡' 4악장 연주 (제1차 세계대전 발발 100주년)

7. 3. 천안 충남국악관현악단 베트남 순회공연 (한-아세안 특별정상회의)

7. 17. 저장 심포니 오케스트라, 브라질 공연 (중국-브라질 수교 40주년)

7. 25. 경기도립무용단 말레이시아 공연 (한-아세안 대화관계 수립 25주년)

10. 25. 국립오페라단, 싱가포르에서 임준희 '천생연분' 공연 (한-아세안 대화관계 25주년)

10. 27. 캐나다 내셔널 아트센터 오케스트라, 런던에서 핀커스 주커만 지휘로 로열 필하모닉 오케스트라와 합동 공연 (제1차 세계대전 발발 100주년)

10. 31. 포천시립무용단 헝가리·슬로바키아 공연 (한-헝가리 수교 25주년)

11. 3. 쿠바 국립교향악단 첫 미국 공연 (2015 미국-쿠바 국교 정상화)

11. 3. 베이징 국가대극원 오케스트라, 류지아 지휘로 워싱턴 공연 (수교 35주년)

11. 18. 체코 필하모닉 오케스트라, 이지 벨로흘라벡 지휘로 워싱턴 내셔널 대성당 공연 (체코 혁명 25주년, 체코 부총리 및 국회 부의장 방미)

12. 7. 국악 앙상블 공명, 베트남·캄보디아 순회공연 (한-메콩 교류의 해)

12. 8. 아일랜드 아코디언 연주자 샤론 샤논, 베이징 연주 (아일랜드 대통령 방중)

2015

1. 15. 한일 연합 오케스트라, 세이타로 이시카와 지휘로 서울에서 '하모니' 콘서트 (국교정상화 50주년)

4. 5. 부산심포니오케스트라, 오충근 지휘로 프라하 공연 (수교 25주년)

4. 14. 국립국악원에서 한일 전통음악 연주회 (국교정상화 50주년)

4. 24. 요코하마 신포니에타, 야마다 가즈키 지휘로 내한공연 (국교정상화 50주년)

4. 28. 국립국악원 민속공연단 센다이 공연 (국교정상화 50주년)

5. 4. 대구시향, 임성혁 지휘로 히로시마 공연 (국교정상화 50주년, 자매도시 방문)

5. 7. 오스타브뤼크 심포니 오케스트라, 러시아 볼고르다드에서 볼고그라드 심포니 오케스트

라와 합동 공연 (제2차 세계대전 종전 70주년)

5. 12. 노바야 러시아 스테이트 심포니, 트카첸코 지휘로 내한공연 (제2차 세계대전 승전)

5. 12. 베를린 필하모닉 오케스트라, 멘델스존 '이탈리아 교향곡' 연주 (수교 50주년, 이스라엘 대통령 독일 방문)

5. 15. 조이오브스트링스 고베 공연 (국교정상화 50주년)

5. 15. 미네소타 오케스트라, 오스모 벤스케 지휘로 아바나 공연 (미국-쿠바 국교 정상화)

5. 16. 제주도립무용단 일본 도야마 공연 (국교정상화 50주년)

5. 20. 부산시립국악관현악단 삿포로 공연 (국교정상화 50주년)

5. 20. 베를린 콘체르트하우스에서 아르보 패르트 콘서트 (에스토니아 대통령 국빈 방문)

5. 21. 시티 오브 런던 신포니아, 멕시코 순회공연 (문화교류의 해)

6. 9. 경기 필하모닉, 성시연 지휘로 독일 순회공연 (독일 한국문화원, 광복 70주년)

6. 19. 국립무용단, '묵향'으로 오사카 공연 (국교정상화 50주년)

6. 25. 울산시향, 김홍재 지휘로 미국 순회공연 (유엔창설 70주년, 한국전쟁 65주년)

6. 26. 국립현대무용단 유럽 순회공연 (한-몰타 수교 50주년)

7. 6. 서울오라토리오, 최영철 지휘로 드보르자크 '레퀴엠' 공연 (한-체코 수교 25주년)

7. 31. 한독 합동 오케스트라, 베를린에서 조수미, 백건우, 김덕수와 야외공연 (광복 70주년)

8. 28. 상하이 교향악단, 유롱 지휘로 유엔본부 공연 (유엔창설 70주년, 제2차 세계대전 종전 70주년)

9. 6. 이스라엘 필하모닉 오케스트라, 주빈 메타 지휘로 베를린 공연 (수교 50주년)

9. 6. 부산시립무용단 터키 이스탄불 공연 (자매도시 방문)

9. 18. 국립국악원, 파리 샤이오극장에서 '종묘제례악' 공연 (상호교류의 해)

9. 18. 런던 필하모닉 오케스트라, 알롱드라 데라 파라 지휘로 멕시코 공연 (문화교류의 해)

9. 19. 서울시향, 정명훈 지휘로 베이징 국가대극원 공연 (박근혜 대통령 방중)

9. 20. 서울시청소년국악관현악단, 울란바토르 공연 (자매결연 20주년)

9. 23. 유니버설발레단, '돈키호테'로 일본 순회공연 (국교정상화 50주년)

10. 2. 국립국악원 민속악단 오사카 공연 (국교정상화 50주년)

10. 19. 서울시향, 정명훈 지휘로 도쿄 공연 (국교정상화 50주년)

10. 23. KBS국악관현악단, 이준호 지휘로 뉴욕 유엔본부 공연 (박근혜 대통령 방미)

11. 1. 파리 유네스코 본부에서 양방언 콘서트 (유네스코 70주년)

11. 4. 오사카 필하모닉 오케스트라, 세이쿄 김 지휘로 내한공연 (국교정상화 50주년)

11. 15. 제주도립교향악단, 정인혁 지휘로 중국 곤산 공연 (국제우호협력도시 방문)

12. 3. 라이프치히 게반트하우스 오케스트라와 성토마스교회 합창단, 바흐 '크리스마스 오라토리오'로 이스라엘 순회공연 (수교 50주년)

12. 6. 몽골국립오페라단, 내한공연에서 오페라 갈라 콘서트 (수교 25주년)

12. 7. 이 마에스트리, 중국국가교향악단과 베이징, 하얼빈에서 합동공연 (한중문화우호협회)

12. 9. 국립국악관현악단, 김홍재 지휘로 도쿄 공연 (국교정상화 50주년)

12. 22. 서울시향과 도쿄 필하모닉 오케스트라, 서울과 도쿄 합동공연에서 베토벤 '합창 교향곡' 연주 (국교정상화 50주년)

2016

3. 23. 국립무용단, 조세 몽탈보 안무로 '시간의 나이' 상연 (한불수교 130주년)

4. 4. 부산시립국악관현악단과 무용단 독일 함부르크 공연 (함부르크 한국축제)

4. 4. 국립국악원, 멕시코시티에서 멕시코 카메라타와 합동 공연 (박근혜 대통령 멕시코 방문)

5. 10. 로랑 프티지라르, 국립심포니오케스트라 지휘 (한불수교 130주년)

5. 12. 베르사유 바로크 음악센터 전주 공연 (수교 130주년)

5. 23. 서동시집 오케스트라, 바렌보임 지휘로 이스탄불 공연 (세계인도주의 정상회의)

6. 2. 이자람 '사천가', 윤진철 '심청가' 파리 공연 (수교 130주년, 박근혜 대통령 프랑스 방문)

6. 4. 샹젤리제 오케스트라 내한공연 (한불수교 130주년)

6. 7. 모스크바 볼쇼이 극장 오케스트라, 러시아-이스라엘 국교 정상화 25주년 기념 공연 (이스라엘 수상 러시아 방문)

6. 9. 국립현대무용단, '아미아직'으로 유럽 공연 (한불수교 130주년, 대통령 프랑스 방문)

6. 8. 파리 샤요 국립극장에서 한국 무용제 '포커스 코레' (수교 130주년, 대통령 프랑스 방문)

7. 7. 국립심포니, 임헌정 지휘로 프랑스 순회공연 (수교 130주년)

9. 10. 서울시무용단 샌프란시스코 공연 (자매결연 40주년)

10. 15. 레자르 플로리상, 윌리엄 크리스티 지휘로 내한공연 (한불수교 130주년)

10. 20. 프랑스 로렌 국립 오케스트라, 자크 메르시에 지휘로 내한공연 (수교 130주년)

10. 23. 프랑스 앙상블 마테우스 내한공연 (수교 130주년)

10. 26. 앙상블 앵테르콩탕포랭, 마티아스 핀처 지휘로 내한공연 (한불수교 130주년)

11. 15. 파리 오케스트라, 다니엘 하딩 지휘로 내한공연 (수교 130주년)

2017

1. 18. 인천시립무용단, 베트남 하이퐁 공연 (자매결연 20주년)

2. 18. JK체임버 오케스트라, 김의명 지휘로 하노이 공연 (수교 25주년)

2. 20. 런던 심포니 오케스트라 내한공연 (상호교류의 해)

3. 4. 런던 심포니 오케스트라, 영국 교향악단 최초로 베트남 공연

3. 25. 국립국악원 공연단 투르크메니스탄, 카자흐스탄 순회공연 (한-카자흐 수교 25주년)

5. 4. 국립국악관현악단 모나코 공연 (수교 10주년)

5. 5. 대구오페라하우스, 히로시마에서 '라보엠' 공연 (자매결연 20주년)

5. 13. 남양주시립합창단 이탈리아 살레르노 공연 (자매결연 1주년)

5. 14. 광저우 심포니 오케스트라, 유롱 지휘로 영국 순회공연 (수교 45주년)

5. 26. 밀라노 라스칼라 필하모닉 오케스트라, 정명훈 지휘로 타오르미나 공연 (G7 정상회의)

6. 7. 터키 프레지덴셜 심포니 오케스트라, 성기선 지휘로 안익태 '논개 연주' (수교 50주년)

6. 9. 울산시립합창단 미국 순회공연 (울산-포틀랜드 자매결연 30주년)

7. 7. 북독일방송교향악단, 베토벤 '합창 교향곡' 연주 (함부르크 G20 정상회담)

7. 27. 마닐라 청소년교향악단 서울 공연 (수교 70주년)

8. 15. 서울시청소년국악관현악단 상파울루 공연 (한국문화의 날, 자매결연 40주년)

8. 26. 차이나 내셔널 심포니 오케스트라, 양무하이 지휘로 내한공연 (수교 25주년)

9. 20. 시드니 심포니 오케스트라, 데이비드 로버트슨 지휘로 베이징 공연 (수교 45주년)

9. 26. 왕립 방콕 심포니 오케스트라, 코지 가와모토 지휘로 도쿄 공연 (수교 130주년)

11. 7. 국립합창단, 구천 지휘로 카자흐스탄 순회공연 (수교 25주년)

10. 10. 국악 앙상블 불세출, 민스크 공연 (수교 25주년)

10. 19. 필리핀 마드리갈 싱어즈, 마드리드 공연 (수교 70주년)

11. 1. 국립국악원 연주단 LA, 브뤼셀, 파리 공연 (평창 동계올림픽 홍보)

11. 21. 롯폰기 남성합창단, 로마 이냐시오 데 로욜라 성당 공연 (일본-바티칸 수교 75주년)

12. 9. 광주시립창극단, 일본 센다이 공연 (자매결연 15주년)

12. 14. KBS교향악단, 베이징 인민대회당에서 리신차오 지휘의 중국국가교향악단과 합동 공
연 (정상회담, 수교 25주년)

12. 19. 계몽시대의 오케스트라 내한공연 (영국의 해)

2018

3. 27. 국립국악원 연주단 '풍류' 유럽 순회공연 (한-EU 수교 55주년)

3. 28. 부산시향, 일본 가나자와 공연 (부산, 하얼빈, 가나자와 동아시아 문화도시 선정)

2. 11. 북한 삼지연 관현악단, 서울 국립중앙극장 공연 (남북정상회담)

4. 1. 가수 조용필, 윤도현, 이선희, 최진희, 강산에, 백지영, 윤상, 레드벨벳 등 동평양대극장
공연 (남북정상회담)

4. 16. 항저우 필하모닉 오케스트라, 아테네 공연 (문화교류의 해)

5. 14. 볼쇼이 발레단, '차르의 신부' '파리의 불꽃' '해적'으로 중국 및 한국 공연

5. 24. 일본 육상자위대 중앙음악대, 베를린 일본 대사관저에서 베토벤 '합창 교향곡' 연주
(베토벤 '합창교향곡' 일본 초연 및 문화교류 100주년)

5. 24. 필라델피아 오케스트라, 유럽 및 이스라엘 순회공연 (이스라엘 건국 70주년)

6. 1. 트란다이꽝 베트남 대통령, 일왕 아키히토 초청 국빈 만찬 직후 도쿄 메이지 기념관 연
주회 참석 (수교 45주년)

7. 20. 베트남 국립교향악단, 혼나 테츠지 지휘로 일본 순회공연 (수교 45주년)

8. 5. 인천시립무용단 일본 기타큐슈 공연 (자매결연 30주년)

8. 27. 국립합창단 베이징 공연 (자매결연 25주년)

9. 1. 일본 궁내청 소속 아악부 프랑스 순회공연 (수교 160주년)

9. 4. 스톡홀름 필하모닉 오케스트라, 사카리 오라모 지휘로 일본 순회공연 (수교 150주년)

9. 5. NHK교향악단, 이노우에 미치요시 지휘로 베트남 순회공연 (수교 45주년)

9. 24. 국립심포니오케스트라, 정치용 지휘로 방콕 국제무용음악제 참가 (수교 50주년)

10. 14. 호주 발레단 '지젤' '잠자는 숲속의 미녀'로 중국 공연 (호주중국기업협회 45주년)

10. 26. 공주 충남연정국악원 연주단 일본 야마구치 공연 (자매결연 25주년)

10. 27. 체코 필하모닉 오케스트라, 세미온 비치코프 지휘로 미국 공연 (체코 건국 100주년)

11. 6. 스트라스부르 오케스트라, 스트라스부르 노트르담 대성당에서 독일과 프랑스 대통령
　　　참석한 가운데 베토벤, 드뷔시 연주(제1차 세계대전 종전 100주년)

11. 11. 빈 필하모닉 오케스트라, 벨저뫼스트 지휘로 베르사유에서 평화 콘서트 (제1차 세계
　　　대전 종전 및 베르사유 조약 100주년)

11. 11. 신포니아 바르소비아 내한 공연 (폴란드 독립 100주년)

11. 16. 국립발레단, 홍콩에서 '스파르타쿠스' 공연 (홍콩 한국문화원 개원)

11. 25. KBS교향악단, 요엘 레비 지휘로 유럽 순회공연 (체코 건국 100주년)

11. 26. 서울시국악관현악단 베이징 공연 (자매결연 25주년)

2019

1. 14. 국립심포니오케스트라, 정치용 지휘로 하노이에서 한-베트남 신년음악회

1. 16. 국립심포니오케스트라, 정치용 지휘로 코펜하겐 공연 (수교 60주년)

1. 23. 인도네시아 가믈란 앙상블, 워싱턴 내셔널 대성당 공연 (수교 70주년)

1. 25. 광저우 심포니 오케스트라, 유룽 지휘로 스위스 순회공연 (수교 70주년)

1. 29. 상하이 교향악단, 필라델피아에서 필라델피아 오케스트라와 합동 연주 (수교 40주년)

3. 1. 국립부산국악원 공연단 중국 순회공연 (임시정부수립 100주년)

3. 5. 빈 콘체르트 페어라인 오케스트라, 조지 하토리 지휘로 베토벤 '합창 교향곡' 연주 (일
　　　본-오스트리아 수교 150주년)

4. 5. KBS교향악단, 요엘 레비 지휘로 폴란드 순회공연 (수교 30주년)

4. 13. 국립무용단, '묵향'으로 코펜하겐, 부다페스트, 베오그라드 공연 (한-덴마크 수교 60주
　　　년, 한-세르비아 수교 30주년)

5. 16. 필라델피아 오케스트라, 야닉 제네세갱 지휘로 중국 순회공연 (수교 40주년)

5. 17. 경기필하모닉오케스트라, 정나라 지휘로 조수미와 오사카 공연 (G20)

5. 24. 노부스 현악4중주단 부다페스트 공연 (수교 30주년)

5. 24. 부산시립무용단 방콕 공연 (국왕 대관식)

6. 7. 재팬 필하모닉 오케스트라, 피에타리 인키넨 지휘로 시벨리우스 연주 (일본-핀란드 수교
　　　100주년)

6. 15. 조수미 스톡홀름 공연 (문재인 대통령 스웨덴 국빈 방문, 수교 60주년)

6. 20. 히로시마 교향악단, 펜데레츠키 지휘로 평화 콘서트 (일본-폴란드 수교 100주년)

6. 25. 서초교향악단, 배종훈 지휘로 마닐라에서 필리핀 필하모닉과 합동공연 (수교 70주년)

6. 28. 인천시립무용단 산티아고 공연 (APEC 정상회의)

8. 24. 서울시국악관현악단, 카자흐스탄 누르술탄 공연 (동반자 관계 수립 10주년)

8. 18. 히로시마 교향악단, 시모노 타츠야 지휘로 바르샤바 공연 (수교 100주년)

9. 11. 국립국악관현악단 태국 공연 (한-아세안 특별정상회의)

10. 4. 국립현대무용단 상파울루 공연 (수교 60주년)

10. 4. 서울시향, 마커스 스텐츠 지휘로 러시아 순회공연 (수교 30주년)

10. 31. 라이프치히 게반트하우스 오케스트라, 미국 투어 중 보스턴 심포니 오케스트라와 합
    동 연주 (라이프치히 평화혁명 30주년, 우정의 해, 독일 대통령 방미)

11. 2. 국립합창단, 프랑스 순회공연 (한국문화의 날)

11. 5. 빈 필하모닉 오케스트라, 크리스티안 틸레만 지휘로 도쿄 공연 (수교 150주년)

11. 13. 트론헤임 심포니 오케스트라, 장한나 지휘로 내한공연 (수교 60주년)

11. 14. 벨고로트 필하모닉 오케스트라와 창사 심포니 오케스트라, 상트페테르부르크에서 합
    동 공연 (러중 수교 70주년)

11. 14. 서울시청소년국악관현악단 베오그라드 공연 (수교 30주년, 우호도시 협정 2주년)

11. 30. 국립국악원 북유럽 순회공연 (한-스웨덴, 한-노르웨이 수교 50주년)

12. 4. 국립국악관현악단 바르샤바 공연 (수교 30주년)

12. 9. 국립부산국악원 공연단, '고요한 아침의 나라'로 코펜하겐 공연 (수교 60주년)

2020

2. 10. 타일랜드 필하모닉 오케스트라 재즈 앙상블, 프놈펜 공연 (수교 70주년)

9. 17. 밀라노 라스칼라 극장 오케스트라, 리카르도 샤이 지휘로 베토벤 '합창 교향곡' 연주
    (독일 대통령 이탈리아 방문)

9. 2. 차이나 내셔널 심포니 오케스트라, 베이징에서 리신차오 지휘로 제2차 세계대전 종전
    75주년 기념 음악회

2021

6. 14. 빈 필하모닉 오케스트라 실내악단 쉰부른궁 연주 (문재인 대통령 국빈 방문)

6. 25. 중국 국가대극원 오케스트라, 류지아 지휘로 중국-이란 수교 50주년 기념 공연

7. 6. 암스테르담 로열 콘세르트허바우 오케스트라, 이반 피셔 지휘로 베를린 콘체르트하우스
    공연 (네덜란드 국왕 독일 방문)

9. 1. 인천시립무용단 에스토니아 탈린 공연 (수교 30주년)

11. 20. 베트남 국립교향악단, 혼나 데츠지 지휘로 도쿄 산토리홀 공연 (수교 45주년)

2022

2. 25. 이스라엘 필하모닉, 주빈 메타 지휘로 이스라엘-인도 수교 30주년 기념 공연

5. 29. 빈 심포니 오케스트라 내한공연 (수교 130주년)

6. 29. 베를린 필하모닉 오케스트라, 중국 상하이에서 ‘베를린필 페스티벌’ (수교 50주년)

9. 15. 경기시나위오케스트라 그라츠, 빈 공연 (수교 130주년)

10. 2. 국립심포니, 정치용 지휘로 빈 공연 (수교 130주년)

10. 17. 우즈베키스탄 국립 심포니 내한공연 (수교 30주년)

11. 1. 베트남 국립 교향악단, 데츠이 혼나 지휘로 서울 공연 (수교 30주년)

11. 23. 피아니스트 선우예권, 랑랑, 서울에서 한중수교 30주년 기념 공연

12. 20. 이스라엘 필하모닉 오케스트라, 라하브 샤니 지휘로 첫 아랍에미리트 아부다비 공연

2023

5. 8. 국립발레단 로잔, 비스바덴에서 ‘해적’ 공연 (한독수교 140주년, 한-스위스 수교 60주년)

6. 21. 암스테르담 신포니에타 브뤼셀 공연 (네덜란드 국왕 국빈 방문)

6. 23. 성남시향, 금난새 지휘로 LA 공연 (한미동맹 70주년, 한국전쟁 정전 70주년)

6. 29. 경기시나위오케스트라 프랑크푸르트 공연 (수교 140주년)

7. 6. 인천시립무용단 밴쿠버 공연 (수교 60주년)

8. 11. KBS교향악단 에든버러, 런던 공연 (수교 140주년)

9. 11. 영국 왕립군악대 하노이 공연(영국-베트남 수교 50주년)

9. 13. 인천시립무용단 프랑크푸르트 공연 (수교 140주년)

9. 20. 경기도무용단 루체른 공연 (한-스위스 수교 60주년)

10. 1. 국립심포니, 홍석원 지휘로 비스바덴, 베를린, 프라하 공연 (한독수교 140주년)

참고문헌

Anderson, Marian. *My Lord, What a Morning*, New York: Viking Press, 1956.

Ansari, Emily Abrams. "Shaping the Policies of Cold War Musical Diplomacy: An Epistemic Community of American Composers", *Diplomatic History* 36:1 (2012), 41-52.

Ansari, Emily Abrams. *The Sound of a Superpower: Musical Americanism and the Cold War*, Oxford: Oxford University Press, 2018.

Ardoin, John. *The Philadelphia Orchestra: A Century of Music,* Philadelphia: Temple University Press, (1999), 421-442

Arnold-Foster, Tom. "Dr. Billy Taylor, "America's Classical Music", and the Role of the Jazz Ambassador", *Journal of American Studies* 51:1 (2017), 117-139.

Aster, Mischa. *The Reich's Orchestra: The Berlin Philharmonic 1933-1945*, London: Souvenir Press, 2010.

Bailey, Robert Warren. "Performing for the Nazis: Foreign Musicians in Germany, 1933-1939", Master Thesis, University of Calgary, 2015.

Borge, Anders V. "Discordant Diplomacy: Goodwill and the Cultural Battleground of the 1958 Tchaikovsky Competition", *The Hopkins Review* 6:1 (2013), 76-101.

Brothers, Lester D. "'And They Vied with Each Other in Singing': Francis I and Leo X, Music and Diplomacy at Bologna, 1515", *Explorations in Renaissance Culture* 17:1 (1991), 71-85.

Callam, Katie A., *et als*, "Marian Anderson's 1953 Concert Tour of Japan: A Transnational History", *American Music* 37:3 (2019), 266-329.

Campbell, Jennifer L. "Creating Something Out of Nothing: The Office of Inter-American Affairs Music Committee (1940-1941) and the Inception of a Policy for Music Diplomacy", *Diplomatic History* 36:1 (2012), 29-39.

Canarina, John. *The New York Philharmonic from Bernstein to Maazel*, New York:

Amadeus Press, 2010.

Cliff, Nigel. *Moscow Nights: The Van Cliburn Story. How One Man and His Piano Transformed the Cold War*, New York: Harper Collins, 2016.

Collins, Theresa M. *Otto Kahn: Art, Money, and Modern Time*, Chapel Hill, NC: University of North Carolina Press, 2002.

Croft, Clare. "Ballet Nations: The New York City Ballet's 1962 US State Department-Sponsored Tour of the Soviet Union", *Theatre Journal* 6 (2009), 421-442.

Davenport, Lisa E. *Jazz Diplomacy: Promoting America in the Cold War Era*, Jackson: University Press of Mississipi, 2009.

Dennis, David B. "Music Reception in the Völkischer Beobachter," paper for the 'Music, Politics, and the State' Session. German Studies Association Conference, Seattle, 1996.

Fairclough, Pauline. ed. *Twentieth-Century Music and Politics*, Farnham: Ashgate, 2013.

Fanning, David and Levi, Erik. eds. *The Routledge Handbook to Music under German Occupation, 1938-1945: Propaganda, Myth and Reality*, Milton: Taylor & Francis Group, 2018.

Fantel, Hans. *Johann Strauss: Father and Son, and Their Era*, Newton Abbot, Devon: David & Charles, 1971.

Ferraguto, Mark. "Diplomats as Musical Agents in the Age of Haydn", *Haydn: Online Journal of the Haydn Society of North America* 5:2 (2015), http://haydnjournal.org

Ferraguto, Mark. "Representing Russia: Luxury and Diplomacy at the Razoumovsky Palace in Vienna, 1803-1815", *Music and Letters* 97:3 (2016), 383-408.

Fosler-Lussier, Danielle. *Music in America's Cold War Diplomacy*, Oakland: University of California Press, 2015.

Gilbert, Charles E. "Cheju-Do, Korea–The Musical Isle", *The Baton* (1953), July 30, 18-21.

Gilbert, Charles E. "School Music Is Helping to Rebuild Korea", *The School Musician*, 1952. 9.

Gilbert, Charles E. "Young Koreans Rebuilds with Music", *Korean Survey* 2:7 (1953), 3-5.

Gilliam, Brian. "The Annexation of Anton Bruckner: Nazi Revisionism and the Politics of Appropriation", *Musical Quaterly* 78:3 (1994), 584-604.

Goldstein, Jonathan. *The Jews of China: Historical and Comparative Perspectives, vol. 2: A Sourcebook and Research Guide*, Armonk, NY: M. E. Sharpe, 2000.

Grad, Karen Esther. "When High Culture Became Popular Culture: Classical Music in Postwar America, 1945-1965", Ph. D. dissertation, Yale University, 2006.

Haffner, Herbert. 차경아 옮김, 『베를린 필하모니 오케스트라』, 서울: 까치, 2011.

Haffner, Herbert. 이기숙 옮김, 『푸르트벵글러』, 서울: 마티, 2007.

Haffner, Herbert. 홍은정 옮김, 『세계의 오케스트라』, 서울: 경당, 2011.

Holden, Raymond. *The Virtuoso Conductors: The Central European Tradition from Wagner to Karajan*, New Haven: Yale University Press, 2005.

Holoman, D. Kern. *Charles Munch*, Oxford: Oxford University Press, 2011.

Holoman, D. Kern. *The Orchestra: A Very Short Introduction*, Oxford: Oxford University Press, 2012.

Holoman, D. Kern. *The Société de Concerts du Conservatoire, 1828-1967*, Berkley: University of California Press, 2004.

Isacoff, Stuart. *When the World Stopped to Listen: Van Cliburn's Cold War Triumph and Its Aftermath*, New York: Alfred A. Knopf, 2017.

Jang, Yeonok. "Political Significance and Performance Contexts of the North Korean Unhasu Orchestra", *Asian Musicology* 26 (2016), 63-91.

Jarrett, Mark. *The Congress of Vienna and Its Legacy: War and Great Power Diplomacy after Napoleon*, London: I. B. Tauris, 2013.

Keiller, Allan. *Marian Anderson: A Singer's Journey*, New York: Scribner, 2000.

Koppes, Clayton. "The Real Ambassadors? The Cleveland Orchestra Tours the Soviet Union, 1965", in: *Music, Art and Diplomacy: East-West Cultural Interations and the Cold War*, ed. by Simo Mikkonnen and Pekka Suutari, Farnham: Ashgate, 2016, 69-86.

Korstvedt, Benjamin Marcus. "Anton Bruckner in the Third Reich and After: An Essay on Ideology and Bruckner Reception", *Musical Quarterly* 80:1 (1996), 132-160.

Krenn, Michael L. *Fall-Out Shelters for the Human Spirit: American Art and the Cold War*, Chapel Hill: University of North Carolina Press, 2005.

Lentz, Richard and Gower, Karia K., *The Opinions of Mankind: Racial Issues, Press, and Propaganda in the Cold War*, Columbia, Missouri: University of Missouri Press, 2010.

Leson, Lena. "'I'm on My Way to a Heav'nly Lan'': Porgy and Bess as American Religious Export to the USSR", *Journal of the American Music* 15:2 (2021), 143-170.

Levi, Erik. "'Those damn foreigners': Xenophobia and British Musical Life during First Half of the Twentieth Century", in: *Twentieth-Century Music and Politics: Essays in Memory of Neil Edmunds*, ed. by Pauline Fairclough, Farnham: Ashgate, 2013, 81-96.

Levi, Erik. *Music in the Third Reich*, New York: St. Martin's Press, 1994.

Lin, Jennifer. *Beethoven in Beijing: Stories from the Philadelphia Orchestra's Historic Journey to China*, Philadelphia: Temple University Press, 2022.

Liu, Bess Xintong "The Timpani Beats Just Hist on My Heart!: Music, Memory and

Diplomacy in the Philadelphia Orchestra's 1973 China Tour" *Twentieth-Century Music* 18:3 (2021), 395-418.

Mahiet, Damien. "The Musical Diplomacy of Metternich", *Diplomatica* 3 (2021), 244-277.

Melvin, Sheila and Jindong, Cai. *Rhapsody in Red: How Western Classical Music Became Chinese*, New York: Algora Publishing, 2014.

Meyer, Donald Carl. "The NBC Symphony Orchestra", Ph. D. dissertation, University of California Davis, 1994.

Meyer, Donald Carl. "Toscanini and the Good Neighbor Policy: The NBC Symphony Orchestra's 1940 South American Tour", *American Music* 18:3 (2000), 233-256.

Meyer, Michael. *The Politics of Music in the Third Reich*, New York: Peter Lang, 1991.

Myers, Paul. *Leonard Bernstein*, London: Phaidon, 1998.

Fairclough, Pauline. ed. *Twentieth-Century Music and Politics: Essays in Memory of Neil Edmunds*, Farnham: Ashgate, 2013.

Muck, Peter. *Einhundert Jahre Berliner Philharmonisches Orchester: Darstellung in Dokumenten. Erster Band: 1882-1922*, Tutzing: Hans Schneider, 1982.

Mugmon, Matthew. "Patriotism, Art, and 'The Star-Spangled Banner' in World War I: A New Look at the Karl Muck Episode", *Journal of Musicological Research* 33:1-3 (2014), 4-26.

Müller, Sven Oliver. "Political Pleasures with Old Emotions? Performances of the Berlin Philharmonic in the Second World War", *International Review of the Aesthetics and Sociology of Music* 43:1 (2012), 35-52.

Newman, Shirlee Petkin. *Marian Anderson: Lady from Philadelphia*, Philadelphia: Westminster Press, 1965.

Palisca, Claude V. "Musical Asides in the Diplomatic Correspondence of Emilio de' Cavalieri", *Musical Quarterly* 49:3 (1963), 339-355.

Park, Hye-jung. "From World War to Cold War: Music in US-Korea Relations, 1941-1960", Ph. D. dissertation, Ohio State University, 2019.

Park, Hye-jung. "Negotiating an Unequal Partnership: The Korean Children's Choir 1954 U. S. Tour and Syngman Rhee's Diplomacy", *Journal of American-East Asian Relationship* 28 (2021), 218-246.

Park, Hye-jung. "Musical Entanglements: Ely Haimowitz and Orchestral Music under the US Army Military Government in Korea, 1945-1948," *Journal of the Society for American Music* 15:1 (2021), 1-29.

Pirouet, Edmund. *Heard Melodies Are Sweet: A History of the London Philharmonic*

Orchestra, Sussex: The Book Guild, 1998.

Ramel, Frédéric and Prevost-Thomas, Cécile. eds. *International Relations, Music and Diplomacy*, New York: Palgrave Macmillan, 2018.

Ramel, Frédéric. "Perpetual Peace and the Idea of 'Concert' in Eighteenth-Century Thought", in: *Music and Diplomacy from the Early Modern Era to the Present*, ed. by Rebekah Ahrendt *et als*. New York: Falgrave Macmillan, 2014, 125-146.

Ritter, Rüdiger. "Between Propaganda and Public Diplomacy: Jazz in the Cold War", in: *Popular Music and Public Diplomacy: Transnational and Transdisciplinary Perspectives*, ed. by Mario Dunkel and Sina A. Nitzsche, New York: Columbia University Press, 2018, 95-116.

Roberts, Warren. *Rossini and Post-Napoleonic Europe*, Rochester, NY: University of Rochester Press, 2015.

Rosenberg, Donald. *The Cleveland Orchestra Story: "Second to None"*, Cleveland: Gray & Company, 2000.

Rosenberg, Jonathan. *Dangerous Melodies: Classical Music in America from the Great War Through the Cold War,* New York: W. W. Norton, 2019.

Sands, Jr. Robert W. and Alexander B. Barlett, *Images of America: Independence Hall and the Liberty Bell*, Charleston, South Carolina: Arcadia Publishing, 2012.

Saunders, Frances Stonor. 유광태·임채원 옮김, 『문화적 냉전: CIA와 지식인들』, 서울: 그린비], 2016.

Schmid, Marion. "A bas Wagner! The French Press Campagin against Wagner during World War I", in: *French Music, Culture, and National Identity*, 1870-1939, ed. by Barbara L. Kelly, University of Rochester Press, 2008, 77-94.

Schneider, Cynthia P. "Culture Communicates: US Diplomacy That Works", in: *The New Public Diplomacy: Soft Power in International Relations*, ed. by J. Melissen, New York: Palgrave Macmillan, 2007, 147-168.

Solomon, Maynard. 김병화 옮김, 『루트비히 판 베토벤 2』, 파주: 한길아트, 2006.

Tenny, Francis B. "the Philadelphia Orchestra's 1973 China Tour", *American Diplomacy* (2012).

Trümpi, Fritz. tr. by Kenneth Kronenberg, *The Political Orchestra: The Vienna and Berlin Philhkarmonics during the Third Reich*, Chicago: University of Chicago Press, 2016.

U. S. House Committee on Foreign Affairs, *Winning the Cold War: The U. S. Ideological Offensive. Hearings before Subcommittee on International Organizations and Movements of the Committee on Foreign Affairs House of Representatives, Eighty-*

Eighth Congress First Session, Washington, D.C.: United States Government Printing Office, 1968.

Vaughn, James. "All That Jazz: Federal Cultural Exchanges and Jazz Diplomacy, 1956-1964", MA Thesis, University of Montana, Missoula, 2016.

Vriend, Sharon R. "'My Life in the White World': The European-American Representation of Marian Anderson, 1939-1957", Ph. D. dissertation, Bowling Green State University, 1999.

Wade, James. "Korea's Symphonic Music", *Korea Journal* 2:9 (1962), 36-37.

Warren, Richard S. *Begins with the Oboe: A History of the Toronto Symphony Orchestra*, Toronto: University of Toronto Press, 2002.

Woldu, Gail Hilson. "Art Songs and Race: The Unique Collaboration of Marian Anderson and Kosti Vehanen", *Musical Quarterly* 100:1 (2017), 85-115.

Woo, Susie. "Imagining Kim: Cold War Sentimentalism and the Korean Children's Choir", *American Quarterly* 67:1 (2015), 25-53.

김려실, "댄스, 부채춤, USIS 영화: 문화냉전과 1950년대 USIS의 문화공보", 『현대문학의 연구』 49 (2013), 341-375.

김혜정, "뉴욕필 부악장 미셸 김: 1년 전 뉴욕필 평양공연 때 있었던 일들", 『월간조선』 2009. 2.

김혜현, "서울시립교향악단 정기연주회의 프로그램 고찰(1945-2016년)", 충남대학교 석사논문, 2016.

김희선, "문화냉전기 국가 프로파간다와 공연예술: 1960-70년대 리틀엔젤스 활동의 국제정치학", 『음악과 문화』 40 (2019), 143-183.

노동은, "남북 문화예술교류의 현황과 과제", 6·15 남북정상회담 1주년 기념 포럼 남북문화예술교류의 현황과 앞으로의 과제, 2001. 6. 15. 국회헌정기념관 회의실.

니시하라 미노루, 정향재 옮김, 『클래식을 뒤흔든 세계사』, 서울: 조선뉴스프레스, 2001.

민경찬 외, 『박용구, 한반도 르네상스의 기획자』, 서울: 수류산방, 2011.

박영정, "남북문화협정 및 그 후속과제에 관한 연구", 한국문화정책개발원, 2001.

박정근, "뉴욕필 평양공연 제작기", 『신문과방송』 2008. 4.

박현정, *Seoul Philharmonic Orchestra Since 1945,*

배인교, "북한 선군음악정치의 지향", 『한국음악연구』 57 (2015), 73-100.

신은경, "리틀엔젤스 예술단 40년사 연구", 중앙대학교 교육대학원 석사논문, 2004.

안병원, 『음악으로 겨레를 울리다』, 서울: 삶과꿈, 2016.

안용구, 『한 마리 새가 되어: 바이올리니스트 안용구의 77년 음악일기』, 파주: 한길아트, 2004.

岩野裕一, 『王道樂土の 交響樂: 滿洲-知られざる音樂史』, 東京: 音楽之友社, 1999.

오경택, "나치 정치에서 음악의 의미와 역할", 『문화와 정치』 5:3 (2018), 175-207.

유인화, 『춤과 그들: 우리 시대 마지막 춤꾼들을 기억하다』, 서울: 동아시아, 2008.

이경분, "문화 정치적으로 본 신교향악단의 경성연주회(1939-1940)", 『한국예술연구』 29 (2020), 131-154.

이경분, "중일전쟁 시기 동아시아 교향악단 교류: 하얼빈교향악단의 일본 연주여행과 경성연주회(1939)를 중심으로", 『아시아리뷰』 7:2(2018), 117-148.

이소라, "1952-55년 한미재단의 활동과 역사적 성격", 『한국사론』 62 (2016), 455-512.

이장직 외, 『섬, 그 바람의 울림: 제주국제관악제 25년』, 제주: 제주국제관악제 조직위원회, 2020.

이장직, "80년대 이후의 북방 음악교류 현황", 『문화예술』 1991. 6.

이장직, "뉴욕 필하모닉 오케스트라 CEO 자린 메타", 『월간 객석』 2012. 4.

이장직, "문화외교의 관점에서 본 국내 교향악단의 유럽 순회공연", 『음악이론연구』 24 (2015), 209-210.

이지선, "일문 일간지 『京城新報』와 『京城日報』에 수록된 20세기 초 조선 공연예술 기사 분석: 1908~1915년 기사를 중심으로", 『국악교육연구』 9:2 (2015), 59-102.

장광열, "해방 공간의 음악, 월북음악의 현재", 『월간객석』 1995. 8.

장기범, "Charles Everett Gilbert의 제주 관악대 업적에 대한 내러티브와 평가", 『음악교육공학』 29 (2016), 1-19.

조성우, "해방공간기 음악활동에 관한 소고: 양악을 중심으로", 한국예술종합학교 예술전문사학위논문, 2017.

佐野之彦, 『N響 80年 全記錄』, 東京: 文藝春秋, 2007.

최문정·김용은, "국제무용제의 정치외교적 동향과 성과 및 과제", 『한국사회체육학회지』 53 (2013), 81-95.

최원규, "한국전쟁 중 국제연합민사원조사령부(UNCAC)의 전재민 구호정책에 관한 연구", 『전략논총』 8 (1996), 113-161.

최희영, "미 군정기 일라이 헤이모위츠의 전국농악경연대회 개최 참여와 그 한계", 『한국음악사학보』 66 (2021), 223-249.

허은, "1950년대 '주한 미공보원'(USIS)의 역할과 문화전파 지향", 『한국사학보』 15 (2003), 227-259.

『KBS교향악단 50년사』, 서울: 한국방송공사, 2006.

『국악연감 2010』, 서울: 국립국악원, 2011.

『한국예술사총서Ⅲ-한국음악사』, 서울: 대한민국예술원, 1985.

　　298-300, 307, 309, 310
카터, 지미 28, 161, 218
칸, 오토 52, 54, 55
코르토, 알프레드 53
코플랜드, 애런 96, 160-162, 165, 167,
　　183, 186, 197, 203, 208, 209, 303
콘드라신, 키릴 182, 187, 190, 195, 305,
　　306, 307
크나퍼부슈 66, 71, 298, 299
크렌니코프, 티콘 187, 188
클라이번, 밴 26, 28, 190, 191, 192, 193,
　　194, 195, 196, 302
클리블랜드 오케스트라 187, 200-204, 209,
　　301, 305, 307, 309
키타옌코, 드미트리 188, 268, 269, 293,
　　312, 317
탈베르크, 지기스몬트 39
터커, 리처드 26, 114, 115, 301
토스카니니, 아르투르 41, 42, 73, 90, 135,
　　136, 140, 146, 203, 294, 295, 297
트럼프, 도널드 22
티가든, 잭 174, 176, 302
파리음악원 오케스트라 52, 53, 298, 299
포크너, 모리스 6, 93, 94, 95, 282
푸르트벵글러, 빌헬름 63, 64, 65, 68, 69,
　　72, 73, 77, 78, 280, 295, 296, 297,
　　298, 299, 300, 335
푸틴, 블라디미르 11-13, 196
피어스, 밥 129, 130
필라델피아 오케스트라 7, 27, 166, 167,
　　180, 205-210, 213, 290, 300, 302,
　　305, 308, 309, 316, 322, 329, 330
하얼빈 교향악단 79-84, 94, 281, 297
하차투리안, 아람 182, 190, 207
함신익 171, 247, 250, 318, 322
헤이모위츠, 일라이 6, 93, 95-97, 282, 339

헨델 21, 24, 25, 31, 33, 72, 73, 77, 107,
　　109, 110, 152
현제명 6, 93, 95-97, 282, 339
홍난파 82, 84, 281
홍연택 243-245, 309
후진타오 27
흐루쇼프, 니키타 183, 191
히틀러, 아돌프 6, 62, 63, 66, 67, 69, 71,
　　73, 74, 77, 88, 296, 297
ANTA 114, 159, 160, 172, 175, 176
KBS교향악단 4, 7, 22, 98, 99, 102, 111,
　　153, 171, 229, 230, 232, 243-247,
　　256-271, 276, 292, 302, 306, 309-
　　311, 313, 316, 317, 319, 322, 325,
　　329, 330, 332, 339
KBS국악관현악단 164, 170, 171, 313,
　　317, 327
NHK교향악단 79, 80, 83-85, 138, 168,
　　230-233, 247, 281, 291, 297, 303-
　　307, 309, 313, 314, 317, 319, 324,
　　326, 330, 339
USIA 110, 159, 160, 195, 311